A COLLECTION OF TYPICAL CASES OF INTELLECTUAL PROPERTY

知识产权典型案例论丛

编辑委员会

主　编：刘　力
副主编：刘亚玲
成　员：朱　骏　张佳璐　吴大成　王萌

法律出版社
LAW PRESS·CHINA
北京

图书在版编目(CIP)数据

知识产权典型案例论丛 / 刘力主编 ；刘亚玲副主编
. -- 北京 ：法律出版社, 2024
ISBN 978 - 7 - 5197 - 8852 - 0

Ⅰ. ①知… Ⅱ. ①刘… ②刘… Ⅲ. ①知识产权法－案例－中国 Ⅳ. ①D923.405

中国国家版本馆 CIP 数据核字（2024）第 037778 号

知识产权典型案例论丛
ZHISHI CHANQUAN DIANXING ANLI LUNCONG

刘　力 主　编
刘亚玲 副主编

责任编辑 慕雪丹　章　雯
装帧设计 汪奇峰　臧晓飞

出版发行 法律出版社
编辑统筹 法商出版分社
责任校对 赵明霞
责任印制 胡晓雅
经　　销 新华书店

开本 710 毫米 × 1000 毫米　1/16
印张 25.25　　**字数** 411 千
版本 2024 年 4 月第 1 版
印次 2024 年 4 月第 1 次印刷
印刷 保定市中画美凯印刷有限公司

地址：北京市丰台区莲花池西里 7 号（100073）
网址：www.lawpress.com.cn
投稿邮箱：info@lawpress.com.cn
举报盗版邮箱：jbwq@lawpress.com.cn

销售电话：010 - 83938349
客服电话：010 - 83938350
咨询电话：010 - 63939796

书号：ISBN 978 - 7 - 5197 - 8852 - 0
定价：75.00 元

凡购买本社图书，如有印装错误，我社负责退换。电话：010 - 83938349

作 者 简 介

刘　力

男，1969年1月出生，中共党员，法学博士，现任上海市普陀区人民法院党组书记、院长，一级高级法官，上海法院审判业务专家。审理案件三次入选最高人民法院公报案例、一次入选上海法院参考性案例，编著出版《审判前沿观察》《刑事证据规则研究》《法院管理》等九部学术著作，在《法学》《东方法学》《法律适用》《人民司法》等刊物上发表十余篇论文，主持或参与最高法院调研课题十余项，上海法院、上海全面依法治市、上海市法学会调研课题十余项。

刘亚玲

女，1977年5月出生，中共党员，法学硕士，现任上海市普陀区人民法院党组成员、副院长，三级高级法官，上海法院审判业务骨干。曾获评全国法院办案标兵、上海市三八红旗手等称号。撰写的论文曾获得“全国法院系统学术讨论会”一等奖、二等奖等；参与编写《公司法适用与审判实务》《中国民航法律案例精解》等书籍；审理的案件入选《中国审判案例要览》、“上海市金融消费者保护十佳案例”“上海高院审委会指导案例”等；主持或参与的课题多次获上海全面依法治市优秀调研课题、上海法院优秀报批课题等，多次荣立上海法院系统二等功、三等功等。

序言

党的十八大以来，以习近平同志为核心的党中央统筹国内国际两个大局，高度重视知识产权工作顶层设计，谋篇布局、把舵定向，擘画了知识产权强国建设路线图谱，开启了我国知识产权事业的新征程。2021 年 9 月，中共中央、国务院印发《知识产权强国建设纲要(2021—2035 年)》强调，加强知识产权保护是完善产权保护制度最重要的内容和提高国家经济竞争力最大的激励。知识产权司法保护作为推进知识产权强国战略的有力保障，其保护力度和水平，直接关系到新发展理念的贯彻落实，直接影响到各类创新要素的潜能释放。

上海是我国改革开放的重要窗口和创新发展的前沿阵地，其知识产权保护工作始终走在全国前列。普陀法院作为上海较早跨区集中管辖知识产权案件的四家基层法院之一，积累了丰富的知识产权审判经验，形成了一支高素质的专业化审判团队。近年来，普陀法院围绕“唯明克允”的精神内涵，实施精品战略，推动典型选育，不断提升司法品质，在知识产权审判领域创造了诸多佳绩。

司法案例是法院输出的重要公共司法产品，是法治水平的“试金石”。普陀法院精心组织知识产权审判一线的法官、法官助理共同编写的《知识产权典型案例论丛》一书，正是发挥司法案例统一法律适用和指导司法实践这一核心功能的主动作为。本书选取的案例，聚焦知识产权审判中的难点问题，兼具典型性、前瞻性，并覆盖了著作权、商标、不正当竞争、合同等知识产权民事、刑事多个领域。既有打击“傍名牌”“搭便车”现象的传统商标攀附类案件，也有涉及“剧本杀”维权、网游私服、电子商务网络侵权、搜索引擎中的关键词侵权等与数字经济、文创产业健康生态相关的首例案件、热点案件。案例的评析不是简单的“就案论案”，而是立足个案，辐射类案，在以案析理的同时提炼争点、延伸思考，在实用性之外，亦具有研究价值，充分展示了普陀法院知识产权审判队伍的集体智慧和专业水平。

“不明学理，则经验者无以会其通；不习经验，则学理亦无从证其是。经验与学理，正两相需也。”精品案例的锻造之路，也是经验与学理的融合之路。本书无疑是跨越司法实践与理论研究鸿沟，实现两者共融共促的良好诠释，既是对法院多年知识产权审判经验的系统总结，亦是司法实务资源的集中输出和案例素材的全面共享。

在本书付梓之际，衷心希望知识产权保护领域的理论研究者、实务工作者们携手前行，共同助益知识产权保护水平再上新台阶！

是为序。

中国法学会知识产权法学研究会名誉会长

中南财经政法大学文澜资深教授

2024 年 4 月

目录

一、著作权篇

三、反不正当竞争篇

四、合同篇

五、刑事篇

一、著作权篇

施某诉上海金拱门食品有限公司新风路店等著作权侵权纠纷案

——权利冲突视角下唯一载体美术作品著作人身权保护的司法认定

刘　力　林抒蔚　徐清云

关键词｜作品载体所有权　唯一载体　美术作品　利益平衡原则

【裁判要旨】

作品载体所有权与作品著作权是相互独立的两种权利。当作品只有唯一载体，且作品与作品载体分属两个权利主体时，载体的变动容易引发权利冲突，在相关法律尚无明确规定的情况下，应从权利冲突的形成和处理原则入手，综合考虑涉案的行为方式、行为程度、行为影响等因素，并结合唯一载体的特殊性以及权利行使的可预见性，实现各方利益的平衡协调。

【相关法条】*

一、《中华人民共和国著作权法》（2020 年修正）

第六十六条

……

本法实施前发生的侵权或者违约行为，依照侵权或者违约行为发生时的有

* 为了读者阅读时更好地了解案件审判的客观情况，本书【相关法条】部分均为裁判时依据的法条。如法律有修订等变化情况，均以注释形式说明。——编者注

关规定处理。

二、《中华人民共和国著作权法》(2010 年修正)[①]

第三条　本法所称的作品,包括以下列形式创作的文学、艺术和自然科学、社会科学、工程技术等作品:

……

(四)美术、建筑作品;

……

第十条　著作权包括下列人身权和财产权:

……

(三)修改权,即修改或者授权他人修改作品的权利;

(四)保护作品完整权,即保护作品不受歪曲、篡改的权利;

……

著作权人可以许可他人行使前款第(五)项至第(十七)项规定的权利,并依照约定或者本法有关规定获得报酬。

著作权人可以全部或者部分转让本条第一款第(五)项至第(十七)项规定的权利,并依照约定或者本法有关规定获得报酬。

第十一条　著作权属于作者,本法另有规定的除外。

---

① 《中华人民共和国著作权法》于 2020 年进行了修正,现行主要规定为:

第三条　本法所称的作品,是指文学、艺术和科学领域内具有独创性并能以一定形式表现的智力成果,包括:

……

(四)美术、建筑作品;

……

第十条　著作权包括下列人身权和财产权:

……

(三)修改权,即修改或者授权他人修改作品的权利;

(四)保护作品完整权,即保护作品不受歪曲、篡改的权利;

……

著作权人可以许可他人行使前款第五项至第十七项规定的权利,并依照约定或者本法有关规定获得报酬。

著作权人可以全部或者部分转让本条第一款第五项至第十七项规定的权利,并依照约定或者本法有关规定获得报酬。

第十一条　著作权属于作者,本法另有规定的除外。

创作作品的自然人是作者。

由法人或者非法人组织主持,代表法人或者非法人组织意志创作,并由法人或者非法人组织承担责任的作品,法人或者非法人组织视为作者。

创作作品的公民是作者。

由法人或者其他组织主持,代表法人或者其他组织意志创作,并由法人或者其他组织承担责任的作品,法人或者其他组织视为作者。

如无相反证明,在作品上署名的公民、法人或者其他组织为作者。

【案件索引】

上海市普陀区人民法院(2022)沪 0107 民初 6015 号民事判决书(2023 年 7 月 27 日)

【基本案情】

原告施某,系涂鸦艺术家,曾在 2015 年年初因与法国涂鸦艺术家在康定路动迁房的砖墙上合作进行涂鸦创作而轰动全国。2015 年 12 月 3 日,原告在上海市青浦区新风路中南 · 朱里雅集(又名"朱家角 · 尚都里")的一处建筑物外墙上创作壁画,该壁画系两个飞翔的孩子正在用一块块积木搭建一座彩色房子,整幅作品极具特色,令人惊艳,吸引大量游客前来驻足观赏,并成为众多文艺青年的旅游拍照打卡地。2021 年 2 月 22 日,原告发现,该幅作品右下角的"积木"元素中多了一块"红色积木",系本案被告上海金拱门食品有限公司新风路店(以下简称金拱门新风路店)、被告上海金拱门食品有限公司(以下简称金拱门公司)利用了作品中积木元素,在其上添加麦当劳的 Logo 标识以及箭头向右的指路标识,形成一个极具创意的店铺指路广告。被告金拱门新风路店上述行为未告知过原告或取得原告同意。原告认为,该作品系由原告创作,倾注了原告个人的思想、意志、情感和艺术造诣,原告享有该幅作品的著作权。两被告未经原告许可擅自利用该幅作品,将其店铺广告与作品元素相结合,使该作品成为店铺宣传广告,具有主观恶意,且未支付任何广告费用,严重侵害了原告对该作品享有的修改权、保护作品完整权、获得报酬权等多项著作权利,依法应当承担相应责任。

据此,原告请求:(1)判令被告金拱门新风路店、被告金拱门公司立即停止著作权侵权行为;(2)判令两被告赔偿原告经济损失 150,000 元;赔偿原告合理维权费用合计 45,000 元,包括公证费 5000 元、律师费 10,000 元、调查取证费 30,000 元;在青浦区新风路园区涉案位置及《法制日报》连续 30 天张贴或登载致歉声明向原告赔礼道歉、消除影响。审理中,原告明确被控侵权标识已经去除,故申请撤回上述第 1 项诉讼请求。

被告金拱门新风路店辩称,不同意原告全部诉请。(1)对原告的作者身份存疑;(2)其在墙面边缘玻璃窗位置张贴指路标识的行为并非对涉案画作的修改,未改变作者在案涉画作中的思想表达,不构成歪曲篡改,亦与获得报酬权无涉,故其未侵害原告主张的修改权、保护作品完整权和获得报酬权;(3)本案画作载体存在特殊性,墙面权利人有权合理使用墙面,在考虑保护著作权人合法权利的同时,也要考虑到这种保护带来的社会影响和价值导向。

被告金拱门公司辩称,同意被告金拱门新风路店的意见,此外,张贴案涉标识系经过物业同意,且未使原告的声誉受到影响。

法院经审理查明:

原告主张其于 2015 年 12 月 31 日创作完成案涉画作,该画作位于上海市新风路的中南·朱里雅集(又名"朱家角·尚都里")建筑物一侧墙体,上方可见呈飞翔状的女孩、男孩分居左右,中间及下方可见各种形状、色彩的积木堆积摆放,其中墙面原有的五扇窗户亦以积木元素的形式在画作中融合,分别位于女孩右手上方、左脚下方,男孩左手下方、左脚下方,以及两个孩童共同手指方向。原告述称案涉画作系其接受"上海城市空间艺术季"活动邀请创作,但未签订相关合同,亦未约定或实际取得报酬。

2021 年 3 月 23 日公证取证视频显示,上述建筑物外墙与电梯相对,其上绘有与墙面等大的画作一幅,内容为呈飞翔状的女孩男孩及堆积摆放的各式积木,其中女孩左脚下方原窗户位置可见窗框及红底白色"水岸码头 Riverside Pier"文字及向左箭头,男孩左脚下方原窗户位置可见红底黄色"M"标识、白色"麦当劳"文字及向右箭头。另外墙体右侧可见标注"彩虹客栈"字样的围挡。中南·朱里雅集综合导览图显示麦当劳餐厅在该区域开展经营。

审理中,被告金拱门新风路店述称,其房屋租赁合同系与产权人上海磐进商业管理有限公司的委托管理人上海磐捷商业管理有限公司(以下简称磐捷公司)签订,案涉园区的建筑物及外墙也由磐捷公司管理。2020 年 11 月,被告工作人员经由磐捷公司工作人员指示,于包括案涉位置在内的多个位置张贴相关指示标识,各个位置的具体尺寸也系工作人员通过微信方式告知。

【裁判结果】

上海市普陀区人民法院于 2023 年 7 月 27 日作出(2022)沪 0107 民初 6015

号民事判决:驳回原告施某的全部诉讼请求。

宣判后,原、被告均未上诉,判决已经生效。

【裁判理由】

法院认为,本案的主要争议焦点为:(1)案涉画作是否构成作品,如构成作品原告是否享有著作权;(2)两被告的行为是否构成著作权侵权。

关于争议焦点一,我国著作权法所称的作品,是指文学、艺术和科学领域内具有独创性并能以某种有形形式复制的智力成果,其中美术作品是指绘画、书法、雕塑等以线条、色彩或者其他方式构成的具有审美意义的平面或者立体的造型艺术作品。本案中,案涉作品以明暗清晰的线条勾画出两个飞翔孩童的形象,辅以色彩明快、形状多样的积木,整个场景生动、活泼,表达出欢快、天真、梦幻的童年时光和情感,体现了作者独特的创意,具有一定的艺术美感和审美意义,属于我国《著作权法》保护的美术作品。

根据《著作权法》的相关规定,创作作品的公民是作者。如无相反证明,在作品上属名的公民即为作者。除法律另有规定外,著作权属于作者。《最高人民法院关于审理著作权民事纠纷案件适用法律若干问题的解释》第七条规定,当事人提供的涉及著作权的底稿、原件、合法出版物、著作权登记证书、认证机构出具的证明、取得权利的合同等可以作为认定著作权权属的证据。本案中,原告提交的作品手绘底稿、作品创作过程的照片等证据,能够相互印证,形成了较为完整的证据链,在两被告没有提出相反证据的情况下,法院认定原告系案涉作品的作者,依法享有著作权利。

关于争议焦点二,修改权是指作者有权对其作品进行修改或者授权他人进行修改的权利,保护作品完整权是指作者保护其作品的内容、观点、形式等不受歪曲、篡改的权利。两者均属于著作人身权,意在更好地表达作者的意志,维护作者的尊严和人格。

本案中,权利作品绘制于建筑物外墙之上,外墙既承载着权利作品的著作权,也是建筑物的重要组成部分,与建筑物发挥其物权价值具有密切联系。在著作权人与著作权载体所有权人分离的情况下,著作权的保护与外墙实际功能的实现需相互平衡、协调一致。

从行为方式来看,被告租赁园区内房屋正常开展经营活动,并在店铺开业初期以“张贴”的方式展示案涉标识,该标识位于外墙原有的一处采光窗,尺寸与窗框内玻璃等大，与该园区电梯出入口相对，与视线高度基本一致，标识内容为被告字号、品牌以及指示箭头，箭头方向与被告店铺实际所在位置一致。基于上述情况，案涉标识的张贴位置符合其发挥引导、指示作用的基本要求，在权利作品尺寸与整面外墙等大的情况下，案涉标识位置的选择、尺寸的设置、内容的安排，亦保持了一定的克制，并未超出合理的范畴。原告虽主张张贴行为并未获得建筑物所有权人的许可，也不符合窗户的固有功能，但被告已提供微信聊天记录来证明其与园区管理方就标识张贴位置和尺寸的沟通过程，结合被告的实际经营状态以及标识张贴情况和持续时间，在无相反证据的情况下，被告张贴的行为并不违背建筑物所有权人或使用权人的意愿以及园区的管理要求，且在外墙上张贴标识，也并未超出建筑物外墙的正常功用范围，故对于原告的上述意见，法院不予采纳。

从改动程度来看，原告作品的主体内容为孩童搭建积木的场景，案涉标识所处的窗户确实以积木元素的形式融入作品之中，是受著作权法保护的作品的组成部分。但从整体上来看，案涉标识的张贴，仅对原有几十个积木元素中的其中一个进行了改变，所涉面积在作品中的占比极为有限，对画面的构图、线条等并无实质性影响，也未破坏画面的整体感官和视觉效果。

从行为影响来看，原告述称其作品主要通过孩童、积木等意象，传达出童真、探索、好奇心等思想，具有公益性质和艺术性质，案涉商业标识的加入，改变了作品的本意。诚然，案涉标识具有一定的商业性质，但考虑到其大小、位置、内容以及墙面其他位置亦有案外人的指示标识等因素，被告的行为尚不足以达到歪曲、篡改作品，破坏作品与作者思想、情感、审美之间一致性和完整性的程度。

需要特别指出的是，原告作为权利作品的作者，对于权利作品载体的特殊属性理应具有一定的认知，也理应对作品载体因占有、使用、收益、处分等物权行为的行使而可能发生的变化有所预见。在此种情况下，原告并未通过合同等形式对于权利作品的保存、维护以及载体变动时的通知等事宜作出明确约定，故其在依法获得著作权保护的同时，亦无法排除他人合理使用建筑物外墙的权利，也理应对他人的使用行为具有一定的心理预期和容忍义务。加之案涉标识的张贴位置为墙面原有窗户的玻璃，玻璃呈现出的视觉效果更易受到光线及内外部物品布置等因素的影响。因此，被告的行为，实质上并未超出原告可以合理预见的范围，并未影响原告创作的本意。

基于上述因素，被告的行为在方式上具有适当性，程度上并未超出对外墙使用的合理界限，未妨碍作者对其作品进行修改或授权他人修改的权利，也没有对作品的内容和观点做违背作者意志的删除、增添或其他损害性变动，未对作者的精神权利造成损害，故对于原告主张两被告侵害其修改权和保护作品完整权的主张，法院不予支持。至于获得报酬权，因本案不涉及相应著作财产权的许可或转让，故亦无法予以支持。

【案例注解】

本案所反映的问题实质上是作品作者的著作权和作品载体所有权人的所有权之间的冲突，具体来说，就是作品载体所有权人行使物权，对载体做出一定变动的行为是否构成对作者著作人身权的侵害。

一、作品与作品载体的权利界限与权利冲突

（一）作品与作品载体的权利界限

著作权的客体是作品，作品作为一种创造性的智力成果，其本身具有无形性。另外，如果要赋予作者对其作品的权利，就要求作品不能仅仅内在于人的主观精神世界，它必须以某种方式为人所感知，即必须依赖于客观物质实体，也就是载体得以表现和传播。从这个意义上来说，作品和作品载体关系密切，具有统一性。但与此同时，作品和作品载体又具有区分性，前者是作者主观的智力创造成果，属于精神世界的范畴；后者是智力创造成果的具体表现，属于物质世界。这是这种区分与统一的关系，决定了作品和作品载体通常采用区分保护的原则，作品本身通过著作权予以调整，而作品载体则涉及物权。

（二）作品与作品载体的权利冲突

上述两种制度调整的领域各不相同，著作权的存在、转移和灭失，在通常情况下并不与作品载体发生必然联系，因为与物权所遵循的“一物一权”原则不同，著作权与载体的往往通常表现为“一权多物”，某个载体的变动甚至损毁不会实质影响著作权，著作权法因而也鲜少介入。但在特殊情形下，比如作品载体具有唯一性时，作品原件的变动、毁损或消灭，可能对作品著作权的行使或作品的欣赏、利用产生阻碍效果，影响作者的精神利益，著作权与物权发生冲突也由此凸显。

仅存唯一载体的原因很多，其中比较典型的就有作品载体由于本身特性所限，难以备份、备份成本太大或备份后会对作品造成质的改变，本案所涉的墙绘

即属于这种类型。一方面,案涉墙绘属于美术作品,美术作品的创作通常要经历观察、思考、筛选、凝练等过程,最后将具有丰富内涵、情感、思想的瞬间定格,其本身即具有瞬时性和不可替代性;另一方面,案涉墙绘的载体为房屋墙壁,本身无法移动且具有固有的功能性,属于特殊类型的载体,是故案涉墙绘载体具有唯一性,这也是引发本案载体变动是否侵害著作权这一争议的基础。

当然,当作品著作权与作品唯一载体物权属于同一法律主体时,即便载体物权的行使和处分可能会对作品著作权产生影响,两项权利之间的冲突也可以由权利主体自行调和。只有在作品与作品载体分属两个权利主体时,权利冲突的协调与处理才存在评判的空间。以本案为例,作品的著作权权利属于作者,而作为作品载体的房屋墙壁的物权则属于房屋产权方,作者追求作品唯一载体的完整性和稳定性,从而保证作品的欣赏和利用等不受影响,而产权方则强调物权权能的圆满,即对房屋墙壁的占有、使用、收益、处分不受影响。

二、作品著作权和载体物权冲突处理的基本原则

《布莱克法律词典》中"法律原则"指"法律的基础性真理或原理;为其他规则提供基础性,或本源的综合性规则或原理;是法律行为、法律程序、法律决定的决定性规则"[①]。因此,在法律规范适用过程中也应当将这些法律原则贯穿其中。凯尔苏斯在论述"法"的内涵时指出:"法是决定善良和公平的一种艺术。"[②]

(一)公平原则的实现

"公平原则"作为抽象概念在不同社会语境与社会历史环境中内涵不断丰富,但对这一概念的理解同样也受制于特定时代背景。[③] 公平原则的目的在于促使每位主体都能得到其应得的利益、保障其应当享有的权利。公平原则作为法律最基础、最一般的原则,必然在知识产权立法与制度建构有所体现,而且,也理应贯穿于作品著作权和唯一载体权利冲突的处理规则及实践中,并应当在个案中对"公平"这一抽象概念作出具象阐释。

本案的裁判正是遵循公平原则,以确保裁判结果公平公正,充分维护各方

---

① 参见 Henry Campbell Black, Black's Law Dictionary (4th Edition), St. Paul: West Publishing Co., 1968, p. 1357。

② 参见 Alan Watson, tr. eds., The Digest of Justinian, Vol. 1, Philadelphia: University of Pennsylvania Press, 1985, p. 1。

③ 参见鲁竑序阳:《公平原则下中国知识产权制度的发展与变革》,载《中国政法大学学报》2021 年第 3 期。

当事人的正当合法权益。在案件审理中，应综合考虑个案情形，为两种权利划定相对合适的边界，对两种权利的主体给予平等保护，兼顾双方权益以及公共利益。具体来说，既要使得著作权最小限度地影响所有权的完整行使，也要保障著作权人充分享受因创作带来的精神与经济利益，同时还应在权利关系相对清晰情况下尽可能实现作品利用价值的最大化。

（二）利益平衡原则的遵循

德国学者哈特·穆特·毛雷尔曾指出公共利益与个人利益间的关系，即有时候呈现一致性，而有时候又相互冲突。[①] 著作权法律体系与制度设计正是维护作者自然权利与公共利益平衡的智慧结晶。[②] 利益平衡理论贯穿于著作权法律制度的一个重要表现就是，既要求充分保护著作权人的合法利益，为其提供坚实的权利基础与法律保障，同时，又要求对著作权人行使权利进行必要限制以维护公共利益。[③]

针对作品与作品唯一载体的权利冲突，其本质体现了作者自然权利的保护与限制之间复杂的利益冲突与选择，由此易引发两类针锋相对的观点：一类认为所有权人改变建筑物使用方式的利益优于著作权人保有作品的利益；另一类则认为将从保护作品完整、鼓励作者创作、实现作者权利的角度，应强调对著作权的完整保护，而对所有权人的物权有所限制。

事实上，作品上著作权的“排他性”和作品载体上物权的“排他性”虽有着截然不同的基础权利架构，但都属于排他性权利，故不存在谁更优先的问题。基于著作权与所有权权利主体分离，权利客体相融于同一物质实体的特性。本案的裁判也正是遵循了这一原则，充分考虑了房屋外墙既承载着权利作品的著作权，也是建筑物的重要组成部分，与建筑物发挥其物权价值具有密切联系这一特殊情形，在著作权人与著作权载体所有权人分离的情况下，谨慎地探求著作权的保护与外墙实际功能的实现之间的平衡点。

三、唯一载体作品著作人身权司法保护的具体考量

如上所述，对于因唯一载体变动引发的侵害著作人身权纠纷，司法实践中

---

① 参见［德］哈特·穆特·毛雷尔：《行政法学总论》，高家伟译，法律出版社 2000 年版，第 40 页。

② 参见冯晓青：《动态平衡中的著作权法“私人复制”及其著作权问题研究》，中国政法大学出版社 2011 年版，第 62 页。

③ 参见陶鑫良、袁真富：《知识产权法总论》，知识产权出版社 2005 年版，第 225 页。

应充分考虑个案情形并予以具体分析,力求实现协调统一。本案中,鉴于案涉作品绘制于位于公共空间的房屋外墙上,且作品上已标注有表示作者身份的特定标识,故审理范围不涉及著作人身权中发表权和署名权,仅涉及对是否侵害修改权和保护作品完整权的评判,而是否侵害修改权和保护作品完整权也恰恰是此类情形下最为常见和典型的问题。我们认为,在对个案进行具体分析时,可从以下三个方面进行:

第一,约定优先,充分尊重著作权人和物权人的意思表示。在作品原件是作品唯一载体的情况下,作者完全有可能通过与物权人订立合同的方式来细化关于作品保存期限、维护方式、物权行使前善意通知要求等内容,明确有关权利的行使方式,对双方各自的权利加以约束或限制。本案审理中,我们就对双方当事人之间是否存在约定优先予以了审查,以期确定可能存在的权利边界,在无证据表明双方存在相应约定的情况下,才进一步对其他要素进行考察。

第二,紧扣要件,全面关注载体变动的方式和后果。客观来说,载体的变动或多或少会对作品所呈现出的整体视觉效果产生影响,也正是这种影响,给予了是否侵害修改权或保护作品完整权一定的探讨空间。虽然该两项人身权权项存有不同的观点和解读,但变动的方式和影响都是其重要的考量因素。具体来说,载体的变动在目的上是否具有合理必要,是否契合载体固有功能的发挥,在方式上是否考虑了作品的客观存在,是否做出了一定程度的避让,从而将对作品的影响尽可能降低,这些因素都将影响着对载体变动合理性的评判。

第三,回归核心,妥善把握作者心理预期和容忍义务。无论是修改权,还是保护作品完整权,其都属于作者的精神利益,故侵权判断标准的核心也应落脚于修改行为是否对作者的精神利益带来了损害。对于载体唯一性的作品,尤其是本案中以不动产外墙为唯一载体的美术作品,作者在创作之时往往会对载体的特性有所认知,也会对载体因占有、使用、收益、处分等物权行为的行使而可能发生的变化有所预见。此时,对于符合这种预期的载体变动,著作权人本就有一定的容忍义务,也称不上对其精神利益造成损害。

(合议庭成员:刘力、林抒蔚、伍华平)

上海美术电影制片厂诉浙江新影年代文化传播有限公司、华谊兄弟上海影院管理有限公司著作权侵权纠纷案

——著作权合理使用之“适当引用”条款适用规则

刘 力 王 燕

关键词 | 著作权合理使用 适当引用

【裁判要旨】

著作权合理使用制度的目的在于平衡著作权人专有权的边界和公众自由获取作品的起点，需遵循限于特殊情况、与作品正常利用不冲突、不损害权利人合法权益等前提。审查是否构成著作权合理使用之“适当引用”情形，应当结合被引用作品的状态、引用他人作品的目的、被引用作品占整个作品的比例、是否会对原作品的正常使用或市场销售造成不良影响等因素予以综合认定。

【相关法条】

《中华人民共和国著作权法》(2010 年修正)①

第二十二条 在下列情况下使用作品，可以不经著作权人许可，不向其支

① 2020 年 11 月 11 日公布，2021 年 6 月 1 日起施行的《著作权法》，将该条修改为“第二十四条 在下列情况下使用作品，可以不经著作权人许可，不向其支付报酬，但应当指明作者姓名或者名称、作品名称，并且不得影响该作品的正常使用，也不得不合理地损害著作权人的合法权益：(一)为个人学习、研究或者欣赏，使用他人已经发表的作品；(二)为介绍、评论某一作品或者说明某一问题，在作品中适当引用他人已经发表的作品；(三)为报道新闻，在报纸、期刊、广播电台、电视台等媒体中不可避

付报酬，但应当指明作者姓名、作品名称，并且不得侵犯著作权人依照本法享有的其他权利：

（一）为个人学习、研究或者欣赏，使用他人已经发表的作品；

（二）为介绍、评论某一作品或者说明某一问题，在作品中适当引用他人已经发表的作品；

（三）为报道时事新闻，在报纸、期刊、广播电台、电视台等媒体中不可避免地再现或者引用已经发表的作品；

（四）报纸、期刊、广播电台、电视台等媒体刊登或者播放其他报纸、期刊、广播电台、电视台等媒体已经发表的关于政治、经济、宗教问题的时事性文章，但作者声明不许刊登、播放的除外；

（五）报纸、期刊、广播电台、电视台等媒体刊登或者播放在公众集会上发表的讲话，但作者声明不许刊登、播放的除外；

（六）为学校课堂教学或者科学研究，翻译或者少量复制已经发表的作品，供教学或者科研人员使用，但不得出版发行；

（七）国家机关为执行公务在合理范围内使用已经发表的作品；

（八）图书馆、档案馆、纪念馆、博物馆、美术馆等为陈列或者保存版本的需要，复制本馆收藏的作品；

（九）免费表演已经发表的作品，该表演未向公众收取费用，也未向表演者支付报酬；

（十）对设置或者陈列在室外公共场所的艺术作品进行临摹、绘画、摄影、录像；

免地再现或者引用已经发表的作品；（四）报纸、期刊、广播电台、电视台等媒体刊登或者播放其他报纸、期刊、广播电台、电视台等媒体已经发表的关于政治、经济、宗教问题的时事性文章，但著作权人声明不许刊登、播放的除外；（五）报纸、期刊、广播电台、电视台等媒体刊登或者播放在公众集会上发表的讲话，但作者声明不许刊登、播放的除外；（六）为学校课堂教学或者科学研究，翻译、改编、汇编、播放或者少量复制已经发表的作品，供教学或者科研人员使用，但不得出版发行；（七）国家机关为执行公务在合理范围内使用已经发表的作品；（八）图书馆、档案馆、纪念馆、博物馆、美术馆、文化馆等为陈列或者保存版本的需要，复制本馆收藏的作品；（九）免费表演已经发表的作品，该表演未向公众收取费用，也未向表演者支付报酬，且不以营利为目的；（十）对设置或者陈列在公共场所的艺术作品进行临摹、绘画、摄影、录像；（十一）将中国公民、法人或者非法人组织已经发表的以国家通用语言文字创作的作品翻译成少数民族语言文字作品在国内出版发行；（十二）以阅读障碍者能够感知的无障碍方式向其提供已经发表的作品；（十三）法律、行政法规规定的其他情形。前款规定适用于对与著作权有关的权利的限制”。

（十一）将中国公民、法人或者其他组织已经发表的以汉语言文字创作的作品翻译成少数民族语言文字作品在国内出版发行；

（十二）将已经发表的作品改成盲文出版。

前款规定适用于对出版者、表演者、录音录像制作者、广播电台、电视台的权利的限制。

【案件索引】

一审：上海市普陀区人民法院（2014）普民三（知）初字第258号民事判决书（2015年9月8日）

二审：上海知识产权法院（2015）沪知民终字第730号民事判决书（2016年4月25日）

【基本案情】

原告上海美术电影制片厂（以下简称美影厂）提起本案诉讼，请求被告浙江新影年代文化传播有限公司（以下简称新影年代公司）、华谊兄弟上海影院管理有限公司（以下简称华谊兄弟公司）停止侵犯原告拥有的“葫芦娃”“黑猫警长”角色形象美术作品的著作权；请求两被告公开向原告赔礼道歉、消除影响并连带赔偿原告经济损失及维权费用合计531,750元。

被告新影年代公司辩称，现有证据无法证明原告美影厂对“葫芦娃”和“黑猫警长”形象美术作品享有著作权；即使其享有著作权，涉案海报的主体内容是“80后”男女青年，后面的小图案虽包括“葫芦娃”“黑猫警长”等，但是为了说明电影主人公年龄特点，且海报中的“葫芦娃”、“黑猫警长”和原告电影中的形象有所区别，比例上也只占主体画面很小部分，属于合理使用；涉案海报发行量很少，即使构成侵权，判赔金额也应较低。

被告华谊兄弟公司辩称，原告美影厂不享有涉案美术作品的著作权；即使原告享有著作权，被告华谊兄弟公司也是为配合电影公映宣传需要使用涉案美术作品，属于合理使用行为；且涉案美术作品是“80后”的时代标识，具有社会公益性，在海报中的使用不醒目、比例不大，对原告的利益没有损害；即使构成侵权，图片著作权的判赔金额也应较低。

法院经审理查明：

2012年3月，上海市第二中级人民法院作出的（2011）沪二中民五（知）终字第62号判决认定"葫芦娃"角色造型美术作品(本案涉案作品)由美影厂享有除署名权之外的其他著作权。2014年5月,福建省高级人民法院作出的(2014)闽民终字第223号判决认定美影厂享有"黑猫警长"角色造型美术作品(本案涉案作品)的著作权。

电影《80后的独立宣言》由新影年代公司投资制作,于2014年2月21日正式上映。为配合电影上映宣传,新影年代公司制作了被控侵权海报,提供给华谊兄弟公司,该公司在其官方微博上使用了该海报。该海报内容为:上方2/3的篇幅中突出部分为男女主角人物形象及主演姓名,背景则零散分布着诸多美术形象,包括身着白绿校服的少先队员参加升旗仪式、课堂活动、课余游戏等情景;黑白电视机、落地灯等家电用品;缝纫机、二八式自行车、热水瓶、痰盂等日用品;课桌、铅笔盒等文教用品;铁皮青蛙、陀螺、弹珠等玩具;无花果零食以及涉案的"葫芦娃""黑猫警长"卡通形象,其中"葫芦娃""黑猫警长"分别居于男女主角的左右两侧。诸多背景图案与男女主角形象相较,比例显著较小,"葫芦娃""黑猫警长"美术形象与其他背景图案大小基本相同。海报下方1/3的部分为突出的电影名称"80后的独立宣言"以及制片方、摄制公司和演职人员信息等,并标注有"2014.2.21温情巨献"字样。

【裁判结果】

上海市普陀区人民法院于2015年9月8日作出(2014)普民三(知)初字第258号民事判决:驳回原告美影厂的诉讼请求。

宣判后,原告美影厂不服一审判决,向上海知识产权法院提起上诉,上海知识产权法院审理后认为,涉案电影海报为说明80年代少年儿童的年代特征这一特殊情况,适当引用当时具有代表性的少儿动画形象"葫芦娃""黑猫警长"之美术作品,与其他具有当年年代特征的元素一起作为电影海报背景图案,构成合理使用。据此,于2016年4月25日作出(2015)沪知民终字第730号民事判决:驳回上诉,维持原判。

【裁判理由】

生效裁判认为:著作权法对一系列专有权利进行保护的目的,不仅在于保护作者的正当权利,提高作者创作文学、艺术和科学作品的积极性,同时还在于促进作品的传播与使用,从而丰富人们的精神文化生活,提高人们的科学文化素质,推动经济的发展和人类社会的进步，而并不是为了让创作者对作品的传播和使用进行绝对垄断。因此平衡著作权人专有权的边界和公众自由获取作品的起点，成为著作权的永恒命题，而著作权合理使用制度就是其中的精髓所在。知识的更新和发展无法一蹴而就，创作活动也不可能脱离对已有作品的借鉴和利用。合理使用制度通过规定一系列无须经过著作权人许可即可使用作品的情形，从法律上保障了适度引用前人作品的可能性，促使各方的利益在平衡和协调的关系中得到最大满足。当然，基于合理使用制度是一种对专有权利的“限制与例外”，因此需遵循限于特殊情况、与作品正常利用不冲突、不损害权利人合法权益等前提。

判断对他人作品的使用是否属于合理使用，应当综合考虑被引用作品是否已经公开发表、引用他人作品的目的、被引用作品占整个作品的比例、是否会对原作品的正常使用或市场销售造成不良影响等因素予以认定。

本案中，从被引用作品的性质来看，“葫芦娃”“黑猫警长”是动画片中的角色造型美术作品，动画片已于20世纪80年代播出，因此涉案被引用作品均属于已经发表的作品。

从引用他人作品的目的来看，涉案影片讲述了一个当代“80后”年轻人自主创业的励志故事，影片名称也明确指向了这一年龄段群体。“葫芦娃”“黑猫警长”形象均诞生于20世纪80年代，相关动画片播出的时间亦集中在20世纪八九十年代。该时期恰是国产动画片的繁荣鼎盛期，涌现出了大量经典的荧屏动画形象，《葫芦娃》《黑猫警长》更是其中代表之作，两部动画片多集系列的情节铺展，拟人手法的角色设计，充满童趣、想象力的故事内容，朗朗上口的主题歌曲等共同赋予了角色形象生动丰满的艺术生命力，再结合20世纪八九十年代少儿文娱产品供给集中度较高、受众覆盖面较广、知晓度较高的特点，“葫芦娃”“黑猫警长”形象确可称之为“80后”动漫明星，机智勇敢的“葫芦娃”、惩恶扬善的“黑猫警长”成为“80后”群体闪亮的童年记忆，与年代特征的结合度较高。被告新影年代公司制作的海报背景中，除了“葫芦娃”“黑猫警长”形象外，还包括身着白绿校服的少先队员参加升旗仪式、课堂活动、课余游戏等情景；黑白电视机、落地灯等家电用品；缝纫机、二八式自行车、热水瓶、痰盂等日用品；课桌、铅笔盒等文教用品；铁皮青蛙、陀螺、弹珠等玩具；无花果零食等，皆属“80后”成长记忆中具有代表性的人、物、景，这些元素相组合后确具较强的时代带入感，符合被告新影年代公司所述为配合说明影片“80后”主题进行海报创作的创意构思，故法院认定被告新影年代公司使用被引用作品是为了说明某一问题，即涉案电影主角的年龄特征。

从被引用作品占整个作品的比例来看，被引用作品只是属于辅助、配角、从属的地位。从海报的外观来看，涉案海报突出的是电影男女主角，约占整个海报的1/2，“葫芦娃”“黑猫警长”两个形象与其他20余个表明“80后”时代特征的元素均作为背景使用，占海报面积较小，且比例大致相同，“葫芦娃”“黑猫警长”的形象并未突出显示。因此，属于适度的引用。

从引用是否会对原告作品的正常使用造成影响来看，涉案海报的使用未对原告作品的正常使用造成影响。涉案电影于2014年2月21日上映，公开上映时间为一周至两周，电影内容中并没有出现任何有关“葫芦娃”“黑猫警长”的内容，除了海报中的使用，电影宣传文案中也未涉及“葫芦娃”“黑猫警长”，不至于吸引对该两个美术作品有特定需求的受众，进而产生对两部作品具关联性的联想，因此，被告在海报中为辅助说明电影主角年龄特征使用“葫芦娃”和“黑猫警长”，与原告美影厂自身作品的正常使用没有冲突，在市场上未形成竞争关系。

据此，被告新影年代公司在电影海报中对“葫芦娃”“黑猫警长”美术作品的使用属于著作权法所规定的合理使用。鉴于被告新影年代公司的涉案使用方式属于合理使用，故被告华谊兄弟公司在微博上发布涉案电影海报的行为也不具有侵权性。原告美影厂对被告新影年代公司、华谊兄弟公司的侵权主张不成立。

【案例注解】

一、“合理使用”的判断：立法的局限与司法的窘境

著作权法中的合理使用是指“在法律规定的条件下，不必征得著作权人的同意，也不必向其支付报酬，基于正当目的而使用他人著作权作品的合法行为”①。关于合理使用制度的立法模式，一些判例法国家采用概括主义的立法方法，以一般条款排除不符合“合理使用”的情形，而成文法国家则更多青睐于列举主义的立法模式，即具体列举“例外情形”用以明确可以免除著作权侵权责任的作品使用方式。但无论采用何种立法模式，合理使用制度的目的，均是为了平衡作品的创作者与社会公众之间的利益，在不损害著作权人根本利益的前提下给公众保留自由使用作品的空间。②

2020年修正的《著作权法》第24条，在2010年修正的《著作权法》第22条

---

① 参见吴汉东：《著作权合理使用制度研究》（第4版），中国人民大学出版社2020年版，第120页。

② 参见李琛：《知识产权法关键词》，法律出版社2006年版，第204页。

的基础上，对有关“合理使用”的内容作出修正，除对法定列举情形部分细微修正外，还将原来规定于《著作权法实施条例》中判定“合理使用”的“不得影响该作品的正常使用”以及“不得不合理地损害著作权人的合法权益”要件纳入了法律的范畴，并加入了学界呼吁多年的“兜底条款”。2020 年修正的《著作权法》相较于 2010 年修正的《著作权法》在立法模式上有所变化，但仍未涉及使用“合理性”的判断标准，这使得我国法院在司法实践中对“合理使用”的判定标准不一，尤其是“适当引用”条款，作为“合理使用”制度的情形之一，在文化领域一直发挥着巨大作用，成为国际通行的“合理使用”的典型行为模式，但在学术界，对于引用的“适当性”理解和判断存在诸多不同观点。

“适当引用”条款于我国《著作权法》中具体表述为“为介绍、评论某一作品或者说明某一问题，在作品中适当引用他人已经发表的作品”。我国著作权合理使用制度源自《伯尔尼公约》，1971 年巴黎文本的《伯尔尼公约》第 10 条可循迹到关于“适当引用”的规定和表述，即“为达到目的的正当需要范围内使用”(their extent does not exceed that justified by the purpose)。此外，不少学者也尝试对“适当引用”的适当性作出定义，例如将“适当”解释为“不过量”，认为“过量的引用即是不适当”①；还有学者认为，美国合理使用“四要素”的标准为我们判断引用“适当性”提供了基本尺度。② 可见，无论是国际公约、学术界学者抑或我国法律或司法解释，均未给出“适当性”的具体量化标准，这就直接导致在司法实践中，法官只能根据自己对法条的理解以及审判经验灵活把控案件，法官自由裁量空间大，同时也导致合理使用的司法标准的可预测性和可操作性降低。

从现有判决来看，法院对于“适当性”的判断，存在以下不同观点：有观点认为，“适当引用应在自己创作过程中引用合理长度或篇幅的作品片段，而不是完全或主要以他人作品代替自己的创作”，引用作品的篇幅超过被控侵权作品内容的 13.75% 即超出了“适当”的标准；③另有观点认为，适当引用“必须同时满足必要性、适当性、合理性的要求”；④还有观点认为，“如果在引用他人已经发表的作品时，不指明作者姓名、作品名称的”不构成适当引用；⑤此外，还有观点认

① 参见沈仁干：《关于著作权的限制》，载江平、沈仁干等主讲：《中华人民共和国著作权法讲析》，中国国际广播出版社 1991 年版，第 202 页。

② 参见吴汉东：《论著作权作品的“适当引用”》，载《法学评论》1996 年第 3 期。

③ 参见北京市西城区人民法院民事判决书，(2020)京 0102 民初 15598 号。

④ 参见广州互联网法院民事判决书，(2020)粤 0192 民初 35064 号。

⑤ 参见江苏省盐城市中级人民法院民事判决书，(2016)苏 09 民初 106 号。

为，对权利作品的使用方式，是对该作品的正常的传播行为起到实质性的替代作用的，即不属于适当引用的情形[①]。可见，司法实务界对于“适当引用”条款之“适当”标准的把握缺乏统一的裁判逻辑，学术界、实务界亟须形成一种理论化、系统化、可操作性强的判断标准，以期提高“适当引用”条款从理论到实务的转化运用，从而对“合理使用”制度进步一完善。

二、著作权“合理使用”之“适当引用”的审查标准构建

2011 年最高人民法院颁布的《关于充分发挥知识产权审判职能作用推动社会主义文化大发展大繁荣和促进经济自主协调发展若干问题的意见》[②]为本案构建“适当引用”的审查标准提供了可借鉴的裁判思路，审查是否构成“适当引用”，应当从被引用作品的状态、引用他人作品的目的、被引用作品占整个作品的比例、是否会对原作品的正常使用或市场销售造成不良影响等因素予以综合认定。

（一）被引用作品的状态

法律对于被引用作品的类型没有限制，但被引用作品的状态应限定于已经发表的作品，未发表的作品不在合理使用的范围之内，即对引用作品的范围做出一定限制。尽管根据《著作权法》的规定，作品一经完成，无论是否发表都受到《著作权法》的保护，但尚未发表的作品还处于权利人的绝对控制之中，没有与社会建立关系，社会对其完成情况全无了解。如果进行引用，极易发生纠纷，届时对何者为原权利人、何者为使用者的判断将陷入困境之中，徒增司法实践者的审判负担。此外，若使用了著作权人尚未发表的作品，也可以从侵害作品著作权人发表权的角度予以规制。

本案中，“葫芦娃”“黑猫警长”是动画片中的角色造型美术作品，动画片已于 20 世纪 80 年代播出，因此涉案被引用作品均属于已经发表的作品，符合合理使用的范围。

（二）引用他人作品的目的

适当引用是合理使用的一种形式，是为了公共利益而对著作权的必要限

---

① 参见广东省广州市中级人民法院民事判决书，(2013)穗中法知民终字第 1230 号。

② 2011 年《最高人民法院关于充分发挥知识产权审判职能作用推动社会主义文化大发展大繁荣和促进经济自主协调发展若干问题的意见》(法发〔2011〕18 号)第 8 条规定，在促进技术创新和商业发展确有必要的特殊情形下，考虑作品使用行为的性质和目的、被使用作品的性质、被使用部分的数量和质量、使用对作品潜在市场或价值的影响等因素，如果该使用行为既不与作品的正常使用相冲突，也不至于不合理地损害作者的正当利益，可以认定为合理使用。

缩。引用首先要符合法律规定的目的,这是构成适当引用的前提。《著作权法》规定的引用目的仅限于以下三类:一是推荐或介绍某一作品;二是分析或评论某一作品;三是为了说明某一问题或某一观点。可以看出,适当引用的目的一般应是非营利性的,但也并非绝对排斥商业性使用。只要“引用作品”本身所欲直接实现的目的不是用于商业营利,在符合前述三种具体情形的情况下,仍然可以满足“适当引用”的构成要件,至于新作品发表之后是否带来了使用者未曾直接追求的商业利益,在所不问。需要特别指出的是,尽管我们可以肯定地排除以“营利”为直接目的的引用不属于适当引用,但也不能将全部“非营利目的”的引用一概推定为合理使用,如此粗略地操作一定会产生非合理使用的“漏网之鱼”,因此法官在实践操作中,还需要根据案件的具体情况与细节进行审慎地判断、考量。

本案中,从海报配合电影市场推广的功能属性来看,在海报中使用涉案美术作品,确属商业性使用,但商业性使用只要符合法律规定的相关要件,仍然可以构成合理使用。涉案影片讲述了一个当代“80 后”年轻人自主创业的励志故事,影片名称也明确指向了这一年龄段群体。“葫芦娃”“黑猫警长”形象均诞生于20 世纪 80 年代,相关动画片播出的时间亦集中在 20 世纪八九十年代,成为“80后”群体闪亮的童年记忆。被告新影年代公司制作的海报背景中,除了“葫芦娃”“黑猫警长”形象外,还包括其他形象,皆属“80 后”成长记忆中具有代表性的人、物、景,涉案海报中援引“葫芦娃”“黑猫警长”等形象,是为了配合说明影片系以“80 后”为主题这一创意构思,符合“说明某一问题或某一观点”的引用目的。

(三)被引用作品占整个作品的比例

既然是适当的引用,那么被引用部分就不能是他人作品的主要部分或者实质部分,不宜整段引用、整篇引用、大量引用、全文引用;被引用部分所起到的作用只能是辅助说明,帮助公众理解和领会他人作品的含义,被引用作品与新作品之间在构思和表达上应存在合理的引用逻辑关系。判断被引用作品占整个作品的比例,一般应从被引用作品的“数量”和引用内容的“实质性”角度进行考量。被引用作品的数量,即对被引用作品进行量化,如原文化部曾出台《图书、期刊版权保护试行条例实施细则》(已失效),规定非诗词类应小于等于 2500 字或者原作品的 10%,多次引用应小于等于 1 万字;诗词类小于等于40 行或者原作品的 25%,古体诗词不在该范围内;引用他人作品总量不应超过新作品的 10%,古体诗和评论文章不在该范围内。这就是从量化角度对作品引用比例进行考量。虽然以数量规制引用作品所占比例,该判断标准直观且可操作性强,但难免过于简单机械,因此更为重要的判断标准是,以引用作品的内容是否构成“实质性”引用进行判断,因为作品的实质部分是整个作品的灵魂和精华所在。[①] 如果删除被引用作品内容不影响新作品的实质内容,则符合适当引用的比例要求;若引用他人作品部分构成了新作品的主要内容,则超越了适当引用的范围,滑向抄袭的边缘。概言之,判断引用作品的比例,既要从引用作品的数量来判断,也要从引用作品的质量来判断。被引用作品占整个作品的比例只能是属于辅助、配角、从属的地位,如果使用者只是简单地复制而没有投入独立思考的成果,则不能视为适当引用。

本案中,从涉案海报的外观来看,涉案海报突出的是电影男女主角,约占整个海报的1/2,“葫芦娃”“黑猫警长”两个形象与其他20余个表明“80后”时代特征的元素均作为背景使用,占用海报面积较小,且比例大致相同,“葫芦娃”“黑猫警长”的形象并未突出显示,属于适当的引用。

(四)引用是否会对原作品的正常使用造成影响

一般认为,“适当引用”是对著作财产权的保护,如复制权。既然是对著作财产权的保护,那么从经济利益角度出发,若引用行为对权利作品所形成的著作权市场构成竞争关系,或者对权利人造成重大经济损失,即影响了原作品的正常使用,则不应被认为是“适当引用”。此时判断何为构成“著作权市场上的竞争关系”就显得尤为重要,本案提供了一种可行的裁判思路,即从相关公众角度,以及被控侵权作品是否对权利作品构成实质性替代两个方面进行判断。首先,判断被控侵权作品与权利作品的相关公众是否为同一群体,若两者为不同受众,则构成“著作权市场上的竞争关系”的可能就相对较小;其次,判断被控侵权作品是否对权利作品造成现实或者潜在市场的实质性替代,如果相关公众仅仅通过阅读、欣赏被控侵权作品,就可以完全了解到原作品的内容、含义,且被控侵权作品本身并无创新创造,那么该被控侵权作品显然构成对原作品市场份额的实质性替代,引用行为并非适当。相反,若被控侵权作品非但未削减原作品的市场份额,反而催生原作品的各类周边衍生产品繁荣发展的,就不能认定两者构成“著作权市场上的竞争关系”,本案即为此种情形。此外,关于是否必须注明作者姓名或者名称,应当结合作品使用方式的特性以及行业惯例等予以综合判断,不能一概而论;与此相对应的是,即便在被控侵权作品中注明原作品的作者

---

① 参见吴汉东:《论著作权作品的“适当引用”》,载《法学评论》1996年第3期。

信息，也并非侵权人逃脱侵权责任的“保护伞”，如果侵权人引用原作品的方式与数量不当，仍然会影响原作品的正常使用，无法构成适当引用。

本案中，涉案电影公开上映时间为一周至两周，电影中并没有出现任何有关“葫芦娃”“黑猫警长”的内容，除了海报中的使用，电影宣传文案中也未涉及“葫芦娃”“黑猫警长”，不至于吸引对该两个美术作品有特定需求的受众，进而产生对两部作品具有关联性的联想，且美术作品的相关公众对该作品的使用需求通常情况下不太可能通过观赏涉案电影海报就能满足，从而放弃对原有作品的选择使用。因此，涉案海报的使用未对原告作品的正常使用造成影响，在市场上未形成竞争关系。

三、《著作权法》修正后对“适当引用”审查要件的再思考

如前所述，2020 年《著作权法》对原“合理使用”条款作出修正，增加了“不得影响该作品的正常使用”以及“不得不合理地损害著作权人的合法权益”要件。可以认为，此次修正是《著作权法》对“三步检验法”的完整纳入，而“三步检验法”的适用应当遵循一定的法律逻辑，即首先，判断是否属于“在特定且特殊的情形下”；其次，判断是否“不与作品的正常使用相冲突”；最后，判断是否“没有不合理损害权利人合法利益”。也就是说，判断行为是否构成“合理使用”时，应当遵循第一步、第二步、第三步的递进顺序，才能得出最终的结论。这一点在世贸组织争议仲裁委员会对“三步检验法”相关问题的解释中也得到了印证。在 2000 年欧盟诉美国“版权法 110(5)节”一案中，专家组的判决将“三步检验法”分解为一个等级命题(hierarchical proposition)，也就是说，在适用“三步检验法”时有这样一个依次顺序，即是否有一个“特定情况”下的例外；如果有，该例外的使用是否与该作品的正常利用相冲突；如果没有，该例外的使用是否不合理地歧视权利人的合法权益。[①] 因此，《著作权法》修正后，判断行为是否构成“适当引用”还应严格遵循上述“三步检验法”的步骤顺序，切不可步骤缺失，也不可步骤颠倒或混合。换言之，构成适当引用，应以符合适当引用的特殊要件为前提，同时符合合理使用的一般条件。

（一审合议庭成员：张佳璐、竺盈琼、王俭

二审合议庭成员：陆凤玉、徐燕华、杨馥宇）

① 参见张曼：《TRIPS 协议第 13 条“三步检验法”对著作权限制制度的影响——兼评欧共体诉美国“版权法 110(5)节”案》，载《现代法学》2012 年第 3 期。

原告娱美德娱乐有限公司、株式会社传奇IP等诉被告上海欣烁网络科技有限公司等著作权侵权及不正当竞争纠纷案

——网络游戏画面的作品定性与侵权比对规则

吴大成　王　茜　徐清云

关键词｜网络游戏　类电影作品　实质性相似

【裁判要旨】

运行网络游戏产生的连续动态游戏画面，符合以类似摄制电影的方法创作的作品构成要件的，可以认定为类电影作品予以保护。接触和实质性相似是判断著作权侵权的标准，比对时应首先剔除游戏中的思想、有限表达和公有领域表达元素；其次采取对两款游戏核心元素逐一比对的方法审查相似度，并结合画面连续、动态推进所呈现的整体效果予以认定。

【相关法条】

一、《中华人民共和国著作权法》（2010年修正）[①]

第三条　本法所称的作品，包括以下列形式创作的文学、艺术和自然科学、社会科学、工程技术等作品：

……

① 2020年11月11日修正的《著作权法》第3条第6项将“电影作品和以类似摄制电影的方法创作的作品”修改为“视听作品”。

（六）电影作品和以类似摄制电影的方法创作的作品；

……

第十二条　在作品上署名的自然人、法人或者非法人组织为作者，且该作品上存在相应权利，但有相反证明的除外。

作者等著作权人可以向国家著作权主管部门认定的登记机构办理作品登记。

与著作权有关的权利参照适用前两款规定。

第十三条　改编、翻译、注释、整理已有作品而产生的作品，其著作权由改编、翻译、注释、整理人享有，但行使著作权时不得侵犯原作品的著作权。

二、《中华人民共和国反不正当竞争法》

第八条　经营者不得对其商品的性能、功能、质量、销售状况、用户评价、曾获荣誉等作虚假或者引人误解的商业宣传，欺骗、误导消费者。

经营者不得通过组织虚假交易等方式，帮助其他经营者进行虚假或者引人误解的商业宣传。

【案件索引】

上海市普陀区人民法院（2017）沪0107民初24009号民事判决书（2019年12月27日）

【基本案情】

原告娱美德娱乐有限公司（以下简称娱美德公司）、株式会社传奇IP（以下简称传奇IP）提出诉讼请求，判令：被告上海欣烁网络科技有限公司（以下简称欣烁公司）、被告浙江欢游网络科技有限公司（以下简称欢游公司）、被告上海恺英网络科技有限公司（以下简称恺英公司）、被告浙江盛和网络科技有限公司（以下简称盛和公司）立即停止侵害两原告《热血传奇》游戏的著作权及虚假宣传的不正当竞争行为；连带赔偿两原告经济损失100,000,000元及合理费用310,000元；连带承担本案所有诉讼费用。

四被告共同辩称，不同意原告全部诉请：（1）原告娱美德公司已经将相关权利授权共有著作权人亚拓士公司行使，且亚拓士公司表示原告发起本次诉讼未和其沟通，故两原告不能提起本案诉讼。（2）虽然两原告是涉案权利作品《热血传奇》计算机软件著作权登记的共有著作权人，但不能证明其对所有游戏元素都享有著作权。原告主张《热血传奇》游戏构成类电影作品，但游戏没有演员、导演、制片者及拍摄环节，原告未举证该游戏的全部画面及证明其对各游戏元素享有美术作品或文字作品著作权，故原告主张类电影保护缺乏依据。(3)该游戏诸多元素或抄袭于早期其他游戏，或来源于现实生活，均不具有独创性，且原告公证的游戏内容多属于《传奇续章》，与《热血传奇》是不同的游戏。(4)《王者传奇》和《热血传奇》不存在实质性相似。两者比对时应去除如游戏控制方式等属于游戏设计理念范畴的部分及角色扮演类游戏通用的背景、场景、人物、道具、怪物等部分，去除后二者相似元素数量很少。(5)《王者传奇》对外宣传内容均指向该款游戏，"热血经典""传奇"等词语并非原告专用，故不会引人误解，不构成虚假宣传的不正当竞争。(6)即使认定构成侵权，因《王者传奇》中含有很多独创性设计，也不应判决下架。原告对赔偿金额亦未能举证其损失。

法院经审理查明：

一、《热血传奇》游戏知名度、权属等相关情况

《热血传奇》是由娱美德公司于2000年开发的一款大型多人在线角色扮演游戏，由案外人上海盛大网络发展有限公司于2001年在中国推出。游戏背景发生在"玛法大陆"，具有战士、法师、道士3种职业。该游戏自面世至今一直具有极高的品牌价值和市场认可度。

2016年至2018年，原告对百度搜索，并在《热血传奇》官网下载、安装、运行该游戏的过程，以及该游戏组成包括主界面、角色图像及介绍、魔法技能、装备物品、道具、地图、怪物、控制方式、特殊功能及设置等内容进行了证据保全。

《热血传奇》自2001年至2010年，上线了多个代表性版本。两原告认为《热血传奇》游戏运营时间长、跨度大，存在不同版本，但始终是同一款游戏。各版本有"重装上阵""传奇续章""幻境沙巴克"等不同名称，但并非新的游戏，且根据相关协议约定，娱美德公司对《热血传奇》游戏的各个版本均享有著作权。

2000年11月10日，《热血传奇》在韩国完成著作权登记，程序著作者为娱美德公司和亚拓士公司。2003年8月18日，传奇游戏软件在我国完成计算机软件著作权登记，著作权人为娱美德公司和亚拓士公司。2017年5月，娱美德公司分立成立传奇IP，由传奇IP承继《热血传奇》的著作权，并完成著作权变更登记。

二、与《王者传奇》手游创作、运营及内容等相关的事实

《王者传奇》是一款大型动作角色扮演类游戏。游戏背景故事为"玛法大陆"上"玛法人""兽人"等族群的秩序重建。3个最强职业分别为战士、法师、道士。

2016 年 9 月 20 日，盛和公司开发完成了《王者传奇》手机游戏软件，并于 2016 年 10 月 11 日在我国完成计算机软件著作权登记，著作权人为“盛和公司”。盛和公司还主张其享有《王者传奇》人物形象的著作权，其提供作品名称为“《热血重燃》系列人物图案设计”的美术作品登记证书，作者、著作权人为“盛和公司”，创作完成时间为“2017 年 6 月 8 日”，后附 6 个人物美术形象。2017 年 8 月 14 日，盛和公司经商标局核准，分别在第 35、38、42 类注册了“王者传奇”商标。

2017 年 3 月 24 日，根据原文化部《国家网络游戏备案通知单》及中国文化市场网《王者传奇》查询结果显示，《王者传奇》进行过备案，出品单位为“盛和公司”、报备及运营单位为“恺英公司”。2017 年 5 月 26 日，根据国家新闻出版广电总局《关于同意出版运营国产移动网络游戏〈王者传奇〉的批复》及《网络游戏出版物号（ISBN）核发单》显示：《王者传奇》出版单位为“杭州汉唐文化传播有限公司”、运营单位为“盛和公司”，网络游戏出版物号 ISBN978 – 7 – 7979 – 7880 – 4。

《王者传奇》游戏运营历程如下：2017 年 1 月首次外网内测版本、2 月外网二测版本、3 月正式公测版本完成。后又推出正式运营版。

根据工业和信息化部 ICP 备案信息查询结果显示，网站名称“恺英网络”（首页网址：www. kingnet. com）的主办单位为被告恺英公司，网站（首页网址：www. papa91. com）的主办单位为被告欢游公司。

恺英网络网页上显示有“恺英历程”，其中涉及 2017 年 4 月《王者传奇》上线后连续 8 个月夺得华为游戏中心畅销榜第一；公司业务之平台业务显示有“XY 苹果手机助手、XY 游戏以及啪啪多屏游戏厅等平台，作为恺英网络力推的分发多平台项目……”

2017 年 5 月 11 日，原告对《王者传奇》手游内容、运营、宣传推广等页面进行证据保全。百度搜索“王者传奇”，点击结果中的“王者传奇手游王者传奇手游官网　攻略　王者传奇手游礼包……九游”，页面地址栏显示 www. 9game. cn/wzcqol，分别点击“安卓版下载”之“详情”“游戏新闻”之“更多”“《王者传奇》最强传奇背景故事介绍”“《王者传奇》最强职业解析”“《王者传奇》部分系统玩法说明”“《王者传奇》最强宣传视频　燃爆传奇巅峰”等内容。百度搜索“恺英网络”，进入第一搜索结果“www. kingnet. com”网页，显示“恺英网络”字样,在导航条中的“恺英产品”下拉菜单可见“平台业务”之“啪啪游戏厅”,页面下端显示“欢游公司版权所有”。再进入 www. papa1. com/game - detailed/223543646. html 网页,显示有“啪啪游戏厅”字样及“王者传奇 - 兄弟热血再战”游戏,游戏介绍可见“《王者传奇》延续传奇经典设置并融合一些创新的特色玩法……”,游戏宣传截图可见“重温经典热血继续　沙城争霸”等内容。

同日,原告还保全了以下内容:上网下载并安装“啪啪安装厅”,搜索“王者传奇”,对搜索结果第一条软件“王者传奇 - 兄弟热血再战”进行下载并安装,游戏详情页面可见“重温经典　热血继续　沙城争霸”等内容;游戏介绍页面可见“《王者传奇》延续传奇经典设置并融合一些创新的特色玩法……”;评论区可见“经典,游戏风格和以前的传奇很相似,赞”;进入游戏界面左上角可见“王者传奇”字样下小字“热血经典 1.76”;游戏协议界面可见“盛和网络及其关联公司”等权利声明内容。

2017 年 6 月 7 日,原告证据保全内容为:进入 m. tanwan. com/wzcq 页面,可见“贪玩蓝月:传奇来了……传奇再现……复刻 1.76”等内容。“媒体”栏可见“《王者传奇》手游评测”内容,两原告结合安装包文件名“wzcq”及若干界面、地图、人物、属性、怪物、技能、物品、装备比对,认为《王者传奇》和《贪玩蓝月:传奇来了》实际为同一款手游。

2017 年 6 月 30 日,原告证据保全内容为:下载、安装“啪啪游戏厅”并下载、安装游戏“原始传奇 - 王者传奇”,进入游戏界面可见,“著作权人:盛和公司”等信息。

2017 年 7 月 6 日,原告证据保全内容为:在“恺英网络”之“恺英产品”中可见“啪啪游戏厅”,进入后点击“原始传奇 - 王者传奇”可见“审批文号新广出审[2017]4515 出版物号 ISBN978 - 7 - 7979 - 7880 - 4 文网游备字[2017]M - RPG 0276 号”,游戏介绍可见“《原始传奇》延续传奇经典设置并融合一些创新的特色玩法”,游戏宣传截图可见“重温经典热血继续 沙城争霸”等内容。

2019 年 9 月 11 日,原告证据保全内容为:登录 wzcq. xy. com 下载《王者传奇》;登录悟饭游戏厅(www. 5fun. com)搜索“王者传奇”第一条显示为“原始传奇 - 王者传奇”,安装后在登录界面可见“审批文号新广出审[2017]4515 出版物号 ISBN978 - 7 - 7979 - 7880 - 4 文网游备字[2017]M - RPG 0276 号”,且先后两次操作后,出现了游戏“获取—启动”的变化,两原告据此认为,上述页面载明情况可以证明“原始传奇”实际是“王者传奇”的更名版,实质系一款游戏。

此外,娱美德公司、传奇 IP 还自行就安卓网、3454 网、游窝游戏网上有关《王者传奇》及游戏鸟网、玩游戏网、悠游网、西西软件园网上有关《贪玩蓝月:传奇来了》的下载信息进行截屏固定,以证明 2017 年 6 月诸多平台运营推广《王者传奇》的事实。自行就九游网上有关《王者传奇》手游的相关开服等推广页面进行截屏固定,以证明至 2017 年 9 月其仍在持续运营推广。另外,娱美德公司曾向案外人苹果公司就应用程序《贪玩传奇－热血战场　兄弟等你来战》涉嫌侵权进行投诉,后苹果公司于 2017 年 8 月底对游戏作出下架处理。

2017 年 1 月 1 日,盛和公司(研发公司/甲方)与恺英公司(发行运营公司/乙方)、欣烁公司(推广联运公司/丙方)签订《〈王者传奇〉独家发行运营推广合作协议》,约定:甲方为中文版《王者传奇》及后续同品牌系列网络游戏的出版和网络出版相关权利运营权的合法拥有者。甲方许可乙方在协议区域内,独家使用、运营、维护甲方提供的《王者传奇》及后续同品牌系列网络游戏的服务器端程序、网络运营技术,乙方同意在协议区域内对标的物进行发行、使用、运营、销售和服务。作为乙方享有的《王者传奇》独代权的例外,甲方在授权区域内授权丙方对《王者传奇》及后续同品牌系列网络游戏的服务器端程序、网络运营技术进行联运推广,授权丙方与第三方联运平台签订联运协议。乙方同意并认可甲方对丙方的授权。丙方同意在协议区域内对标的物进行联运、推广,并与第三方联运平台签订联运协议。三方同意案本协议约定分配标的物运营收入的分成金额等内容。

当日,恺英公司(委托方/甲方)与盛和公司(受托方/乙方)还签订《技术开发(委托)合同》,约定:甲方委托乙方研究开发《王者传奇》V2.0.0 游戏软件,并支付开发经费及报酬 3000 万元,甲方提供王者传奇所有客户端、服务端代码文档以及注释文档、策划文档、美术文档以及产品所需要的基础资料,乙方完成 demo 版本、所有游戏策划方案、公测商业化版本,公测版本。甲方享有著作权及版号申请权。同年 4 月 25 日双方签订《补充协议》,约定:作为乙方提供维护及支持服务的回报,甲方支付乙方游戏月运营收入的 15% 作为技术服务费等。

根据欣烁公司、欢游公司、恺英公司自述,欣烁公司授权欢游公司非独家代理运营《王者传奇》游戏。《王者传奇》目前运营的版本为 V1.0.7.148,自 2017 年 7 月 17 日以来运营至今。

三、侵权比对情况

审理中,原、被告双方分别就两款游戏从整体到分类进行详细比对。两原告认为,在核心要素上,《王者传奇》手游的人物角色、武器、服装、项链、手镯、戒指、技能、怪物均与《热血传奇》实质性相似,防具、其他道具、NPC 部分与《热血传奇》实质性相似,并从设计、名称、外观、属性等角度对以上要素进行分类详述。其还认为两款游戏在操作方式、地图、建筑物及地形背景及攻击模式、组队设计等特殊设置上亦存在近似。

四被告认为,两原告比对要素仅占《王者传奇》手游较小比例,《王者传奇》手游在武器、服装、配饰、怪物、整体界面等方面亦有很多特有设计,并认为原告主张的诸多元素并不构成相似,人物角色"战法道"、武器外观等设置、属性属于通用设计,部分手游特效、界面等属于思想范畴,且《热血传奇》的诸多元素设计抄袭了在先的其他游戏,或来源于现实生活,不认可具有独创性。四被告对其他包括《仙剑奇侠传》《暗黑破坏神》等在内的相关游戏进行元素等比对,认为《热血传奇》中的诸多素材已成为"传奇类"动作角色扮演游戏的通用素材,传奇模式也被大多数网络厂商遵循效仿,"传奇类"游戏的共同特征包括"战法道"职业、对应专属技能、PK 模式、地图分区域、红蓝数值、特殊功能道具、可交易、有怪物等。

四被告还认为《王者传奇》手游正式运营版与娱美德公司等公证时的公试版相较,已迭代优化,部分名称、美术设计也有变化,部分名称未变但美术设计已变化。

四、被控虚假宣传不正当竞争情况

在恺英网络 www. kingnet. com 可见"啪啪游戏厅"产品,输入相应网页地址可见《王者传奇 - 兄弟热血再战》下载界面,游戏介绍可见"延续传奇经典设置";通过手机下载安装"啪啪游戏厅",搜索《王者传奇》游戏,游戏详情介绍可见"延续传奇经典设置";在九游网的《王者传奇》手游宣传中可见"官方正版经典升级 经典 1.76 传奇"等内容。

此外,两原告还就《王者传奇》手游获利情况进行举证。

【裁判结果】

上海市普陀区人民法院于 2019 年 12 月 27 日作出(2017)沪 0107 民初 24009 号民事判决:(1)被告欣烁公司、欢游公司、恺英公司、盛和公司于本判决生效之日起立即停止侵犯《热血传奇》游戏著作权的行为,即开发及运营的《王者传奇》手游中不得含有侵犯《热血传奇》游戏著作权的内容;(2)被告欣烁公司、欢游公司、恺英公司、盛和公司于本判决生效之日起立即停止虚假宣传的不正当竞争行为;(3)被告欣烁公司、欢游公司、恺英公司、盛和公司于本判决生效之日起10日内连带赔偿原告娱美德公司、传奇IP经济损失25,000,000元;(4)被告欣烁公司、欢游公司、恺英公司、盛和公司于本判决生效之日起10日内连带赔偿原告娱美德公司、传奇IP合理费用250,000元;(5)对原告娱美德公司、传奇IP的其余诉讼请求不予支持。

宣判后,原、被告均未上诉,判决已经生效。

【裁判理由】

法院认为,本案主要争议焦点如下。

一、《热血传奇》权利客体问题

《热血传奇》游戏属于大型多人在线角色扮演类游戏,具有较高的角色代入感和多玩家交互性。从整体目的和功能来看,其主要用途是为玩家提供娱乐、休闲、交流等服务,由国家新闻出版广电总局审批、经原文化部备案,具有文化艺术领域范畴的特性;从创作过程来看,其是一个耗费大量人力、物力、财力并且非常复杂的创作过程,具有极高的独创性;从载体类型来看,其玩家需要通过互联网在电脑上下载安装游戏客户端软件才能在线运行游戏,可以通过有形形式予以复制。故《热血传奇》属于我国著作权法保护的作品。

关于《热血传奇》的作品类型,法院认为,运行网络游戏产生的连续动态游戏画面,符合以类似摄制电影的方法创作的作品的构成要件,受著作权法保护。从游戏最终呈现效果来看,网络游戏最终显示在屏幕上的整体画面,是以其计算机程序为驱动,将文字、音乐、图片、音频、视频等多种元素,以体现和服务游戏玩法和游戏规则为目的形成的有机、连续、动态组合的呈现。因此,网络游戏并不仅仅是静态美术作品的动画效果,还是1个复合元素组成的完整、独立的作品,是由游戏名称、场景地图、故事情节、人物形象、文字介绍、对话旁白、背景音乐、游戏规则的特定呈现方式等一系列独创性元素组成的整体。《热血传奇》作为一款角色扮演类网络游戏,存在大量具有独创性的人物角色、道具、技能、NPC、怪物、场景、地图、建筑物等游戏组成要素,这些游戏组成要素的名称、外观等与具体的属性及参数项设定、界面设置、功能设置等相结合,并通过界面转换、功能设计、连续操作等推进游戏叙事情节的推进。玩家可以体验角色选择、历经成长、开展对战等一系列游戏事件和剧情,获得视听体验,游戏整体画面从表现效果来看，是随着玩家的不断操作，呈现出的连续动态的图像，与电影作品的欣赏体验类似。故可将《热血传奇》游戏整体运行画面认定为类电影作品。

在确定著作权保护范围时，应当将不具有独创性的表达部分、有限表达和公有领域的表达内容过滤出保护范围。尽管人物属性、参数设计本身属于游戏的通用设置，但《热血传奇》游戏整体上的独创性指向的是角色职业、参数设置、外观、武器、服装、技能的组合、取舍、选择和安排等，这并不属于有限表达或公有领域的表达范畴。关于游戏中的道具、怪物、NPC 等若干形象来源于现实生活及在先游戏的问题，法院认为，首先，《热血传奇》游戏中怪物及 NPC 等元素是在现实的基础上进行的艺术再创作，与现实元素并不完全相同，这一创作过程包含了开发者的选择和取舍，使得其与现实元素的差异部分具有独创性。其次，单个游戏元素与其他元素的有机联合整体亦具有独创性，《热血传奇》游戏通过取舍、选择、安排、设计将这些元素辅以不同的功能、外形，分布到游戏的不同场景中，这种安排和取舍具有独创性。故上述内容亦不属于不具独创性或公知领域的素材。《热血传奇》的游戏界面和游戏操作方式，在剔除上文涉及的要素及对应关系的独创性表达内容之后，基于游戏一般空间布局习惯、功能设计需要、玩家操作习惯等原因，应属于网络游戏的常用设计，属于有限表达和公有领域的表达，两原告不能仅就这类设计本身享有著作权。

此外，不同时期的《热血传奇》游戏版本更新都是在原有游戏版本内容基础上进行的增加和扩充，《传奇续章》是以《热血传奇》英雄、内功等核心玩法为基础进行适当简化后的游戏版本，游戏核心内容没有实质变化，游戏对比中出现的《热血传奇》游戏内容基本同时存在于 2005 年《热血传奇》、2010 年《传奇续章》及 2015 年《热血传奇》版本中。根据 2016 年《热血传奇》游戏录像中的显示内容，自 2004 年审批以来并没有就不同的历代游戏版本单独进行过审批。故法院认为，上述 3 款游戏均是《热血传奇》游戏在连续运营过程中演化发展而来的不同版本，而并非独立的新的游戏。

二、四被告是否实施了侵犯《热血传奇》著作权的行为

《热血传奇》是在中国连续运营 10 余年的经典网络游戏，游戏知名度高，包括本案中涉及比对的 2005 年《热血传奇》、2010 年《传奇续章》及 2015 年《热血传奇》的发表时间均早于《王者传奇》手游，可以认定作为游戏行业的从业主体应当知道《热血传奇》游戏的存在，具有接触可能性。

判断作品是否构成实质性相似一般采用综合判断的方法，应比较作者在作品表达中的取舍、选择、安排、设计等是否相似。在网络游戏相似性对比中，通常通过人物角色、武器、道具、服装、技能、地图、怪物、建筑物等游戏具体内容逐一比对判断两款游戏整体是否构成实质性相似。在角色扮演类游戏中，上述内容并不是割裂的，不同的人物角色职业对应着不同的武器、道具、服装和技能等人物要素，而不同的地图对应着不同的怪物、NPC 和建筑物等场景要素，人物要素和场景要素整体上统一构成了角色扮演类游戏作品的核心表达内容。

判断作品是否构成实质性相似的重要考虑因素之一是两作品相似的表达是否属于原告主张权利作品的核心内容。在案证据显示，《热血传奇》与《王者传奇》人物角色均有“战士”、“法师”和“道士”3 种职业，且分含男、女，人物角色的主副属性设置中 15 项名称相似，人物角色外观包括服装、装备、姿态等相似，虽有诸如头盔、细节设计等差异，但尚不构成实质差别。尽管《热血传奇》游戏迭代后，对人物站立时手持装备《热血传奇》姿态有删减，但 3 种职业共计 6 款人物角色整体外观仍具较高相似度，且两款游戏的人物角色中有 6 项战士技能、8 项法师技能、8 项道士技能的设计、名称相同或相似。截至《王者传奇》手游角色升级至 80 级，两款游戏中共计 27 种武器类道具（分别对应 3 种角色）、36 种服装类道具（分别对应 3 种角色）、17 个项链类道具、18 个手镯类道具、18 个戒指类道具、45 个防具类道具、46 项其他道具、57 种怪物、71 个怪物名称和/或外观和/或属性和/或功能和/或出现区域相同或相似。两款游戏中涉及比奇、土城、沙巴克城等地图，其中建筑物形态、布局、功能、细节装饰等具有相似性。迭代后，上述道具、技能等虽进行了部分改动，但多取音近、形近或意近的替换词，名称、外观及功能中至少有 1 项仍与《热血传奇》游戏相似。综上，法院认定，两款游戏涉及的上述内容构成实质性相似。两原告主张《热血传奇》游戏整体构成类电影作品，四被告则认为，两原告将各元素作比对的方式，并不符合类电影作品实质性相似的比对要求，法院认为，两原告的举证除各游戏组成要素的名称、外观等之外，还包括了与之相匹配对应的属性及参数项设定、场景设置、界面设置、技能设置、功能设置等内容，尽管从比对说明的呈现方式来看是静态的，但这些要素内容实质会通过界面转换、功能设计、连续操作、连续画面等动态方式推进游戏叙事情节，这在对游戏进行试玩的公证录像中能得以体现，因此可以认定原告的举证已达到类电影作品实质性相似比对的要求。至于四被告举证并主张，《王者传奇》手游在武器、服装、项链、手镯、戒指、技能、其他道具、怪物、NPC、地图、防具等部分存在占比较高的其他独创性设计内容，对于本案两原告主张的《王者传奇》手游侵犯了《热血传奇》游戏的改编权、信息网络传播权，法院认为未经许可在被诉侵权作品中使用了原作品的表达，并创作出具有独创性的新作品，属于改编行为。改编行为区别于复制行为的特征即为在使用原作品的表达基础上，形成了具有独创性的新作品。因此，就两原告主张的著作权权项来看，其实际也认可了《王者传奇》手游中存在新元素，并不仅仅是对《热血传奇》的复制行为，但这并不影响认定《王者传奇》手游与《热血传奇》游戏中实质性相似的部分构成对《热血传奇》改编权的侵害。此外，公众可以在其个人选定的时间和地点获得《王者传奇》手游，构成通过信息网络传播《王者传奇》游戏的行为。

在案证据显示，2016 年 9 月盛和公司开发完成了《王者传奇》手游，并授权恺英公司、欣烁公司、欢游公司进行推广运营，因《热血传奇》共有著作权人娱美德公司与亚拓士公司，包括承继主体传奇 IP 均未授权四被告等改编并运营《王者传奇》手游，故认定盛和公司侵犯了《热血传奇》游戏的改编权和信息网络传播权，恺英公司、欣烁公司、欢游公司侵犯了《热血传奇》游戏的信息网络传播权。

三、四被告是否实施了虚假宣传的不正当竞争行为

《热血传奇》游戏在中国已连续运营多年，具有极高知名度和广大玩家基础。两原告基于《热血传奇》著作权人积累了良好声誉，而《王者传奇》手游亦属游戏行业，因此两者具有较强竞争关系。尽管“传奇”一词本系常用词汇，但结合《热血传奇》版本沿革情况及游戏运营时间，“正版”“经典”“1.76”等词汇具有指向《热血传奇》游戏的含义，《王者传奇》手游在游戏运营推广期间，使用了“延续传奇经典设置、官方正版、经典升级、经典 1.76 传奇”等宣传用语，该宣传方式较易使玩家对两款游戏具有关联性产生误解，较易成为吸引玩家的重要指标，因此属于虚假宣传的不正当竞争行为，且《王者传奇》手游在啪啪游戏厅、九游网等游戏下载平台上分别出现了四被告的信息，考虑到四者的授权运营关系，法院认定，四被告实施了涉案宣传行为，构成虚假宣传的不正当竞争。

四、四被告应承担的民事责任

关于停止侵权，四被告应立即停止侵犯《热血传奇》游戏著作权及虚假宣传的不正当竞争行为。关于赔偿责任，结合盛和公司和恺英公司就《王者传奇》手游的授权运营模式及预设的 IP 授权金分担方式，欣烁公司和欢游公司又系恺英公司的全资子公司以及四者的关联关系等，可以认定四被告具有紧密关系，共享游戏开发运营利益,应就涉案著作权侵权及不正当竞争行为共同承担赔偿责任。两原告以四被告的获利作为损害赔偿的计算依据,在四被告未能提交涉案游戏具体营收证据的情况下,法院推定两原告主张的《王者传奇》手游流水收入等具有可参考性。但考虑到游戏流水与实际获利无法直接等同,法院将结合涉案作品的性质、类型、影响力、实际运营主体及运营情况、被告侵权使用的情况及方式、被告主观过错、持续时间、游戏业的一般盈利可能性、游戏受众认知情况等因素综合考虑,酌情确定赔偿数额。至于两原告主张《王者传奇》《原始传奇》《贪玩蓝月》等实为同一款游戏,因四被告对《王者传奇》持续运营并不持异议,故本院将在综合因素考量中一并予以考虑。因亚拓士公司作为《热血传奇》游戏的共有著作权人之一未提出诉请主张,其相应权利份额由其与两原告自行协商,本案中不予处理。维权合理费用根据诉讼标的、案件复杂程度、律师工作量等酌情予以支持。

【案例注解】

数字经济蓬勃发展的今天,游戏产业快速更迭,涉及游戏领域的著作权及不正当竞争纠纷也在不断面临新情况、新问题。伴随游戏形式从传统的单一化向三维动态、虚拟交互式方向演化,一方面,对游戏画面的保护从静态走向动态,带来有关动态游戏画面著作权属性的认定问题;另一方面,海量游戏角色、道具、服装、技能、场景等元素的动态呈现,也会带来游戏画面的侵权比对问题。

一、游戏画面的作品性质

审理著作权侵权案件时,需要首先明确原告所主张的作品类型。由于法律的更新速度不及新业态的发展速度,我国《著作权法》所明确列举的作品类型中并未包含“游戏作品”这一新兴的作品种类。这就带来了对游戏作品性质的认定问题。

(一)将游戏画面认定为类电影作品

将游戏画面作为类电影作品(现为视听作品)保护,是目前审判实践的主流做法。本案亦采取该认定方法,即从游戏画面的连续动态性、各元素的衔接、编排的独创性、整体画面效果与电影作品的相似性,认定原告的权利作品为类电影作品。需要说明的是,本案裁判于 2019 年,当时仍适用 2010 年修正的《著作权法》。2020 年《著作权法》修正后将第 3 条第 6 项的“类电影作品”修改为“视听作品”。故在对本案进行分析时,基于当时的判决,仍主要以“类电影作品”进行表述。

然而，对照我国《著作权法实施条例》关于类电影作品的规定，其表述的“类电影作品是指摄制在一定介质上，由一系列有伴音或者无伴音的画面组成，并且借助适当装置放映或者以其他方式传播的作品”。就游戏画面而言，其一，未必满足摄制在一定介质上，现在的网络游戏多是通过网络技术、源代码生成，与电影的“摄制”制作方法并不等同；其二，类电影作品强调由有伴音或者无伴音的画面组成，但并未突出是“连续画面”。对此，司法实务和学术领域已有相关回应，指出对于类电影作品的保护，主要是基于其作品的独创性，而非作品的摄制方式、介质，如果过于限缩类电影作品的制作条件，将使得现在很多新类型电影，诸如特效电影、科幻电影、动漫电影等都无法得到保护。①

至于类电影作品是否保护“连续画面”的问题，《著作权法实施条例》第5条第3项提到了录像制品，是指“类电影方法创作的作品以外的任何有伴音或者无伴音的连续相关形象、图像的录制品”。实践中，对录像制品和类电影作品的保护区别就在于二者独创性的程度。同样作为视听类作品，独创性程度低的作品会被认定为录像制品，独创性高的则会被认定为类电影作品（视听作品）。这种区分在涉KTV放映权侵权纠纷的案件中也很常见，对同一案件的被控侵权曲目，法院会根据独创性程度区分作品性质并分别确定赔偿数额。因此，如果独创性程度更低的录像制品都保护“连续画面”，那么类电影作品自然就更不用提了。从这里，我们可以看出，如果原告主张对其游戏画面以类电影作品保护，就需要对其游戏画面的独创性进行举证，主要是证明其游戏人物角色、服装、场景、道具等各元素及视听画面的选择、串联、设计是否达到了以类电影作品保护的标准。如果游戏画面整体的独创性程度不能达到类电影作品保护的高度，也可以以“录像制品”或者拆分具有独创性的元素进行单独保护。

本案中，法院基于《热血传奇》将大量具有独创性的组成要素、具体的参数项设定、界面设置、功能设置等相结合，并通过界面转换、功能设计、连续操作等推进游戏叙事情节，使得玩家在游戏剧情中获得与欣赏电影作品类似的视听体验，进而将《热血传奇》游戏画面认定为类电影作品。

2020年《著作权法》修正后，未对视听作品是否等同于类电影作品作出明确

---

① 参见李旭颖：《网络游戏画面的作品定性及相关著作权问题研究》，载《成都理工大学学报（社会科学版）》2017年第3期。

的定义表述。《视听作品国际登记条约》将视听作品定义为:由一些列相关固定图像组成,带有或不带伴音,能够被看到的,并且带有伴音时,能够被听到的任何作品。基于此,多数观点认为视听作品与类电影作品的概念相当,本质都是有伴音或者无伴音的画面组成。近年来,游戏维权的总体趋势也是将网络游戏作为视听作品进行主张,法院的认定思路亦主要围绕视听作品进行论证。

(二)适用"兜底条款"保护

2020 年修正并于 2021 年施行的《著作权法》将第 3 条的"兜底条款"修正为"符合作品特征的其他智力成果",故也有观点提出可以将游戏画面这种新型作品,作为"其他智力成果"加以保护,并已有相关判决适用。在涉"率土之滨案"中,法院突破主流的类电影作品定义,认为电子游戏与类电影在独创性呈现、创作基础、功能价值、传播手段等方面存在本质不同,应纳入"符合作品特征的其他智力成果"予以保护。[①]

对此,笔者认为,考虑到类电影作品和游戏画面确实在创作方式、画面特点、表现形式等方面存在诸多不同,且将游戏画面认定为类电影作品本身也是对法定作品类型的扩大解释,故以"符合作品特征的其他智力成果"定义游戏作品,具有一定的合理性,可以考虑在今后的游戏画面定性中予以适用。

二、动态游戏画面的侵权比对规则

接触加实质性相似是著作权侵权行为审查的通用规则。关于"接触可能性"一般不难判断,只要原告能够举证证明其享有权利的游戏著作权登记时间、首发时间等关键时间节点早于被控侵权游戏的发表时间,就能使法院相信被告具有接触可能。故对游戏画面侵权比对的难点在于对实质性相似的判断。

(一)剔除不受版权保护的要素

《著作权法》只保护思想的表达,但是不保护思想本身。[②] 对表达也不是一律保护,要求具有一定的独创性,而非有限表达和公有领域的表达。

对网络游戏进行实质性相似比对,首先要抽离游戏中有关主题、情感、思想的部分,以及有限表达、公有表达的部分。

网络游戏中关于思想和表达的争议一般体现在对游戏规则、玩法的理解上。有的观点认为,游戏的规则、玩法即使是独立设计且有创新成分,也是思想

① 参见广州互联网法院民事判决书,(2021)粤 0192 民初 7434 号。

② 参见应振芳:《思想、表达与知识产权》,载《电子知识产权》2006 年第 3 期。

范畴。[1] 有的观点则认为游戏的规则可能同时包含思想和表达。比如，以玩家的自我视角进行汽车竞赛或者射击游戏，属于游戏规则中的"思想"部分，但是对于游戏中的玩法设置以及具有叙事性的更详尽细致的游戏规则就可能构成表达。对此，在去除游戏中的思想时，有的法院会采取金字塔式的五分法，即层层剥离游戏规则中的思想部分直至表达的推理过程。对于第1、2层的游戏类型、定位、概念、规则、方法等高度抽象的部分，划入思想范畴；对之后的第3～5层，根据布局设计、界面整合、剧情传达逐渐具体化，游戏规则不断完善的过程，在独创性分析的基础上，结合玩家的综合体验判定是否属于表达。

而对有限表达和通用表达的判断，则需要从相关游戏要素的创作空间及客观的用户习惯等因素综合衡量。比如，很多网络游戏都会在游戏界面中设置聊天界面、角色属性界面、任务界面、排行榜界面等，因为上述界面创作空间有限，且在长期使用过程中，形成了一些符合用户习惯的常规设计（红色代表生命、刀剑代表武器、宝箱代表宝藏等），对这种表达，就应当在比对时加以排除。

本案中，原告主张两款游戏的人物角色、武器、服装、项链、手镯、戒指、防具、技能、怪物、NPC等核心要素全部或部分构成实质相似，并主张各元素的参数设置、游戏界面、游戏操作方式、功能设置、特殊设计等亦构成近似。被告则认为两款游戏的人物角色、人物形象、服饰外观等诸多元素都属于通用设计、通用表达，且很多源于在先设计，而技术特效、游戏界面、游戏操作方式等内容则属于思想，不受保护。因此，在对两款游戏进行实质性相似的比对时，应当首先剔除不受《著作权法》保护的部分，再进行下一步的比对。本案在过滤时，对于《热血传奇》的游戏界面和游戏操作方式中涉及游戏一般空间布局习惯、功能设计需要、玩家操作习惯等因素的设计，未认定属于思想范畴，而是以属于同类游戏中的常规设计，构成公有表达为由未予支持。

（二）整体比对+逐一比对

对动态连续的游戏画面，很难实现逐帧比对。故其比对方式与类电影作品比对方法类似，法院一般会采取整体比对和元素逐一比对相结合的方法判断相似度。

逐一比对，就是在去除前述不受著作权保护的要素后，对剩余的画面、文

① 参见张伟君：《呈现于视听作品中的游戏规则依然是思想而并非表达——对若干游戏著作权侵权纠纷案判决的评述》，载《电子知识产权》2021年第5期。

字、音频、声效、角色等游戏核心元素进行全面地逐一比对，当两款游戏核心要素的相似表达在数量、比例上达到一定程度时，就会构成实质性相似(见图1、图2)。比如，本案在对单个元素如人物角色进行比对时，不是仅仅对角色的形象整体进行比对，而是对角色的职业、性别设置、主副属性设置、外观设计(包括服装、装备、姿态等)等均进行了比对；在比对的元素项目和数量的确定上，亦是按照相关游戏元素在原告权利作品的重要程度及所占比例选取，以避免出现过度审查的情况。

整体比对，就是从整体上感知两款游戏的画面效果、视听效果是否构成实质性相似。因为游戏画面的动态、连续属性决定了单纯的元素近似，并不一定代表游戏画面整体的实质性相似，如果两款游戏在各元素的组合方式、整体的叙事情节上存在显著差异，也未必会被认定构成侵权。因此，本案在对各游戏元素进行逐一比对的基础上，还从这些元素的界面转换、功能设计、连续操作、连续画面等动态方式推进所呈现的整体效果进行比对，认定构成实质性相似。

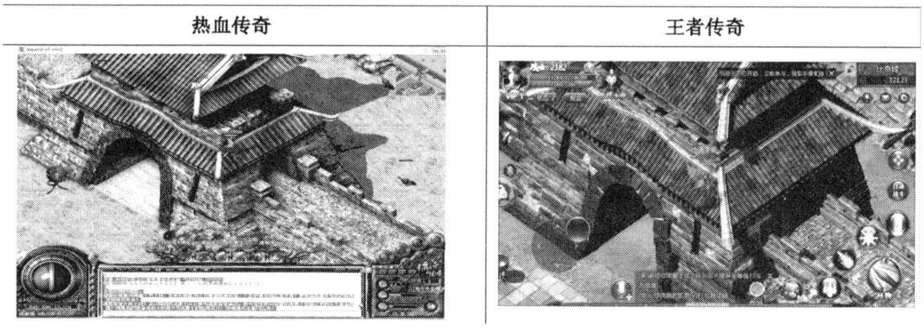

图1 逐一比对示例(建筑元素比对)

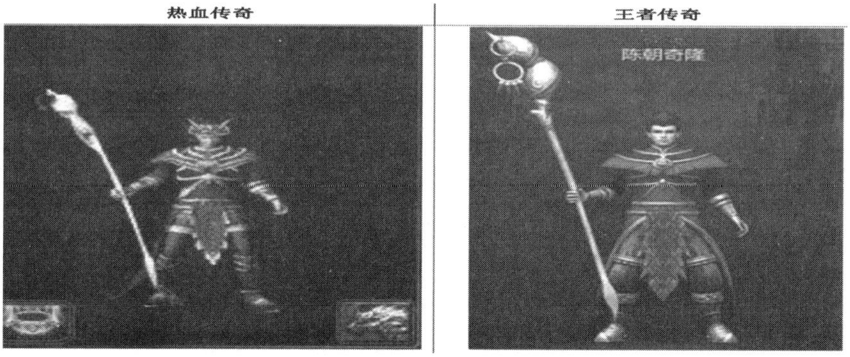

图2 逐一比对示例(法师人物角色比对)

三、结语

综上所述,如今的网络游戏不断突破以往的游戏类型,出现了角色扮演类、策略类、军事模拟类等诸多新类型游戏,将网络游戏画面作为类电影作品即视听作品保护在一定程度上符合当前游戏作品的发展特点。但与此同时,也可以进一步探讨将游戏画面作为“符合作品特征的其他智力成果”保护的界限。

在对游戏画面进行侵权比对时,既要注重对各核心元素独创性的审查,特别是表达上的组合、取舍、选择和安排,剔除不受著作权法保护的部分,也要切实平衡好保护知识产权和鼓励市场竞争的尺度。

(合议庭成员:鲁君、张佳璐、钱春林)

央视国际网络有限公司与深圳市开博尔科技有限公司等著作权侵权及不正当竞争纠纷案

——机顶盒模式多主体侵权责任认定

严伟雄　王安冬

关键词｜网络电视机顶盒　裸机出厂　代为安装　共同侵权

【裁判要旨】

网络电视机顶盒生产商尽管在产品出厂时未预装任何播放软件，也并无相关直播、回看、点播功能，但若其明知且支持销售商在机顶盒内安装软件，未经授权为用户提供电视节目的直播、回看、点播等功能，可认定机顶盒生产商和销售商就安装行为达成共识。通过此种“裸机出厂＋代为安装”的生产销售模式，生产商和销售商合作获取非法利益，构成共同侵权，应当共同承担相应责任。

【相关法条】

一、《中华人民共和国著作权法》（2010 年修正）

第十条　著作权包括下列人身权和财产权：

……

（十二）信息网络传播权，即以有线或者无线方式向公众提供作品，使公众可以在其个人选定的时间和地点获得作品的权利；

……

（十七）应当由著作权人享有的其他权利。

著作权人可以许可他人行使前款第（五）项至第（十七）项规定的权利，并依照约定或者本法有关规定获得报酬。

第十一条[①] 著作权属于作者，本法另有规定的除外。

……

如无相反证明，在作品上署名的公民、法人或者其他组织为作者。

二、《最高人民法院关于审理著作权民事纠纷案件适用法律若干问题的解释》（2002年）

第七条 当事人提供的涉及著作权的底稿、原件、合法出版物、著作权登记证书、认证机构出具的证明、取得权利的合同等，可以作为证据。

在作品或者制品上署名的自然人、法人或者其他组织视为著作权、与著作权有关权益的权利人，但有相反证明的除外。

【案件索引】

一审：上海市普陀区人民法院（2015）普民三（知）初字第312号民事判决书（2016年7月29日）

二审：上海知识产权法院（2017）沪73民终25号民事判决书（2017年5月31日）

【基本案情】

原告央视国际网络有限公司（以下简称央视国际公司）经中央电视台授权，取得央视22套电视频道以及包括《今日说法》《焦点访谈》等多个电视节目之独占性地通过信息网络（包括但不限于互联网络、移动平台、IP电视、车载电视等新媒体传播平台）向公众传播、广播（包括但不限于实时转播或延时转播）、提供之权利。原告在被告上海科洛弗国际商贸有限公司（以下简称科洛弗公司）经营的天猫店铺购得机顶盒一台，产品外包装上标注有被告深圳市开博尔科技有

① 《著作权法》（2020年修正）第11条规定："著作权属于作者，本法另有规定的除外。创作作品的自然人是作者。由法人或者非法人组织主持，代表法人或者非法人组织意志创作，并由法人或者非法人组织承担责任的作品，法人或者非法人组织视为作者。"第12条规定："在作品上署名的自然人、法人或者非法人组织为作者，且该作品上存在相应权利，但有相反证明的除外……"因本案一审、二审判决时间分别为2016年和2017年，故当时适用的是2010年修正的《著作权法》。

限公司(以下简称开博尔公司)的企业名称等信息。原告发现被告开博尔公司生产的、被告科洛弗公司销售的“K670I网络电视机顶盒”通过互联网向用户提供电视直播、回播和点播央视频道以及电视节目的功能。

经查,涉案产品天猫网店购买页面、被告开博尔公司的官网及直销平台、第三方网站的测评文章等,都显示该播放器具有直播、免费看电视和回看等功能。根据被告开博尔公司的客服介绍,在国家广播电视总局(以下简称广电总局)禁止机顶盒内置网络平台的政策发布后,涉案型号机顶盒不再具有网络播放功能。被告开博尔公司在官网披露被告科洛弗公司系其的上海总代理。

原告诉称,被告开博尔公司生产、被告科洛弗公司销售的网络电视机顶盒未经原告授权,提供央视电视频道以及电视节目的直播、回播和点播服务,侵犯了原告的著作权及相关权利,同时违反公平原则和诚实信用原则,构成不正当竞争行为,请求判令:(1)两被告立即停止对原告著作权及相关权利的侵害;(2)两被告在《法制日报》之非中缝位置、新浪网科技频道(http://tech. sina. com. cn)、腾讯网科技频道(http://tech. qq. com)上刊登侵权声明,消除影响;(3)两被告连带赔偿原告经济损失1,000,000元及合理费用50,000元,共计1,050,000元;(4)诉讼费由两被告承担。

被告科洛弗公司法定代表人自认涉案机顶盒上的播放软件为其安装,机顶盒出厂时没有预装任何软件,一般都由经销商刷机安装。被告开博尔公司辩称,其出厂的机顶盒不具有播放央视节目的功能,故无法确定本案公证购买的机顶盒为其生产,另开博尔公司仅是硬件生产商,不提供任何网络服务。

【裁判结果】

上海市普陀区人民法院于2016年7月29日作出(2015)普民三(知)初字第312号民事判决:(1)被告科洛弗公司、被告开博尔公司于本判决生效之日起立即停止侵犯原告央视国际公司著作权的行为;(2)被告开博尔公司于本判决生效之日起10日内赔偿原告央视国际公司包括合理费用在内的经济损失人民币250,000元,被告科洛弗公司对其中的人民币50,000元承担连带赔偿责任;(3)驳回原告央视国际公司的其他诉讼请求。

宣判后,被告开博尔公司不服一审判决,向上海知识产权法院提起上诉,上海知识产权法院认为,两被告就在涉案播放器内安装相应软件的行为达成共识,该软件使直播、点播、回看央视节目的功能得以实现,侵犯了原告央视国际公司享有的相应著作权及信息网络传播权。被告开博尔公司主张涉案软件提供的是链接服务，但并未举证证明，故该意见不予采信，故于2017年5月31日作出(2017)沪73民终25号民事判决：驳回上诉，维持原判。

【裁判理由】

法院生效裁判认为，本案的主要争议焦点为：(1)涉案机顶盒是否为被告开博尔公司生产、被告科洛弗公司销售；(2)两被告是否构成原告所指控的侵权行为以及是否构成共同侵权；(3)两被告应承担的民事责任。

一、涉案机顶盒是否为被告开博尔公司生产、被告科洛弗公司销售

被告科洛弗公司抗辩因公证举证的机顶盒实际型号与外包装不符，且发票出票日期与实际购买日期亦不一致，故否认该机顶盒系其出售。法院认为，原告购买涉案机顶盒的全过程已经公证监督，且网购下单的机顶盒型号与快递实际交付的机器型号亦一致，加之快递随附单据、发货信息均指向被告科洛弗公司，虽然该机顶盒外包装显示型号与实物不一致，但鉴于被告科洛弗公司表示出厂的机顶盒会经刷机以预装软件，故可知已预装软件的涉案机顶盒在发货前会从包装盒中取出，刷机后需再行包装，故可能在经历经销商二次包装后机顶盒包装所示型号与实物出现不符之情形，况且被告科洛弗公司亦自认对涉案机顶盒进行了刷机，因此在没有相反证据的情况下，法院认定被告科洛弗公司销售了涉案机顶盒。

同时，鉴于被告科洛弗公司系被告开博尔公司在其官网披露的授权代理商，故由其销售的涉案机顶盒，如无相反证据，可以认定系由被告开博尔公司生产。被告开博尔公司虽抗辩称已取消被告科洛弗公司相关授权以及市场上存在假冒其机型的情形，但当被告科洛弗公司开设的天猫店铺仍以开博尔华东官方直营店名义对外经营时，却未见开博尔公司取消授权的官网声明或禁止以“开博尔”名义继续代理的通知函件，加之亦无针对涉案机型打假维权的相应证据，综上，法院对涉案机顶盒系被告开博尔公司生产予以认定。

二、两被告是否构成原告所指控的侵权行为以及是否构成共同侵权

关于被告开博尔公司是否预装相关固件，法院认为，根据原告提供的被告开博尔公司官网截屏、客服电话录音以及其在庭审中的陈述，可区分为两个主要时间段，大致以广电总局相关限制政策发布为界。具体分析如下：

限制政策发布之前（早期），被告开博尔公司会预装相关固件。其官网发布的有关其生产的各型号机顶盒的文章中多以在线平台可实现视频点播、直播、回看为特色宣传其机顶盒功能，并发布以直播、点播央视节目为实例的演示视频以展现机顶盒在线功能的实际播放效果，特别是关于涉案同款机顶盒的评测文章中亦有对搭载在线平台及相关应用直播央视频道的介绍演示，以及有关“盛视高清固件更新”的报道，表明宣传所涉各机顶盒中均内置了相关应用平台，同时鉴于该等文章发布时间显示为2011年至2013年，与被告开博尔公司庭审时所述“早期会预装固件”亦相互印证。至于被告开博尔公司辩称该等机顶盒评测文章系从第三方网站转载而来，与其无关的意见，法院认为，第三方网站发布的有关机顶盒评测文章本身具有一定的客观性，并且被告开博尔公司将该等文章转载至其官网发布，应视为其自身对该等测评描述的认可。综上，法院认为，被告开博尔公司在早期预装了相关固件。

限制政策发布之后(后期)，原告提供的证据尚不足以证明被告开博尔公司预装了相关固件。原告在公证购买时有渠道选择自由，然其选择购买来自经销商平台的涉案机顶盒，而非直接购于被告开博尔公司自营自销平台；被告科洛弗公司自认由其安装固件；两被告当庭演示情况，虽其演示的机顶盒与原告公证购买的机顶盒不具同一性，但从技术角度来看确存可能性。综上，法院认为，原告提供的证据尚不足以证明被告开博尔公司在后期预装了相关固件。

然而，即使被告开博尔公司在后期未预装相关固件，是否就意味其不构成侵权，无须承担相应责任？法院认为，被告开博尔公司在限制政策发布之后，在其直营销售平台京东、天猫等店铺中仍以“电视直播、回播(看)、在线平台、免费”等卖点介绍涉案机顶盒功能，显然该等功能不是“裸机”所能实现的。被告科洛弗公司并非一般销售商，而是经被告开博尔公司官方对外公布的地区总代理，两者合作关系紧密。两被告亦明白，仅仅售卖“裸机”不仅会使涉案机顶盒在同类产品中丧失竞争优势，亦会大大影响销量，因而不仅被告开博尔公司在其自营平台如此宣传，作为其官网宣布的授权代理商，被告科洛弗公司在其天猫店铺中亦作类似宣传，两被告应当清楚该等宣传会使消费者对所购买的机顶盒具有前述功能产生预期，也就意味着最终交付给消费者的机器必然会内置相关应用。作为生产商的被告开博尔公司显然明白，因为同样涉及销售商利益，即使“裸机”出厂，该等应用也会由代理商“代为”安装，考虑到该等“代为”不仅符合被告开博尔公司的利益，且使其规避政策限制、侵权风险得以实现，加之声称“裸机”出厂却在其直营平台宣传相关应用功能来看，可知被告开博尔公司不仅默认而且支持这种由被告科洛弗公司“代为”安装的行为。两被告在限制政策出台后，通过这种“裸机出厂＋代为安装”的合作安排，以共同获取利益，故应共担责任。

本案中，被告科洛弗公司在涉案机顶盒中安装含有侵权链接的应用，使“直播”“点播”“回看”涉案央视节目得以实现，因此，在未经原告央视国际公司授权的情况下，“直播”涉案央视节目侵犯了原告对该等节目所享有的相应著作权，“点播”以及在一定时间段内“回看”涉案央视节目，亦侵犯了原告对该等节目所享有的信息网络传播权。如前所述，因两被告对该等侵权行为的实施具有合意，故被告开博尔公司应与被告科洛弗公司共同承担停止侵权、赔偿损失等民事责任。

三、两被告应承担的民事责任

关于原告要求两被告停止侵权的诉讼请求，于法有据，法院予以支持；关于赔偿数额，《著作权法》(2010 年修正)第 49 条规定，侵犯著作权或者与著作权有关的权利的，侵权人应当按照权利人的实际损失给予赔偿；实际损失难以计算的，可以按照侵权人的违法所得给予赔偿。赔偿数额还应当包括权利人为制止侵权行为所支付的合理开支。权利人的实际损失或者侵权人的违法所得不能确定的，由人民法院根据侵权行为的情节，判决给予 50 万元以下的赔偿。鉴于本案原告因侵权所遭受的实际损失及被告因侵权所得利益均难以计算，故法院综合考虑涉案频道及节目的知名度、数量、两被告的主观过错程度、侵权行为持续时间、规模等因素酌情确定赔偿数额。关于原告为制止侵权行为而支出的费用，鉴于公证费用以及购买涉案商品费用系原告为收集证据、进行诉讼的必要支出，法院予以支持；另外原告主张的律师费用，法院将综合考虑案件难易程度以及依法维权的实际需要酌情予以确定。同时，考虑到被告科洛弗公司系被告开博尔公司地区代理商之一，故被告科洛弗公司仅应在其实施侵权行为的范围内承担相应的连带责任。

至于原告另主张两被告还同时构成不正当竞争，法院认为，鉴于两被告所涉侵权行为已获著作权法项下相应救济，且原告对其该项主张亦缺乏相应依据，故法院不予支持。此外，因原告未能举证证明两被告的侵权行为对其造成了不良影响，且在涉案节目播放过程中，均已显示了中央电视台台标，故对于其消除影响的请求，法院亦不予支持。

【案例注解】

一、“机顶盒硬件 + 播放软件”组合的性质区分

随着互联网技术的高速发展，网络电视机顶盒（俗称盒子）市场热潮汹涌，这一集交互性、开放性和可操作性于一体的设备极大地丰富了家庭娱乐生活，但随之产生的涉诉案件也在不断增加。本案涉及的就是一起权利人起诉机顶盒生产商和销售商侵犯著作权的案件，其中生产商和销售商的行为性质如何认定一直是司法审查中的难点所在。

“机顶盒硬件 + 播放软件”是网络机顶盒类产品实现其功能的主流组合。根据这一组合，在处理机顶盒生产商作为被告涉诉的著作权侵权案件中，需要注意将其提供的产品和服务内容加以区分，即该生产商提供的产品和服务内容通常包括两个方面：一是向用户提供能够连接电视机与互联网的机顶盒硬件本身；二是通过机顶盒的互联网平台向用户提供影视作品观赏（包括电视节目的直播、点播、回看等）的服务。对于前者而言，如果仅仅生产并销售网络机顶盒产品，那么依据技术中立原则，该产品作为一种新的技术传播工具，即使被用作侵犯著作权的用途，也无法基于生产商制造了该设备而认定其侵权。对于后者，则需要分析网络机顶盒获取播放内容时所采用的技术方法，进而认定生产商是网络内容提供商或网络服务提供商，并在此基础上，根据判定直接侵权或间接侵权的法定要件，最终判断机顶盒生产商是否构成侵权。

二、“裸机出厂 + 代为安装”模式的实质剖析

在上述审理思路得到普遍认可的情况下，涉诉机顶盒生产商通常以其提供的仅是硬件本身作为抗辩，将自己放置在所谓的“技术中立”的保护伞之下，切断与“播放软件”的所有联系，试图规避法律风险。本案中，机顶盒生产商的主要抗辩理由就是其提供的仅是能够实现电视机与互联网连接的硬件产品，产品出厂时并未预装任何播放软件，也并无相关直播、回看、点播功能。

然而免费观看海量视频一直是机顶盒设备吸引用户的主要卖点，而播放软件则是实现上述功能的重要工具。在面对机顶盒生产商仅认可硬件生产和销售行为，否认软件安装行为的情况下，法院在审理时需要从产品特性、政策导向、商业惯例、广告宣传等多个角度进行综合考虑，并以此判定其需要承担的责任。

为治理机顶盒市场的乱象，广电总局于 2014 年至 2015 年数次密集发布相

关政策规定，重拳整顿机顶盒市场的不规范现象，严禁生产商在机顶盒中内置可访问互联网的浏览器、推送聚合应用软件、视频网站客户端、电台应用软件等。因此，机顶盒的发展和升级，也跨越了广电总局限制政策出台前后的两个阶段。本案中，法院首先从生产厂商对产品的介绍、第三方的评测文章等入手，查明生产商在广电总局限制政策出台前曾预装过播放软件。对于政策出台后的行为，原告提供的证据尚不足以证明被告开博尔公司在后期预装了相关固件，但是被告开博尔公司在限制政策发布之后，在其直营销售平台京东、天猫等店铺中仍以“电视直播、回播(看)、在线平台、免费”等卖点介绍涉案机顶盒功能，显然该等功能不是“裸机”所能实现的。被告科洛弗公司并非一般销售商，而是经被告开博尔公司官方对外公布的地区总代理，两者合作关系紧密。两被告亦明白，仅仅售卖“裸机”不仅会使涉案机顶盒在同类产品中丧失竞争优势，还会大大影响销量，因而不仅被告开博尔公司在其自营平台如此宣传，作为其官网宣布的授权代理商，被告科洛弗公司在其天猫店铺中亦作类似宣传，两被告应当清楚该等宣传会使消费者对所购买的播放机具有前述功能产生预期，也就意味着最终交付给消费者的机器必然会内置相关应用。作为生产商的被告开博尔公司显然明白，因为同样涉及销售商利益，即使“裸机”出厂，该等应用也会由代理商“代为”安装，考虑到该等“代为”安装行为不仅符合被告开博尔公司的利益，也有助于其规避政策限制和侵权风险，加之声称“裸机”出厂却在其直营平台宣传相关应用功能来看，可知被告开博尔公司不仅默认且支持这种由被告科洛弗公司“代为”安装的行为。两被告在限制政策出台后，通过这种“裸机出厂+代为安装”的合作安排，以共同获取利益，故应共担责任。

三、生产商和销售商密切合作下的侵权责任认定

由于机顶盒的经营模式和技术特点各有不同，既有通过自身平台存储和上传，也有借助搜索链接、网页嵌套、P2P等技术，因此对侵权责任的认定应当具体区分。目前，除了直接将播放内容存储在机顶盒内并向用户提供的方式(内容提供方式)外，依托播放软件获取播放内容的方式通常分为两种：一是普通链接，即机顶盒通过链接互联网，采用搜索链接的方式实现视听内容的在线播放，用户点击链接后会跳转至第三方网站进行视听内容的播放，视听内容来源于第三方网站，播放界面、网址等均与第三方网站相同；二是深度链接，即机顶盒可以直接在当前播放界面在线获得视听内容，用户点击链接后不会跳转至第三方网站，播放界面、网址等均不发生变化，使用户误认为视听由机顶盒直接提供。

针对第一种方式，根据最高人民法院司法解释的规定，网络服务提供者能够证明其仅提供自动接入、自动传输、信息存储空间、搜索、链接、文件分享技术等网络服务，主张其不构成共同侵权行为的，人民法院应予支持。但目前很多机顶盒基于商业竞争、产品设计等原因，并没有显示链接来源或者故意使来源标识不明，因此无法被认定为提供链接，从而免除责任。

针对第二种方式，判定方式则相对复杂，历来也有“服务器标准”和“用户感知标准”之争。“服务器标准”，是指“判断被诉行为是否为信息网络传播行为，应考虑的是被诉内容是否存储于上诉人的服务器中。无论被诉行为的外在表现形式是否使得用户认为被诉内容系由上诉人提供，只要被诉内容未存储在上诉人服务器中，则不应认定上诉人实施了信息网络传播行为”①。而“用户感知标准”，是指“判断被诉行为是否为信息网络传播行为，应考虑网络用户的感知，如果被诉行为使得用户认为被诉内容系由上诉人提供，即应认定上诉人实施了信息网络传播行为。该标准通常考虑的是被诉行为的外在表现形式，至于被诉内容是否存储于上诉人服务器中则在所不论”②。

对于深度链接行为，应采用“服务器标准”还是“用户感知标准”，实践中曾存在争议，如果采用前者标准，那么深度链接行为会被认为是对直接提供作品的帮助行为而应适用共同侵权的相关规定，③如果采用“用户感知标准”，则该行为通常会被认定为直接提供作品的行为。④

我国司法实践中的“服务器标准”来源于《最高人民法院关于审理侵害信息网络传播权民事纠纷案件适用法律若干问题的规定》第 3 条规定，网络用户、网络服务提供者未经许可，通过上传到网络服务器、设置共享文件或者利用文件分享软件等方式，将作品、表演、录音录像制品置于信息网络中，使公众能够在个人选定的时间和地点以下载、浏览或者其他方式获得的，人民法院应当认定其实施了侵害信息网络传播权行为。解读上述司法解释得知，要构成侵害信息网络传播权的行为：一是行为未经许可；二是将作品置于网络服务器之中，该网络服务器包括网站服务器、个人电脑、手机、网盘等可用作网络存储的介质；

---

① 北京知识产权法院民事判决书，(2015)京知民终字第 559 号。

② 北京知识产权法院民事判决书，(2015)京知民终字第 559 号。

③ 参见(2004)高民终字第 1303 号民事判决书、(2007)海民初字第 25153 号民事判决书、北京高级人民法院民事判决书，(2007)高民初字第 1201 号、(2009)民三终字第 2 号民事判决书。

④ 参见(2003)一中民初字第 12189 号民事判决书、(2015)朝民(知)初字第 44290 号民事判决书。

三是使存储介质处于信息网络中并可被网络用户访问的状态；四是网络用户可以在其个人选定的时间和地点下载或浏览该作品。可见，将作品上传至“服务器”是实现网络传播的基础，也是认定侵害信息网络传播权的重要标准。从国际上的司法实践来看，“服务器标准”亦是各国法院采用的相对主流的方法。

本案中，被告便提出相关播放软件提供的仅是链接服务，且被链接的是原告自己的网站，不属于信息网络传播行为，因此不构成侵权的抗辩意见，审理中，法院认为原告提供的证据能够证明机顶盒具有直播、点播、回看涉案节目功能，且播放过程中未跳转至第三方网站，未显示任何第三方网址，也未提示任何来源，已经完成了初步的举证责任，但被告未就其抗辩意见提供任何证据，仅仅推论称“中央电视台的节目众多，其他人不可能掌握，只可能采取链接的方式”，无法令人信服，因此不能认定其提供的仅为链接服务。

被告科洛弗公司在涉案机顶盒中安装涉案视频播放软件，使得“直播”“点播”“回看”涉案央视节目得以实现，因此，在未经原告央视国际公司授权的情况下，“直播”涉案央视节目侵犯了原告对该等节目所享有的相应著作权，“点播”以及在一定时间段内“回看”涉案央视节目，亦侵犯了原告对该等节目所享有的信息网络传播权。对于原告另主张两被告同时构成不正当竞争，鉴于所涉侵权行为已经获得著作权项下的相应救济，且原告亦未对该项主张提供相应依据，法院未予支持。结合上文的论述，因两被告对该等侵权行为的实施具有合意，故被告开博尔公司应与被告科洛弗公司共同承担停止侵权、赔偿损失等民事责任。

（一审合议庭成员：张佳璐、朱希翔、洪云娣

二审合议庭成员：许燕华、徐飞、杨馥宇）

张某鹏诉宋某强著作权侵权纠纷案

——合作作品的司法认定

徐博文　徐清云

关键词 | 署名权　不正当竞争　合作作品　著作权

【裁判要旨】

不可分割使用的合作作品的合作作者对著作权的行使如果不能协商一致，任何一方无正常理由不得阻止他方先行使。根据这一规定，只要合作作品著作权的行使不违反法律规定和社会公共利益，不侵犯他人的合法权益，任何一位合作作者都有权行使合作作品的整体著作权。世界上大多数国家均规定请求法律救济独立行使原则，即在作品著作权受到侵犯时，任何合作作者均可在未经其他合作作者同意下独立起诉。

【相关法条】

《中华人民共和国著作权法》

第十一条　著作权属于作者，本法另有规定的除外。

创作作品的自然人是作者。

由法人或者非法人组织主持，代表法人或者非法人组织意志创作，并由法人或者非法人组织承担责任的作品，法人或者非法人组织视为作者。

第十二条　在作品上署名的自然人、法人或者非法人组织为作者，且该作品上存在相应权利，但有相反证明的除外。

作者等著作权人可以向国家著作权主管部门认定的登记机构办理作品登记。

与著作权有关的权利参照适用前两款规定。

第十三条　改编、翻译、注释、整理已有作品而产生的作品，其著作权由改编、翻译、注释、整理人享有，但行使著作权时不得侵犯原作品的著作权。

【案件索引】

上海市普陀区人民法院（2015）普民三（知）初字第303号民事判决书（2016年9月27日）

【基本案情】

涉案作品题为《艺术语言的形象观》，发表于《戏剧艺术》（上戏学报）2007年第1期（总135期），文首处署名为被告宋某强，文尾处注明作者身份系上海戏剧学院（以下简称上戏）副教授。该文有内容、摘要及关键词，主文除导语之外，分“一、语言文字的‘尺有所短’；二、形象语言的‘寸有所长’；三、语言形象性的产生；四、通过对文学的考察看语言的形象性；五、通过对修辞方式的考察看语言的形象性；六、通过对词性的考察看语言的形象性；七、电视媒介对形象性的呼唤”若干部分，全文未列脚注，文后并附参考文献6个。《戏剧艺术》编辑部调取的存档资料显示，涉案作品投稿署名即为被告宋某强。

原告诉称，其自2004年8月进入上戏电视艺术系任教。2005年12月，原告创作了论文《艺术语言的形象观》，并将论文通过电子邮件方式发送给了在上戏电视艺术系任教多年的被告宋某强，希望被告能对其论文提出专业上的指导意见。后被告未经原告的许可，擅自以被告自己的名义在《戏剧艺术》2007年第1期上发表了原告创作的论文。原告认为，被告将不是自己创作的作品发表已经侵犯了原告的署名权，据此请求判令：（1）被告停止侵害原告涉案作品的署名权；（2）被告在《新民晚报》（中缝除外）刊登声明向原告公开赔礼道歉；（3）被告赔偿原告经济损失人民币（以下币种同）10,000元；（4）被告赔偿原告为制止侵权而支持的公证费1000元、律师费5000元；（5）本案诉讼费由被告承担。审理中，原告变更诉讼请求第1项为被告停止侵害原告涉案作品的发表权、署名权、修改权，同时撤回第3项诉讼请求。

被告宋某强辩称，涉案文章《艺术语言的形象观》的创作发表与被告承揽的上戏科研项目密切相关，被告在早于原告入职上戏之时，已向所在单位申报了有关艺术语言形象观的专题科研项目，对基本内容的构思具有独创性和原创性。原告虽然参与了涉案作品的写作，但其参与写作的过程仅是辅助性的，文章基本的学术观点和思想均来自被告，因此被告是涉案作品的独立作者，著作权归属于被告。涉案作品 2007 年发表于上戏学报《戏剧艺术》，原告对此早已知悉，但在本案起诉之前，原告未就作品发表等提出任何争议。况且 2012 年，原、被告曾就涉案文章的著作权及相应权利归属进行过商谈，当时被告曾提议过将原告列为合作作者，但原告明确拒绝，不要求作为著作权主体，该种处分行为具有法律效力，不得反悔。综上，请求驳回原告的诉讼请求。

法院经审理查明：原告张某鹏发送给被告宋某强的邮件附件中的文章题为《艺术语言的形象观》（以下简称邮件版），有内容、摘要及关键词，主文除导语、结语之外，分“一、文字语言的‘尺有所短’；二、语言形象的‘寸有所长’；三、语言形象性的产生；四、通过对修辞方式的考察看语言的形象性；五、通过对词性的考察看语言的形象性”若干部分，全文列有 5 个脚注，文后并附参考文献 3 个。

原告张某鹏笔记本电脑中题为《艺术语言的形象观》（以下简称电脑版）一文，有内容、摘要及关键词，主文除导语、结语之外，分“一、文字语言的‘尺有所短’；二、形象语言的‘寸有所长’；三、语言形象性的产生；四、通过对文学的考察看语言的形象性；五、通过对修辞方式的考察看语言的形象性；六、通过对词性的考察看语言的形象性；七、电视媒介对形象性的呼唤”若干部分，全文列有 6 个脚注，文后并附参考文献 5 个。

2012 年原告张某鹏（张）与被告宋某强（宋）曾有次谈话，原告进行了录音，原告张某鹏向被告宋某强表达希望涉案作品与其无关的意愿：

张：然后，宋老师，现在我真的就是最认真的一个想法就是，这篇文章跟我任何关系都没有，你不用担心我去跟这篇文章有什么样的这个关系，谁跟我说都没有这方面的问题。

张：……我当初呢因为这篇文章发表之后呢，哎呀，这篇文章跟我没关系了，心里稍稍会有一点失落。……因为我完成的不是很好，我觉得现在这篇文章多多少少跟我没关系，又觉得挺好的！所以我就是特别怕这篇文章跟我有什么关系……

张：……因为我看了我 Word 创立的那个日期有的，我是 2005 年写的这篇文章……

张：宋老师，就是我希望您理解我的一点是什么呢？就是因为我自己在这方面的担心特别特别大，我宁愿您这个明鉴就是不要我拿去发表，就您这个明鉴说是宋老师完成的，张某鹏协助，我帮您打字什么的，我宁愿签这个东西，也不想我跟这个文章的内容有关系了！……

张：合作过程，我就在想这个东西要怎么弄，我能怎么把它给圆一下，您让我再想一下。

张：……这篇文章是不是我写的，是，写完之后这篇文章写得真的是不好……现在我又不敢去承认这个问题……我从来没有觉得这个东西，本来题目也是宋老师的命题和立意，我不是说从来没有在乎这个东西是您发表的……是我写的吗？是。好吗？不好……

另外，被告宋某强作为申请人申请了上海戏剧学院院级科研项目，项目名称为《艺术语言形象观》，项目起止年月为2004年9月至2005年12月。

【裁判结果】

上海市普陀区人民法院于2016年9月27日作出(2015)普民三(知)初字第303号民事判决：(1)驳回原告张某鹏的全部诉讼请求；(2)本案受理费人民币50元，由原告张某鹏负担。

【裁判理由】

法院生效裁判认为：

首先，无法认定涉案作品由原告或者被告一人独立完成。关于原告进行创作的部分，法院认为，根据原告张某鹏的主张，涉案作品系由其独立创作完成，邮件版可予佐证，特别是与电脑版更是相差无异。关于电脑版较之邮件版增加的第4、7节的内容，原告另公证提供来源于同一电脑中保存的毕业论文一稿及毕业论文与电脑版相同的引用差错，以证明两者具同源性，均系原告创作完成。法院认为，公证的电脑版内容仅见于原告张某鹏个人电脑中，并未反映出原、被告间诸如有邮件往来等情况，退一步讲，即使将涉案作品与电脑版比较，仍有包括摘要、主文导语、主文大分段、结语等多处不同，在原告张某鹏未有证据证明该些不同内容系由其创作，同时还认可被告宋某强确进行过改动的情况下，可以认定不同之内容系由被告宋某强完成，且该些内容已不仅属于文字、用语的修正，而属于独创性的贡献，故被告宋某强就涉案作品的实际创作行为受著作权法保护。综上，法院无法认定涉案作品是由原告张某鹏独立创作完成的。关于被告进行创作的部分，法院认为，结合原告的陈述及谈话录音，涉案作品创作背景确因被告申报的院级课题，故双方对如何行文、成文有所沟通交流，甚至由艺术及教学实践经验更为丰富的被告提供基本构思、观点实属合理，法院尊重一名艺术工作者、一位教学者经年累月的心得积累，定是“成竹在胸、满腹文章”，亦充分相信对一篇论文而言，一个成熟且系统的理论观点，如同一把启智的“金钥匙”。然而著作权法的保护并非包罗万象，其并不保护抽象的思想、思路、观念、理论、构思，仅保护符合独创性要求的特定智力劳动成果，即以文字等各种有形的方式对思想的具体表达。被告宋某强对于原告张某鹏曾向其发送以涉案作品初稿为内容的邮件这一事实并无异议，双方的谈话录音也予以印证，故法院有理由相信原告张某鹏至少直接且实际实施了创作涉案作品的智力活动。审理中，被告宋某强认可，论文撰写过程中的沟通抑或称之为指导，并非其口述，原告张某鹏进行了记录整理的过程，因此即便皆如被告宋某强所述所证（教案、自评报告等均晚于涉案文章发表时间，暂且不论），法院不能，也无法无视一个事实，即由数百字的课题提纲至数千字的论文，由散见各处的素材至集智整合的成文，已远非被告宋某强所主张的“原告张某鹏仅完成了文字整理，参与创作的过程是辅助性的”。此外，结合被告宋某强提供的《脱口秀》等证据（该书出版和涉案作品发表时间较为接近，付梓出版的时间亦可能比较接近，故予以考量），对比相关内容，一方面从篇幅长短等直观感受分析，并未见覆盖或明显重合的情形；另一方面细究内容，也未见两者是在用不同的表达形式表现同一内容，具体而言，并不存在两者用不同措辞替换的方法进行改写的情况，故原告张某鹏就涉案作品的实际创作行为受著作权法保护。综上，法院无法认定涉案作品是由被告宋某强独立创作完成的。法院认为原、被告均实际参与了涉案作品的创作，对最终的作品作出了独创性的贡献。

其次，关于涉案作品是否属于合作作品。合作作品是指两个以上的作者经过共同创作所形成的作品。要构成合作作品，合作作者们必须有共同的创作愿望。两个以上作者在创作时应当意识到自己是在与他人共同创作一部作品。如果有分工协作，则每个参与创作者都应当知道分工创作的最终目的是将各自创作的部分整合为一个整体。本案中，原、被告对创作背景的陈述，均指向了被告宋某强承接的课题，原告张某鹏亦认可，发送涉案作品邮件版给被告宋某强后，双方还进行过沟通，既而又有了电脑版，后再交由被告宋某强，以完成课题。法院认为，该过程是符合高校课题项目常规流程的。高校课题的常规流程一般为，由项目负责人确定整体研究方向，拟定提纲，进行申报；待立项成功后，确定具体执笔人，有时是多人分工协作组成一个执笔组，有时出于整体性需要，也可能是一人；初稿完成后交由项目负责人修改、润色、定稿，其间可能历经多个来回的交换意见、沟通反馈、几易其稿，直至完稿结项。根据这一课题创作常规流程，原告张某鹏与相关负责人宋某强之间显有分工协作，原告张某鹏完全可以预见到作为项目负责人的被告宋某强可能会对涉案作品进行修改及补充创作，对学术观点及成文质量作整体把控，且这一分工协作的最终目的是将各自创作的部分整合为一个整体。关于这一分工协作及共同创作合意，从涉案作品历经至少邮件版、电脑版等多稿；原告张某鹏发送至被告宋某强邮件中的“请审议”字样等均可得到印证，更何况，在课题进行过程中，青年教师收获并接受院系资深教授的建议及修正，亦属合情合理。需要指出的是，从涉案作品的最终完成情况来看，法院已认定被告宋某强实际参与了创作，而非仅停留在给出笼统建议、传授经验、文字修正的层面。综上，可以认定涉案作品系基于原、被告共同创作所形成的合作作品。

最后，被告是否侵犯了原告的发表权、修改权、署名权。关于原告主张的发表权，发表权系指决定作品是否公之于众的权利。所谓的“公之于众”，是指向作者之外的公众公布，是否愿意发表很大程度取决于发表的意图和对象。本案中，涉案作品系原、被告合作作品，根据著作权法相关规定，合作作品的著作权由各合作者共同享有，通过协商一致行使，不能协商一致，又无正当理由的，任何一方不能阻止他方行使除转让权以外的其他权利。因此，在原告张某鹏未提出正当理由的情况下，不能阻止被告宋某强行使发表权。退一步讲，即便在可分割使用的合作作品情形下，各合作作者不能超越自己的权利界限，未经其他合作作者的许可擅自发表整部合作作品。本案被告宋某强亦不构成对原告张某鹏发表权的侵犯。因为，原告在审理中明确表示其知晓涉案作品系与院级课题相关，显然不属“抽屉文学”的情形，且其亦认可，发送涉案作品邮件版给原告后，双方还进行过沟通，既而又有了电脑版，且在涉案作品发表后的很长一段时间内，原告也未向学报杂志社提出过异议，故应当认为原告明知涉案作品与课题相关，发表并不违背其预期。由于发表权的实质是决定是否发表的权利，作者只要作出发表或者不发表的决定即在行使该项权利，故在本案中，原告已经通过向被告发送涉案作品的方式实际行使了发表权。综上，法院认定被告宋某强未侵犯原告张某鹏的发表权。

关于原告主张的修改权，鉴于法院认定涉案作品系原、被告的合作作品，故实质上已回应了原告张某鹏有关修改权的诉请主张，即“差异”恰是被告宋某强再行创作的内容，是共同创作的组成部分，而非侵犯原告张某鹏修改权的结果。故法院认定被告宋某强未侵犯原告张某鹏的修改权。

关于原告主张的署名权，鉴于法院认定涉案作品系由原、被告合作创作完成，故署名权理应由合作作者共同享有。但本案中，原、被告曾进行相关协商，是否如被告之主张，视原告就署名权进行了处分，进而影响权利归属及其行使？还原原、被告录音谈话时的情境，不难理解，涉案作品在当时面临可谓“腹背受敌”的尴尬处境，前有“谁之作”争议，后有“抄袭”风波，可以预见，原告张某鹏之纠结矛盾心态，一为发表作品未见其署名不甘，二为学术不规范，甚而涉嫌抄袭而惶恐，趋利避害、两相权衡后，原告张某鹏屡次向被告宋某强表达不涉其中的意愿，希望涉案作品与其无关，该意思表示，是否可认定为原告张某鹏对署名权的放弃？法院认为，署名权系著作人身权，从其权利属性判断，不能被放弃，然该意思表示亦会产生其他法律后果，即行使署名权。作者享有署名权，意味着他人必须尊重作者关于是否在自己创作的作品上署名，以及以何种方式署名的决定。作者有权署名，也有权不署名，前者属于权利行使的积极方式，后者属于消极方式，但都应被允许及尊重。必须指出的是，被告宋某强虽实际参与了涉案作品的创作，但毕竟涉案作品系合作作品，向刊物投稿时仅署其一人名，确属不妥。然而原告张某鹏在发现涉案作品未署其名之后，未见证据显示其明确向被告宋某强主张过相关权利，更是在其后与被告宋某强的交谈中，明确表达了不愿表明其作者身份的意愿，即认同了此次使用不予署名这一消极权利行使方式，不具可反悔性，故涉案作品未署其名并不构成侵权。综上，法院认定被告宋某强未侵犯原告张某鹏的署名权。需要强调的是，结合法院对涉案作品系合作作品的性质认定，涉案作品相关著作权应由原、被告两人共同享有，故被告日后若再行使用，则仍需按照合作作品的相关法律规定进行，比如，原告张某鹏有权重新选择是否进行署名及以何种方式署名。

【案例注解】

一、关于作品独创性的认定

作品的独创性主要体现在作品的表现形式方面，而不体现在思想内容上。著作权作为一种无形知识产权，一般来说主要是指作者和其他自然人、法人或其他组织对其创作的文学、艺术和科学作品依法享有的专有权利。著作权法是调整以著作权为核心发生的社会关系的法律规范的总和。所谓独创性体现在作品表现形式上,也就是说,著作权法保护的是作品的表现形式,而不是作品体现出来的思想内容,不应涉及思想、信息和客观事实本身。换句话说,著作权法只要求作品具有表现形式上的独创性,不要求作品的思想内容具有独创性。著作权法之所以保护作品的表现形式,而不保护作品的思想内容,可以从著作权法的立法精神加以理解。我们知道,著作权法立足于通过对人类智力活动成果的保护,鼓励人们对思想的不同表达和阐述,使智力知识成果为全人类所应用,从而促进全社会科学、文化、艺术事业的全面繁荣发展,而思想是客观存在于人的意识中经过思维活动而产生的结果。从这个意义上说,如果用著作权法保护思想,结果势必造成思想的垄断;思想被固化在少数人头脑中,不允许其他人使用的话,人类精神文明的发展就会受到阻碍,这样的保护方式过于强大,并且与近代思想自由、学术自由等社会价值观相违背。

因此,著作权法保护的作品独创性,针对的是经过作者智力投入活动过程的对自己构思、技巧、技能的表现形式。作品独创性的认定在著作权的侵权判定中占有非常重要的地位。对于不同类型的作品,其独创性认定的方法也有着不小的差别。例如,文字作品重点在对其结构、表达方式、写作手法等进行比对,从而区分是抄袭还是各自具有独创性的作品。从法院的认定事实来看,两部作品的表达内容其实是非常相近的,表达方式上虽然没有完全相同的两句话,但是相对应的每两句话仅仅从文字的语法上进行了调整。从普通读者的角度来看,两本书基本是一致的,相信很多人的判断是其中一本书存在抄袭另一本书的嫌疑。虽然法院根据文字表达方式的不相同认定了两书各自具有独创性,各自反映了自身的特色,但笔者认为还是有值得商榷之处的。试想,如果仅仅将用词顺序调整或简单把词语更换就能排除抄袭的话,那么抄袭者就可以通过简单改写他人的作品而不被追究侵权责任。这无疑纵容了抄袭者,危害了原作者的利益,与著作权法的立法宗旨相违背。

在本案中,经过对比相关内容之后,一方面从篇幅长短等直观感受分析,并未见覆盖或明显重合的情形;另一方面细究内容,也未见两者是在用不同的表达形式表现同一内容,具体而言,并不存在两者用不同措辞替换的方法进行改写的情况,故原告张某鹏就涉案作品的实际创作行为受著作权法保护。综上,法院无法认定涉案作品是由被告宋某强独立创作完成的。法院认为原、被告均实际参与了涉案作品的创作,对最终的作品作出了独创性的贡献。

二、关于是否构成合作作品的认定

我国现行《著作权法》的规定对合作作品的认定问题,合作作品的定义采用广义概念。上述学说形成的一种共识:合作作品的构成必须具备在主观上有共同创作的合意;在客观上有共同创作的行为。对于共同创作的合意是否为合作作品的构成要件,在我国《著作权法》等相关法律法规和司法解释中并未明文规定,但是理论上大多是持肯定的态度。共同创作合意是合作作品必不可少的构成要件,也是区分合作作品和其他作品,如委托作品的重要依据之一。所谓合意"非内心之合意,乃系事实上之合意,事实上的合意,可以以行为推定"。合作作者主观上共同创作的合意是形成合作作品的前提条件,一部优秀的合作作品,既要使作品的创作思想和情感表达一致,也要求作品在主题内容和表达形式上和谐统一。合意的表达方式包括明示方式和默示方式(或称为推定的合意)。明示合意,即合作作者就共同创作的事项达成了口头或书面协议,各创作人之间有共同的创作意愿和同一的创作目标。书面协议可以约定署名方式和顺序、出版单位、发表时间、各方利益分配方式、法律责任承担等。如果只是口头协议,纠纷发生时则需要主张合意的当事人举证。默示合意,是指各创作人之间虽未以语言或文字来表达,但是其各方以事实存在的共同创作行为表明合意,即不存在口头或书面上的协议,而是以人的行为表明行为主体内心意愿的一种意思表示方式,判定默示合意的存在相对比较复杂。合意并不要求当事人之间有书面协议或者口头明示,只要当事人为了完成一项作品而多次、大量、长期地接受对方的创作,就可以认定双方具备了合意。本案中,从原、被告对创作背景的陈述,均指向了被告宋某强承接的课题,原告张某鹏亦认可,发送涉案作品邮件版给被告宋某强后,双方还进行过沟通,既而又有了电脑版,后再交由被告宋某强,以完成课题。关于这一分工协作及共同创作合意,从涉案作品历经至少邮件版、电脑版等多稿,原告张某鹏发送至被告宋某强邮件中的"请审议"字样等均可得到印证,更何况,在课题进行过程中,青年教师收获并接受院系资深教授的建议及修正,亦属合情合理。由此可见,二人构成共同创作合作作品的合意,涉案作品属于合作作品。

另外,关于合作创作结果的整体性。对于合作作品认定的构成条件中是否须具备创作结果的整体性,由于我国对合作作品的规定使用广义概念,所以在合作作品不可分离方面,不能像国外大多数国家立法那样,要求合作作品必须具备不可分离构成要件,即无论合作者是多少人,合作作品必须是一个统一的无法分割的整体,如果各创作人的成果可以分割,则不构成合作作品。但是,合作作品的表现形式应当是统一的整体,否则就不是一部作品而是多部作品。不可分割的合作作品的整体性毋庸置疑，而在可分割的合作作品中，这种整体性应当理解为，各合作作者的作品体现了合作作品整体的构思，形成了整体的风格和表现形式。很多学者在其著述中更多地强调现行立法规定得不周全，应当将合作作品的含义限定在狭义范围内，将整体性作为合作作品的构成条件认定的依据，但是这种论证本身就是将作品的整体著作权与作品的可分性相对立。对合作作品整体性的理解可从作品可版权性的角度加以分析，合作作品的部分如果同样符合法律规定，满足作品成立的条件，则在作者对其单独使用时也应当认定为作品。但是，该部分和合作作品是部分与整体，作品片段和作品的关系，不能因其单独使用时具有独立性，而否认其之于合作作品的从属性。所以简单地认为将整体性作为合作作品认定的构成条件，会与某些合作作品可分割的规定相悖，因而否认合作作品具有整体性，是不符合事实的，这也导致了实践中合作作品与其部分在著作权上并立，导致了权属的混乱。笔者认为，合作创作的结果有且只能是产生一部作品，且该作品的著作权作为一个整体，由全体合作作者共享，作品片段满足法律规定，部分合作作者对该部分依法亦可享有著作权，但是此时的著作权应当受到合作作品整体著作权的限制。

三、关于署名权的正确行使

不可分割使用的合作作品的合作作者对著作权的行使如果不能协商一致，任何一方无正常理由不得阻止他方先行使。根据这一规定，只要合作作品的合作不违反法律规定和社会公共利益，不侵犯他人的合法权益，任何一位合作作者都有权行使合作作品的整体著作权。世界上大多数国家均规定请求法律救济独立行使原则，即在作品著作权受到侵犯时，任何合作作者均可在未经其他合作作者同意下独立起诉。

我国《著作权法》未直接规定署名权的具体内容。本文认为作者有权根据实际情况或者行业惯例等选择任意合理的方式进行署名，如署真名、假名、笔名或者不署名等。作者在发表作品时未署名不是对署名权的放弃或丧失，作者仍有权随时要求署名，他人不得干涉或者擅自变更。署名还具有证据上的推定效力，经署名的作者无须承担证明自己作者身份的举证责任。相反，如果一位作者在发表作品时未在作品上署名，意味着其在日后针对该作品主张著作权时首先必须提供证据证明其作者身份或其他的合法权利来源。

（合议庭成员：张佳璐、朱希翔、浦艳）

张某麟与姚某著作权侵权纠纷案

——侵犯平面作品复制权的认定规则

林抒蔚　陈　莹

关键词 | 作品　复制权　平面作品立体化

【裁判要旨】

虽然法律并未明确规定实施“从平面到立体”或“从立体到平面”的行为属于复制权的范畴，但是结合法条中的“等方式”可知其立法条文是开放的、具有灵活性的，因而司法实践中对于前述两种复制行为同样给予了相应的保护。当然，著作权法意义上实施“从平面到立体”的复制行为是指按照效果图建造受著作权法保护的作品，而该作品受到著作权法保护的前提是其必须具有独立于实用功能以外的艺术美感，换言之，平面作品立体化后的“作品”也应当具有最低限度的艺术美感。若非如此，即便行为人未经授权实施了相应的“复制”行为，也不构成著作权法意义上的侵犯复制权。

【相关法条】

一、《中华人民共和国著作权法》

第十条　著作权包括下列人身权和财产权：

……

（五）复制权，即以印刷、复印、拓印、录音、录像、翻录、翻拍、数字化等方式将作品制作一份或者多份的权利；

……

第十一条　著作权属于作者,本法另有规定的除外。

创作作品的自然人是作者。

由法人或者非法人组织主持,代表法人或者非法人组织意志创作,并由法人或者非法人组织承担责任的作品,法人或者非法人组织视为作者。

二、《中华人民共和国著作权法实施条例》

第二条　著作权法所称作品,是指文学、艺术和科学领域内具有独创性并能以某种有形形式复制的智力成果。

【案件索引】

一审:上海市普陀区人民法院(2020)沪0107民初3643号民事判决书(2021年5月27日)

二审:上海知识产权法院(2021)沪73民终736号民事判决书(2021年12月29日)

【基本案情】

原告张某麟提起本案诉讼,请求被告姚某立即停止侵犯原告著作权的行为,赔偿原告经济损失50,000元以及原告因维权而支出的合理费用6000元并向原告赔礼道歉、消除影响。审理中,法院依法追加上海一启装饰工程有限公司(以下简称一启公司)作为第三人参加诉讼。

被告姚某辩称:(1)被告姚某并非本案适格主体,被告仅作为业主代表之一参与大厅装修事宜,被诉行为与被告个人无关;(2)被告不构成侵权,装修设计方案由业主方提出要求并进行主导,借鉴了同小区其他楼栋的大堂装修细节,原告仅是将上述意见落实为效果图。

第三人一启公司述称:大堂设计方案是按照被告姚某思路进行调整,然后执行的。

法院经审理查明:

1. 112号大堂装修工程接洽及进展情况。2018年年底至2019年年初,原告张某麟与包括被告姚某在内的112号楼部分业主代表就大堂装修事宜多次沟通接洽,商定由原告进行装修设计,其间,设计方案经多次讨论修改。2019年4月5日,原告在名为“112装修小组”的微信聊天群中发送涉案大堂装修效果图。同日,被告姚某在原告张某麟出具的个人著作权告知书中“效果图接受者112

号业主”处签名,该告知书载明:“本次为配合中远两湾城 100 弄 112 号业主筹划大堂装修而提供的大堂装修效果图,是由张某麟设计,效果图的著作权完全归属于设计者所有,他人在准备利用该效果图进行商业性活动或完全据此或部分模仿来事实装修时,事前须经得著作权人的书面授权,擅自使用属于侵权行为。”

此后,原告张某麟与 112 号楼部分业主代表就效果图的修改交换意见,另有数张涉案效果图在 112 号楼张贴公示。原告提出的合作模式为,由原告与 112 号楼业主选定的装修施工队进行接洽,设计费用在装修施工费用中包含,由施工队支付,不单独另计,也不单独出售设计效果图。双方最终未达成一致。

112 号楼业主小组发布财务小组通告,公布装修工程财务小组的组成人员,其中不包括被告姚某。112 号楼业主小组向物业及居委提交关于 112 号楼业主集资修缮底楼大堂的申请报告,其中提及“有 95% 的业主支持对 112 号底楼大堂,附属楼道及地下一层电梯厅进行修缮。由于两湾城目前处于业委会空窗期,维修基金不能动用,因此决定由业主自筹资金进行修缮工程”。被告姚某等三人在业主小组处签名。

2019 年 5 月 25 日,上海市普陀区中潭路 100 弄 112 号楼(业主小组)作为发包方(甲方),第三人一启公司作为承包方(乙方)签订《上海市装饰装修施工合同》,约定由乙方对 112 号楼大堂及负一层进行装修施工,其中第 3 条第 2 款载明,“本工程由乙方设计,提供施工图纸一式三份。”被告姚某在甲方委托代理人处签名。

2019 年 5 月 31 日,112 号楼业主小组发布通告,公布正式开工通知,其中载明:“前期公布了大堂的装修效果图,根据大家的意见,修改已经初步完成,修改后的效果图今日会发布在微信群里,敬请关注……根据反复比较和权衡,最终确定大堂装修:交由上海一启装饰工程有限公司负责。”

另被告姚某当庭表示其曾向第三人一启公司提供涉案效果图。

2. 涉案效果图情况。本案中原告主张著作权的权利对象为 112 号楼底层设计效果图 17 张,其中 15 张图分别从多个角度展示了该楼层多个空间分区的设计效果,另两张为鸟瞰图,整体反映了 112 号楼底层内部设计的立体效果,除角度存在差别外,两张鸟瞰图内容一致。

2019 年 5 月 31 日和 2021 年 1 月 6 日,原告张某麟就涉案效果图进行作品登记,作品类型分别为美术作品和建筑作品,创作完成日期均为 2019 年 4 月 5 日。

3. 其他与案件有关的事实。原告为证明其损失,提交2014年《建筑装饰设计收费标准》,其中"按建筑装饰工程设计面积收费的标准"第2条载明住宅项目的收费标准为,Ⅰ级150元/平方米,Ⅱ级450元/平方米,Ⅲ级1000~1200元/平方米。原告另提交其与案外人装修设计委托协议,载明原告按照上述第Ⅱ等级标准,即每平方米450元收取设计费用。另原告在本案中主张支出律师费6000元,并提供了相应金额的律师费发票。

【裁判结果】

上海市普陀区人民法院于2021年5月27日作出(2020)沪0107民初3643号民事判决:对原告张某麟的全部诉讼请求不予支持。

宣判后,原告张某麟不服一审判决,向上海知识产权法院提起上诉,上海知识产权法院于2021年12月29日作出(2021)沪73民终736号民事判决:驳回上诉,维持原判。

【裁判理由】

法院生效裁判认为:首先,要对涉案效果图是否为受著作权法保护的作品进行认定。著作权法所称作品,是指文学、艺术和科学领域内具有独创性并能以某种有形形式复制的智力成果。本案中,原告张某麟主张著作权的权利对象为112号楼底层设计效果图17张,其中15张图从多个角度展示了大厅、信箱区、电梯厅、走廊等处的设计效果,主要包括墙面、地面和顶面的线条、色彩安排以及灯具的选择与分布,另两张为鸟瞰图,整体反映了112号楼底层内部设计的立体效果。上述作品具有一定的独创性,可以构成著作权法意义上的作品。虽业主代表曾就装修提出过设计要求和修改意见,但鉴于原告张某麟与被告姚某均确认涉案效果图系原告张某麟为112号底层所设计,原告张某麟亦为作品登记证书记载的作者,因此可以认定原告张某麟系涉案效果的著作权人。

其次,要确定被告姚某的行为是否构成著作权侵权。原告张某麟主张112号楼底层依据其涉案效果图进行装修,侵犯其享有的复制权。根据《著作权法》第10条第5项的规定,复制权,即以印刷、复印、拓印、录音、录像翻录、翻拍、数字化等方式将作品制作一份或者多份的权利。结合本案而言,著作权法意义上实施"从平面到立体"的复制行为是指按照效果图建造受著作权法保护的作品,而该作品受到著作权法保护的前提是其必须具有独立于实用功能以外的艺术美感。但本案中112号楼底层只是基于原有的建筑格局对墙面、地面和吊顶进行修缮，且整体色彩、线条均较为简单常规，按照作品创作高度和审查原则进行分析，尚不足以构成艺术上的独特表达，未达到作品的独创性要求，故112号楼底层内部的装修并不构成作品，未侵害原告张某麟就涉案图纸享有的著作权。

【案例注解】

一、美术作品与图形作品的区分及认定规则

根据《著作权法》的相关规定，[①]所谓作品，是指文学、艺术和科学领域内具有独创性并能以一定形式表现的智力成果，作品类型包括美术、建筑作品及工程设计图、产品设计图、地图、示意图等图形作品和模型作品。

（一）美术作品的含义

美术作品是指绘画、书法、雕塑等以线条、色彩或者其他方式构成的有审美意义的平面或者立体的造型艺术作品，即美术作品不但包括各种形式的平面绘画，也包括了各种立体形式的雕刻和雕塑。[②]

1. 美术作品的"审美意义"

一方面，美术作品是"通过视觉感官欣赏的，而不是像文字、戏剧或音乐作品那样用于阅读或表演"。人们通过感官欣赏的正是具有独创性的艺术造型。因此，美术作品主要以"造型"为表达形式，而这也是美术作品区别于其他类型作品（如文学、音乐等）的根本特征。

另一方面，是否具备"审美意义"同样是认定一个作品能否称之为美术作品的重要标准，也就是说，美术作品必须具备最低限度的艺术性并体现创作者独特的美学观点。当然此处所指的艺术性并不要求其具备高度的艺术创作水准或艺术创作质量，毕竟创作者的水平各有高低，我们不能因为创作者的水平或技法拙劣，便否认创作者的美学观点及其作品具有一定的艺术性。此外，值得注意的是，审美是一件极其私人的事务，每个人都有其不同的审美观点，况且审美本身便会为个人的美学观念、社会普遍潮流等各种因素所影响，毕竟历史上从来不乏在面世之初被人们弃之如敝履，但在今日看来具备极高艺术价值的艺术作品。[③]

① 《著作权法》第3条第4项、第7项。

② 《著作权法实施条例》第4条第8项。

③ 参见王迁：《知识产权法教程》（第7版），中国人民大学出版社2021年版，第111～112页。

在司法实践中,我们又该如何判断一个作品是否具有"审美意义"或者说具有艺术性呢?对此,我们不妨回归作品的本质,尝试从美术作品的表达形式"造型"的"创造性"入手并兼顾"思想"起到的补充作用。

所谓的创造性,指的是作品必须是智力成果,体现了作者一定程度的"智力创造性",即作者在成果中体现其独特的智力判断与选择、展示作者的个性并达到一定创作高度要求。一般来说,"造型"可以复杂也可以简单,可以写实也可以非写实,但再简单的"造型"也不是随手几根线条、几个色块可得到的,再写实的"造型",也会因不同的创作者而产生光影、线条、角度等方面的区别。[①]

除了"创造性",在某些情况下我们也可以尝试引入"思想"作为补充参考因素。

虽然著作权法"保护表达而不保护思想",但不可否认的是,特别是在美术作品中,其表达与思想具有更高的关联度。比如,当人们在欣赏一幅绘画作品时,除了欣赏画面的"优美"之外,更会自然地感受绘画作品背后蕴含的主题思想,那么反过来说,在判断一幅绘画是否属于美术作品时,我们亦可以尝试探究作者创作的背后是否蕴藏着哪怕那么一丝独特的"主题思想";很明显,我们很难说随手画的几根线条背后蕴含着何种"主题思想"。当然,必须指出的是,"思想"仅可作为其中的一项参考因素,绝不能唯"思想"论。[②]

综上所述,在司法实践中,我们宜从宽掌握相关判断标准,换言之,只要创作者形成的艺术造型符合最低限度的创造性要求,就属于美术作品。当然过于简单的线条与色彩的组合,若其并未形成最起码的艺术造型、不具有最低限度的独创性,便不能将其纳入美术作品的范畴进行保护。毕竟一个作品的艺术性高低可能不同,就比如"阳春白雪"与"下里巴人"的区别在于二者的受众不同,但不可否认的是二者均有其独特的艺术性。

2. 平面美术作品与立体美术作品

无论是平面美术作品还是立体美术作品,其都必须承载在某种特定的物质载体之上。但需要注意的是,区分某一作品属于平面美术作品还是立体美术作品并不取决于载体是二维还是三维的,由于我们生活的世界是一个三维的世

---

① 参见王迁:《论平面美术作品著作权的保护范围——从"形象"与"图形"的区分视角》,载《法学》2020 年第 4 期。

② 参见关晓海、李杰:《思想对判断美术作品独创性具有补充作用》,载《中国知识产权报》2012 年 10 月 12 日,第 10 版。

界,因此任何物质载体(即便是一张再薄的纸)都具有长宽高三个维度,换言之,如果我们机械地以载体是不是二维的来区分美术作品的平面与立体,那么我们得出的结论必然是所有的作品都属于“立体美术作品”,这显然是一个不合常理的结论。[①] 因此,我们此处所区分的平面美术作品与立体美术作品,其实质是指表现美术作品艺术性所需要的维度。比如绘画作品,虽然其附着的物质载体是三维的,但表现绘画作品本身只需要长、宽两个维度即可做到,载体的厚度(高度)并无特别的价值;反之立体美术作品则并非如此,比如雕塑作品,则需要同时借助物质载体的三个维度来表现作品。

(二)图形作品的含义

图形作品是指为施工、生产绘制的工程设计图、产品设计图,以及反映地理现象、说明事物原理或者结构的地图、示意图等作品。[②] 从这一规定,我们可以看出图形作品的主要功能在于其实用性,比如工程设计图与产品设计图的用途在于按照图纸建造某一工程或者制造对应的产品;而地图和示意图是为了说明某一客观存在的现象或者事物的原理结构。

虽然著作权法的基本原则不保护任何技术方案和实用功能,但将图形作品纳入受著作权法保护的作品范畴却并非因其所蕴含的实用性功能,而是构成其的线条、色彩等组合本身所具备的美感(此处的美感更多的是指严谨、规律的科学之美)。比如,有甲、乙两位设计师分别绘制了某一产品的设计图,甲设计师绘制的图纸颇具技术革新意识,假如按图施工的话,可以大大提升该产品的性能;而乙设计师设计的图纸则错误百出,倘若按图生产的话,甚至无法生产出对应的产品。在这个例子中,我们可以说乙设计师设计的产品有问题,其图纸不具有相应的实用性,但不可否认的是,乙设计师的图纸同样也属于由线条、图形等构成,蕴含了乙设计师眼中科学、严谨的美感,因此该图纸也自然属于图形作品、受著作权法的保护。[③]

(三)美术作品与图形作品的区分标准

如前所述,美术作品虽然与图形作品一样,多采取图形、线条、色彩等组合作为表现形式,且二者都具备一定的美感。但需要指出的是,美术作品的美感在于其给人以艺术上的享受,属于艺术领域;而图形作品则更多展现了精巧、严

---

① 参见王迁:《知识产权法教程》(第7版),中国人民大学出版社2021年版,第111页。

② 参见《著作权法实施条例》第4条第12项。

③ 参见王迁:《知识产权法教程》(第7版),中国人民大学出版社2021年版,第129页。

谨、规律所带来的科学美感,属于科学领域,且更重要的是图形作品更多地服务于实用功能。

因而,区分美术作品与图形作品的最为重要的标准便是其美感价值。也就是说,同样以色彩、线条等构成的作品,如果它带给人们更多的是某种层次的艺术上的享受,展现的是创作者的美学观点,那么我们当然应该将这一作品认定为美术作品;但假如该作品虽然也具备一定的美感,但其价值更多体现在按图制造的成品等具备相当的实用功能,或其本身所阐释的原理,说明的事实所蕴含的科学、实用价值,那么很显然,这些作品应当被定义为图形作品。①

二、侵犯平面作品复制权认定规则

(一)复制权的基本概念

复制权是著作财产权中最为基础与核心的权利,在著作权法律制度的产生之初,著作权人享有的主要就是复制权和表演权。虽然我国《著作权法》规定了若干项著作财产权,但从司法实践来看,对著作权人经济利益的侵害还是多与未经著作权人授权就擅自对作品进行复制有关。

根据《著作权法》第10条第5项的规定,复制权是指以印刷、复印、拓印、录音、录像翻录、翻拍、数字化等方式将作品制作一份或者多份的权利。但该规定并未对复制行为进行穷尽式列举,“等方式”这一表述意味着著作权法对复制权涵盖范围的规定采取了“具体列举+抽象概括”的兜底式立法,表明立法者在立法时便考虑到了随着时代、技术的发展,新的复制方式会不断出现,为了避免穷举式造成立法上的封闭和滞后,开放式的立法方式显然更有利于保护著作权人所享有的复制权。②

(二)对平面作品进行复制

对于平面作品而言,复制根据涉及的载体不同,包括“从平面到平面”和“从平面到立体”两种表现形式,虽然法律并未明文规定“从平面到立体”这一复制形式,但不可否认的是,实务中确实存在这一复制形式,结合立法下的弹性余地,在司法实践中对于“从平面到立体”这一复制形式同样给予了相应的保护。

---

① 参见王迁:《论平面美术作品著作权的保护范围——从“形象”与“图形”的区分视角》,载《法学》2020年第4期。

② 参见肖毅、胡相龙:《平面美术作品的立体化构成对作品的复制》,载《人民司法(案例)》2016年第23期。

1. 图形作品立体化

依据 1990 年《著作权法》第 52 条第 2 款规定:“按照工程设计图、产品设计图纸及其说明进行施工、生产工业品,不属于本法所称的复制。”也就是说,1990 年《著作权法》认为就工程设计图、产品设计图进行施工和生产工业品并不属于对设计图的复制行为。该规定在 2001 年修正的《著作权法》及 2020 年修正的《著作权法》中虽均被删除,但其反映的基本原理仍然得到了承认。

目前司法实践中一般认为:著作权法意义上对工程设计图、产品设计图的复制,仅指以印刷、复印、翻拍等复制形式使用图纸,而不包括按照工程设计图、产品设计图进行施工、生产工业品。这一例外规定并非司法实务对于此类作品著作权保护的无故限缩,而是因为对于属于“图形作品”的工程设计图、产品设计图而言,其体现更多的是严谨、精确的科学之美、实用功能,这类作品本身并不具有一般意义上的艺术美感,所以此处将设计图“从平面到立体”的复制不属于著作权法保护的复制权。

2. 平面美术作品立体化

所谓“从平面到立体”的复制,是指作品在被复制时是固定在平面载体之上的,而被固定在新载体之上后,是以新载体的三个维度来表现作品的。在著作权法中,“从平面到立体”的复制主要包括按照美术作品或描绘外观的设计图制作立体艺术作品,以及根据建筑作品的平面设计图建造建筑物的行为。比如,画家在纸上绘制的冬奥会吉祥物“冰墩墩”是平面美术作品,将其制作成立体的“冰墩墩”玩具,则是一个典型的“从平面到立体”的复制行为。

3. 平面美术作品立体化是否侵害复制权的司法争议

在司法实践中,对于将平面美术作品进行“从平面到立体”的复制是否构成著作权法意义上的侵害复制权尚存不同做法。

其中一种是简单直接的做法,即认为只要未经许可对构成平面美术作品的造型进行立体再现,就属于对平面美术作品“从平面到立体”的复制,从而构成著作权侵权。

这种认定标准对于上文所举的“冰墩墩”的例子无疑是准确的,即若一个人未经授权,擅自生产立体“冰墩墩”的玩具,那么很显然其实施了“从平面到立体”的复制行为,在符合其余侵权构成要件的情况下,其很有可能侵害了“冰墩墩”美术作品的复制权。但在某些情况下,这种简单直接的认定标准会得出不合常理的结论。比如“演播室设计效果图案”①中,某被告电视台的演播室未经许可、依据某原告设计公司对该演播室的设计效果图和平面设计图进行布局装修。在该案中,法院认为根据施工图纸建造电视台演播室并不侵害原告工程设计图的复制权,但鉴于原告对于演播室的设计效果图系“通过线条、色彩及其组合的运用,创作出演播室的立体效果”,属于美术作品,而被告演播室内的整体线条、色彩及其组合与原告设计效果图构成实质性相似,侵害了原告作品的复制权。进而推知,由于在该演播室录制节目必然会将演播室的环境一并录制下来,允许通过信息网络对在该演播室录制的节目进行点播的行为,即侵害了演播室设计效果图的信息网络传播权。很明显,如此的结论显然不合常理、难以为人们所接受。

另一种则是对“造型”进行分类后再行认定,比如本案中的装修设计图虽因其本身的色彩、造型、线条等组合而具有艺术美感并被认定为美术作品,但因为112号楼大堂中的装修布局、家具陈设、摆放位置等并不构成艺术造型,所以法院认定依据设计图装修的112号楼大堂室内装修本身并不属于将前述设计图“从平面到立体”的复制,即被告并未侵害原告设计图的复制权。

4. 平面作品立体化是否侵害复制权的裁判规则

(1)作品本身的性质。就这一点而言,我们首先要判断涉诉作品所属的作品类型,明确涉诉作品是属于美术作品还是图形作品,这一点对于后续的判断起到了决定性的作用,如前所述,倘若一个作品被认定为图形作品,因对于图形作品的立体化并不属于著作权法意义上的复制,故无须再进行接下来的判断。而如果一个作品被认定为美术作品,那么我们将进入下一步的判断。

(2)立体化后的产物是否构成“作品”。对此,我们可以做如下的考量尝试:假定三维的物体先于平面美术作品存在,我们只需考虑这个三维的物体本身是否能够构成著作权法意义上的作品即可。如果这个三维物体本身便具有一定的独创性和独立于实用价值的艺术价值,那么我们便可以将之认定为受著作权法保护的作品,下一步我们便可以开始考量三维物体与涉诉平面作品是否一致。若不具有独立于涉诉平面作品的独创性,便可以认定该三维作品系涉诉平面作品的立体化,在未经著作权人的许可下,可能已经侵犯了复制权。若单独

① 参见上海市杨浦区人民法院民事判决书,(2015)杨民三(知)初字第535号;上海知识产权法院民事判决书,(2016)沪73民终126号。

考量三维物体后发现其并不属于著作权法所界定的作品，那也就遑论该三维物体侵犯了涉诉平面作品的复制权。[①] 比如本案中 112 号楼大堂设计图纸虽因其本身的线条、色彩等组合具备了艺术美感，被认定为美术作品，但由于按照该设计图纸施工装修的 112 号楼大堂并非著作权法意义上的作品，故而即便涉诉图纸属于美术作品的范畴，但将该图纸设计运用于 112 号楼大堂的行为并不符合侵犯复制权的范畴。

（一审合议庭成员：张佳璐、林抒蔚、王进英

二审合议庭成员：钱光文、凌宗亮、范静波）

① 参见凌宗亮、许堃：《平面美术作品立体化复制行为的侵权认定》，载《版权理论与实务》2023 年第 4 期。

北京爱奇艺科技有限公司与上海触影文化传播有限公司侵害作品信息网络传播权纠纷案

——网络服务提供者侵权"应知"要素界定

王春花

关键词｜信息网络传播权　网络服务提供者　帮助侵权　注意义务

【裁判要旨】

网络服务提供者应知涉案侵权行为而未履行合理注意义务，并采取相应必要措施的，构成帮助侵权，承担赔偿责任。网络服务提供者的注意义务设定应根据其经营模式、平台功能设置、侵权信息的显著程度、管理举措等进行综合判定。

【相关法条】

《最高人民法院关于审理侵害信息网络传播权民事纠纷案件适用法律若干问题的规定》

第七条　……

网络服务提供者明知或者应知网络用户利用网络服务侵害信息网络传播权，未采取删除、屏蔽、断开链接等必要措施，或者提供技术支持等帮助行为的，人民法院应当认定其构成帮助侵权行为。

第九条　人民法院应当根据网络用户侵害信息网络传播权的具体事实是

否明显,综合考虑以下因素,认定网络服务提供者是否构成应知:

(一)基于网络服务提供者提供服务的性质、方式及其引发侵权的可能性大小,应当具备的管理信息的能力;

(二)传播的作品、表演、录音录像制品的类型、知名度及侵权信息的明显程度;

(三)网络服务提供者是否主动对作品、表演、录音录像制品进行了选择、编辑、修改、推荐等;

(四)网络服务提供者是否积极采取了预防侵权的合理措施;

……

(六)网络服务提供者是否针对同一网络用户的重复侵权行为采取了相应的合理措施;

……

【案件索引】

一审:上海市普陀区人民法院(2021)沪0107民初5020号民事判决书(2022年5月31日)

二审:上海知识产权法院(2022)沪73民终374号民事判决书(2022年9月26日)

【基本案情】

原告北京爱奇艺科技有限公司(以下简称爱奇艺公司)系热播青年励志综艺节目《青春有你第二季》的出品人(以下简称涉案作品),享有涉案作品的独家信息网络传播权。作为公司重点打造的一款综艺节目,爱奇艺公司为涉案作品的制作、发行花费了巨大的人力、物力和财力。涉案作品自2020年3月12日起在公司旗下视频平台上独家播放后引发了广泛关注。

被告上海触影文化传播有限公司(以下简称触影公司)开发了一款以真人漫画、图片剧分享为内容的剧能玩平台。2020年5月,正值涉案作品的热播期间,爱奇艺公司发现该平台"资源区"内提供了涉案作品的百度网盘资源分享链接,使其他用户获取链接后无须登录爱奇艺公司视频平台,亦无须充值VIP会员即可同步观看涉案作品。爱奇艺公司认为,触影公司作为剧能玩平台运营者,擅自提供涉案作品的行为侵犯了爱奇艺公司享有的信息网络传播权,故请求判令赔偿经济损失及合理费用共计 100 万元。触影公司辩称，其提供的是发帖服务，不属于《信息网络传播权保护条例》规定的 4 种服务类型。被告未就侵权链接下的涉案作品提供存储空间、搜索服务，且该链接系百度网盘提供，被告无法履行删除、屏蔽、断开链接等必要措施，亦不属于链接服务提供者。被告作为发帖平台服务提供者，其注意义务远小于链接服务提供者，且被告并未对涉案帖子进行任何置顶、编辑、修改、推荐，其对于用户发布的含侵权链接的帖子不构成应知、明知。被告已尽到合理注意义务。被告在用户协议中明确提醒不得发布侵权内容，针对侵权内容还提供了便捷的投诉渠道，并委托第三方提供专业审查服务。本案发生后，被告及时删除了涉案帖子，并将资源区屏蔽，避免侵权进一步发生的可能，在审理中又依法披露了发帖用户的身份信息，已尽到了平台的相关义务，不应承担侵权责任。

【裁判结果】

上海市普陀区人民法院于 2022 年 5 月 31 日作出(2021)沪 0107 民初 5020 号民事判决：被告触影公司于本判决生效后 10 日内赔偿原告爱奇艺公司经济损失及合理支出 30 万元。

宣判后，触影公司不服一审判决，向上海知识产权法院提起上诉，上海知识产权法院于 2022 年 9 月 26 日作出(2022)沪 73 民终 374 号民事判决：驳回上诉，维持原判。

【裁判理由】

法院经审理认为，网络服务提供者的类型不仅限于《信息网络传播权保护条例》规定的 4 种情形，本案中，被告触影公司提供了网络用户的姓名、身份证号码及联系方式等信息，在无相反证据的情况下，可以认定涉案链接系网络用户发布，被告触影公司作为网络服务提供者不构成直接侵权。认定被告触影公司是否构成侵权，应结合被诉行为，综合判断被告触影公司是否应当知道网络用户的侵权行为并采取了必要措施。

首先，从注意义务角度来看，剧能玩平台在社区页面设置了“水区”“资源”等多个专区，根据公证书记载及被告自述，“水区”主要为用户上传的原创内容，“资源区”主要为影视、综艺节目，可见，被告对于应用专区的功能是有着明确区分的，虽然这一区分行为尚不足以构成针对侵权作品所作的选择、分类和整理等情形，但从该名称选择及功能定位来看，被告理应知晓该专区内容存在侵权的可能性。此外，法院还注意到，剧能玩平台用户可以充值兑换据点，并通过据点向资源发布者赠送礼物，平台可以从该行为中获得一定的经济利益，这一模式虽系增加用户黏性的商业考量，但结合被告前述专区分类情形，被告对于“资源区”的用户侵权行为理应负有更高的注意义务。然被告仅在2018年至2019年曾委托第三方提供文本及图片过滤服务，此后并无证据显示其采取了其他积极预防侵权的合理措施。同时，在“资源区”收到74条举报信息，且多次涉及本案的两用户的情况下，仍未对该用户账号采取风险提示、侵权警告等合理措施，反而放任其继续发布其他侵权内容，客观上导致了本案侵权结果的发生。

其次，从侵权信息的显著程度看，涉案两用户在一段时间内连续发布了大量影视、综艺下载链接，其内容已经远超出普通用户可以获得授权分享的范围。同时，资源发布者为方便用户检索，发布的链接均带有影视资源的名称、期数等信息，涉案链接更是明确标注了“青春有你2”“最新一期”等字样。考虑到涉案作品当时正处于热播期间，网络知名度和话题度较高，被告理应知晓该内容存在侵权的可能。综上，被告对于用户的侵权行为处于应知的状态，却未采取合理措施，构成帮助侵权，依法应当承担停止侵权、赔偿损失等民事责任。

【案例注解】

一、立法目的——“避风港规则”再探讨

“避风港规则”起源于美国《千禧年数字版权法》，其作为网络环境下规范网络服务平台责任的判断标准，被广泛立法借鉴。其目的在于协调权利人、网络服务提供者、网络用户三者之间的利益平衡。关于“避风港规则”的法律性质，学术界有“归责说”“免责说”之分歧。“归责说”理论着眼于中美两国侵权责任归责原则的差异，即美国在认定网络服务提供者侵权责任时适用严格责任，而我国则是过错责任。若将“避风港规则”解释为免责条款，会与现有的过错责任原则相矛盾。“免责说”结合“中介责任理论”，认为网络服务提供者除非主动参与了他人的侵权行为或者侵权行为十分明显，否则不应承担侵权责任。“归责说”有加重网络服务提供者责任负担之嫌，不利于网络服务市场的健康发展，“免责说”是理论界、司法实践界的主流观点。“避风港规则”适用的前提是网络服务提供者不具有“故意”或“重大过失”。我国的“避风港”仅免除了网络服务提供者的赔偿责任，其仍要承担停止侵权等禁止性的侵权责任，这意味着进入

“避风港”的网络服务提供者仍然是具有过错的。[①] 为了避免“避风港规则”的滥用,避免陷入“通知—删除—不侵权”的怪圈,“红旗标准”作为其配套规则,同样要受到重视。就我国来说,首次引入该规则,体现在最高人民法院《关于审理涉及计算机网络著作权纠纷案件适用法律若干问题的解释》第 4 条、第 5 条中。后历经《信息网络传播权保护条例》《侵权责任法》《电子商务法》《民法典》的立法发展,逐步确立了较为完善的“避风港规则”法律体现。最高人民法院《关于审理侵害信息网络传播权民事纠纷案件适用法律若干问题的规定》第 7 条及《民法典》第 1197 条体现了“红旗标准”的应用。网络服务提供者侵权“应知”的判断是与其注意义务的界定分不开的。关于“注意义务”界定的边界,应回归“避风港规则”的免责属性,坚持审慎、合理原则,即网络服务提供者并不负有事先审查义务,对其“注意义务”的程度、边界划定,应着眼于侵权事实发生后,其是否采取了相应的必要措施。如此,才能平衡权利人、网络服务提供者、网络用户三者间的合法利益。

二、网络服务提供者“注意义务”的边界认定

在信息网络传播权案件审理中,若要向网络服务提供者追责,必须认定其对于网络用户的侵权行为存在“明知”或“应知”。“应知”的判断应结合在案证据综合分析,合理划定侵权判断的注意义务界限,进而认定网络服务提供者对于网络用户的侵权行为处于“应知”状态,构成帮助侵权。“应知”是指网络服务提供者在获得足够引起其注意及怀疑的信息时,应自觉承担的寻找真相的义务,这一义务不管是否履行,法律都将其视为知晓。[②] 对于“应知”要件的分析,可以从网络服务提供者的经营模式、平台功能设置、侵权信息的显著程度、平台管理举措等方面综合进行判断。

(一)网络服务提供者的经营模式

从经营模式的角度判断平台是否应承担侵权责任,应着眼于平台是否从中获利。从侵权构成要件角度来说,获利也是判断侵权行为的关键要素。获利应不限于直接获利,若平台从侵权行为中吸引了相应用户流量,增加了客户黏性等,也可以认定其存在“引诱侵权”的嫌疑。

本案中,剧能玩平台系被告开发、经营的网络平台,主要内容包括真人漫

---

① 参见姬晨笛:《我国“避风港”规则的法律性质研究》,载《电子知识产权》2016 年第 1 期。

② 参见王新绿:《避风港原则适用中“红旗标准”之性质划分及其意义——以十一家唱片公司起诉雅虎案为例》,载《新西部》2019 年第 28 期。

画、图片剧、对话体小说和社区服务。其中:“社区”板块下设有“推荐”“水区”“资源”等二级板块。用户可以充值兑换剧点,并通过剧点向资源发布者赠送礼物,平台可以从该行为中获得一定的经济利益,因此平台对于“资源区”的用户侵权行为理应负有较高的注意义务。此类案例还有著名的“苹果 App Store 案”,App Store 上存储了第三方应用,在用户付费下载了这些应用后,苹果公司将该费用与程序开发者进行利益共享,苹果公司获得一定的经济利益。对于平台从侵权行为中获得直接经济利益的,一般可认定平台对侵权行为负有较高的注意义务。“直接获利”引发“较高的注意义务”,可作为“应知”的考量因素,可用以辅助判断网络服务提供者的过错。①

(二)平台功能设置

从平台功能设置的角度判断平台是否应承担侵权责任,应着眼于平台对于用户上传内容的控制程度。若平台存在筛选、排名、修改和推荐等操作,网络服务提供者在涉及上述行为时或多或少都内置了一些“主观干预”因素,网络服务提供者负担注意义务的大小与“主观干预”因素相关。② 除了主观干预因素外,平台对于特定功能区,理应负有较高的注意义务。

本案中,剧能玩平台在社区页面设置了“水区”“资源区”等多个专区,“资源区”主要为影视、综艺节目。由此可见,被告对于应用专区的功能是有明确区分的,虽然这一区分行为尚不足以构成针对侵权作品所作的选择、分类和整理等情形,但从该名称选择及功能定位来看,被告理应知晓该专区内容存在侵权的可能性,平台对此负有较高的注意义务。在广州欢网科技有限公司与捷成华视网聚(常州)文化传媒有限公司一案中,二审法院认为,广州欢网科技有限公司在其“欢视网”网站“欢社区”论坛设置“热门资源下载专区”,其应当知道潜在的侵权风险,应该对网络用户上传至该栏目的信息内容负有较高的著作权注意义务。③

(三)侵权信息的显著程度

对于侵权信息的显著程度,可以从侵权内容的数量、持续的时间、上传的频

---

① 参见黄梦颖:《网络服务提供者侵权责任认定新解——以直接获得经济利益为视角》,载《重庆广播电视大学学报》2022 年第 1 期。

② 参见王明珠:《网络服务提供者“应知”规则之再厘定与适用研究》,载《网络安全技术与应用》2022 年第 10 期。

③ 参见北京知识产权法院民事判决书,(2017)京 73 民终 1802 号。

率、内容的标注、用户是否被投诉等因素进行考量。

本案中,涉案两用户在被告经营的平台上一段时间内连续发布了大量影视、综艺下载链接,其内容已经远超出普通用户可以获得授权分享的范围,且发布的链接均带有影视资源的名称、期数等信息,涉案链接更是明确标注了“青春有你2”“最新一期”等字样。考虑到涉案作品当时正处于热播期间,网络知名度和话题度较高,被告理应知晓该内容存在侵权的可能。热播剧、知名度较高的作品、明星参演的作品等,按照普通观众的视角可以识别出的,网络服务提供者应该负有较高的注意义务。[①] 网络存储空间服务商应尽的注意义务应达到“善良管理人”的程度。如果用户上传的侵权作品已像一面鲜艳的红旗一样在迎风飘扬,网络服务提供商按照理性人标准应当知道,则不应视而不见。[②]

(四)平台管理举措

从平台管理举措的角度判断平台是否应承担侵权责任,应着眼于平台日常防侵权措施的运用以及对于投诉的处理等方面。从事互联网运营的营利性法人应当具备相应的信息管理能力,若未能有效地对数字作品进行筛选、编辑、调整、屏蔽,应视为网络服务提供者未采取预防侵权的合理措施,同样存在过错。[③]

本案中,涉案两名网络用户被多次举报后,被告并未对该用户账号采取风险提示、侵权警告等合理措施,导致了本案侵权事实的发生。另外,被告仅在2018年和2019年委托第三方进行文本和图片过滤,并未采取持续有效的预防侵权措施,存在管理疏忽,客观上造成了侵权行为的发生。未尽合理注意义务,构成侵权“应知”。

三、“避风港”规则下的平台运营的规范治理

(一)事前规范——反侵权措施

为了避免卷入侵权风波,网络服务提供者对于平台的管理工作必须做到事先干预,必须加大反侵权技术措施的投入。本案中,触影公司也曾与第三方合作,对于平台存储的文本和图片进行过滤。但此种过滤服务未能持续,导致本

---

① 参见沈仁干:《关于著作权的限制》,载江平、沈仁干等主讲:《中华人民共和国著作权法讲析》,中国国际广播出版社1991年版,第202页。

② 参见吴汉东:《著作权合理使用制度研究》(第4版),中国人民大学出版社2020年版,第120页。

③ 参见陈煜:《网络服务提供者的信息网络传播权侵权责任研究》,载《云南警官学院学报》2014年第5期。

案中侵权发生，平台也难辞其咎。网络服务提供者可以通过《用户服务协议》提醒网络用户，与第三方合作引入相关技术，加大对侵权信息的识别、定位与干涉等方式加强平台管理。本案中，侵权网络用户通过百度网盘发布侵权信息，对此，平台可设置“侵权提示弹窗”，提醒用户侵权风险。此外，网络服务提供者可以设置“侵权先行赔付保证金”资金池，可以要求被多次投诉的网络用户交纳保证金，有效避免网络用户侵权，维护良好的网络空间环境。ChatGPT 作为一个新兴的网络服务平台，其包含搜索、内容提供与编辑等功能，存在侵权风险漏洞，对此，平台应引入侵权过滤技术，对于可能侵权的内容进行事先干预，避免陷入侵权风波。

我国司法实践中，权利人要求网络服务提供者在未采取合理措施，如技术过滤或终止重复侵权用户服务等以防止侵权作品重复上传时应承担责任的呼声渐高。这提示网络服务提供者要加强技术投入，对于侵权行为应尽量主动发现、主动处理。

（二）事后规范——“通知”也要审查

侵权行为发生后，平台的反应也关乎网络服务提供者侵权责任的认定。《民法典》第 1195 条、第 1196 条规定了权利人发通知、网络服务提供者转通知以及错误通知的法律责任。从法律规定来看，侵权发生后，平台对权利人的通知应认真对待，积极查找发布侵权信息的网络用户，并根据用户协议等规则进行处理。反之，则会承担相应的法律责任，而不能适用“避风港规则”。对于权利人的通知，网络服务提供者不能机械性地采取删除等措施，应当对通知内容进行初步审查，对于明显侵权的内容可予以主动干预，采取删除、屏蔽、断开链接等措施，防止侵权的进一步扩大；对于无法直接判断侵权事实的，应将通知转送给相应的网络用户，给予其申辩的机会，根据用户反馈结果进行处理。如此，才能避免错误通知带来的网络环境的不稳定。

四、结语

互联网平台作为数字经济的重要组成部分，平台的治理效果关系到数字经济的发展态势。随着互联网技术迅速发展、视频产业数字化转型加快，互联网平台获取、整合及分享视频资源的方式日益多元，侵权风险也是日益增加。实务中，对平台责任的认定，关系到新兴商业模式的发展，也影响着权利人、平台及网络用户多方主体间的利益平衡。本案中，法院从平台性质判定出发，围绕平台对侵权发生的“应知”要素，合理划定侵权判定的注意义务界限，在考察平台所采取的版权治理措施是否适当时，法院从平台的功能分区设置、侵权行为的显著性程度、对于网络用户的管理举措等角度进行综合判定，在设定评价标准时既以其主客观上所能达到的程度为限，充分考量平台对海量数据不负有事前审查义务，也应要求平台本着诚实信用原则，采取符合其商业模式、体现其预见水平和控制能力的预防性措施，最终，在兼顾多方利益的情况下，认定触影公司对于用户的侵权行为处于应知状态，构成帮助侵权。在侵权赔偿标准方面，本案综合考虑涉案作品的类型、知名度、侵权数量、跟播式传播方式等因素后判定了相应的赔偿金额。本案的判决彰显了人民法院坚持严格保护知识产权的价值导向，对于规范平台用户管理，完善版权管理机制，促进数字经济健康发展具有积极意义。

（一审合议庭成员：顾斌、王萌、刘瑜凤

二审合议庭成员：胡宓、易嘉、陈瑶瑶）

看东方（上海）传媒有限公司诉上海聚力传媒技术有限公司著作权权属、侵权纠纷案

——海量侵权内容的比对方式及事实推定

胡全燊

关键词 | 著作权　抽样比对　高度盖然性　举证责任

【裁判要旨】

对于涉及系列类电影作品的侵权行为，在通过随机抽样比对作品内容一致的情况下，结合系列作品的集数或目录、分集作品的时长等比较情况，根据高度盖然性规则，可以推定侵权行为的范围包含了全部所涉集数作品。侵权行为人如对侵权行为的范围有异议，应负有相应的举证责任；如未能提供证据推翻前述推定，应当承担举证不力的后果。关于法定赔偿的数额，在考量权利作品的知名度、侵权行为的时间跨度、侵害权利作品的范围、侵权行为的主观恶性等因素的同时，结合权利作品的制作成本，能够认定权利人侵权损失的，可以酌定全额赔偿。

【相关法条】

《最高人民法院关于适用〈中华人民共和国民事诉讼法〉的解释》

第一百零八条　对负有举证证明责任的当事人提供的证据，人民法院经审查并结合相关事实，确信待证事实的存在具有高度可能性的，应当认定该事实存在。

对一方当事人为反驳负有举证证明责任的当事人所主张事实而提供的证

据,人民法院经审查并结合相关事实,认为待证事实真伪不明的,应当认定该事实不存在。

……

【案件索引】

一审:上海市普陀区人民法院(2019)沪0107民初6621号民事判决书(2020年1月8日)

二审:上海知识产权法院(2020)沪73民终268号民事判决书(2020年8月31日)

【基本案情】

原告看东方(上海)传媒有限公司(以下简称看东方公司)提起本案诉讼,请求被告上海聚力传媒技术有限公司(以下简称聚力公司)在其运营的"PP视频"网站首页显著位置连续30日刊登致歉声明,消除因其侵权行为给原告造成的不良影响,并赔偿原告经济损失1,000,000元,维权合理费用22,500元,两项共计1,022,500元。

被告聚力公司辩称:《东方110》是时事新闻类节目,是对日常新闻的简单编排,不具有独创性,不是《著作权法》保护的客体,原告也无法证明其是权利人。原告公证时未进行清洁性处理,对公证光盘的真实性不予认可。被告认可原告所持有的权利作品母带,认可公证时以快进方式点播了13期节目,公证的内容与母带一致,但原告主张其余期数侵权没有事实依据。对于"PP视频"手机移动客户端播放视频的情况不予认可。鉴于信息网络传播权系财产权而非人身权,原告要求刊登致歉声明、消除影响没有法律依据,主张赔偿的经济损失和合理费用也明显过高。

法院经审理查明:

一、看东方公司主张保护的涉案作品的相关情况

看东方公司成立于2010年5月14日,经营范围包括新媒体内容制作,计算机及网络领域内的技术开发、技术转让、技术咨询和技术服务,广播、电视网络领域内的技术开发、技术转让、技术咨询和技术服务等。

看东方公司主张保护的涉案作品系《东方110》2017~2018年共99期电视节目,该节目在上海电视台新闻综合频道播出,片尾标注了"版权所有:看东方

（上海）传媒有限公司”“上海广播电视台上海市公安局联合制作”等字样。

看东方公司与上海市公安局签订的《2017 年〈东方 110〉栏目合作协议》《2018 年〈东方 110〉栏目合作协议》，约定上海市公安局负责制作 2017 年全年共 104 期《东方 110》节目、2018 年全年共 104 期《东方 110》节目，看东方公司负责节目播出前的三级审片、提出修改意见等；看东方公司向上海市公安局支付节目制作费，向制作人员支付稿费，并按每月实际播出期数向上海市公安局转账；节目（包括但不限于成片和所涉所有素材）由看东方公司拥有知识产权。

二、看东方公司主张聚力公司的侵权行为

聚力公司成立于 2005 年 5 月 20 日，经营范围包括开发、销售信息网络传媒应用软件，计算机网络领域内的技术开发、技术转让、技术咨询、技术服务及相关产品、办公用品、日用百货的销售等。涉案网站系聚力公司主办的网站，网站备案/许可证号：沪 ICP 备 09010723 号 -6。“PP 视频”手机应用软件（以下简称涉案应用）亦由聚力公司开发运营。

看东方公司主张聚力公司在涉案网站及涉案应用中播放《东方 110》99 期节目（涉案作品），并委托上海市东方公证处利用公证处电脑对涉案网站的视频播放情况进行了保全证据公证（16011 公证）。公证书显示，通过 Google Chrome 浏览器进入 www. pptv. com 搜索《东方 110》，显示分集 611，每一页列表显示 10 期节目，共有 61 页。随机翻页，在列表上任意点播节目，共对 13 期节目（《连环“套中套”》《智斗》《夜幕下的交锋》《链条》《老对手新较量》《追凶 33 小时》《出门遇“老乡”》《盗墓笔记》《墅影迷踪》《医院里的戏精》《十四年追凶（上）》《百亿老总的自白书》《背身的男人》）进行了公证。节目开始有广告播放，节目中有“东方 110”字幕，拖拽播放进度条可以观看视频，最后一期公证节目有片尾字幕。看东方公司主张的其余 86 期节目在视频右侧的纵向播放列表中均有显示。

在庭前证据交换中，原、被告均确认公证的涉案作品内容与看东方公司提供的母带一致，涉案作品现已删除。

三、本案的合理费用

看东方公司为本案诉讼支付公证费 2500 元。看东方公司另主张律师费 20,000 元，但无法提供委托合同及发票，请求法院酌定。

【裁判结果】

上海市普陀区人民法院于 2020 年 1 月 8 日作出（2019）沪 0107 民初 6621

号民事判决:(1)聚力公司于判决生效之日起10日内赔偿看东方公司经济损失及合理费用共计1,022,500元。(2)驳回看东方公司的其余诉讼请求。

宣判后,聚力公司不服一审判决,向上海知识产权法院提起上诉,上海知识产权法院于2020年8月31日作出(2020)沪73民终268号民事判决:驳回上诉,维持原判。

【裁判理由】

法院生效裁判认为本案的争议焦点有三个:(1)看东方公司是否享有涉案作品的著作权;(2)聚力公司是否实施了侵犯著作权的行为;(3)如侵犯看东方公司的著作权,聚力公司应承担的民事法律责任。

一、看东方公司是否享有涉案作品的著作权

根据《著作权法》及《著作权法实施条例》的规定,电影作品和以类似摄制电影的方法创作的作品,是指摄制在一定介质之上,由一系列有伴音或无伴音的画面组成,并且借助适当装置放映或者以其他方式传播的作品。时事新闻是指通过报纸、期刊、广播电台、电视台等媒体报道的单纯事实消息。本案中,涉案作品以类似摄制电影的方法创作,在新闻素材的选择、实际内容的表达和拍摄画面的编排等方面均有独创性表达,并非单纯地报道事实消息,与时事新闻报道有明显的区别,构成著作权法意义上的作品,应受著作权法保护。

著作权属于作者,如无相反证明,在作品上署名的公民、法人或者其他组织为作者。电影作品和以类似摄制电影的方法创作的作品的著作权由制片者享有。当事人可以通过合同的方式约定著作权的归属。根据涉案作品中片尾的署名与版权声明、看东方公司与上海市公安局签订的合作协议中关于知识产权的约定、看东方公司持有涉案作品的原始播出母带等证据,看东方公司享有涉案节目的著作权。

二、聚力公司是否实施了侵犯著作权的行为

看东方公司就涉案网站播放涉案作品的情况进行了公证,证明侵权事实客观存在。聚力公司虽主张公证时未进行清洁性检查,但并未就此向公证处提出异议,结合公证处系使用该处电脑上网进行证据保全,一审法院对公证书的内容予以确认。公证处虽未对点播的13期节目进行完整的公证,但聚力公司自认公证内容与涉案作品原始母带内容一致,通过拖拽播放进度条可以观看视频,播放视频的时长与涉案作品基本一致,可以认定13期公证节目与涉案作品构成实质性相似。

考虑到涉案作品集数较多,看东方公司在取证时并未对所主张的全部99期节目逐一进行播放,而是采用了登录涉案网站搜索涉案作品,并翻页随机点播作品的方式采样公证了其中13期节目。从公证情况来看,分集项下列表中的视频名称、时长与播放视频时右侧纵向列表中显示的视频名称、时长相对应。所点播的13期节目均可流畅播放,根据举证的高度盖然性原则,一审法院认为看东方公司已尽到举证责任。虽然涉案作品已被删除,但聚力公司作为视频播放方,如对全部涉案作品的播放情况存有异议,应当对此承担举证责任。在聚力公司无相反证据的情况下,可以推定所有涉案作品均可在线播放。聚力公司未经看东方公司许可,在涉案网站上播放涉案作品的行为侵犯了看东方公司的信息网络传播权。

看东方公司主张聚力公司在涉案应用中发布涉案作品,但并未提供任何公证记录,仅提供自己所作的手机截屏,聚力公司对此不予认可,因涉案应用中现已无显示涉案作品的播放情况,故一审法院对此难以采信。

三、聚力公司应承担的民事法律责任

聚力公司侵犯了看东方公司的著作权,应向看东方公司承担赔偿经济损失的侵权责任。关于赔偿损失的金额,鉴于看东方公司因侵权所受的经济损失、聚力公司因侵权所获的经济利益均难以确定,故一审法院依法适用法定赔偿的原则确定赔偿金额。涉案作品系法制类节目,看东方公司制作方式不同于一般的电视节目,看东方公司通过与上海市公安局合作的方式取得作品的著作权,节目播出时间跨度长,有较高的社会知名度。而聚力公司作为专业视频内容的提供者,理应在提供视频时尽到审慎的注意义务,但是聚力公司却在其平台上播出涉案作品长达两年,使用作品数量众多,在视频播放时插入广告,反映出其具有营利性特征,侵权恶性程度较高。一审法院综合考量上述因素依法酌定赔偿金额。关于看东方公司主张的律师费、公证费,一审法院将根据合理性和必要性的原则加以确定。看东方公司提供了公证费发票,故一审法院对该费用予以支持。看东方公司虽未提供律师费发票,但考虑到律师出庭并提供了相应的法律服务,该费用金额尚属合理,一审法院予以支持。聚力公司侵犯看东方公司的信息网络传播权,系著作财产权,不涉及人身权,故一审法院对看东方公司要求聚力公司刊登致歉声明的诉讼请求不予支持。关于消除影响的诉讼请求,由于聚力公司支付相应的损害赔偿金已可以使看东方公司获得充分救济,且看东方公司未充分举证聚力公司的侵权行为对其造成了社会评价降低的后果,故一审法院对该项诉讼请求不予支持。

【案例注解】

一、抽样比对的实施基础

(一)抽样比对的现实基础——海量证据的审查困境

知识产权案件的审理,最基本的证据要求包括知识产权的权属证明、被控侵权物品所载标识或侵权复制品与注册商标、作品比对是否相同、相似,上述两类证据缺一不可。按照前述证据要求,所有被侵权的商标或作品等知识产权的权属证据应该一一举证,被控侵权物品所载标识、侵权复制品亦应与注册商标、作品进行一一比对,以确定是否相同、相似。但这一证据标准要求,在面对当前知识产权案件证据材料繁多,侵权内容数量庞大的形势时显然存在一定的操作困难。尤其在刑事审判领域,知识产权刑事犯罪的构成,要求有较高的犯罪金额或犯罪数量,往往也就意味着对应的侵权物品、侵权复制品以及被侵权的商标或作品数量庞大,要做到权属证据一一举证以及一一比对相同、相似,工作量庞大,加之刑事案件的证据主要由侦查机关运用国家赋予的侦查权力查证取得,缺乏权利人的积极参与,故受限于侦查机关的人力、物力等客观条件,前述证据标准很难达到。假设经过逐一检验,在1万余件产品中检验出85%为假冒伪劣产品,但若进行科学的抽样,同样可能计算出全部产品中伪劣产品的比例为80%~90%,这一比例的概率区间已经足以满足法官心证形成的需要,只要与其他证据一起能够使法官形成排除合理怀疑的心证,也可以予以定罪,这样的证明方式显然大幅减轻了办案人员的工作负担。①

基于该种形势在刑事案件中相对普遍,而在民事案件中相对比例较小的情况,实践中反而形成了一种特殊现象,即在具有更为严格证明标准的刑事审判中,抽样比对、进行部分权利证据举证后由被告人提出反证的举证模式并不少见;反而在证明标准相对宽松的民事审判中,由于实行的是“谁主张,谁举证”的证据规则,权利证据的一一举证及被控侵权物品所载标识、侵权复制品与注册商标、作品进行一一比对系权利人主张权利时举证的必备要求,这使得刑、民证据规则陷入逻辑不能自洽的境地。本案的裁判思路为这一现实困境提供了解

① 参见万毅、纵博:《论刑事诉讼中的抽样取证》,载《江苏行政学院学报》2014年第4期。

决路径，即通过在民事审判中引入抽样比对的方式，既减轻了知识产权权利人的举证负担，也从法理上实现了刑、民证据规则的逻辑自洽。

（二）抽样比对的理论基础——基于统计学原理的实践应用

无论采用何种证据审查方式，最终均要以查明案件事实为归依。因此，即便采用抽样比对的方式，其比对结果亦不能严重偏离实际情况。抽样比对的概念来自统计学，是按照随机原则“从总体（调查对象）中抽取部分进行调查，再对总体的指标数值进行估算的方法”①。在统计学原理中，对于具有同质性的统计总体，通过特定类型的随机抽样方式，可以根据抽取样本的情况还原统计总体情况。其中，“统计总体就是根据一定目的确定的所要研究的事物的全体。它是由客观存在的、具有某种共同性质的许多个别事物构成的整体”。统计总体应该具备大量性与同质性，因为根据大数定律，样本数量越大，越容易反映出普遍的规律特征；而同质性则是“确定统计总体的基本标准”，即统计总体应该同时满足“量”与“质”的双重要求。② 刘品新教授指出，同质性即共同的性质，“是确定统计总体的基本标准。唯有同质，样本才能具有代表性，才能反映全体。缺乏这一条件，就很难保证抽样方法的合理性和抽样结果的可信度”③。其实，关于统计学中的“同质性”一词，在民法学原理中对于种类物的定义可见一斑。在民法学理论中，种类物是指性质、种类相同，即具有共同的物理属性和经济意义的物，④这也从侧面说明了同质性的内涵为共同的性质、属性与特征。

当统计总体数量过多时，就需要从中抽取部分单位，作为统计总体的代表加以研究，这部分代表即为样本。样本必须源自待抽样取证的总体，不能源于总体以外的元素，且样本必须具有代表性。样本的代表性是指“样本的结构及样本均值等重要指标应与总体结构及总体均值等相应指标基本保持一致”⑤。代表性样本的选择需要考虑样本与总体数量的比较，即“在总数较少时，抽样数量越发接近总数，越能保证样本代表性，而总数较多时，较小的抽样比例同样能够得出与总体相同的结果趋向”⑥。此外，样本的选择还需结合自身性质的考量，即应该抽取在量、质等维度具有特色的对象。这就需要在把握统计总体的

① 参见刘晓利、郭姝宇主编：《统计学原理》，北京大学出版社 2015 年版，第 225～226 页。
② 参见曾五一、肖红叶：《统计学导论》（第 3 版），科学出版社 2019 年版，第 28 页。
③ 参见刘品新：《网络犯罪证明简化论》，载《中国刑事法杂志》2017 年第 6 期。
④ 参见刘美林：《市场经济法律概论》（第 2 版），科学技术文献出版社 2009 年版，第 36～47 页。
⑤ 参见冯士雍：《中国抽样调查应用中的若干问题》，载《中国统计》2001 年第 11 期。
⑥ 参见邵志强：《抽样调查中样本容量的确定方法》，载《统计与决策》2012 年第 22 期。

性质特征的情况下精准选择抽样的方式,以获取具有代表性的样本。如果选择的样本不具有代表性,将导致抽样结果与实际情况的偏离度增加,谬以千里。

(三)抽样比对的法制基础——举重明轻的证据规则推论

虽然在质证中以抽样比对的方式进行举证并无相关法律规定,但对于抽样取证的方式在很多部门法领域已有明确的条文规定。早在1996年,《行政处罚法》颁布时,其第37条第2款即明确规定,行政机关在收集证据时,可以采取抽样取证的方法。在知产领域,最高人民法院、最高人民检察院、公安部印发的《关于办理侵犯知识产权刑事案件适用法律若干问题的意见》第3条第1款明确规定:"公安机关在办理侵犯知识产权刑事案件时,可以根据工作需要抽样取证,或者商请同级行政执法部门、有关检验机构协助抽样取证。法律、法规对抽样机构或者抽样方法有规定的,应当委托规定的机构并按照规定方法抽取样品。"国家知识产权局《关于严格专利保护的若干意见》(2016年)第二部分第七点"有效推进调查取证工作"规定:充分运用调查取证手段。对权利人举证确有困难的,应充分、合理使用登记保存、抽样取证等调查取证手段,适当减轻专利权人举证负担。而抽样比对,以本案为例,目前仍然是基于取证完整充分的前提下,通过抽样方式仅就取证内容的部分进行举证质证及比对,以抽样结果对权利人所主张的全部事实作概括性证明,其对于侵权行为的客观载体是完全保存的,证明力自然比在取证阶段即实施抽样方式更高,且抽样取证在举证质证环节当然的就待证自然事实而言包含了抽样的比对,因为取证内容本身就并非完整。故举重明轻,虽然没有明文规定允许或禁止适用该等方式,但抽样比对的方式在法理上存在适用的基础。另外,虽然目前明文规定的抽样方式都集中在刑事及行政领域,但在需要排除一切合理怀疑的高证明标准的刑事领域亦可采用抽样方式的情况下,证明标准相对更低的民事领域当然更具有实施抽样方式的法理空间。

二、抽样比对的实施条件

(一)比对对象的同质性

如前所述,比对对象的同质性是采取抽样方式的根本前提。如果比对对象没有共同的特征可循,则抽样将失去实施的意义。但在司法实践角度,如何认定比对对象的同质性存在一定难度。本案裁判仅提供了一种同质性的判断方式,即对于系列作品,基于生活经验,对该类作品的侵权行为一般呈大片的甚至完整的作品复刻,权利作品与被控侵权作品内部的序列具有极高一致性,故对于相关侵权行为的比对，无须对全部子作品一一进行比较，仅需对部分子作品予以比对即可反映事实情况。另外，本案所涉作品系电视节目录像视频，其作品性质决定了侵权作品与权利作品存在差异性的可能极小，但实践中，与本案情况一样较为理想的比对对象往往不可期，对于各类涉海量侵权内容的情形，是否符合同质性条件还需审慎酌定。

（二）抽样方式的科学性

如前所述，在确保比对对象的同质性之余，科学的抽样方式亦是保障抽样结果尽可能符合案件事实的基本前提。本案中，鉴于涉案作品情况特殊，不存在因待抽样对象具有某种特征，可能会直接影响研究结果，需对其加以控制的情形，故采取简单随机抽样的方式，即不区分统计总体中各样本的差异性，以相同概率进行抽选。例如，在达索系统股份有限公司与上海同捷科技股份有限公司侵害计算机软件著作权纠纷案中，执行法官以 10% 的比例对涉案计算机进行抽查，在抽检的 18 台电脑中仅有 2 台电脑没有任何安装过 CATIA 系列软件的记录，据此认定被告安装侵权软件的数量为 160 套（16/18 × 180 套）。[①]

本案中，原告亦通过随机翻页，在列表上任意点播节目，共对 13 期节目进行了公证。在比对中，节目开始有广告播放，节目中有“东方 110”字幕，拖拽播放进度条可以观看视频，最后一期公证节目有片尾字幕。原告主张的其余 86 期节目在视频右侧的纵向播放列表中均有显示。但在实践中，可能因存在涉案侵权内容的特征或差异性，导致抽样方式未能有效选取具有代表性的样本，从而影响抽样结果的精确性。

除简单随机抽样外，还有许多抽样方式。如等距抽样方法，是指将总体中各单位按一定顺序排列，根据样本要求确定抽选间隔，然后随机确定起点，每隔一定间隔抽取一个单位的一种抽样方式，其特征在于其抽出的样本是均匀分布的。相较于简单随机抽样，等距抽样的比对成本进一步降低，效率更高，但要防止周期性偏差，避免降低样本的代表性。分层抽样是指先将总体的单位按某种特征分为若干次级总体，然后再从每一层内按照一定比例进行简单随机抽样，组成一个样本。这种抽样方法主要针对复杂的、组合的总体，如侵犯著作权罪中的光碟、图书、软件、磁带、录像带，无法进行统一抽样，只能分类之后再进行分别抽样。该方式系通过分组减小了各层次变异性的影响，保证了抽取样本的

① 参见上海知识产权法院民事判决书，（2017）沪 73 民初 208 号。

代表性。①

三、证明责任的合理性

虽然前面从各个角度为抽样比对的合理性证成,但并未说明该种特殊的比对形式对证明责任的影响。过去,对于侵权事实,需要原告就完整的侵权内容进行举证。抽样比对的方式,实际上变相地减轻了原告的举证负担,其仅需对部分侵权内容进行举证说明,即可涵摄主张的全部侵权内容,表面上似乎导致了双方举证责任的失衡。但实际上,被告亦仅需针对样本侵权内容进行反证,即可推翻全部侵权主张,本质上是对双方举证质证效率的提升,并未产生举证责任的倾斜。

需要注意的是,本案中,被告系专业的视频播放平台,系侵权内容载体的控制者,相较权利人需主动进行检索采集,其举证难度是较低的,且侵权内容亦完整经过公证留存,故而并未对举证责任产生影响。但实践中,权利人起诉时对侵权视频数量的主张往往具有概括性与初步性,或其可能出于诉讼策略的考量并没有事先一一进行公证,此时如仍适用抽样比对的形式推定权利人所主张的全部侵权视频数量,将变相加重平台的证明责任,使平台需要花费更大的精力,甚至可能需要以商业秘密的披露为代价来证明己方不构成侵权。

(一审合议庭成员:张佳璐、张敏婕、邱玉麟

二审合议庭成员:何渊、陈瑶瑶、杨馥宇)

① 参见万毅、纵博:《论刑事诉讼中的抽样取证》,载《江苏行政学院学报》2014 年第 4 期。

二、商标权篇

湖南快乐阳光互动娱乐传媒有限公司与上海新革文化传播有限公司等诉前行为保全纠纷案

——诉前行为保全措施的审查要素的司法认定

刘　力　王　萌

关键词｜行为保全　难以弥补的损害　保全必要性　利益平衡

【裁判要旨】

诉前行为保全中难以弥补的损害认定，应综合考虑侵权行为的控制程度、损害增加程度以及侵权行为对申请人市场份额的影响等因素。被申请人通过多重许可或特许加盟等方式实施侵权行为的，易导致损害呈现叠加效应，申请人同类业务的市场开发形成的竞争优势丧失，加盟商的预期利益或受到进一步损害，可以认定为构成难以弥补的损害。

【相关法条】

一、《中华人民共和国民事诉讼法》

第一百零四条　利害关系人因情况紧急，不立即申请保全将会使其合法权益受到难以弥补的损害的，可以在提起诉讼或者申请仲裁前向被保全财产所在地、被申请人住所地或者对案件有管辖权的人民法院申请采取保全措施。申请人应当提供担保，不提供担保的，裁定驳回申请。

人民法院接受申请后，必须在四十八小时内作出裁定；裁定采取保全措施的，应当立即开始执行。

申请人在人民法院采取保全措施后三十日内不依法提起诉讼或者申请仲裁的，人民法院应当解除保全。

第一百零五条　保全限于请求的范围，或者与本案有关的财物。

二、《最高人民法院关于审查知识产权纠纷行为保全案件适用法律若干问题的规定》

第七条　人民法院审查行为保全申请，应当综合考量下列因素：

（一）申请人的请求是否具有事实基础和法律依据，包括请求保护的知识产权效力是否稳定；

（二）不采取行为保全措施是否会使申请人的合法权益受到难以弥补的损害或者造成案件裁决难以执行等损害；

（三）不采取行为保全措施对申请人造成的损害是否超过采取行为保全措施对被申请人造成的损害；

（四）采取行为保全措施是否损害社会公共利益；

（五）其他应当考量的因素。

【案件索引】

上海市普陀区人民法院（2021）沪 0107 行保 1 号民事裁定书（2022 年 1 月 26 日）

上海市普陀区人民法院（2021）沪 0107 行保 1 号之一民事裁定书（2022 年 2 月 12 日）

【基本案情】

申请人湖南快乐阳光互动娱乐传媒有限公司系第 14919320 号“芒果tv”商标（第 41 类）的被许可人，以及第 19547871 号“明星大侦探”商标（第 41 类）的商标权人（以下简称涉案商标），有权在全国范围内针对侵犯涉案商标的任何侵权行为以自身名义独立进行维权。前述商标经过长期的使用和推广，具有极高的知名度和显著性。四被申请人上海新革文化传播有限公司、上海瑞股信息科技有限公司、上海瑞勤文化发展有限公司、上海新士历文化传播有限公司共同经营名为“芒果探案馆”的线下剧本杀服务。

申请人发现，四被申请人在其“芒果探案馆”线上、线下剧本杀服务的招商、经营、推广宣传活动中，未经许可大量使用与申请人注册商标相同或近似的“芒果探案馆”“明星大侦探”等标识和字样，并在其微信公众号、搜狐号、视频号等线上宣传渠道及招商加盟资料中，声称其门店为“芒果 TV 战略合作品牌”“与线上 &线下娱乐行业头部品牌联合”，其提供的剧本杀系“芒果全新独家剧本杀”“综艺正版授权独家剧本”“明星大侦探真人版”等，构成引人误解的虚假宣传，给申请人的商誉造成了巨大的损失。申请人认为，上述侵权行为仍在持续中，并且四被申请人明知申请人的品牌及在先商标，并且经申请人的事前警告，仍在继续扩大其招商加盟规模，短期内已出现大量侵权店铺，侵权行为仍在持续扩大，如不制止，将导致申请人的剧本杀业务市场份额和用户流量被不当抢占，相关公众对申请人经营的“明星大侦探”节目及线下剧本杀业务丧失新鲜感，并使申请人在该项业务上的核心竞争优势受到重创。据此，申请人提出行为保全申请，请求法院依法裁定被申请人立即停止在线上、线下使用涉案商标及虚假宣传等行为。

四被申请人共同辩称：(1)四被申请人使用的“芒果探案馆”标识与涉案商标存在显著区别，且内容及服务渠道、受众不相同亦不近似，不构成商标侵权。(2)上海瑞勤文化发展有限公司曾与申请人关联公司有过业务合作，上海瑞勤文化发展有限公司受托参与“明星大侦探”剧本项目的创作及场景搭建工作，在申请人默许的情况下，将涉案商标标识用于相关软件宣传活动中。之后，双方又开展过多次合作，均使用了该软件。因此，涉案相关宣传内容均基于双方合作实际情况，并未损害涉案商标和申请人的商誉，不构成虚假宣传。(3)四被申请人自 2019 年开始运营“芒果探案馆”，经过长时间的推广，得到了大量消费者的认可，并获得了文创行业奖项。如本案的行为保全成立，将会对四被申请人线下门店的市场运营造成混乱，以及难以估量的损失，故请求驳回保全申请。

【裁判结果】

上海市普陀区人民法院于 2022 年 1 月 26 日作出民事裁定，认定四被申请人的行为涉嫌构成商标侵权及不正当竞争，法院依法裁定四被申请人立即停止侵犯涉案商标权及不正当竞争行为。裁定作出后，四被申请人申请复议，法院对复议申请，不予支持，该行为保全裁定生效。

【裁判理由】

上海市普陀区人民法院经听证后认为,根据《最高人民法院关于审查知识产权纠纷行为保全案件适用法律若干问题的规定》(以下简称《行为保全规定》)第7条之规定,对诉前行为保全的审查应综合考量如下因素:

首先,申请人的请求是否具有事实基础和法律依据。根据初步证据,申请人系涉案商标的权利人,涉案商标均处于合法有效状态,应受到《商标法》保护,申请人有权以涉案商标作为权利基础申请行为保全。同时,申请人作为"芒果TV"平台运营机构,基于该平台所产生的竞争优势及经济利益亦应受到《反不正当竞争法》的保护。

四被申请人未经授权,在其线下直营店铺、授权加盟商的楼层指南、指示海报、店招及自媒体平台使用了"芒果探案馆""明星大侦探"等标识进行宣传和推广,上述标识起到了互相辐射和影响的作用。考虑到四被申请人提供的剧本杀服务与涉案商标在服务内容、对象等方面近似,同时,申请人制作并通过"芒果TV"平台独播的《明星大侦探》系列节目时间跨度较长,涉案商标的认知度及辨识度较高,且初步证据显示,相关公众已经对"芒果探案馆"的商品或服务来源产生混淆和误认,故四被申请人的行为具有侵害涉案商标专用权的可能性。此外,根据初步证据显示,四被申请人使用"芒果 TV 合作品牌""综艺正版授权独家剧本"等表述,暗示了其剧本杀服务与"芒果 TV"平台及节目存在关联,考虑到"芒果探案馆"的相关标识与涉案商标的近似程度,该行为易使人误认为"芒果探案馆"品牌来自"芒果 TV"平台或与《明星大侦探》节目存在合作或授权关系,且事实上已经造成相关公众的混淆,存在虚假宣传的可能性。综上,申请人请求对四被申请人采取诉前行为保全措施具有相应的事实基础和法律依据。

其次,采取保全措施是否具有紧迫性和必要性。四被申请人通过不当宣传,持续并加速扩张其招商加盟的规模。在这一情形下,若不立即制止被申请人的侵权行为,可能会引发更大范围的侵权及混淆,相关加盟商的预期利益将受到进一步损害。此外,本案中,申请人利用《明星大侦探》系列节目的引流效果,开展了同名线下剧本杀娱乐服务。现四被申请人使用侵权标识及不当宣传行为,可能对申请人"明星大侦探"线下剧本杀业务的用户培养及市场开发造成损害。

再次,保全措施是否会导致当事人间利益显著失衡。本案中,申请人申请采取的行为保全措施主要指向“芒果探案馆”的相关标识及线上宣传行为，该申请指向明确、范围适当，其幅度不会超过本案中不采取行为保全措施对申请人造成的损害。

最后，采取保全措施是否会损害社会公共利益。本案中，四被申请人提供的剧本杀服务本身并不具有社会公共属性，亦不涉及公序良俗，对四被申请人采取诉前行为保全措施不会对社会经济秩序造成影响。相反，还可能在一定程度上帮助消费者识别“剧本杀”的服务来源，并对四被申请人相关加盟商及合作方的有序经营起到积极引导作用。

【案例注解】

一、诉前行为保全制度的沿革与定位

诉前行为保全是法院作出实体生效裁判之前，依据当事人的申请，责令对方当事人禁止一定行为的措施。该制度从财产保全概念的基础上发展而来，其雏形见于《专利法》中的诉前停止侵权条款。[①] 2001 年加入世界贸易组织后，我国根据《与贸易有关的知识产权协议》相关要求先后修正了《商标法》和《著作权法》，并增加了诉前行为保全条款。此后最高人民法院相继出台了一系列司法解释，在侵害商标权行为和保全证据规定中进一步明确了诉前行为保全制度的适用标准。直至 2012 年《民事诉讼法》修正中在程序法层面首次确认了行为保全制度，并从诉讼流程上将其分为诉前行为保全和诉中行为保全两部分。为在知识产权领域正确适用《民事诉讼法》规定的行为保全制度，最高人民法院于 2018 年 12 月 12 日出台了《行为保全规定》，该规定从胜诉可能性、难以弥补的损害、双方利益平衡以及社会公共利益等角度明确了诉前行为保全的审查要件以及相关程序的适用情形，至此基本搭建了知识产权诉前行为保全的基本规则和框架体系。

作为一种民事权利保护的事先预防性措施，诉前行为保全将司法裁判关口前移，在较短时间内对侵权行为作出禁令，一方面，能够及时有效制止侵权，避免损害后果的进一步扩大，弥补传统事后救济方式的不足，增强当事人对司法裁判的认同感。另一方面，诉前行为保全的功能还体现在促进纠纷的分流化

---

① 参见《专利法》（2000 年修正）第 11 条第 1 款规定，专利权人或者利害关系人有证据证明他人正在实施或者即将实施侵犯其专利权的行为，如不及时制止将会使其合法权益受到难以弥补的损害的，可以在起诉前向人民法院申请采取责令停止有关行为和财产保全的措施。

解，通过行为保全促使被申请人积极采取行为进行沟通协商，进而在实体诉讼启动之前解决当事人之间的纠纷，降低当事人维权成本。

关于诉前行为保全程序的性质，有观点认为，诉前行为保全发生于诉讼行为发起之前，不解决具体的权益纠纷，其功能等同于支付令等非诉程序。笔者认为，尽管从诉讼流程上看，诉前行为保全措施发生于诉讼形成之前，且不具有解决矛盾冲突的功能，但从其审查过程来看，诉前行为保全需要在权利状态和侵权事实的基础上，基于法官内心确信对侵权行为作出初步认定，并非如财产保全一般简单地依据当事人申请而进行的程序性操作，而是需对双方争议本身作出实体上的初步判断，承担了一个中间判决的角色。这意味着承认其具备一般诉讼程序的基本外观，并采用较普通程序更低的证明标准，较为简单且迅捷的审查程序。[①]

二、诉前行为保全制度的理念调适

（一）审慎适用与程序保障原则

诉前行为保全作为一项临时性紧急救济措施，相较于其他法律救济手段，具有程序便捷、快速保护等优势，其审查以对事实、状态的初步确认为基础，形成法官的内心确信，实质是生效裁判的提前执行，在未对纠纷进行充分审理的情况下，对申请人预先提供的司法救济，本身可能存在判断失误的风险。同时，由于保全措施直接指向被申请人的核心业务，可能引发行业市场格局的重大变化。故法院在审查是否给予当事人诉前行为保全措施时，往往采取十分谨慎的态度，需要严格把握保全措施的适用条件，既要及时有效地保护申请人的合法权益，又要防止因权利滥用而损害竞争秩序。根据《行为保全规定》第 5 条规定，人民法院裁定采取行为保全措施前，应当询问申请人和被申请人，但因情况紧急或者询问可能影响保全措施执行等情形除外。该条规定虽并未明确将听证作为必经程序，但结合其“应当询问”的表述不难看出行为保全的审查在注重效率的同时，应当对被申请人的利益给予足够的关注。

（二）分类施策与灵活应对原则

知识产权的客体既涉及文学艺术领域的作品，也涉及科学技术领域的专利技术、植物新品种、技术秘密等，还涉及与商业经营密不可分的商标、商号。客

---

① 参见张海燕、苏捷：《功能主义视角下知识产权诉前行为保全制度的激活》，载《中国应用法学》2020 年第 6 期。

体不同、涉及的领域不同,导致行为保全审查标准存在差异性。著作权、商标权侵权案件权利外观的边界比较清晰,侵权事实亦较为清楚,在当事人提交侵权损害证据的情况下,应当积极采取行为保全措施,通过禁令措施有效制止侵权,及时保障申请人的权利;对于侵权事实复杂,不易作出法律判断的,如诉请保护竞争利益较为模糊的不正当竞争案件,需要先综合考虑社会公共利益、消费者利益等保护目标再判断被诉竞争行为是否具有不当性,特别是仅通过短时的书面审查难以进行侵权判定的技术类案件,应当从严把握保全制度的适用。

三、诉前行为保全制度审查要素的考量

(一)从"权利有效性+胜诉可能性"判定事实基础和法律依据

《行为保全规定》第7条明确,人民法院审查行为保全,应考量申请人的请求是否具有事实基础和法律依据,包括请求保护的知识产权效力是否稳定。实践中,判断诉前行为保全是否具有事实基础和法律依据应从申请人权利有效性和胜诉可能性两个方面综合考虑。

在权利有效性判定上,一般体现为对权利稳定性的不纠结,实务中,根据知识产权客体进行区分,如商标权、著作权领域,需要审查权利类型、权利主体、授权时间、范围、是否存在权属争议等因素,确保不存在关联案件,如他人对权属提起无效、被撤销之诉等;对于不正当竞争纠纷而言,因为其诉请并不依赖特定权利作为请求权基础,其核心是考察申请人是否具有反不正当竞争法意义上受保护的竞争性权益,如申请人对于其主张保护的字号、装潢等是否形成了长期稳定的投入和可识别的显著特征。

在胜诉可能性判断上,一种观点认为,诉前行为保全是为当事人提供的特殊救济,因而审查条件不能过于宽松,否则会造成权利的滥用,只有在申请人胜诉可能性达到"基本无误"的情况下才有作出诉前行为保全的必要。另一种观点认为,申请人胜诉可能性是相对的,申请人无须提供证据证明其肯定胜诉,只需证明其有胜诉的可能性即可,这指向优势盖然性的证明标准。在这两种情况下,申请人的举证责任程度以及法庭审查的内容会有很大的差别。笔者认为,由于诉前行为保全制度的程序性和功能性定位,裁定的快速作出必然需要降低证明标准,在案件尚未进入实体审理的情况下,呈现在法官面前的证据达到优势可能性即可,不需要达到绝对可能性的程度。此外,根据《民事诉讼法》有关行为保全条款中"可能因当事人一方的行为或者其他原因"这样的表述亦表明法官在审查是否应当作出诉前行为保全时只需要判断其可能性,即指向优势盖然性证明标准。这表明我国立法者已经降低了诉前行为保全的证明标准。如在“中国好声音案”①中法院认为“诉前行为保全是程序上的临时性措施,与诉讼案件实体审理存在本质区别。所谓胜诉可能性,是法院根据现有证据,并结合程序性临时措施的特点所作出的可能性判断,其显然有别于实体审理后的确定性认定”。

另外,从比较法角度来看,德国、日本和我国台湾地区的“假处分制度”着重审查申请人是否具有实体法上的请求权,英国的“中间禁令制度”亦不需要申请人证明其具有很大的胜诉可能性,美国判例法则认为,只需要申请人提供初步的证明侵权事实存在的相关证据即可,但上述制度均需配合担保制度以平衡双方利益。借鉴域外经验不难看出,对于胜诉可能性不应机械设定“等同侵权”的标准,应当采取一个相对灵活的态度,与其他考量因素进行综合判断。

（二）以“损害叠加＋市场替代”认定“难以弥补的损害”

存在“难以弥补的损害”是设立诉前行为保全制度的正当性依据,也是诉前行为保全制度中最为核心的概念。关于“难以弥补的损害”的具体情形,美国早在19世纪就坚持“有侵权就有不可弥补的损害就有禁令救济”的规则,②即只要侵权行为存在,即可推定给原告造成了不可弥补的损害。但出于利益平衡和诉前行为保全对当事人利益重大影响的考量,《行为保全规定》第10条第2项与第3项明确,被申请人的行为将会导致侵权行为难以控制且显著增加申请人损害,以及被申请人的侵害行为将会导致申请人相关市场份额明显减少。一般而言,并非所有知识产权案件的侵权后果均满足“难以弥补的损害”。司法认定中,一方面,应重点关注侵权现象的控制程度和损害的增加程度。一般而言,商业标识类侵权会随着商业环节的增加,导致侵权内容范围扩大,如在多重商标授权的情况下,侵权行为往往随着商业链条的扩展而规模增大,扩散性明显,持续侵权极易造成损失呈指数级增长。如本案中所体现的,四被申请人在明知其行为存在不当的情形下,反而通过不当宣传,持续并加速扩张其“剧本杀”业务的招商加盟规模。在这一情形下,损害会随着授权加盟的商业环节增加而扩大,若不立即制止,可能会引发更大范围的侵权及混淆误认,相关加盟商的预期利益也会受到进一步损害,申请人的权益弥补将变得显著困难。另一方面,应

① 参见北京知识产权法院民事裁定书,(2016)京73行保1号。

② 参见李杨:《中国需要什么样的知识产权行为保全规则》,载《知识产权》2019年第5期。

慎重衡量相关侵权行为对权利人市场份额的影响，即侵权行为对于申请人相关市场份额的影响、替代作用较为明显，即便申请人得到了经济赔偿，但从长远来看，已经丢失的市场份额将难以或者无法得到恢复。本案中，申请人“明星大侦探”品牌的剧本杀业务核心竞争优势在于剧本的新鲜感，以及由《明星大侦探》节目衍生的具有黏性的用户群体，该商业模式的本质系利用《明星大侦探》系列节目进行引流，进而开展同名线下剧本杀娱乐服务。而“剧本杀”线下游戏具有一定的时效性，玩家容易因为追求新鲜感而体验相关游戏剧本，一旦这种新鲜感消失，消费者容易丧失消费欲望和兴趣。现四被申请人使用侵权标识及不当宣传行为，可能使申请人“明星大侦探”线下剧本杀业务通过用户培养及市场开发形成的竞争优势（市场份额）付诸东流，且这种用户流量的丧失无法通过市场行为进行弥补。为防止损害的进一步扩大，有必要及时禁止四被申请人的上述行为，对其采取相应诉前行为保全措施。

（三）以利益衡量机制认定保全措施的必要性

利益衡量和权利冲突是零和博弈，如何处理好诉前行为保全与防止权利滥用之间的平衡，尤其在案件未经过实体审理的情况下，法院应当在考量申请人利益的同时，兼顾被申请人的利益。根据这一要素，法院审查时应当考虑“不采取行为保全措施对申请人造成的损害是否超过采取行为保全措施对被申请人造成的损害”。在适用过程中，可以对双方可能存在的经营及商业模式上的损害进行综合比较，分析该保全行为与其他可能的方式相比，是否能带来最大的收益和最小的损害。本案中，对商标侵权的申请人而言，其权益损害包括竞争优势的丧失、用户的流失、商誉受损等；对被申请人而言，其经营的业务模式或能实现的业务功能有多个，诉前行为保全措施只是针对其中商标标识的禁用，并不影响被申请人的其他业务或功能模块的运作，此时，双方损害相比较，不采取保全对申请人的损害更大，因此应当采取诉前行为保全措施。本案中，如放任被申请人在全国范围内发展加盟，并持续进行宣传推广，将会导致申请人的核心竞争优势被蚕食，后续将不可避免地投入大量的成本以消除侵权行为造成的影响；反之，申请人申请采取的诉前行为保全措施主要指向“芒果探案馆”的相关标识及线上宣传行为，系为防止对涉案商标及“芒果 TV”平台继续带来损害所采取的合理措施，该申请指向明确、范围适当，其幅度不会超过本案中不采取诉前行为保全措施对申请人造成的损害。

（四）以动态思维界定社会公共利益范畴

知识产权法语境下的社会公共利益对应的是不特定大多数的利益，一般认为其中包括两个层次：第一层为抽象概念意义上的不特定多数社会公众；第二层为与竞争行为有间接关系的一类群体，如消费者群体。社会公共利益并非一成不变的，它会随着市场行为的升级而呈现出多样性，因此，需要运用动态思维界定社会公共利益的范畴。

一般而言，对于著作权、商标权及专利权等排他性权利而言，只有通过保护这种权利，打击和制止侵权行为，才能更好地鼓励创造和创新，进而促进公共利益的实现。因此，从这个意义上来说，制止侵权与社会公共利益保护目标是一致的，严格保护知识产权，才是最重要的公共利益。因此，法院在审查诉前行为保全时，不宜将社会公共利益的覆盖面扩大，只有涉及药品、公共卫生等领域的诉前保全措施才应予以考虑。对于不正当竞争行为而言，其着力点不在于维护某部分特定主体的利益，而是通过制止侵权来催生新型特别权利，其公共利益的审查范畴需要将保全行为置于产业背景和市场环境下进行综合考虑。本案中，首先，被申请人涉嫌商标侵权及不正当竞争，对其实施诉前行为保全措施的对象主要集中在"剧本杀"消费者这一特定群体，消费者参与游戏过程中为"体验式"消费，不具备人格利益上的身份认同和情感寄托，采取诉前保全措施将在一定程度上向相关公众澄清混淆，保障加盟商和消费者的合法权益。其次，被申请人提供的剧本杀服务本身并不具有社会公共属性，亦不涉及公序良俗，对被申请人采取诉前行为保全措施不会对"剧本杀"产业链和行业发展造成影响。相反，还可能在一定程度上帮助消费者识别剧本杀的服务来源，并对被申请人相关加盟商及合作方的经营起到有序引导、促进诚信经营的积极作用。

（合议庭成员：张佳璐、王萌、刘瑜凤）

上海翼堃新型建材有限公司诉上海新型建材岩棉有限公司、上海新型建材岩棉大丰有限公司侵害商标权纠纷案

——商标恶意诉讼反赔之诉的裁量标准

刘亚玲　张佳璐　俞　璐

关键词｜恶意诉讼　反赔　反诉　一次性实质解纷

【裁判要旨】

原告方明知其主张的商标侵权行为已在行政处罚决定中被认定为系商标权人合法使用自有注册商标的行为，原告方亦未对该行政处罚决定申请行政复议或提起行政诉讼，后又提起民事诉讼，主张相对方构成商标侵权，系对注册商标许可使用权和民事起诉权的滥用，构成恶意诉讼。

综合双方当事人经营历史、商标注册申请时间、在先使用情况、市场知名度、关联民事、行政、刑事案件诉讼情况等多方面因素判断当事人是否达到恶意诉讼的“主观恶意”构成要件。

【相关法条】

一、《中华人民共和国民法典》

第一百三十二条　民事主体不得滥用民事权利损害国家利益、社会公共利益或者他人合法权益。

第一千一百六十五条　行为人因过错侵害他人民事权益造成损害的，应当

承担侵权责任。依照法律规定推定行为人有过错，其不能证明自己没有过错的，应当承担侵权责任。

二、《中华人民共和国商标法》

第七条第一款　申请注册和使用商标，应当遵循诚实信用原则。

第六十八条第四款　对恶意申请商标注册的，根据情节给予警告、罚款等行政处罚；对恶意提起商标诉讼的，由人民法院依法给予处罚。

三、《最高人民法院关于适用〈中华人民共和国民法典〉总则编若干问题的解释》

第三条　对于民法典第一百三十二条所称的滥用民事权利，人民法院可以根据权利行使的对象、目的、时间、方式、造成当事人之间利益失衡的程度等因素作出认定。

四、《最高人民法院关于审理商标民事纠纷案件适用法律若干问题的解释》

第十七条第二款　人民法院根据当事人的诉讼请求和案件具体情况，可以将符合国家有关部门规定的律师费用计算在赔偿范围内。

【案件索引】

一审：上海市普陀区人民法院（2021）沪 0107 民初 23804 号民事判决书（2022 年 10 月 26 日）

二审：上海知识产权法院（2023）沪 73 民终 198 号民事判决书（2023 年 4 月 4 日）

【基本案情】

原告（反诉被告）上海翼堃新型建材有限公司（以下简称翼堃公司）将经案外人广东新元素板业有限公司（以下简称新元素公司）授权使用的第 3462948 号“”樱花图文组合商标使用在矿岩棉商品上。2021 年，原告翼堃公司发现被告（反诉原告）上海新型建材岩棉有限公司（以下简称新型建材岩棉公司）、上海新型建材岩棉大丰有限公司（以下简称新型建材岩棉大丰公司）制造、销售大量标记“樱花”的岩棉商品。原告主张两被告在耐火材料商品外包装上突出使用“樱花”，属于在相同商品上使用与原告近似的标识，故诉至法院，请求两被告停止侵权并销毁库存商品、消除影响、赔偿损失 100 万元及合理支出 5.7

万元。

两被告辩称：原、被告的商标不存在冲突，两被告生产销售的产品与商标核准使用范围一致，属于规范使用自有商标，不构成商标侵权。对于商标类别，(2020)沪0107民初18871号判决（以下简称18871号判决）已认定涉案产品属于被告新型建材岩棉公司注册商标的类别，并不属于原告主张的商品类别。

审理中，两被告提出反诉，请求翼堃公司赔偿新型建材岩棉公司为本案支出的律师费10万元。反诉原告认为翼堃公司滥用权利，恶意提起本诉，根据18871号判决，翼堃公司明知岩棉商品属于新型建材岩棉公司第18663567号“樱花”文字商标核准的商品类别，不属于耐火材料，仍执意起诉，是为恶意，翼堃公司应当就其恶意诉讼给其造成的损失承担赔偿责任。

反诉被告辩称：本案并非恶意诉讼，翼堃公司拥有合法商标许可使用权，两反诉原告构成侵权。即便认定翼堃公司需承担责任，反诉原告应待本诉判决认定本诉被告不侵权判决生效后，另行起诉。

法院经审理查明：

一、与涉案商标相关的事实

2008年5月28日，案外人新元素公司注册了第3462948号“”商标（以下简称权利商标），核定使用商品类别第19类：包括耐火材料、非金属隔板等，有效期限至2028年5月27日。2013年3月18日，新元素公司与翼堃公司签订《商标使用许可合同》，排他许可翼堃公司在矿岩棉产品包装上使用权利商标。2018年2月2日，双方再次签订《商标使用许可合同》，许可期限至2023年3月17日。双方又签订《补充合同》，授权翼堃公司可针对侵犯权利商标使用权的行为进行维权。

二、被诉侵权事实及相关情况

（一）被诉侵权事实

2021年6月28日，案外人上海文竹装饰材料有限公司委托人翼堃公司法定代表人杜某对购买材料的收货过程进行公证保全。其中《检验报告》显示样品名称为防火黑棉，委托单位为新型建材岩棉公司，生产单位为新型建材岩棉大丰公司，检验项目为耐火性能，检验依据为GB/T 9978.1—2008。涉案产品包装上贴有产品标签，标签上注明产品名称为幕墙防火保温岩棉板，并印有两被告的公司名称。提货单载明产品名称为“幕墙防火保温岩棉板”，产品包装为樱花包装，产品标签为樱花标签。产品外包装上有“樱花岩棉”字样。翼堃公司主张涉案产品包装上及产品标签上的“樱花”与其权利商标中的文字部分“樱花”近似，且根据提货单中的产品名称和检验报告的内容，涉案产品类别为耐火材料，构成在同种商品上使用近似商标。

（二）其他相关事实

2020年12月17日，翼堃公司对相关网页内容进行公证保全。新型建材岩棉公司官网中岩棉产品介绍中有“防火材料”“防火结构”“具有耐高温”“A级不燃防火材料，融化温度大于1000℃，有效延缓火势蔓延”等内容。根据国家建筑工程质量监督检验中心微信公众号的查询结果，有多份委托单位为新型建材岩棉公司的《国家建筑工程质量监督检验中心检验报告》，样品名称分别为岩棉板、幕墙防火封堵岩棉板（CFS）、防火岩棉等，检验项目为耐火性能、放射性等，报告日期为2015年至2020年。另有多份《检验报告》，产品名称为幕墙防火封堵岩棉板（CFS）、防火黑棉，生产单位为两被告，检验项目为耐火性能，检验和判定依据均为GB/T 9978.1—2008。

翼堃公司因涉案侵权商品按照GB/T 9978.1—2008标准进行耐火性能检测，主张其属于“耐火材料”，侵权时间至少从2015年开始。

三、与两被告抗辩不侵权等反诉相关的事实

（一）与商品类别认定相关的信息

由国家市场监督管理总局、国家标准化管理委员会发布的GB/T 9978.1—2008《建筑构件耐火试验方法第1部分》中载明：本部分规定了各种结构构件在标准受火条件下确定其耐火性能的试验方法；GB 23864—2009《防火封堵材料》中载明：规范性引用文件包括GB/ T 9978.1《建筑构件耐火试验方法第1部分》通用要求；耐火性能技术要求包括耐火完整性、耐火隔热性；GB/T 18930—2020《耐火材料术语》中载明：耐火材料指物理和化学性质适宜于在高温环境下使用的非金属材料。

另根据百度百科的查询结果，耐火材料为耐火度不低于1580℃的一类无机非金属材料。

（二）相关案件及在先行政处罚等事实

新型建材岩棉公司曾于2020年9月28日就翼堃公司、杜某涉嫌侵害商标权及不正当竞争向上海市普陀区人民法院提起诉讼，即18871号案。该案一审判决书中载明如下与本案相关的事实：（1）2017年1月28日，新型建材岩棉公司注册第 18663567 号“樱花”文字商标，核定使用商品类别第 19 类：岩棉制品（建筑用）等。新型建材岩棉公司另自 2000 年起获核准注册第 1488179 号樱花图文组合等“樱花”系列商标。第 1488179 号樱花图文组合商标获评上海市著名商标；樱花品牌岩棉制品获评上海建材行业名优产品、江苏名牌产品等称号。(2)2020年 12 月中国绝热节能材料协会出具情况说明：原告“樱花”牌岩棉是国内岩棉行业的高端知名品牌，附件中有对岩棉和耐火材料的介绍，从使用温度角度判断，岩棉不是耐火材料。(3)翼塑公司在外包装上印制“樱花®岩棉”字样，曾于 2020 年 6 月 3 日被上海市青浦区市场监督管理局认定构成对新型建材岩棉公司第 18663567 号注册商标专用权的侵害，责令翼塑公司停止侵权，并处罚款 5 万元。翼塑公司未提起行政复议或行政诉讼，并自述已全额缴纳罚款完毕（以下简称青浦行政处罚案）。(4)2018 年 11 月翼塑公司法定代表人杜某曾在第 17、19 类上申请注册“

”“杜樱花”“ABM”商标，均被驳回。该案于 2022 年 2 月 25 日作出一审判决，目前正在二审中。该案一审审理期间，翼塑公司提起本案诉讼。

（三）费用支出

为处理本案纠纷，新型建材岩棉公司支付律师费 10 万元。

【裁判结果】

上海市普陀区人民法院于 2022 年 10 月 26 日作出（2021）沪 0107 民初 23804 号民事判决：(1) 对于本诉原告翼塑公司的全部诉讼请求不予支持；(2)反诉被告翼塑公司于本判决生效之日起 10 日内赔偿反诉原告新型建材岩棉公司为本案支出的律师费 70,000 元。

翼塑公司不服一审判决，提出上诉。审理过程中，翼塑公司未在指定期限内交纳上诉费，并明确表示不再交纳。上海知识产权法院于 2023 年 4 月 4 日作出（2023）沪 73 民终 198 号民事裁定：本案按上诉人翼塑公司自动撤回上诉处理。

【裁判理由】

法院生效裁判认为，本案的争议焦点如下：(1) 新型建材岩棉公司、新型建材岩棉大丰公司是否侵害翼塑公司的注册商标许可使用权；(2) 翼塑公司的起诉是否构成权利滥用，如构成其需要承担的相应责任。

关于争议焦点一，翼堃公司权利商标的核定使用商品类别包括耐火材料，涉案被诉侵权商品为幕墙防火保温岩棉板、防火黑棉、防火岩棉等岩棉制品。涉诉双方均确认耐火材料和岩棉制品（建筑用）分属19类商品类别下的两个不同细分类。涉案商品具耐火性能与其属于耐火材料并不等同。结合中国绝热节能材料协会出具的情况说明，根据使用温度判断，岩棉并不属于耐火材料。故就商品类别而言，被诉侵权商品与权利商标核定使用的商品类别并不相同。且双方标识不构成近似，不至造成混淆。对于翼堃公司的全部诉请，不予支持。

关于争议焦点二，翼堃公司在外包装上印制“樱花®岩棉”字样，已经青浦行政处罚案认定构成商标侵权，其后又涉诉18871号案，在该案审理期间，翼堃公司提起本案之诉。翼堃公司作为建材同业经营者，在经商标侵权行政处罚后，理应对相关事实及法律评价具有一定的预判。本案中，翼堃公司主张新型建材岩棉公司及关联公司的商标侵权行为表现形式与青浦行政案及18871号案中新型建材岩棉公司基于其自有注册商标在相关商品上使用商标的行为完全一致。综上，翼堃公司提起本案诉讼并非正当的维权诉讼，而是将提起诉讼作为干扰市场同业主体的手段，违背了基本的善意、审慎原则，不仅损害了新型建材岩棉公司、新型建材岩棉大丰公司合法权益，也严重浪费了司法资源，损害了司法权威，构成对权利的滥用。为避免诉累，节约司法资源，被告可在同一诉讼程序中请求滥用诉权的原告赔偿因诉讼所支付的合理开支。

【案例注解】

本案是探索适用商标反赔制度的典型案件。2019年《商标法》第68条首次出现商标恶意诉讼相关条款。2021年6月起施行的《最高人民法院关于知识产权侵权诉讼中被告以原告滥用权利为由请求赔偿合理开支问题的批复》（以下简称《批复》）首次明确对于原告滥用权利提起诉讼，被告可请求原告赔偿合理开支。2023年，国家知识产权局发布《中华人民共和国商标法修订草案（征求意见稿）》（以下简称《商标法修订草案征求意见稿》），该草案第84条首次引入商标恶意诉讼反赔制度。本案探索适用商标反赔制度，支持反诉原告的合理诉请，明确了“商标恶意诉讼”的裁判规定，具有一定示范意义。

一、涉商标恶意诉讼案件之裁判概况

结合截至2023年5月的上海市商标恶意诉讼案件样本，统计分析涉商标恶意诉讼案件的一般情形，并以“因恶意提起知识产权诉讼损害赔偿责任纠纷”

《批复》作为切入口，归纳梳理全国范围内商标恶意诉讼反赔案件的审理现状，采集79份有效裁判文书，案件呈现如下特点：

（一）认定构成恶意诉讼概率低

截至2023年5月，上海市共有47件涉商标恶意诉讼案件。其中仅有7件案件认定被告构成恶意诉讼。除本案外，5件为2018年最高人民法院提审的“优衣库”系列案件，1件为2023年判决的“重赤豆案”①。

在全国范围内，共有18件涉商标“因恶意提起知识产权诉讼损害赔偿责任纠纷”，18件案件中当事人援引《批复》②。其中8份判决认定被告构成恶意诉讼。

（二）被告极少提出反诉，抗辩成立概率低

在涉商标侵权案件中，被告多在抗辩中主张原告构成恶意诉讼，然提出相关反诉的概率却极低。以58份裁判文书为统计基础（排除原告主动提起维权诉讼的16起案件），除本案外，仅2起案件中被告提出反诉。

恶意诉讼相关抗辩理由大致分为权利基础类、重复诉讼类、滥用权利类、恶意竞争类、未侵权类等5类。恶意诉讼抗辩成立概率较低，仅8案抗辩事由成立，集中在原告抢注商标、权利滥用。

（三）裁判文书对恶意诉讼抗辩未回应概率高

在56件案件中，67.9%的案件法院支持原告诉请，判定被告构成商标侵权，其中近七成的裁判文书未对恶意诉讼的抗辩意见进行回应。32.1%的案件法院驳回原告诉请，其中近六成裁判文书未对于恶意诉讼的抗辩意见进行回应。

（四）认定构成“恶意提起知识产权诉讼”的情形较为单一

以17份“因恶意提起知识产权诉讼损害责任纠纷”判决为样本，在最终认定被告构成恶意诉讼的7件案件中，6案的主要裁判理由均为“被告非善意取得商标权”。

二、商标恶意诉讼判定的现实困境及成因

（一）“商标恶意诉讼”法律规定边界模糊

1. 缺乏对于“商标恶意诉讼”的明确定义和具体规制条款

我国现行法律体系中，缺乏对于“恶意诉讼”的明确定义。《商标法》第68

① 上海市浦东新区人民法院民事判决书，（2022）沪0115民初55631号。

② （2021）陕01知民初2030号因恶意提起知识产权诉讼损害赔偿责任纠纷一案中，当事人援引《批复》，故重复计数。

条第4款仅是针对恶意申请商标注册、恶意提起商标诉讼行为进行概括性规制，缺乏对于商标恶意诉讼的明确定义、处罚类型、处罚程度等具体规范。

《商标法修订草案征求意见稿》第84条虽然在《商标法》第68条第4款的基础上增加了对于恶意提起商标诉讼进行处罚的具体规定，但该条文仍未明确商标恶意诉讼反赔是否可以由被告直接提起反诉主张、赔偿的具体计算方式等问题。

2. 所涉案由较多，难以统一适法

商标恶意诉讼所涉案由较多，包括因恶意提起知识产权诉讼损害责任纠纷、商业诋毁纠纷、因申请海关知识产权保护措施损害责任纠纷、因申请诉中财产保全损害责任纠纷等。当事人乃至裁判人员常出现无法清晰辨明上述案由的区别，以致部分案件出现案由与裁判内容不匹配的情形。

（二）行政程序束缚司法裁判

我国现行的商标行政程序和民事诉讼程序相互独立，仅能由行政机关撤销、无效宣告注册商标，司法机关无权在民事诉讼程序中撤销或无效宣告注册商标。

1. 非驰名商标权利人对恶意注册行为可能无法得到救济

根据《商标法》第45条规定，仅驰名商标所有人可突破时间限制，对于恶意注册的商标提起无效宣告不受五年时限约束。非驰名商标所有人一旦超过五年，即丧失对于恶意注册的商标提起无效宣告的权利。

2. 商标恶意诉讼认定受行政程序束缚

法院是否可以在商标处于有效状态的情况下径行认定该商标为恶意注册。对此，当前法律体系中缺少明确规定。以优衣库系列案件为例，最高人民法院虽然通过再审判决统一优衣库系列案件裁判标准，认定不以使用为目的囤积注册商标进而通过诉讼等手段牟取利益构成权利滥用，但优衣库系列案件反映出各地法院对于商标恶意注册的认定标准、能否在商标处于有效状态的前提下径行认定商标为恶意注册存在较大差异。且在该系列案件再审审理期间，涉案注册商标被宣告无效，司法机关的裁判结果仍建立在行政机关对于商标宣告无效的基础之上。

（三）司法实践中商标恶意诉讼认定标准不一

由于前述立法及行政层面的各项因素，审判人员怯于作出商标恶意诉讼认定。审判人员之怯又传导至以下两方面：

1. 裁判文书说理部分简化、模糊

大部分裁判文书对被告提出的恶意诉讼抗辩意见未予以回应。在予以回应的21份裁判文书中,近20%案件仅从证据的真实性、关联性等角度未采纳被告提交的有关恶意诉讼的证据,从而未对是否构成恶意诉讼进行阐述分析。

2. 反诉形式提起反赔之诉受理标准不一

多数案件对在同一诉讼程序中被告以反诉形式要求原告反赔的申请不予受理或要求另行起诉。除本案外,在仅有的2例样本中,(2022)云民终553号一案中一审法院驳回被告的反诉请求,二审虽撤销一审裁定,但从中也可窥见司法实务中对于反赔之诉是否能以反诉形式提起存在不同观点。

三、商标恶意诉讼反赔制度的完善路径

(一)反赔之诉的案由和管辖确定

1. 厘清主张发起反赔之诉的对应案由

案由实际上是对于法律关系的概括,应结合诉争法律关系确定案由的级别和内容。不同的案由对应不同的法律关系。

针对原告主动提起的商标恶意诉讼反赔之诉,如其主张立案案由为"侵权责任纠纷""不正当竞争纠纷"等二级案由,法院应向其释明该案实际案由为三级案由"因恶意提起知识产权诉讼损害责任纠纷",避免发生案由定位越级、过于泛化的情况。

针对原告在"因恶意提起知识产权诉讼损害责任纠纷"中同时主张被告赔偿因涉案货物被海关扣押或因保全所造成的损失,应当及时向原告释明立案案由与诉讼请求并不完全匹配,由原告主动变更案由或由法院调整结案案由为"因恶意提起知识产权诉讼损害责任、因申请海关知识产权保护措施损害责任纠纷""因恶意提起知识产权诉讼损害责任、因申请诉中财产保全损害责任纠纷"等复合案由。

2. 明确反赔之诉的管辖法院

商标恶意诉讼反赔之诉根据被告发起诉讼的时间节点分为两类:(1)商标侵权诉讼正在审理过程中,被告主张原告为恶意诉讼,提起反赔之诉;(2)商标侵权诉讼已审理完结,被告提起反赔之诉。

针对第一类情形,被告可在同一诉讼程序中提起反诉,由本诉的受理法院进行管辖。《商标法修订草案征求意见稿》第84条对于被告是否可以反诉行使提起反赔之诉应给予肯定回应。本案中,法院以反诉形式受理了被告针对原告恶意诉讼提出的反赔之诉，节约司法资源且便于事实查明。

针对第二类情形，应由审理前案商标侵权诉讼的法院或被告住所地法院管辖与之相关的反赔之诉。因恶意提起知识产权诉讼损害责任纠纷属于民事侵权责任纠纷，反赔之诉应按一般侵权诉讼的相关规定确定管辖。虽然有少数观点认为原告住所地作为名誉受损地和相关生效判决执行地，可视为侵权结果发生地，但适用此种观点将导致反赔之诉案件的管辖变相扩张，不宜采用。

（二）商标恶意诉讼的构成要件判定

1. 商标恶意诉讼的概念和构成要件

我国现行法律体系中缺乏对于"恶意诉讼"的明确定义，但司法实践中已对此形成较为统一的认识，即认为：恶意诉讼是指民事诉讼中，诉讼行为人基于不合法的动机和目的，故意提起民事诉讼，借助诉讼的合法形式谋取不当利益，致使相对人造成损失的行为。商标恶意诉讼是指以商标权为权利基础提起恶意诉讼。

商标恶意诉讼有四项构成要件：（1）行为人提起商标侵权诉讼；（2）该诉讼给被侵权人造成实际损害后果；（3）两者之间有因果关系；（4）提起诉讼的行为人具有主观恶意。

2. 主观"恶意"的判定

在上述四项构成要件之中，主观"恶意"要件较难判定。司法实践中常出现同案不同判的情况，如 TELEMATRIX 系列案件，各地法院对于提起诉讼是否具有"恶意"的认定截然不同。获权时存在"恶意"或起诉时存在"恶意"，均应认定为"主观恶意"要件成立。

（1）获权时存在"恶意"

商标权人明知商标权为非法取得，并以此为权利基础提出诉讼，应当判定为"恶意"。虽然"恶意注册申请商标"与"恶意诉讼"中的"恶意"一词不能完全等同，但是商标申请注册时具有的"恶意"必然属于"恶意诉讼"中主观"恶意"的重要考量因素。《商标法修订草案征求意见稿》第 22 条对于"商标恶意注册申请"类型进行明确划分，符合该条款规定情形的，即可评价为"非法取得商标权"。

（2）起诉时存在"恶意"

商标权人在获权时并不属于非法取得注册商标的情形，但后期权利商标或经历无效宣告、撤销等行政程序，或经行政处罚确认存在商标侵权情形，商标权人起诉时明知权利商标存在瑕疵，仍提起诉讼，此时应当被判定为存在"恶意"。

商标的权利状态是动态发生变化的。本案的原、被告同为建材行业经营者，自2013年起就“樱花”商标即存在争议，有多起行政处罚和民事诉讼。翼堃公司在外包装上印制“樱花®岩棉”字样的行为已经青浦行政处罚案认定构成商标侵权，其后又涉诉18871号案。本案中，原告主张的被控侵权行为与前述两案中被告在相关商品上适用其自有注册商标的行为完全一致。翼堃公司在经商标侵权行政处罚后，自述已全额缴纳罚款，应知被告的行为并不构成商标侵权。翼堃公司非但未做合理避让，反而将提起本案诉讼作为干扰市场同业主体的手段，违背了善意、审慎原则，起诉时存在“恶意”。

（三）反赔之赔偿额的确定

反赔之诉的赔偿范围应当与商标恶意诉讼的损害结果相适应。《商标法修订草案征求意见稿》第84条未对反赔之赔偿数额进行明确规定。司法实践中，对于是否支持消除影响缺乏统一评价标准。

1. 财产损失可参照适用《商标法》第63条的规定确定赔偿金额

商标恶意诉讼反赔之诉的赔偿金额可参照《商标法》第63条第1、2、3款的规定进行判定。《商标法》第63条融合了损害填平原则和惩罚性赔偿机制。商标恶意诉讼反赔之诉的赔偿金额应包括恶意诉讼所造成的实际损失和所支付的合理费用。若实际损失或所获利益难以确定，可适用法定赔偿，由法院充分考量恶意诉讼行为的各类情节酌定赔偿金额。

商标恶意诉讼赔偿也可引入惩罚性赔偿机制。对于恶意提起商标诉讼，情节严重的，可以在按照恶意诉讼受害方具体损失金额或恶意诉讼行为人获利数额的1倍以上5倍以下确定赔偿数额。惩罚性赔偿不仅具有震慑、警示功能，还能够进一步补偿恶意诉讼受害方的潜在损失。

2. 商誉受损可适用消除影响的民事责任

商标恶意诉讼不但可能使得被侵权方遭受经济损失，还可能对被侵权方的商誉、市场评价产生负面影响。司法实践中对于是否支持消除影响存在不同观点，个别案件认为通过经济赔偿已足以弥补损失，故对于消除影响的诉请不予支持。然经济赔偿无法填平商誉损害，若原告商誉因商标恶意诉讼受到明显不利影响，则应适用消除影响的民事责任。

（一审合议庭成员：刘亚玲、张佳璐、刘瑜凤

二审合议庭成员：钱光文、凌宗亮、范静波）

葛某、上海陶人葛陶艺有限公司与上海敬华艺术品拍卖有限公司侵害商标权及不正当竞争纠纷案

——自然人姓名商标化的商业标识利益保护

刘亚玲　陈　莹

关键词｜商标侵权　姓名商标化　财产利益

【裁判要旨】

自然人选择将自己的姓名注册为商标,基于姓名的人身符号属性,对于相同姓名的他人合理使用负有容忍义务,但他人的使用必须具有正当性,若他人使用会造成相关公众的混淆误认,则该使用人应负有谨慎避让义务,否则将构成商标侵权。判断他人使用是否构成混淆误认,需以是否导致相关公众误认为是他人商品或者与他人存在特定联系为标准。

【相关法条】

一、《中华人民共和国商标法》

第三条　经商标局核准注册的商标为注册商标,包括商品商标、服务商标和集体商标、证明商标;商标注册人享有商标专用权,受法律保护。

……

第五十七条　有下列行为之一的,均属侵犯注册商标专用权:

……

（三）销售侵犯注册商标专用权的商品的；

……

二、《中华人民共和国反不正当竞争法》

第九条　经营者不得利用广告或者其他方法，对商品的质量、制作成分、性能、用途、生产者、有效期限、产地等作引人误解的虚假宣传。

广告的经营者不得在明知或应知的情况下，代理、设计、制作、发布虚假广告。

三、《最高人民法院关于审理商标民事纠纷案件适用法律若干问题的解释》

第九条　……商标法第五十七条第（二）项规定的商标近似，是指被控侵权的商标与原告的注册商标相比较，其文字的字形、读音、含义或者图形的构图及颜色，或者其各要素组合后的整体结构相似，或者其立体形状、颜色组合近似，易使相关公众对商品的来源产生误认或者认为其来源与原告注册商标的商品有特定的联系。

第十条　人民法院依据商标法第五十七条第（一）（二）项的规定，认定商标相同或者近似按照以下原则进行：

（一）以相关公众的一般注意力为标准；

（二）既要进行对商标的整体比对，又要进行对商标主要部分的比对，比对应当在比对对象隔离的状态下分别进行；

（三）判断商标是否近似，应当考虑请求保护注册商标的显著性和知名度。

四、《最高人民法院关于审理不正当竞争民事案件应用法律若干问题的解释》

第八条　经营者具有下列行为之一，足以造成相关公众误解的，可以认定为反不正当竞争法第九条第一款规定的引人误解的虚假宣传行为：

……

（三）以歧义性语言或者其他引人误解的方式进行商品宣传的。

……

人民法院应当根据日常生活经验、相关公众一般注意力、发生误解的事实和被宣传对象的实际情况等因素，对引人误解的虚假宣传行为进行认定。

【案件索引】

上海市普陀区人民法院（2015）普民三（知）初字第 298 号民事判决书（2016 年 7 月 28 日）

【基本案情】

原告葛某在中国陶瓷艺术界具有较高影响力，系江苏省工艺美术大师、江苏省陶瓷艺术大师、中国陶瓷设计艺术大师、中国陶瓷文化研究所紫砂文化研究中心主任。同时，其注册了“葛某”“申壶坊”等注册商标，并将所有注册商标独家许可给原告上海陶人葛陶艺有限公司（以下简称陶人葛公司）使用。之后，原告收到被告上海敬华艺术品拍卖有限公司（以下简称敬华公司）寄来的“紫砂壶、陈茶专场”拍卖宣传手册，并在 www. arton. net 和 www. jinghuapaimai. com 网站上宣传其拟拍卖的紫砂壶。原告发现拍卖的紫砂壶中有九把壶的出处标示为“申壶葛某”并使用原告葛某的上述社会名誉简介，致使社会公众产生错误理解，属虚假宣传。原告遂电话联系被告，要求停止拍卖壶底标有“申壶葛某”字样的紫砂壶。但被告对此未予理睬，并继续进行了拍卖。原告认为，被告在明知所拍卖的紫砂壶侵犯原告商标权并构成不正当竞争的前提下，仍继续进行了拍卖。被告的拍卖行为不仅导致原告商誉减损，而且还导致了原告葛某社会声誉的降低，并影响到原告所设计、制作的紫砂壶的商业价值。故请求判令：被告停止销售侵犯原告注册商标权的紫砂壶；停止虚假宣传不正当竞争行为；赔偿经济损失及合理费用；公开赔礼道歉、消除影响。

被告敬华公司辩称，根据其检索，“申壶葛某”可能另有其人，“葛某”系人名，不能排斥同名同姓之他人，本案中相关标识只是标识紫砂壶的制作者，不属于商标性使用。被控侵权的标识“申壶葛某”和原告的注册商标“申壶坊”“葛某”不相同不近似，不会构成混淆，因此不构成商标侵权。拍卖宣传册并非被告制作，作为拍卖行系受委托销售商品，商品来源由委托人担保，其已尽到合理审慎义务，对拍卖行而言，不具备识别拍品来源的能力。即使构成侵权，在拍卖现场也已撤回了相关信息，原告亦没有证明其损失及名誉受损，造成的影响轻微。故对原告的所有诉请均不予以认可。

法院经审理查明：

一、涉案商标及两原告、被告的相关情况

原告葛某系第 4205759 号图文商标“申壶坊”及第 10070995 号文字商标“葛某”的商标持有人，前述商标核定使用商品均为第 21 类，包括非贵重金属茶壶、日用陶器等；原告起诉时，涉案商标均在有效期限内。

原告葛某在陶瓷艺术领域享有较高的声誉和知名度，曾获多项荣誉称号，亦曾荣获多项国内外奖项，其创作的紫砂陶艺具有较高的艺术价值。原告陶人葛公司成立于2005年11月2日，法定代表人即原告葛某，经营范围为陶瓷工艺品设计、制作、销售。原告葛某与原告陶人葛公司签订了商标独家许可使用合同及补充协议，主要内容为：葛某授权陶人葛公司使用涉案两项商标，许可方式为独家许可。许可地区为中华人民共和国境内（不包括港澳台地区），许可使用的商品以核准使用的商品为限，许可的有效期自2013年1月1日至2020年12月31日。每年的许可使用费为人民币80万元。如遇侵权，陶人葛公司有权单独或联合葛某共同进行维权。

2013年9月8日，原告葛某创作完成的紫砂作品曾参加吴昌硕纪念馆举办的“海派紫砂传承展”并获得纪念证书；2014年7月，原告葛某原创紫砂壶在“爱心会第八届艺术品慈善拍卖会”广州站拍卖募得善款20万元。

被告敬华公司成立于2000年12月4日，经营范围为文物、艺术品、珠宝首饰、收藏品的拍卖，其官网为www. jinghuapaimai. com。

二、原告主张被告侵权的相关情况

（一）网站

原告陶人葛公司于2014年10月28日至东方公证处申请对相关网页内容办理保全证据公证。在地址栏输入www. artron. net，进入该网址页面，点击“拍卖预展”栏目下“上海敬华 敬华集粹第一期拍卖会”链接，进入页面，点击专场信息中“紫砂壶、陈茶专场”链接，并浏览相关页面，其中可见涉案九把壶的信息资料。后通过Internet Explorer浏览器，在地址栏输入www. jinghuapaimai. com，进入该网址页面，首页可见“上海敬华艺术品拍卖有限公司”抬头及拍卖会等相关内容。进入拍卖会列表可见涉案九把壶的图样、壶名称、作者、尺寸、标号及估价信息，与上述www. artron. net所示相关信息一致。据此，上海市东方公证处出具了（2014）沪东证经字第17134号公证书。

（二）拍卖宣传手册

该手册封面题为“紫砂壶、陈茶专场”，上有敬华集粹第一期拍卖会紫砂壶、陈茶专场，中国上海2014年10月29日等内容，右下角落款“敬华拍卖”字样，其中若干页分别有被告敬华公司的地址、电话、传真、电子信箱、网址等信息（封底亦有），拍卖会时间、预展时间及网上预展网址信息（www. artron. net、www. jinghuapaimai. com），沪文物许可准字〔2014〕0184号“关于对上海敬华艺术品拍卖有限公司上海敬华集粹第一期拍卖会文物标的的审核批复，涉案九把壶的图样、标号、作者、名称、尺寸、估价等内容，并写有“附证书”字样。另该手册上涉案九把壶均配有“申壶葛某”字样的方形印章，并附有简介“申壶葛某，江苏省工艺美术大师，江苏省陶瓷艺术大师，中国陶瓷设计艺术大师，中国陶瓷文化研究所紫砂文化研究中心主任”。

（三）预展实物

原告陶人葛公司于2014年10月28日至东方公证处申请对其委托代理人拍照的事实办理保全证据公证。申请人的委托人至上海市铜仁路92号“敬华艺术空间”，对内部的部分展品及外部环境进行了拍照。照片主要内容包括上述地址铭牌；拍卖会信息；涉案九把壶实物及所附说明，说明上的内容及格式均为“编号、申壶葛某（某某刻）、壶名称、估价”，并有“敬华拍卖”字样，除两款拍品外，均另附赠紫砂茶杯两只。据此，上海市东方公证处出具了（2014）沪东证经字第17135号公证书。

三、被告就拍卖事项的相关举证

被告为证明涉案九把壶系由案外人委托进行的拍卖、具备合法来源、“申壶葛某”相关信息由委托人提供，其向法院提供“上海敬华艺术品拍卖有限公司委托拍卖协约”一份（编号00003028），落款时间为2014年9月28日，主要内容包括：委托人上海精铭文化有限公司及其公司信息、委托人对于涉案拍品的权利声明及涉案拍卖标的的清单及拍品信息。其中涉案九把壶作者/年代栏显示“申壶葛某”，作品名称分别为壶名称，另有保留价信息。被告为证明涉案九把壶仅有一把成交，其仅赚取了少量佣金，提供成交确认书一份，显示图录号649，作品申壶葛某（某某刻）周盘壶，落槌价4800元，佣金按落槌价的15%支付等内容。

被告为证明其得知涉案九把壶可能存在争议后，即在拍卖现场撤回相关简介内容，已尽到合理注意义务，提供拍卖现场情况视频资料一份，该视频记录了当日的拍卖过程：拍卖师未提及。申壶葛某相关信息。此外，该视频显示，除了被告认可的涉案紫砂壶成交之外，另有两把涉案紫砂壶也分别以3000元价格落槌，但被告解释，因最终竞拍者并未实际付款，故未成交。

四、其他

原告为本次维权支付公证费4000元。此外，原告主张为本案诉讼支付律师费50,000元，已提交发票，但未提供律师代理合同。

审理中，两原告为证明原告葛某以“申壶葛某”自称及其在紫砂壶业界的影响力，提供网易转载的新民晚报内容截屏证据一份，该文录入于网易新闻，标题为"申壶葛某"（图），时间为 2011－01－30，作者王某梁，来源：新民晚报，从其内容可知葛某多年前便自号"申壶葛某"。同时，原告在庭审中认可，"申壶葛某"尚未达到知名商品特有名称的程度。

被告为证明"申壶葛某"另有其人，并非仅指向原告葛某，提供"申壶葛某博客"网络截图一份，该博客名为"申壶葛某海上名家紫砂的博客"，正文一内容与原告举证的网易转载新民晚报的内容一致；正文二标题"泰斗壶"，并配有照片，上有三人，照片说明为葛某（左）、周某严（中）、郑某遥（右）三人在探讨"泰斗壶"的创作。该照片上名"葛某"之人非原告葛某。

【裁判结果】

上海市普陀区人民法院于 2016 年 7 月 28 日作出（2015）普民三（知）初字第 298 号民事判决：（1）被告敬华公司立即停止侵害原告葛某享有的第 4205759 号和第 10070995 号注册商标专用权，立即停止侵害原告陶人葛公司享有的第 4205759 号和第 10070995 号注册商标许可使用权；（2）被告敬华公司立即停止虚假宣传的不正当竞争行为；（3）被告敬华公司于本判决生效之日起 10 日内在其网站（www. jinghuapaimai. com）首页连续 7 日刊登声明，消除因其实施的虚假宣传行为带来的影响（内容须经法院审核），如不履行，法院将在相关媒体上公布本判决，费用由被告敬华公司承担；（4）被告敬华公司于本判决生效之日起 10 日内赔偿原告葛某、陶人葛公司经济损失及合理开支合计人民币 30,000 元；（5）驳回原告葛某、陶人葛公司的其余诉讼请求。

宣判后，双方均未上诉，一审判决生效。

【裁判理由】

法院生效裁判认为：首先，需要对被控侵权行为是否属于商标法意义上的商标使用进行认定。本案中，被告辩称"申壶葛某"属于对商品制作人的说明，并非"使用商标"，即"申壶葛某"四字指向制壶人，其主张"申壶葛某＋（某某刻）＋壶款式名称"的标注信息是指壶的制作人（或称烧制人）为"申壶葛某"，某某是指壶身纹饰的刻印人，印章款"申壶葛某"也指向制作人。但值得注意的是，商标的基本功能为识别功能，即将商标权人的商品或服务与他人的商品或服务相区别，这是商标赖以存在的基础。对"使用商标"行为的判定应以能否起到识别功能为依据，即如果能够起到指示来源的作用，则构成商标性使用；反之则不属于商标性使用。原告葛某注册了商标"葛某"，实质是将其姓名作为商业标识使用，属于实现姓名权商品化的一种方式，其本人在相关领域的知名度亦可在一定程度上辐射至商标。即使如被告所称，其理解的"申壶葛某"系指向制作人，法院亦注意到，这一认知从"申壶葛某"简介内容均为特定人的头衔及荣誉可得以印证，确有合理性，但如前所述，其已具有了商业标识利益，实质发挥了区分商品来源的功能。故被控商标侵权行为，即"申壶葛某"的使用，属于商标法意义上的商标使用。

其次，需要判断被控侵权标识与原告的注册商标是否构成商标相同或近似。本案中，原告主张涉案九把紫砂壶并非其制作，被控侵权标识"申壶葛某"与"申壶坊"商标构成近似，与"葛某"商标构成相同，且使用于同种商品。被告敬华公司则认为被控侵权标识与原告的注册商标不相同不近似，不会产生混淆。但是，根据相关法律规定，商标近似是指被控侵权的标识与原告的注册商标相比较，其文字的字型、读音、含义或者图形的构图及颜色，或者其各要素组合后的整体结构相似，或者其立体形状、颜色组合近似，易使相关公众对商品的来源产生误认或者认为其来源与原告注册商标的商品有特定的联系。同时，根据系争商标涉及的具体情况，认定商标近似除通常需要考虑其构成要素的近似程度外，还需要综合考虑其他因素，诸如使用意图、相关市场实际等因素。本案中，将"申壶葛某"与原告的"申壶坊"和"葛某"商标进行比较，可见系"申壶坊"中的"申壶"两字与"葛某"两字的组合。"申壶坊"虽系图文商标，但从其黑白相间，似印章的图样设计来看，其文字部分"申壶坊"系该商标的核心要素。从中文词组"定语 + 主语"或者说"修饰指向词 + 名词"的构词习惯来看，"申壶坊"的偏正语义中"申壶"更具识别度。"葛某"系文字商标，其核心要素显而易见。且结合原告葛某在紫砂业内享有较高的知名度，得以进入拍卖领域的紫砂壶，其售价一般较高，艺术收藏价值较之实用价值更加凸显，故一般而言，其关于相关市场的界定相对于普通公众更为精准，则中的"葛某"与"申壶坊"两商标具有关联的可能性会有所增加，由此一来，"申壶葛某"与"申壶坊"、"葛某"造成相关公众混淆误认的可能性亦增加。综上，被控侵权标识"申壶葛某"（包括印章形式）使用在与原告两个注册商标同种的商品上，构成混淆性近似。

最后，需要确定被告作为拍卖公司是否可以援引合理来源抗辩免除赔偿责任。本案中，被告敬华公司作为拍卖公司，从其盈利模式看，并非直接赚取商品差价，而是赚取佣金，因此并不是直接销售方，但其为直接销售方提供交易平台，仍属广义上的销售范畴，为帮助销售。关于被告敬华公司辩称涉案商品有合法来源，其不明知侵权存在，已尽到合理注意义务，故不应承担赔偿责任的意见，法院认为，免除销售主体的赔偿责任必须同时具备两个条件：一是不知道所销售的是侵权商品；二是能够证明所销售的侵权商品具有合法来源。本案中，即便有委托协议，涉案紫砂壶有合法来源，但鉴于原告葛某在紫砂业内具较高知名度，被告敬华公司作为专业艺术品拍卖机构，显然应负更高注意义务。本案中，未见敬华公司就涉案九把壶向公众做过权利瑕疵担保声明，在得到权利人通知后，其本可采取进一步信息核实、价格区间比较、商标检索等审慎方式加以应对，毕竟对专业机构而言，就涉案紫砂壶这类当代艺术品，上述方式是快捷、高效、低成本的，并非苛责。可见，被告对于涉案商品可能涉嫌侵权是应当知晓的。此外，拍卖宣传册上关于“申壶葛某”的简介内容，与原告葛某就其荣誉及社会身份的相关举证一致，故可认定该简介明确且唯一地指向原告葛某，显然与“申壶葛某”另指他人的抗辩相悖，上述表述易引人误解相关商品来源于原告，被告亦构成虚假宣传的不正当竞争行为。

综上，被告敬华公司的行为构成商标侵权及不正当竞争，且不具有法律规定的免除赔偿责任的情形，故其应承担停止侵权、赔偿原告损失及合理维权开支的责任。

【案例注解】

一、姓名权及其财产利益的法律保护

姓名权作为人格权的一项，为自然人所独有，通常情况下对于姓名权的保护主要基于其代表的人格利益，姓名权具有绝对权、对世权的特点，即除了姓名权本人之外，任何其他人都是义务主体，都负有不得侵害其姓名权的义务。

根据《民法典》第 1012 条规定：“自然人享有姓名权，有权依法决定、使用、变更或者许可他人使用自己的姓名，但是不得违背公序良俗。”当然，该条款中所指的姓名仅包括依法登记于户籍记录中的姓名。除了经户籍登记的姓名，自然人在日常生活中还可以使用笔名、艺名等未经登记的“姓名”，但由于该类所谓的“姓名”具有较强的随意性，自然人往往可以随意、随时变更自己的该类“姓名”，故在通常情况下，该类“姓名”并不具有保护的必要性，法律对于这部分“姓名”也不会予以保护。但如果此类“姓名”因某一自然人的长期使用而具有了一

定的知名度且相关社会公众亦将其与该自然人建立联系后，即此类“姓名”在实质上已经起到了和户籍记录中的姓名相似的作用，可以用于区分不同的自然人后，根据《民法典》第1017条的规定：“具有一定社会知名度，被他人使用足以造成公众混淆的笔名、艺名、网名、译名、字号、姓名和名称的简称等，参照适用姓名权和名称权保护的有关规定。”①

姓名权为每一自然人所享有，且在某些情况下亦具有一定的商业价值，但在很长一段时间内，学术界和司法理论均认为姓名权仅享有人格权层面的精神利益，一般不具有财产利益。但不可否认的是，随着经济社会的不断发展，知名度较高的自然人的姓名具有了相当的财产性利益，比如常见的将名人姓名用于商业代言、注册商品商标等商业活动。《民法典》第993条规定：“民事主体可以将自己的姓名、名称、肖像等许可他人使用，但是依照法律规定或者根据其性质不得许可的除外。”该条规定赋予了姓名权积极许可权能，从立法上承认了姓名、名称、肖像等背后蕴藏着的财产利益。

就涉及保护姓名权的财产利益法律规定除了前文提到的《民法典》第993条外，还包括《反不正当竞争法》第6条第2款，经营者不得实施擅自使用他人有一定影响的姓名（包括笔名、艺名、译名等），引人误认为是他人商品或者与他人存在特定联系的混淆行为。另外，鉴于相关立法并不制止将自然人姓名申请为注册商标，因此，倘若某一姓名已被核准为注册商标，那么《商标法》的相关规定同样可适用于对该姓名的保护。

二、自然人姓名商标化的界定及其侵害姓名商标的认定

（一）自然人姓名与商标化的界定

根据《商标法》的相关规定，任何能够将自然人、法人或者其他组织的商品与他人的商品区别开的标志，包括文字、图形、字母、数字、三维标志、颜色组合和声音等，以及上述要素的组合，均可以作为商标申请注册。申请注册的商标，应当有显著特征，便于识别，并不得与他人在先取得的合法权利相冲突。以文字商标为例，其用词通常具有一定的臆造性和辨识性，且足以区分商品来源。自然人的姓名亦是如此，以中文姓名为例，其组合通常为姓在前、名在后，细究姓名中的用词构成组合，其与文字商标相类，同样具有一定的臆造性，亦从实际

① 张伟君、庄雨晴：《论〈民法典〉框架下姓名与特定名称财产利益的保护》，载《知识产权》2023年第1期。

上起到了区分不同自然人的作用，即便存在很大程度的重名情况，亦不可否认自然人的姓名仍然是用于区分彼此的最直接的外在标志。① 故当某一自然人姓名符合《商标法》对于商标的相关规定时，权利人完全可以将其申请为注册商标以更好地保护其背后所蕴藏的商业价值。当然，经核准注册的姓名商标除了具备商标所固有的显著性等特点外，同时具备以下三个独有的特点：

一是姓名商标的人身依附性，某一姓名之所以被申请为注册商标，很大的一个原因是权利人意图利用该姓名背后的"名人"的商业价值，即姓名商标与该特定姓名的自然人的人格具有相当密切的联系。

二是姓名商标的局限性，由于自然人的知名度通常局限于某一特定时间段及地域、领域范围内，因此当商品或服务超出了该自然人的知名度的辐射范围之外，其号召力和商业价值则很可能会大幅下降，但即便姓名商标具有前述局限性，其仍然是用于区分不同商品的最直接的外在标志。

三是姓名商标的不稳定性，如前所述，姓名商标具有相当的人身依附性，即姓名商标的价值与该特定自然人主体的知名度、美誉度等紧密联系，并随之变化，具有不稳定性。②

（二）对其他主体使用自然人姓名商标是否构成侵权的认定

当自然人姓名成为注册商标后，认定他人对于该姓名商标的使用是否构成商标法意义上的侵权，则成为司法实践的难点问题。如前所述，自然人重名是一种较为普遍的现象，因此当自然人选择将自己的姓名注册为商标时，基于姓名的人身属性，商标权人欲阻却相同姓名的他人使用该姓名时需负有一定的容忍义务。当然该种使用的前提必须具有正当性，若会造成相关公众的混淆误认，则相关使用人仍负有谨慎避让义务，否则将构成商标侵权。③ 所以，为更好地保护此类姓名商标并兼顾相同姓名人的正当使用，需要我们审慎认定相关人的使用是否属于合理使用，以最大可能平衡二者的利益，认定中需着重考量以下因素。

1. 其他主体对姓名商标的使用是否构成商标法意义上的商标性使用

一是其他主体对于该姓名商标的使用是否具有正当性。鉴于重名现象并

① 参见左清艳：《姓名商标的保护研究》，华东政法大学 2016 年硕士学位论文。

② 参见郭真：《商标权与姓名权的冲突与解决研究》，南昌大学 2020 年硕士学位论文。

③ 参见聂振华、关晓海：《对姓名商标的叙述性使用不构成侵权》，载《人民司法》2011 年第 20 期。

不为法律所禁止，因此即便某一姓名经核准注册为商标，当同名同姓的其他主体在日常生活中正常使用自己的姓名进行正常的社交，比如向他人介绍自己的姓名、在各类登记表中填写自己的姓名等均不会侵犯注册商标专用权。此外，根据商标法的相关规定，对注册商标的使用如果符合描述商品或服务的特征以及说明商品或服务的用途的情形，不属于侵犯他人注册商标的行为，故姓名商标作为商标的一种，其同样应当遵循商标法的该等限制。

二是其他主体对于该姓名商标的使用是否单纯为署名之用。根据商标法的相关理论，商标的功能包括识别来源、品质保障和广告宣传，其中识别来源为其核心功能。就一般情况而言，只要在某一商品或服务上以适当方式添附了某一商标，不论该商品或服务实际的生产者或提供者为何人，即可以认定该商品或服务系来源于该商标。但针对某些人身属性较强的商品，比如兼具实用性与艺术性特征的商品，鉴于其商品属性与美术作品属性统一为一体，故既可以通过商标标识表明其出处，也可以通过著作权人的署名区分其来源，而在两者趋同的情况下（著作权人的姓名同时系注册商标），并无将两者严格剥离的必要。因此，在相同商业领域已经存在知名度更高的自然人且该自然人的姓名已经核准为注册商标的情况下，即使存在同名同姓的其他自然人从业者，该同名同姓的自然人从业者在使用自己的姓名时，亦应采取合理的方式区分彼此，避免出现主动或被动利用姓名商标的商标性功能的情形。①

2. 其他主体对姓名商标的使用是否会造成混淆误认

一是姓名权人的知名度。虽然人人生而平等，每个人所享有的姓名权也应当平等保护；但不可否认的是，普通人的姓名除了传统的人格利益外，在不加开发或者未出现特殊情况的背景下，几乎无财产利益可言，而名人的姓名则蕴藏着巨大的商业利益，稍加利用便可以将其中的商业价值变现。当然，此处所指的知名度并非要求其必须被社会公众所知晓，而更多的是指在某一领域内被该领域的一定人群所知晓即可。②

二是该姓名与特定自然人的联系程度。如前所述，重名现象在日常生活中十分普遍且不为法律所禁止，所以若某一姓名与该特定自然人难以形成唯一对应的联系，简言之，若相关社会公众并不会因为其他人的使用而将该姓名与特

---

① 参见马一德：《商标权行使与姓名权保护的冲突与规制》，载《中国法学》2018 年第 4 期。

② 参见张伟君、庄雨晴：《论〈民法典〉框架下姓名与特定名称财产利益的保护》，载《知识产权》2023 年第 1 期。

定自然人建立联系，就不存在混淆的可能性。但此处所称的“联系程度”只要求在一定时期内，相关公众认为该姓名指代某个自然人，且对应关系达到稳定的程度即可。至于对稳定的对应关系的判定，则又回归到了对该姓名的“知名度”的判定，即一个人的知名度越高，知名范围越广，其姓名被公众知晓以及作为指代的可能性就越大，稳定性也就越高。

三是其他主体是否采取有效方式区分彼此。如前所述，特别是针对某些人身属性较强的商品，虽然某姓名已被核准为注册商标，但法律并未禁止同名同姓的其他从业人员将其姓名用于署名，当然该使用人应当采取有效方式进行区分，否则该使用人的行为可能构成侵权。比如，本案中的被告敬华公司非但未采取有效方式加以区分，反而进一步将与“葛某”商标同属原告的另一商标“申壶坊”的核心要素“申壶”进行组合使用，并配有明确指向原告葛某荣誉及社会身份的介绍内容，被告的此种行为显然加大了社会公众混淆的可能性，故被告的这一使用方式显然不具有合理性，应当认定其构成商标侵权。

（合议庭成员：张佳璐、李霞、蒋建平）

上海云蟾网络科技有限公司与江西贪玩信息技术有限公司商标侵权及不正当竞争纠纷案

——举证妨碍制度的司法适用

时志刚

关键词 | 举证妨碍　侵权赔偿

【裁判要旨】

人民法院为确定赔偿数额，在权利人已经尽力举证，而与侵权行为相关的财务账册、银行流水等主要由侵权人掌握的情况下，可以责令侵权人提供，侵权人不提供或者提供虚假证据的，人民法院可以根据已查明情况作出不利于侵权人的事实推定，按照被诉侵权行为情节确定法定赔偿的最高限额赔偿原告的损失。

【相关法条】

一、《中华人民共和国商标法》

第六十三条　侵犯商标专用权的赔偿数额，按照权利人因被侵权所受到的实际损失确定；实际损失难以确定的，可以按照侵权人因侵权所获得的利益确定；权利人的损失或者侵权人获得的利益难以确定的，参照该商标许可使用费的倍数合理确定。对恶意侵犯商标专用权，情节严重的，可以在按照上述方法确定数额的一倍以上五倍以下确定赔偿数额。赔偿数额应当包括权利人为制止侵权行为所支付的合理开支。

人民法院为确定赔偿数额，在权利人已经尽力举证，而与侵权行为相关的账簿、资料主要由侵权人掌握的情况下，可以责令侵权人提供与侵权行为相关的账簿、资料；侵权人不提供或者提供虚假的账簿、资料的，人民法院可以参考权利人的主张和提供的证据判定赔偿数额。

权利人因被侵权所受到的实际损失、侵权人因侵权所获得的利益、注册商标许可使用费难以确定的，由人民法院根据侵权行为的情节判决给予五百万元以下的赔偿。

人民法院审理商标纠纷案件，应权利人请求，对属于假冒注册商标的商品，除特殊情况外，责令销毁；对主要用于制造假冒注册商标的商品的材料、工具，责令销毁，且不予补偿；或者在特殊情况下，责令禁止前述材料、工具进入商业渠道，且不予补偿。

假冒注册商标的商品不得在仅去除假冒注册商标后进入商业渠道。

二、《最高人民法院关于审理商标民事纠纷案件适用法律若干问题的解释》

第十六条　权利人因被侵权所受到的实际损失、侵权人因侵权所获得的利益、注册商标使用许可费均难以确定的，人民法院可以根据当事人的请求或者依职权适用商标法第六十三条第三款的规定确定赔偿数额。

人民法院在适用商标法第六十三条第三款规定确定赔偿数额时，应当考虑侵权行为的性质、期间、后果，侵权人的主观过错程度，商标的声誉及制止侵权行为的合理开支等因素综合确定。

当事人按照本条第一款的规定就赔偿数额达成协议的，应当准许。

【案件索引】

一审：上海市普陀区人民法院（2017）沪 0107 民初 16605 号民事判决书（2018 年 10 月 29 日）

二审：上海知识产权法院（2019）沪 73 民终 54 号民事判决书（2019 年 4 月 25 日）

【基本案情】

原告上海云蟾网络科技有限公司（以下简称云蟾公司）诉称，其系第 8507207 号、8507249 号、8507319 号和 8507355 号“蜀门”注册商标的专用权人，核定使用类别分别为第 9 类、第 38 类、第 41 类、第 42 类，主要包括游戏类别。原告自 2009 年开始使用“蜀门”商标，经过持续多年的市场营销，该游戏及商标已经在游戏市场形成了较高的知名度。原告发现被告江西贪玩信息技术有限公司(以下简称贪玩公司,前身为上海贪玩信息技术有限公司)自 2017 年 3 月开始以“绝世蜀门”命名手机游戏,主要通过被告注册的 m. tanwan. com 网站进行发行推广,同时在国内主流手机游戏渠道进行推广并提供服务从而获取不正当利益。截至 2017 年 5 月 9 日,被告仍在手机游戏平台,如友情手机站、游迅网、应用宝等网站大量发布“绝世蜀门”游戏的宣传信息及提供下载通道,且在百度移动端搜索中将“蜀门手游”作为搜索关键词进行广告投放。被告在游戏服务上使用了包含“蜀门”商标的“绝世蜀门”文字,容易导致消费者对游戏来源产生混淆和误认,且其大规模持续经营,获利估计达 1000 万元。综上,原告诉请:(1)判令被告贪玩公司在其经营的网站 www. twyx. cn、www. tanwan. com、m. tanwan. com 及 17173、安趣网等国内游戏媒体及行业媒体网站上刊登说明以消除影响(内容需经法院审核);(2)判令被告贪玩公司赔偿损失 1000 万元;(3)被告贪玩公司承担本案的诉讼费、保全费;(4)被告贪玩公司承担本案的律师费、担保服务费、公证费及其他合理费用。

被告贪玩公司辩称,被告运营的游戏名称为“绝世蜀门”,并不属于商标法意义上的商标,且与原告的“蜀门”商标不近似,不会造成游戏玩家的混淆,因此不存在侵害原告注册商标专用权的行为,同时亦不存在不正当竞争行为。涉案游戏一直处于试运营状态,尚未产生收入,支付宝及微信所涉收入系其同期运营的其他游戏的收入,与涉案游戏无关,被告没有获利,原告也没有损失,无须赔偿原告损失及合理费用。

法院经审理查明:

2011 年 8 月 7 日,原告分别注册了第 8507207 号“蜀门”商标,核定使用商品第 9 类;第 8507249 号“蜀门”商标,核定使用服务第 38 类;第 8507355 号“蜀门”商标,核定使用服务第 42 类。上述 1 ~ 3 商标的有效期限均至 2021 年 8 月 6 日。2011 年 11 月 28 日,经核准,原告注册了第 8507319 号“蜀门”商标,核定使用服务第 41 类,有效期限至 2021 年 11 月 27 日。以上 4 个“蜀门”商标标识字体及排列均一致,即。

2009 年开始,原告开发并享有著作权的《蜀门》网游投入市场运营,在 17173 网站、网易、天极网、多玩游戏网等游戏网站设有专区,之后还推出了新版。

2017 年 5 月 9 日,原告委托代理人向上海市东方公证处申请办理保全公证。进行如下主要操作:使用 Google Chrome 浏览器在地址栏输入“m. tanwan.

com”,进入网址页面可见页面上栏标注有“贪玩手游”,下载排行榜栏第一位显示“绝世蜀门”(262 万 + 次下载),热点手游栏显示“《绝世蜀门》手游”。经查询,网址 www. tanwan. com,主办单位为被告。“绝世蜀门(移动)”,运营单位贪玩公司,时间为 2016 年 12 月 8 日。

原告为证明被告的侵权获利情况,对涉案游戏进行游戏充值,并以此账户信息等为据,申请向相关公司调取涉案游戏收入明细,具体操作如下:(1)原告于 2017 年 7 月 7 日通过腾讯应用宝渠道登录游戏。(2)原告于 2018 年 3 月 21 日通过绿软下载站接入被告官方 SDK,并通过微信完成付款操作,具体步骤为:①创建贪玩手游玩家账号“renshasha”,此界面居中位置可见“绝世蜀门”字样;②点击进入游戏并创建角色“南郭兰莹”,此界面右下角可见“上海贪玩信息技术有限公司”字样;③点击商城进入充值界面,点击左下方充值按钮,选择充值 60 钻,显示“60 +6 ¥6”等内容;④进入支付界面,左栏“请选择充值方式”栏列有支付宝、微信、银联支付,选中“微信”,显示“订单金额 6 元　游戏绝世蜀门　角色南郭兰莹”,另下方可见“官网 http://m. tanwan. com”字样;⑤进入付款界面,可见“贪玩游戏充值、贪玩游戏”等字样,后原告支付成功。

原告持申请令至支付宝(中国)网络技术有限公司(支付宝支付),法院依职权至财付通支付科技有限公司(微信支付)调取涉案游戏的收入情况,因无法区分具体游戏指向,两处以刻制光盘形式回复了被告在相应时间段的全部交易信息,其中 2016 年 12 月 31 日至 2017 年 7 月 30 日(包含于被告获运营授权期)支付宝支付收入为 2 亿余元、微信支付收入为 27 万余元,2017 年 3 月至 7 月(包含于被告网站新开服公告至诉讼时间段)支付宝支付收入为 1.4 千余万元、微信支付收入为 14 万余元。交易信息栏目包括交易对方信息、消费名称,金额、收支等,其中消费名称包括 tanwan 游戏充值,商品、虚拟币购买,元宝、白金月卡、黄金月卡、钻石充值,聚宝盆、道士/法师/战士首充等,钻石数量和支付金额的比例为 100:1。

【裁判结果】

上海市普陀区人民法院于 2018 年 10 月 29 日作出(2017)沪 0107 民初 16605 号民事判决:(1)被告贪玩公司于本判决生效之日起 10 日内在其网站(www. tanwan. com 和 m. tanwan. com)首页连续 7 日刊登声明,消除因其实施的侵害商标专用权行为带来的影响(内容须经法院审核),如不履行,法院将在相关媒体上公布本判决，费用由被告贪玩公司承担；(2)被告贪玩公司于本判决生效之日起10日内赔偿原告云蟾公司经济损失及合理开支合计人民币3,000,000元；(3)驳回原告云蟾公司的其余诉讼请求。

宣判后，被告贪玩公司提出上诉。上海知识产权法院于2019年4月25日作出(2019)沪73民终54号民事判决：驳回上诉，维持原判。

法院生效裁判认为：被控侵权标识“绝世蜀门”的使用实质发挥了区分游戏来源的商标性功能，且与原告的注册商标构成近似。原告正值将其享有声誉的“蜀门”客户端游戏移植打造为手机游戏的宣传之际，被告在游戏运营中的标识使用方式，容易致人混淆误认，构成商标侵权，应停止侵权并刊登声明为原告消除影响。基于《商标法》和《反不正当竞争法》系专门法和特别法的关系，故对原告请求以反不正当竞争法保护其相关权利的诉讼请求，未予支持。

关于侵权赔偿数额，由于第三方平台掌握的数据信息有限，其提供的游戏收入无法直接显示对应的游戏名称，故法院根据举证规则，要求被告在主张其同时运营多款游戏的情况下，进一步披露涉案游戏收入，后被告提供了财务结算等证据证明其同时运营的其他6款游戏收入已达4亿余元的证据，以反向证明涉案游戏无实际收入或收入极低。对此，法院认为，被告同时运营的多款授权游戏分属不同游戏软件著作权人，鉴于需要和不同游戏著作权人进行收益分成结算，其理应掌握各款游戏的收入数据。然其在有能力提供的情况下，未能提供涉案游戏的有效收入数据，取而代之的是提供其他游戏收入，但金额已超出第三方平台提供的收入数据，明显存在矛盾，法院难予采信。故法院据此对被告作出不利推定，同时在适用法定赔偿时，综合考量了商标对游戏收入贡献度的大小、被告游戏推广的方式和时机、主流游戏平台的商业模式等因素，判决被告赔偿原告经济损失及合理开支3,000,000元。

【案例注解】

一、知识产权诉讼中的举证妨碍规则

举证妨碍又称证明妨碍，是指不负举证责任的当事人，通过作为或不作为的方式，实施妨碍行为，使负有举证责任的当事人不能提出证据或提出证据困难，导致待证事实处于真伪不明的状态，妨碍人应对此承担相应的法律后果。“谁主张，谁举证”的举证责任分配方式要求当事人所提供的证据需要能够达到证明自己主张的标准，但是举证妨碍制度下的责任分配则不同于一般的分配方

式，原告需要证明的是自己已经尽力举证而相关证据由被告掌握的事实，它是我国诉讼法中“谁主张，谁举证”举证责任分配制度的重要补充。举证妨碍规则对于知识产权损害赔偿数额的确定有着多方面的作用，不仅可以提高当事人的举证积极性、助力事实查明，进而抵消证据偏在造成的双方当事人间的失衡，保障权利人的损失得到应有的救济，还为法官提供了缺乏证据情况下的裁判方法。

举证妨碍规则就是减轻甚至免除被妨碍的一方当事人所受到的不利后果。被妨碍人欲证明事实的途径被阻断，无法完成其证明责任，待证事实处于真伪不明的状态，这对于妨碍人而言是有利的。所以，举证妨碍规则要减免被妨碍人所受的不利后果，一个重要的方法就是使待证事实更易于摆脱真伪不明的状态。但需要注意的是，构成举证妨碍的核心是妨碍人通过积极作为或消极不作为来阻碍关键事实的查明，且其妨碍行为与这一结果之间存在因果关系。

在知识产权案件的诉讼中，能够证明涉案侵权行为成立和确定侵权赔偿数额的关键证据大多由侵权行为人掌控，权利人虽尽力收集却无法获取这些证据。而因为缺少证据的支持，权利人的诉讼请求无法得到有效的证明，最终可能导致其合法的权益受损。在此种情形下，积极适用举证妨碍制度，适当调整双方当事人的举证责任是解决以上问题的重要办法，通过由侵权行为人承担权利人部分诉讼请求的证明责任，能够适当减轻权利人的举证负担，减少审判实务中大量适用法定赔偿的情形。

二、适用举证妨碍规则的法律依据

1998 年《最高人民法院关于民事经济审判方式改革问题的若干问题》（已失效）第 30 条规定，有证据证明持有证据的一方当事人无正当理由拒不提供，如果对方当事人主张该证据的内容不利于证据持有人，可以推定该主张成立。该规定为我国在私法层面上第一次确立举证妨碍规则，突破了以维护诉讼秩序为导向的立法理念，在事实认定层面规定了举证妨碍的法律效果。在程序法上，《最高人民法院关于民事诉讼证据的若干规定》、《最高人民法院关于适用〈中华人民共和国民事诉讼法〉的解释》（以下简称《民诉法解释》）对举证妨碍规则进行了逐步完善。

在知识产权法律领域，《商标法》（2013 年修正）首先对商标权纠纷中的举证妨碍行为作出了规定，人民法院为确定赔偿数额，在权利人已经尽力举证，而与侵权行为相关的账簿、资料主要由侵权人掌握的情况下，可以责令侵权人提供与侵权行为相关的账簿、资料;侵权人不提供或者提供虚假的账簿、资料的,人民法院可以参考权利人的主张和提供的证据判定赔偿数额。2016 年公布的《最高人民法院关于审理侵犯专利权纠纷案件应用法律若干问题的解释(二)》(以下简称《专利解释(二)》)第 27 条规定,在权利人已经提供侵权人所获利益的初步证据,而与专利侵权行为相关的账簿、资料主要由侵权人掌握的情况下,人民法院可以责令侵权人提供该账簿、资料;侵权人无正当理由拒不提供或者提供虚假的账簿、资料的,人民法院可以根据权利人的主张和提供的证据认定侵权人因侵权所获得的利益。2020 年修正的《专利法》、《著作权法》以及 2020 年公布的《最高人民法院关于知识产权民事诉讼证据的若干规定》将举证妨碍规则完全确立在知识产权的主要领域。同时,在司法实务方面,全国各级法院不断在司法政策及裁判中破冰前进,例如,上海市高级人民法院就出台了《关于强化知识产权保护的若干意见》,也明确探索证据出示令制度,依法制裁举证妨碍行为。

三、举证妨碍规则在司法实践中的运用方式

举证妨碍规则适用条件包括:(1)妨碍行为人确有保存证据的义务。该条件是证明协力义务的具体体现,也是证明妨碍行为具有可归责性的原因。本条件要求涉案权利人提供相应证据证明与损害赔偿相关的账簿、资料由被诉侵权人掌控,或者提出合理理由揭明被诉侵权人负有法定、约定或者依习惯保存、保管相关账簿、资料的义务。相反,如果被诉侵权人是自然人,法院就不能仅因为其不能提供完整的账簿、资料而推定权利人的赔偿主张成立。(2)被诉侵权人实施举证妨碍行为。趋利避害是人之本能,被诉侵权人通常不会主动提交对自己不利的证据,在法院责令被诉侵权人提供销售账簿、凭证等有关侵权获利证据的情况下,被诉侵权人拒绝履行义务,即应认定其实施了妨碍行为。(3)被诉侵权人拒绝提交证据没有正当理由。《民诉法解释》和《专利解释(二)》都规定了被诉侵权人有正当理由的情况下,可以不提供其掌握的侵权获利证据。也就是说,如果提交证据将使被诉侵权人或者相关利害关系人遭受重大的损失,或者被诉侵权人履行证据提供义务所付出的成本要远大于提供证据查明事实后权利人的收益,证据持有人应及时向法院说明理由,以阻却举证妨碍的法律后果。

在司法实践中,适用妨碍举证规则应当符合以下程序:初步举证—申请—审查—责令举证,即负有举证义务的一方当事人履行初步举证义务或者穷尽举证能力后，可以向法院申请要求另一方当事人出示其拥有的与案件相关的证据，法院经审查后可以责令另一方当事人限期提供相关证据，如另一方当事人在有能力提供相关证据的情况下拒不提供或者不配合提供相关证据，将承担妨碍举证的不利法律后果。权利人应当就其因侵权行为遭受的损失或者侵权人的实际获利情况承担举证责任，如被诉侵权人在网站上宣传的产品销量、营业额等；被诉侵权网店显示的产品单价、销量、库存、累计评价数等；上市公司披露的营业额、成本、利润等。若权利人怠于举证，则需要承担举证不能的法律后果。只有在权利人积极提供相关证据后，法院才能判断是否有其他证据可以证明损害赔偿事实，被妨碍的证据在损害赔偿认定中具有不可替代性，这是适用举证妨碍的前提条件。

本案中，原告通过向被控侵权游戏充值的方式锁定了涉案游戏的收入渠道及范围。后根据原告申请，一审法院通过调查令及实地调查等方式调查了涉案游戏收入情况，其中，在涉案侵权时间段内被告的支付宝及微信收入达 1 亿余元，但上述收入并未作明确区分，无法指向涉案游戏。根据原告申请，一审法院向被告进行了举证释明，要求被告通过后台数据筛选并披露涉案游戏相关的收入。被告提供了同时运营的其他 6 款游戏收入已达 4 亿余元的证据，主张可完全覆盖调取的收入数据。对此，一审法院认为，被告同时运营多款授权游戏，理应掌握各游戏的收入数据。然其未能提供涉案游戏的有效收入数据，取而代之的是通过提供其他游戏的收入数据以反向证明涉案游戏无实际收入或收入极低。但相关数据已明显超过支付宝及微信平台的调取数据，法院有理由相信，这些数据即便真实，其来源也并不限于支付宝及微信支付渠道，因此难以认定被告已达成其证明目的，被告依法应当承担妨碍举证的不利后果。

四、举证妨碍规则的法律效果

在知识产权法律方面关于举证妨碍规则的法律效果有下列规定，《商标法》规定“人民法院可以参考权利人的主张和提供的证据判定赔偿数额”，《专利解释(二)》规定“人民法院可以根据权利人的主张和提供的证据认定侵权人因侵权所获得的利益”，两者规定基本相同，仅存在“参考”和“根据”的差别。《民诉法解释》的规定是“人民法院可以认定申请人所主张的书证内容为真实”。

举证妨碍规则的法律效果在学界存在诸多争议，一般来说有三种观点：一是推定主张成立说，即结合案件其他证据直接采信权利人主张的全部或部分赔偿数额；二是证明标准降低说，即降低证明标准，可以采信侵权人广告宣传、媒体报道、电商平台等公开渠道的有关信息计算赔偿数额；三是折中说，即在部分无法精确计算但有一定事实依据的数据上作出不利于侵权人的推定。知识产权方面的举证妨碍，既可适用知识产权的法定赔偿，也可适用惩罚性赔偿。适用法定赔偿的时候，为酌情因素；适用惩罚性赔偿的时候，为赔偿数额的计算基础；作为酌情的因素，举证妨碍后果只是酌情的情节；作为赔偿数额的计算基础，举证妨碍后果便是直接推定主张成立。因此在适用举证妨碍时，需要禁令反言，即在起诉状中的诉求包括赔偿数额的计算方式明确后便不能反悔，并兼顾不负举证责任被诉侵权人与负有举证责任权利人诉讼利益之间的平衡。

科学、合理的证据规则的目的在于准确认定案件事实，其功效的发挥还依赖于损害赔偿方式的确定。究竟要对证明妨碍行为人处以何种程度的不利后果，还需要法官根据个案分别进行裁量。这种个案裁量在知识产权损害赔偿诉讼中，即表现为将证明妨碍行为作为酌定赔偿数额的因素。相较于程序法中的"可以推定主张成立"，实体法规定的支持权利人的主张，即"法院可以参考权利人的主张和提供的证据"，以及《商标法》《专利解释（二）》使得法院既可以完全支持也可参考权利人的主张酌定赔偿数额，从而获得了裁量的空间。而实体法规定的法定赔偿方法，在实质上体现了更多的法官自由裁量，赔偿数额的确定仍需要通过在案证据认证及案件情况综合分析，合理确定赔偿计算方式及适当的赔偿金额。对证据妨害行为适用赔偿数额的法律推定，一方面保护了应举证而无法举证之原告的正当权利；另一方面有助于促使证据持有人提供相关证据以保证真实情况的发现，从而保障了民事实体法的有效实施。对知识产权损害赔偿的确定做更为精细化研讨，有利于保护知识产权权利人的合法权益，鼓励其积极举证，尽力改变目前损害赔偿数额较低，举证积极性也较低的怪圈，可以促进我国知识产权的进一步发展。除此之外，被诉侵权人也承担了妨碍举证后对其推定不利的后果，得到了法律的制裁。

本案中，一方面，被告虽然构成举证妨碍，但其客观上运营多款游戏，第三方平台提供的数据具有混合收入的可能；另一方面，一审法院对相关证据核查后，也注意到数据中存在游戏虚拟币的不同兑换方式，这也进一步印证了可能存在多款游戏收入混同的情形。鉴于原告没有提供确切证据证明被告的非法获利及原告因侵权行为而遭受的损失，亦未提供商标许可使用费的情况，故一审法院决定适用法定赔偿。在赔偿金额的认定上，综合考量《蜀门》游戏运营时间较长，在业内具较高知名度、被告商标侵权的时间段和时机、商标对于游戏收入贡献度的大小、游戏推广的模式、主流游戏平台的商业模式等多种因素，按照法定赔偿的最高限额赔偿原告的损失。

五、合理使用举证妨碍规则保护当事人合法权益

本案系一起因游戏名称而引发的商标侵权及不正当竞争纠纷，一审法院认定被告将他人商标用作游戏名称构成商标侵权。值得注意的是，在游戏行业侵权诉讼案件中，由于行业的特殊性以及无形资产所面临的无法估价问题，导致因侵权造成的经济损失没有明确的计算标准；除此之外，由于收入数据的隐蔽性，很难证明侵权方的实际违法所得。面对错综复杂的侵权情节，如何在经济损失的认定上实现“与知识产权市场价值”相符这一基本原则一直是实务难点。本案中法官积极运用举证妨碍规则，引导当事人尽力举证，在确定赔偿数额中顶格适用法定赔偿。虽然举证妨碍规则并不能直接确定侵权赔偿的数额，但通过对举证妨碍规则的合理运用，可促使当事人积极履行举证责任，帮助法官接近客观事实，最大可能地使裁判结果向损害赔偿的合理区间靠近，为法官提供了合理的裁判方法与依据。

本案的审理恰逢上海市高级人民法院出台了《关于加强知识产权司法保护的若干意见》，本案判决也充分体现了加强司法保护的具体理念，对同类案件的审理也提供了有益的参考，为知识产权案件破解“举证难、赔偿低”难题，提供了有益的思路，对于知识产权司法实践中侵权损害赔偿数额的确定具有借鉴意义。在当前司法政策的空间内，充分考虑市场行为的合理性，有助于在纷繁复杂的证据中寻求一条科学合理确定赔偿数额的路径。

法律是维护公平正义的利器，而损害赔偿则是强有力的宝剑，其不仅只是重要的民事救济方式，也是侵权责任的最终落实。损害赔偿数额的确定也是困扰我国司法实践中关于知识产权侵权案件审理中的热点与难点，个案的特殊性与损失的复杂性决定了不可能会有统一的、固定的计算公式或认定方法以得出最终的赔偿数额。举证妨碍规则是克服我国目前因为法定赔偿泛滥而带来的弊端的方法之一，但由于规则只有在实践中不断运用才能检验其效力与发现不足，通过对举证妨碍规则在知产领域适用的研究，发现问题并提出相应的建议，完善我国知识产权的司法保护。

（一审合议庭成员：鲁君、张佳璐、吴静娟

二审合议庭成员：钱光文、杨韡、黄旻若）

汇源三得利(上海)饮料有限公司诉北京汇源食品饮料有限公司等侵害商标权纠纷案

——惩罚性赔偿之适用

顾 斌 俞 璐

关键词 | 知识产权 商标权侵权 惩罚性赔偿

【裁判要旨】

在侵害商标权案件中,对于惩罚性赔偿计算基数的选择,可在实际损失及侵权获利均无法查清的前提下,参照适用商标许可使用费。尤其是在商标权利人与侵权人之间存在特定联系,签订过商标许可使用合同的情况下,商标许可使用费最为接近商标权利人的损失,因此惩罚性赔偿的计算基数符合填平原则。

【相关法条】

《中华人民共和国商标法》

第六十三条 侵犯商标专用权的赔偿数额,按照权利人因被侵权所受到的实际损失确定;实际损失难以确定的,可以按照侵权人因侵权所获得的利益确定;权利人的损失或者侵权人获得的利益难以确定的,参照该商标许可使用费的倍数合理确定。对恶意侵犯商标专用权,情节严重的,可以在按照上述方法确定数额的一倍以上三倍以下确定赔偿数额。赔偿数额应当包括权利人为制止侵权行为所支付的合理开支。

……

【案件索引】

一审:上海市普陀区人民法院(2018)沪0107民初18657号民事判决书(2019年6月26日)

二审:上海知识产权法院(2019)沪73民终325号民事判决书(2020年3月27日)

【基本案情】

原告汇源三得利(上海)饮料有限公司(以下简称汇源三得利)提起本案诉讼,请求判令:(1)被告北京汇源食品饮料有限公司(以下简称北京汇源)、上海汇饮食品有限公司(以下简称上海汇饮)、宿迁汇源食品饮料有限公司(以下简称宿迁汇源)、德州汇源食品饮料有限公司(以下简称德州汇源)、山东汇源食品饮料有限公司(以下简称山东汇源)、北京汇源集团开封有限公司(以下简称汇源开封)、永春汇源食品饮料有限公司(以下简称永春汇源)立即停止对三得利系列注册商标专用权的侵权行为;(2)各被告共同赔偿原告经济损失直至侵权行为停止之日止,其中2017年11月至2018年12月的损失赔偿金计为11,818,504元;(3)各被告共同赔偿调查费等共计6056.9元;(4)判令各被告共同刊登声明、消除影响。

被告北京汇源辩称:根据商标权利人2009年与被告上海汇饮签订的《商标使用许可合同》,合同约定商标权利人许可被告上海汇饮有权在生产、销售的产品上使用35个注册商标。该合同目前没有解除,原告在事实上不具有独占许可使用的法律地位,原告亦不是涉案的注册商标权利人,故原告主体不适格;被告北京汇源非被告上海汇饮唯一经销商,原告根据产品标签指控被告北京汇源、上海汇饮侵权,不符合事实;被告上海汇饮支付给原告的商标使用费是要求其转付给商标权利人的,不能通过该商标使用费推算得出本案的赔偿数额。

被告上海汇饮辩称:涉案三得利品牌系列是由上海汇饮提供标贴、模具、包装等,委托除上海汇饮、北京汇源以外的其余被告加工的,而非授权生产;其向原告支付的商标许可使用费,是通过原告转付给商标许可人的。

其余被告共同答辩:其余被告均受被告上海汇饮委托加工,仅收取加工费,不应承担法律责任。

法院经审理查明:2009年4月1日,三得利控股株式会社(甲方,以下简称三得利控股）与三得利食品（乙方）就使用甲方的商标许可事项，签订《商标使用许可合同》（以下简称2009年许可合同）。该合同约定：甲方授予乙方在中国境内及合同的有效期内，对饮料及矿泉水非独占性地使用双方另行合意的商标；乙方必须将对象产品销售额的2%作为许可使用费支付给甲方；本合同的有效期为自2009年4月1日开始的10年；当甲方不再直接或间接拥有乙方的股权时，甲方可以用书面通知方式终止本合同。原告确认其未向三得利食品发送过终止合同的书面通知。

2011年5月，三得利控股与三得利食品签订《商标使用许可合同》（以下简称2011年许可合同），约定：三得利控股将其所拥有的35个商标，许可三得利食品使用于各被许可使用的商品上；商标许可使用费及具体支付方式由双方另行规定。2012年9月，三得利控股与三得利食品又签订了《商标使用许可合同》（以下简称2012年许可合同），内容与2011年许可合同大致相同。

2014年3月，三得利（中国）投资有限公司（以下简称三得利中国）与中国汇源果汁集团有限公司（以下简称汇源果汁）签订《框架协议》。该协议约定，新合资公司取得生产和销售三得利品牌产品所需的商标授权，通过"OEM"方式生产三得利品牌产品，三得利中国及三得利控股许可新合资公司使用三得利商标；该商标授权是独占性的。

2014年5月，三得利中国与被告北京汇源签订《合资合同书》，约定北京汇源通过受让三得利中国持有的目标公司50%股权的方式，与三得利中国进行合资经营。合资公司名称变更为"汇源三得利（上海）饮料有限公司"，合资双方各持股50%。《合资合同书》约定，汇源三得利取得生产和销售三得利品牌产品所需的商标授权，汇源三得利通过"OEM"方式生产三得利品牌产品，汇源三得利生产的三得利品牌产品销售给被告北京汇源及其关联公司，通过被告北京汇源及其关联公司的销售渠道在中国境内销售；商标许可方将根据相关当事人之间另行签订的商标使用许可合同许可汇源三得利在中国境内独占使用三得利商标；汇源三得利应以销售三得利品牌产品的销售金额为计算基准，交付2%的商标使用许可费给商标许可方。

2014年12月，三得利食品更名为上海汇饮。

2015年11月，三得利控股与原告签订《商标使用许可合同》，约定：三得利控股赋予原告在中国将三得利控股所有的三得利系列注册商标独占性地使用于对象产品的权利；原告应将销售额的2%作为使用费支付给三得利控股；合同有效期自 2015 年 1 月 1 日起的 5 年。

2017 年 12 月,原告向被告上海汇饮发送律师函,告知:三得利控股、三得利中国及其他三得利关联企业并未以任何形式许可被告上海汇饮使用“三得利”有关商标。

当月,被告上海汇饮向原告汇款 215,507 元,注明用途为 2017 年 11 月的商标使用费(三得利专属)请及时转付三得利总部。此后,被告上海汇饮每月向原告汇款,用途均为上个月的商标使用费。2017 年 12 月至 2018 年 10 月共支付了 4,688,666 元,其中 2018 年 10 月支付了最后一期使用费 406,862 元。

原告共公证购买了 11 瓶涉案饮料,在瓶盖、瓶身上标注的 SUNTORY、三得利、乌龙茶底纹等标识与其主张的 24 个注册商标构成近似。

【裁判结果】

上海市普陀区人民法院于 2019 年 6 月 26 日作出(2018)沪 0107 民初 18657 号民事判决:(1)被告北京汇源、上海汇饮、宿迁汇源、德州汇源、山东汇源、汇源开封、永春汇源立即停止侵害原告汇源三得利第 3646836 号、第 1128856 号、第 1101507 号等 24 个注册商标独占许可使用权的行为;(2)被告北京汇源于本判决生效之日起 10 日内赔偿原告汇源三得利自 2017 年 11 月至 2018 年 12 月的经济损失 6,316,114 元;(3)被告北京汇源于本判决生效之日起 10 日内赔偿原告汇源三得利调查费等合理开支共计 6056.9 元;(4)被告上海汇饮、宿迁汇源、德州汇源、山东汇源、汇源开封、永春汇源对上述判决主文第 2、3 项承担连带责任;(5)对原告汇源三得利其余诉讼请求不予支持。

宣判后,北京汇源、上海汇饮、宿迁汇源、德州汇源、山东汇源、汇源开封、永春汇源不服一审判决,向上海知识产权法院提起上诉,上海知识产权法院于 2020 年 3 月 27 日作出(2019)沪 73 民终 325 号民事判决:驳回上诉,维持原判。

【裁判理由】

法院生效裁判认为:首先,原告具备起诉的主体资格。根据 2015 年许可合同,三得利控股作为涉案三得利系列商标的注册人授予原告三得利系列商标独占使用许可。被告北京汇源虽然是占原告 50% 股权的股东,但公司章程未规定提起诉讼须经股东会或者董事会表决同意。倘若原告的起诉行为必须征得其股东即被告北京汇源的同意,原告的合法权益将无从主张。

其次,2009 年许可合同是否已经终止是本案的核心争议焦点。该许可合同第 7 条第 1 款特别约定,如果三得利控股不再直接或者间接拥有三得利食品的股权,三得利控股可以书面通知终止合同。三得利中国将三得利食品的 100% 股权让与被告北京汇源,2009 年许可合同的终止条件已经触发:(1)合资双方在《框架协议》《合资合同书》《合资公司章程》中均明确授予合资公司三得利系列商标的独占使用许可。而授予合资公司独占使用许可,则必须终止对三得利食品的商标使用许可。(2)被告北京汇源作为合资公司的股东之一,在收购三得利食品股权的过程中,明知必须终止对三得利食品的商标使用许可。(3)对 2009 年许可合同终止的事实,合资各方长期确认,并无异议。故三得利控股没有必要再向三得利食品单独发出书面终止通知。2009 年许可合同于 2015 年 1 月 1 日终止,2011 年、2012 年合同作为 2009 年许可合同的附属合同也于该日终止。三得利食品不再享有三得利注册商标的使用许可权。被告上海汇饮无法以商标使用被许可人的名义使用涉案三得利系列商标,构成对原告商标专用权的侵害。被告北京汇源擅自安排被告上海汇饮以原告名义授权被告德州汇源、山东汇源生产三得利品牌产品,且进行销售的行为构成对原告注册商标专用权的侵害。其他各生产商是被控侵权产品的生产主体,均构成对原告注册商标专用权的侵害。

最后,对于赔偿金额,本案采用了惩罚性赔偿。被告上海汇饮自 2017 年 12 月起,每月按 2009 年许可合同所约定的销售金额的 2% 以“商标许可使用费”的名义向原告支付费用。原告虽对该费用的性质不予认可,但认可该费用的销售额基础,主张参照该费用金额的 3 倍计算侵权赔偿金额。因各被告拒绝提供该期间的生产销售金额,侵权人所获利益或者被侵权人所受损失均难以确定,故法院采纳原告主张的赔偿计算标准。被告上海汇饮实际支付费用金额总计 4,688,666 元,根据其支付的最后一笔费用即 406,862 元推算 2018 年 10 月、11 月的应付费用;原告确认实际少算 1 个月的损失,系其自主处分权利;至于赔偿倍数,由于被告恶意侵犯商标专用权,情节较为严重,法院酌情支持 2 倍赔偿,但赔偿金额应当扣除原告已经收到的费用。因此,侵权赔偿金额最终计算为 $(4,688,666+406,862\times2)\times2-4,688,666=6,316,114$ 元。

【案例注解】

本案是上海市普陀区人民法院首例适用惩罚性赔偿进行判赔的知识产权

民事案件。惩罚性赔偿是最为强力的民事责任手段之一，却鲜少最终运用于知识产权案件。本案为遏制、震慑侵权行为，探索适用惩罚性赔偿，作出积极尝试。

一、商标惩罚性赔偿的立法沿革

现代意义上的惩罚性赔偿起源于《英国复数损害赔偿条款》，该制度后在美国正式确立。惩罚性赔偿（punitive damages），也称示范性赔偿（exemplary damages）或报复性赔偿（vindictive damages），是指由法庭所作出的超出实际的损害数额的赔偿，它具有补偿受害人遭受的损失、惩罚和遏制不法行为等多重功能。[①]

2013 年，《商标法》率先在知识产权领域引入惩罚性赔偿。2019 年 4 月 23 日，《商标法》完成第 4 次修正，将惩罚性赔偿上限由 3 倍提高到 5 倍。当侵权行为满足“恶意”和“情节严重”的条件时，可以适用 1～5 倍的惩罚性赔偿。本案于 2019 年 6 月 26 日作出民事判决，故适用上限为 3 倍的惩罚性赔偿。《民法典》第 1185 条明确“故意侵害他人知识产权，情节严重的，被侵权人有权请求相应的惩罚性赔偿”，意味着我国知识产权领域惩罚性赔偿制度的确立。2021 年 3 月 3 日起施行的《最高人民法院关于审理侵害知识产权民事案件适用惩罚性赔偿的解释》第 1 条将“故意”和“恶意”作了一致性解释。惩罚性赔偿的引入，对知识产权侵权损害赔偿计算的精细化提出了新要求。

二、商标惩罚性赔偿适用的主客观要件

（一）主观要件“故意”与“恶意”的区别

现行知识产权法领域中，《商标法》第 63 条、《反不正当竞争法》第 17 条和 2001 年《最高人民法院关于审理涉及计算机网络域名民事纠纷案件适用法律若干问题的解释》第 5 条使用了“恶意”的表述。除此之外，《著作权法》第 54 条和《专利法》第 71 条均适用“故意”。根据《民法典》和《最高人民法院关于审理侵害知识产权民事案件适用惩罚性赔偿的解释》的规定，将“故意”解释为商标惩罚性赔偿的主观要件更加适宜。

“故意”是指行为人明知自己的行为可能导致危害社会结果的发生，希望或者放任这种结果发生的心理状态。一般分为“直接故意”和“间接故意”。在最

---

① *Exemplary Damages in the Law of Torts*, 70 *Harv. L. Rev.* 517, 517 (1957), and Huckle v. Money, 95 Eng. Rep. 768 (K. B. 1763). 转引自王利明：《惩罚性赔偿研究》，载《中国社会科学》2000 年第 4 期。

高人民法院作出的首例知识产权侵权惩罚性赔偿判决即侵害"卡波"技术秘密纠纷案中,载明对"恶意"应理解为"主观故意"而非"直接故意"。这是因为在实践中对直接故意与间接故意的区分存在较大困难,二者在道德上具有几乎相同的可责难性,在惩罚性赔偿中进行等同对待是较为合理的做法。"恶意"是在"故意"的基础上增加了明显的道德谴责感,在实践中比较难以判定。

当侵权行为人收到权利人寄送的关于涉嫌侵权行为的通知或者警告时,可推定侵权行为人对于侵权行为具有认知。侵权行为人此时应当通过咨询律师或者其他方式明确其行为的性质。对于本案而言,被告主观故意比较明显。2017 年 12 月,原告向被告上海汇饮发送律师函,告知其不得使用涉案商标。然而被告上海汇饮当月即向原告账户汇款,注明用途为商标使用费,难谓巧合。

(二)客观要件"情节严重"的认定

客观"情节严重"确实难以量化。这是知识产权的非物质性决定的,侵权行为所造成的损害后果难以如有形财产一般精确计算。司法实践中,往往法官会综合考量侵权损失的数额,商标的个数,侵权行为的性质、期间、范围,商标使用许可的时间、范围,商标声誉的损失,可期待利益的减少等因素进行判定。值得注意的是,惩罚性赔偿制度的目的是震慑、遏制侵权行为的发生,如果惩罚性赔偿的门槛设置过高,将导致适用难,并在实质上造成侵权人逃避惩罚性赔偿的结果。

对于本案而言,涉案商标多达 24 个,涉及 11 款不同品种、规格的饮料,侵权时间也长达 4 年,比较许可使用费高达 500 多万元。综合考虑上述因素,可认定为"情节严重"。

三、商标惩罚性赔偿数额的计算

(一)惩罚性赔偿基数的确定

惩罚性赔偿的基数一般以权利人的实际损失或侵权人的侵权获利或许可使用费的倍数或许可使用费作为基础。根据不同的案件情况,法院按《商标法》的规定依顺序进行适用。基数必须准确,否则乘以倍数后,偏差将成倍扩大。

对于实际损失,司法实务中包括按照销售量乘以利润率进行计算,也有因销售流失而损失的利润,因价格侵蚀而损失的利润、商誉损失、广告费损失,因侵权导致合同不能履行的损失与其他利润损失等。不同法院的考量因素也不同。我国目前仅《最高人民法院关于审理侵犯专利权纠纷案件应用法律若干问题的解释》第 16 条及《最高人民法院关于审理专利纠纷案件适用法律问题的若干规定》第 20 条对于实际损失的计算有所规定。值得注意的是,有些法院在审判实践中认定实际损失包括作为间接损失的合理维权费用。但是,作为惩罚性赔偿的基数,实际损失不能涵盖合理开支,因为《商标法》第 63 条已明确规定合理开支在确定惩罚性赔偿数额之后纳入赔偿数额。

在权利人的实际损失无法准确计算的情形下,法院可以侵权获利替代实际损失作为计算惩罚性赔偿的基数。根据 TRIPs 协定第 45 条第 2 款规定,司法机关可责令侵权人退还利润。侵权获利一般以单个侵权产品的利润乘以侵权产品的销量进行计算。根据填平原则,以侵权获利作为惩罚性赔偿的基数时,应尽可能使该数额接近实际损失。值得注意的是,销售收入并不等同于侵权获利,销售收入扣除成本之后才是侵权获利。

对于商标许可使用费的赔偿方法,在司法实践中也比较难以适用。因为法院通常需要参照商标个数、许可时间、地域、范围等各项要素均相似的商标许可使用费作为惩罚性赔偿的基数,而该种对象实践中较难寻觅。《最高人民法院关于知识产权民事诉讼证据的若干规定》第 32 条规定法院可以考量许可使用费是否实际支付及支付方式、许可合同是否备案、许可使用的权利内容、方式、范围、期限、被许可人与许可人是否存在利害关系、行业许可的通常标准等因素进行审核认定。美国《专利法》上存在 4 种方法确定许可使用费,分别为:当事人自愿协商达成的既定许可费(established royalty);行业惯例(customary rule)确定的许可使用费;假想侵权行为未发生,双方当事人自愿协商的金额(hypothetical negotiation approach);分析法(analytical approach),即销售利润减去侵权人管理费及行业一般经营性利润得出合理的专利许可费。本案采用计算基数的思路类似于既定许可费的做法。

对于以许可使用费的倍数还是许可使用费作为惩罚性赔偿的基数向来存在争议。主要判断标准还是哪个金额更为接近权利人所受到的实际损失。许可使用费是作为权利人的实际损失的推定。为了实现填平损害的目的,理想的状态是使侵权获利或者许可使用费尽量接近实际损失。之所以参照许可使用费作为惩罚性赔偿的基数,是因为本案情形较为特别,本案是合资公司起诉合资公司一方股东,以该股东未经合资公司同意,擅自生产、销售合资公司享有商标独占使用许可权的产品为由,主张该股东及其关联公司侵害合资公司商标独占使用许可权的纠纷。商标许可使用费已能较为准确地推定商标独占使用权人的实际损失。本案商标许可使用费是被告上海汇饮按照 2009 年许可合同依据每个月销售额的2%计算得出。尽管原告对该费用的性质不予认可，认为被告上海汇饮向其支付的款项没有依据，为不明款项，无权使用涉案商标，但基本认可该费用由以销售额为基础计算得出，并以其为基数主张惩罚性赔偿。至于许可使用费倍数的确定，我国暂时还没有相关法律或司法解释对其作出规定。如需确定以商标许可使用费的倍数作为计算基数，也应秉持尽量接近商标权利人损失的原则确定倍数。

（二）惩罚性赔偿倍数的确定

惩罚性赔偿是将补偿性赔偿以惩罚倍数放大，以达到惩罚与威慑的目的。我国目前立法仅明确了惩罚性赔偿倍数的幅度为1～5倍，但未对倍数的确定进行详细规制。因为现实案件具有高度复杂性，法律难以对惩罚性赔偿的倍数制定统一且精确的固定数值。因此，法院的自由裁量空间较大，在确定倍数时，一般根据侵权行为的性质、行为方式、主观恶意程度、知识产权的市场价值、侵权行为对于产品销售的影响、是否受到过行政处罚等因素综合进行考量。当然，虽然审判实践中较为罕见，但倍数也可以是非整数。

本案中，原告主张参照许可使用费的3倍进行赔偿，综合考虑被告的侵权恶意及情节的严重程度，法院最终支持2倍赔偿金额，争取最终能够做到“罚过相适”，且在最终的判赔金额中扣除了原告已经收到的费用，在实现威慑、遏制侵权行为目的的同时不至于过度惩罚。

四、举证妨碍制度的运用

商标惩罚性赔偿的3类计算基数“权利人因侵权所受到的实际损失”“侵权人因侵权所获得利益”“商标许可使用费或其倍数”均需要权利人充分进行举证。如前所述，权利人的实际损失通常无法准确计算。由此，掌握在侵权人手中有关侵权获利的相关证据至关重要。大多数情况下，侵权主体的销售合同、财务账簿、交易明细等相关文件由其自身控制且不对外公开，商标权利人难以通过公开途径获取。举证妨碍制度（也称“文书提出命令”）可在一定程度上解决商标权利人的这一举证困境。

2015年《最高人民法院关于适用〈中华人民共和国民事诉讼法〉的解释》（以下简称《民诉法解释》）第112条正式创设“书证提出命令”。该制度的原型可追溯到2001年《最高人民法院关于民事诉讼证据的若干规定》第75条之“证明妨害规则”。2020年11月18日起施行的《最高人民法院关于知识产权民事诉讼证据的若干规定》（以下简称《知识产权证据规定》）第24条、第25条吸收了《最高人民法院关于民事诉讼证据的若干规定》第45条至第47条规定的“书证提出命令”，明确承担举证责任的当事人书面申请法院责令控制证据的对方当事人提交证据，理由成立的，法院应责令其提交，当事人无正当理由拒不提交或者提交虚假证据，法院可推定对方当事人的主张成立。鉴于知识产权案件的特性，相较于《民诉法解释》中的“书证提出命令”，《知识产权证据规定》所细化的“举证妨碍制度”的客体范围其实并不局限于“书证”，可以包括物证、视听资料等其他种类的证据。

本案实际上运用了举证妨碍制度。因被告北京汇源、被告上海汇饮等各被告均拒绝提供2017年12月至2018年12月生产销售涉案侵权产品的金额，故侵权人因侵权行为所获利益及被侵权人所受损失难以确定，法院由此最终采纳了原告主张的赔偿计算方式，适用惩罚性赔偿。

（一审合议庭成员：顾斌、李霞、王俊英

二审合议庭成员：何渊、邵勋、范静波）

尅荻味(上海)商贸有限公司诉杭州禾玺实业有限公司、阿里巴巴俪人购(上海)电子商务有限公司侵害商标权纠纷案

——商标混淆性判断

贺　凌

关键词｜商标近似　混淆　判断标准

【裁判要旨】

在同一种商品上将与权利商标近似的标志作为商品包装、商品装潢使用，误导公众，属于侵犯注册商标专用权的行为。判断是否构成商标近似且容易导致混淆，要以相关公众的一般注意力为标准，即是否会对商品的来源产生误认或者认为其来源与权利商标的商品有特定的联系；既要进行对商标的整体比对，又要进行对商标主要部分的比对，且应当在比对对象隔离的状态下分别进行；最后还要考虑请求保护注册商标的显著性和知名度。本案被控侵权标识与权利商标在使用过程中多作为糖纸方式且以扭结式状态呈现，系将平面商标立体化使用在商品上，本质是将商标标识包含的二维形状、主要要素等结合后完整呈现在商品上，未改变商标标识本身。虽未展现完整的商标，但商标中最具显著特征、便于识别的部分未被遮盖，仍具有显著性，能起到识别商品来源的作用。无论是展开平面状态还是扭结式立体状态，以相关公众的一般注意力为标准，被控侵权标识与权利商标相比，构图形式、色系配比等较为一致，易使相关公众对商品的来源产生误认或者认为其来源与权利商标的商品有特定的联系。

即便在使用被控侵权标识时加入其他标识、元素，但因添加方式与权利商标的使用形式相仿，在隔离对比状态下，不影响前述认知，两者构成商标近似。

【相关法条】

一、《中华人民共和国商标法》

第五十七条　有下列行为之一的，均属侵犯注册商标专用权：

……

（二）未经商标注册人的许可，在同一种商品上使用与其注册商标近似的商标，或者在类似商品上使用与其注册商标相同或者近似的商标，容易导致混淆的；

（三）销售侵犯注册商标专用权的商品的；

……

二、《最高人民法院关于审理商标民事纠纷案件适用法律若干问题的解释》①

第九条　……

商标法第五十二条第（一）项规定的商标近似，是指被控侵权的商标与原告的注册商标相比较，其文字的字形、读音、含义或者图形的构图及颜色，或者其各要素组合后的整体结构相似，或者其立体形状、颜色组合近似，易使相关公众对商品的来源产生误认或者认为其来源与原告注册商标的商品有特定的联系。

第十条　人民法院依据商标法第五十二条第（一）项的规定，认定商标相同或者近似按照以下原则进行：

（一）以相关公众的一般注意力为标准；

（二）既要进行对商标的整体比对，又要进行对商标主要部分的比对，比对应当在比对对象隔离的状态下分别进行；

（三）判断商标是否近似，应当考虑请求保护注册商标的显著性和知名度。

【案件索引】

一审：上海市普陀区人民法院（2020）沪0107民初6560号民事判决书（2020年10月19日）

---

① 本案判决引用的为《最高人民法院关于审理商标民事纠纷案件适用法律若干问题的解释》（2002年）当时2020年修正的解释尚未生效，该解释第9条、第10条所指向的《商标法》第52条即《商标法》（2019年）第57条。

二审：上海知识产权法院(2021)沪73民终757号民事判决书(2022年3月1日)

【基本案情】

原告尅获味(上海)商贸有限公司(以下简称尅获味公司)提起本案诉讼，请求：(1)被告杭州禾玺实业有限公司(以下简称禾玺公司)立即停止侵害尅获味公司第22834102号、第22834249号注册商标专用权的行为；(2)被告阿里巴巴俪人购(上海)电子商务有限公司(以下简称俪人购公司)停止销售和许诺销售侵权产品；(3)被告禾玺公司赔偿尅获味公司经济损失900,000元；(4)被告禾玺公司赔偿尅获味公司维权的合理支出公证费5000元、律师代理费20,000元。

被告禾玺公司辩称，被告禾玺公司仅有进口行为，无自有实体店及线上店铺，涉案产品系天猫超市销售，禾玺为供货商。禾玺公司通过合法途径进口产品，包括知识产权相关检查；销售的商品不存在侵害原告商标权的客观情况；禾玺公司没有任何侵权行为，业已经停止进口并销毁所有的库存商品，请求驳回原告的诉请。

被告俪人购公司辩称，俪人购公司已经将涉案商品下架，相关链接已经删除，俪人购公司的涉案产品有合法来源，系禾玺公司提供涉案产品给案外人上海晰睿食品有限公司，上海晰睿食品有限公司向俪人购公司供货，并向俪人购公司提供了供货商的授权文件、供货资质、海关报关、发票凭证，故俪人购公司已尽到审核义务，取得来源合法。请求驳回原告对俪人购公司的诉请。

法院经审理查明：

一、权利商标的权属情况

第22834102号(有颜色)、第22834249号(无指定颜色)注册商标核定使用商品均为第30类：甜食(糖果)；花生糖；巧克力棒；牛奶硬块糖(糖果)；甜食(截止)。申请日期为2017年2月15日，注册日期为2018年2月21日，注册人为“凯德威下塔吉尔”有限公司。2019年6月27日，凯德威运动私人有限公司经核准受让取得两注册商标专用权，目前两商标均在有效期内。

“凯德威下塔吉尔”有限公司为俄罗斯企业。凯德威运动私人有限公司为澳大利亚企业。原告系外商独资法人，经营范围包括食品流通等。2018年9月3日，“凯德威下塔吉尔”有限公司将其享有的包括本案原告主张保护的第22834102号、第22834249号商标在内的多个注册商标许可原告使用并负责维权。2019 年 9 月 11 日，凯德威运动私人有限公司授权原告代表其办理在中华人民共和国所持商标的侵权诉讼案件。原告表示上述权利商标的图案花纹结合“KPOKAHT”品牌相关标识印制于糖纸上并直接包装成扭结式糖果使用，并在中国境内销售。

二、被控侵权相关情况

2019 年 1 月 14 日，原告委托代理人向上海市徐汇公证处申请保全证据公证，进行多宗线上购买，其中通过“taobao. com”网站从“天猫超市”在线订购“EGO 进口俄罗斯紫皮糖巧克力花生牛轧糖婚庆喜糖年货零食品 468G/袋”10 件，该商品单价 24.90 元。2019 年 1 月 29 日，在预留的收货地址收取“天猫超市”邮寄的订购物品，“EGO 进口俄罗斯紫皮糖巧克力花生牛轧糖婚庆喜糖年货零食品 468G/袋”链接对应商品系单粒扭结式糖纸包装糖果，透明塑料袋外包装，外包装袋上印有“品名：果仁涂层代可可脂巧克力制品，原产国：马来西亚，经销商：杭州禾玺实业有限公司”。

当庭拆封公证封存实物，内有快递包装、订单及品名为“果仁涂层代可可脂巧克力制品”的商品，与公证书所附照片一致。透明塑料袋外包装上印制经销商为被告禾玺公司。内装数粒糖果，深紫色扭结式糖纸包装，糖身“爆炸框”内印有“egoligo”字样及黄色“EGO”标志，扭结两端为锯齿状花纹，自内向外呈深紫、玫红、浅绿三色。铺开糖纸，为长方形（约为 10.5cm×6cm），主体为深紫色，两端自内向外呈深紫、玫红、浅绿三色锯齿状花纹，中部为黄色“EGO”标识与玫红色“爆炸框”标识交替成列。“EGO”标识带注册标志®，爆炸框内印有浅绿色“egoligo”字样，框右下附白色小字“Nut chocolate”。

三、与被控侵权行为相关情况

被告俪人购公司系网络平台天猫超市运营商。其在天猫超市出售的涉案商品由案外人上海晰睿食品有限公司供货，该公司向天猫超市出具了涉案商品相关的商标及销售代理授权文件、报关单、增值税专用发票，其中发票显示购买方为上海晰睿食品有限公司，销售方为被告禾玺公司。被告俪人购公司还提供了其在阿里巴巴后台系统调取的涉案商品自 2018 年 4 月至 2019 年 1 月 14 日的销售数据。

被告禾玺公司成立于 2010 年 9 月，经营范围包括批发、零售预包装食品，货物进出口等。禾玺公司提供的报关材料显示，其于 2019 年 3 月 21 日进口包括“EGO 果仁涂层代可可脂巧克力糖”在内的 20 个品种的货物，进行了海关进口货物报关,并有海关检验检疫部门出具的《入境货物检验检疫证明》。根据《报关单》及《入境货物检验检疫证明》记载,“EGO 果仁涂层代可可脂巧克力糖”进口数量 300 箱,规格为 468g ×24 袋/箱,生产日期为 20190308,保质期为 18 个月,原产国为马来西亚,发货人为 KAVIN SHIPPING LTD,输出国家或地区、贸易国(地区)、起运港均为中国香港。禾玺公司还提供一份案外人期伟合记食品制造私人有限公司(外国企业)与其签订的《授权合同书》,该公司授权禾玺公司为“EGO 散装糖果(4 ×2.5kg)中国地区的代理商(其他 EGO 产品除外)”,该公司授权禾玺公司使用 EGO 版权生产销售散装糖果(4 ×2.5kg),双方协议期限为 2016 年 4 月 18 日至 2019 年 5 月 31 日。禾玺公司还提供了第 17629687 号、第 24539733 号注册商标查询记录,两个商标均为“EGO”标识,核准商品类别第 30 类,申请人为颜振元,专用权期限为 2017 年 3 月 7 日至 2027 年 3 月 6 日。

【裁判结果】

上海市普陀区人民法院于 2020 年 10 月 19 日作出(2020)沪 0107 民初 6560 号民事判决:(1)被告禾玺公司应于判决生效之日起停止对第 22834102 号、第 22834249 号注册商标专用权的侵害;(2)被告禾玺公司于判决生效之日起 10 日内赔偿原告尅获味公司经济损失人民币 200,000 元;(3)被告禾玺公司于判决生效之日起 10 日内赔偿原告尅获味公司维权合理支出人民币 20,000 元;(4)对原告尅获味公司的其余诉讼请求不予支持。

宣判后,原告尅获味公司不服一审判决,向上海知识产权法院提起上诉,上海知识产权法院于 2022 年 3 月 1 日作出(2021)沪 73 民终 757 号民事判决:驳回上诉,维持原判。

【裁判理由】

法院生效裁判认为本案的争议焦点有三:

首先,被控商标侵权是否构成。根据法律规定,商标的使用是指将商标用于商品、商品包装或者容器以及商品交易文书上,或者将商标用于广告宣传、展览以及其他商业活动中,用于识别商品来源的行为。未经商标注册人的许可,在同一种商品上使用与其注册商标近似的商标,容易导致混淆的,属于侵犯注册商标专用权的行为。在同一种商品或者类似商品上将与他人注册商标相同或者近似的标志作为商品名称或者商品装潢使用,误导公众的,属于法律规定的侵犯注册商标专用权的行为。销售侵权商品的，亦属于侵犯注册商标专用权的行为。

权利商标系平面商标，在实际使用时整版印制于糖纸上，包装糖果后以扭结形式呈现。法院认为，如此使用虽然未展现完整的商标，但因权利商标标识本身的不规则图案设计，尤其是指定颜色的第22834102号商标主体呈藏青色，中部印有玫红色爆炸框，左右边缘为浅绿色，左右两边自内向外呈藏青色、紫罗兰色、玫红色、浅绿色锯齿状层叠，包装糖果以扭结式立体呈现后，其整体的色彩感官、中部的爆炸框、两边的锯齿状等商标中最具显著特征、便于识别的部分并未被遮盖，两端的多色锯齿状层叠恰在糖果扭结上、中部爆炸框恰在糖身处得以展现，仍具有显著性，能起到识别商品来源的作用。

被控侵权标识系涉案商品“EGO果仁涂层代可可脂巧克力糖”的糖纸图案，基本表现形式亦为不规则图案设计，主体为深紫色，中部印有玫红色爆炸框，左右边缘为浅绿色，左右两边自内而外的深紫色、玫红色、浅绿色呈锯齿状层叠。扭结式状态下，整体的色彩感观、中部的爆炸框、两边的锯齿状等主要特征均能呈现，且突出醒目，客观上能够起到识别商品来源的作用，已构成商标意义上的使用。无论是展开状态还是扭结式状态，以相关公众的一般注意力为标准，被控侵权标识与权利商标尤其是指定颜色的第22834102号商标相比，构图形式基本一致，色系配比较为一致，锯齿、爆炸框形状近似，仅在层次、颜色深浅等方面略有区别，易使相关公众对商品的来源产生误认或者认为其来源与权利商标的商品有特定的联系。即便被控侵权标识在使用时加入了其他标识、元素，但因添加方式与权利商标的使用形式相仿，在隔离对比状态下，不影响前述认知。故原告主张两者构成商标近似，法院予以认同。涉案商品在同一种商品上将与权利商标近似的标志作为商品包装、商品装潢使用，误导公众，属于侵犯注册商标专用权的行为。

其次，被告的合法来源抗辩是否成立。被告俪人购公司系涉案商品销售商，其就涉案商品提交的商标及销售代理授权文件、报关单等相关材料足以证明其销售的商品来源合法并说明了提供者。原告未向其主张经济赔偿仅要求其停止侵权，因涉案商品链接已删除，该项诉请已无必要。

被告禾玺公司系涉案商品包装中印制的经销商，亦为俪人购公司提供的供货商材料指向的商品来源。虽然禾玺公司表示涉案商品系其进口，并提供相关证据，但各材料之间的商品品类、进口商、权利来源等要素之间不能相互印证，各证据不能形成证据闭环，尚不足以支撑其合法来源抗辩，被告禾玺公司应承担停止侵害、赔偿损失等民事责任。因原告明确本案中不仅存在天猫超市平台的销售行为，且被告禾玺公司作为涉案商品的经销商，尚不能认定其分销渠道的唯一性，故原告请求其停止侵权之诉请，法院予以支持。

最后，赔偿金额的确定。原告表示其无法证明自己因侵权而遭受的损失，亦无法证明侵权人获得的利益，故而主张法定赔偿，并进一步明确考量范围包括被告禾玺公司针对整个中国市场的生产、进口、销售等行为，参考依据为其提供的来自淘数据平台及京东平台的统计数据。被告俪人购公司作为网络销售平台商，提供的销售数据，具有一定证明力，法院予以参考。法院综合考量现有证据及权利商标的情况，侵权行为的性质、侵权情节、持续时间、后果，侵权商品的售价、糖果的利润率等因素对赔偿数额予以酌定。

【案例注解】

商标侵权判定中，商标混淆可能性判断占据重要地位，禁止混淆是商标权的基本功能。具体到本案中，平面商标立体化使用是否构成侵权虽无直接规定，但是否具有导致消费者产生混淆的可能性，同样系判定侵权与否的重要标准。作为商标侵权判定的核心标准，混淆可能性及其判断较为复杂，通常需考虑以下几个因素：商标相似性、商品类似性、商标显著性及知名度、相关公众的注意程度、是否实际混淆等。

一、商标因素对混淆可能性判定的影响

区分、识别商品或服务来源，避免混淆是商标的主要功能。判断混淆可能性是否成立的两个重要因素就是“商标相同或近似”“商品相同或类似”。

（一）商标近似的含义

判定混淆可能性应当考虑商标的近似程度。商标近似是指权利商标与被控侵权商标相比较，其文字的字形、读音、含义或者图形的构图及颜色，或者其各要素组合后的整体结构相似，或者其立体形状、颜色组合近似，易使相关公众对商品的来源产生误认或者认为其来源与使用权利商标的商品或服务有特定的联系。判断商标是否近似主要考虑商标标识的物理属性的相似程度以及商标所适用的产品之间是否类似。

（二）商标近似的认定标准

认定商标是否近似时需遵循以下原则：以相关公众的“一般注意力”为标

准,综合运用“隔离观察比较”、“显著部分观察比较”和“整体观察比较”的方法,同时考虑权利商标的显著性和知名度。

首先,消费者对商标的印象大多仅停留在商标的主要部分或突出部分,往往无法记起商标全部的组成部分及细节。大部分商标侵权案件中,被控侵权商标倾向于模仿权利商标的显著特征,从而达到误导消费者对商品来源产生混淆或误以为该商标与权利商标、商标权人存在关联、授权的目的。鉴于商标的物理属性,对于商标近似性的判断,应首先关注其显著和主要组成部分,对视觉、发音和含义上的近似性进行整体评价,商标侵权判定中,两商标只要在整体上构成商标近似即可,无须过分要求细节之处的完全一致。

其次,商标近似判定中,还应注重对商标标识主要要素之间进行对比。鉴于消费者往往只对商标主要部分记忆深刻,故应通过隔离观察比较的方法,比对两商标间最主要、最显著、让人印象最深的部分是否相同。若经过比对,被控侵权商标着重突出其某一部分,而该部分恰好为权利商标的主要识别部分,则应判定两商标具有近似性。

再次,商标的知名度和显著性对商标近似的判定也起到一定作用。通常来讲,权利商标的显著性越强、知名度越高,给消费者留下的印象就越深刻,造成混淆的可能性就越大,法律通常会给予其相应范围内的保护,遏制“搭便车”、故意攀附模仿等不正当行为。

最后,相似性比对的主体是相关公众,判断商标是否近似时,应以相关公众的一般注意力为标准。相关公众系具有一般生活经验的消费者;一般注意力标准即区别于特别粗心大意以及过分谨慎仔细这两种极端情况,介于两者之间的普通注意力,能在挑选商品的时候对商品标识等信息有一定的辨别能力。

综上所述,认定商标近似时,应以普通消费者的一般注意力为标准,在隔离状态下就两商标的物理形态特别是突出和显著部分进行整体性比对,然后区分两商标对应的商品或服务是否相同或类似,最后对两商标是否容易导致相关公众混淆进行判定。认定标准的顺序应依次递进、比对分析,方能得出结论。本案中,权利商标整版印制于糖纸上,包装糖果后以扭结形式呈现,其使用及呈现方式与被控侵权标识一致,都是将平面商标立体化使用于商品上。被控侵权标识与权利商标在构图形式上基本一致,主要部分均为爆炸框和锯齿状层叠且形状近似,色系配比较为一致,两者仅在层次、颜色深浅等方面略有区别。即便前者在使用时加入了其他标识、元素,但因添加方式与权利商标的使用形式相仿,在隔离对比状态下，不影响两者整体上构成近似。

二、商品因素对混淆可能性判定的影响

（一）商品相同或类似的含义

商品相同是指注册商标核定使用的商品类别相同。商品类似是指名称不同，但在功能、用途、生产部门、销售渠道、消费对象等方面相同，或者相关公众一般认为其存在特定联系、容易造成混淆的商品。

若商品相同，商标也相同，则推定混淆存在，构成商标侵权。在商品是否类似的认定中，要同时考虑商品的自然属性，并以是否易使相关公众产生误认为判断标准。若一般消费者认为使用相同或近似商标的两商品的来源相同，则两商品应被认定为相同或类似商品。认定商标侵权时不仅要考察两商品物理属性间的区别与联系，还需要以相关公众为判定主体进行比对。区分商品或服务是否类似，判断的相关要素为商品或服务之间的关联，还包括功能用途、销售渠道和消费对象方面的相似性。

（二）商品类似的认定规则

部分商品在我国《类似商品和服务区分表》中虽分属不同类别，但也可能被认定为类似商品。商品类似的认定规则应结合商品的物理属性和混淆要件，即先以区分表为参考依据，进一步考虑商品的功能、用途、销售渠道、消费群体等是否相同或者具有较大的关联，最后评价是否易使相关公众混淆。

在认定商品类似时还应考虑权利商标的知名度和显著性。若权利商标的知名度很高，即便权利商标对应商品与被控侵权标识对应商品的相似度较低，也有被认定为商品类似的可能。随着社会的发展和科技的进步，商品的分类存在一定的滞后性，对商品相同或类似的判断也会逐渐发生变化。

本案中，权利商标对应的商品系糖果，被控侵权商标对应的商品为巧克力糖，均作为糖纸包裹糖果使用，无论是展开的平面状态还是扭结式立体状态下，均构成近似。涉案商品在同一种商品上将与权利商标近似的标志作为商品包装、商品装潢使用，从而误导了公众。

三、相关公众因素对混淆可能性判定的影响

（一）相关公众的定义

相关公众指与商标所标识的某类商品或服务有关的普通消费者，其能通过文字、图形、声音等因素辨别不同的商标。对相关公众的认定应站在消费者的一般观察角度，不能以专业性或细致入微的对比标准来严格要求消费者区分判

断相似或相同商品之间的区别,并以此确定发生混淆的可能。混淆可能性的判定标准是以消费者为中心构建的,判定主体是相关公众,因此,消费者在混淆可能性的认定中具有重要地位。

(二)如何理解相关公众的"一般注意力"

"一般注意力"是指具备普通经验的相关消费者在购物时的注意力运用程度。在混淆性判定中,应结合相关公众的注意程度予以综合考量。消费者选择商品或服务时的注意力大小,决定着其是否容易将被控侵权标识与权利商标,或者被控侵权标识所对应的商品或服务与权利商标核定使用的商品或者服务混淆。从消费者角度,可以分为一般消费者和专业消费者。消费者的注意力程度越高,产生混淆的概率就越小;反之就越容易产生混淆。从商品或服务角度,消费者的注意程度与商品或服务的价格成正比,其对于价值大的商品的注意力程度远大于其对于价值小的商品的注意力程度。从经验角度,消费者在选购商品时往往对自己熟悉的、有过购买经验的商品具备较少的注意力,这是出于对自己消费经验的自信以及对商品或品牌的信任。重点应关注消费者的注意力程度,是否尽到了自己适当的注意义务。何为适当的注意义务,若消费者平时选购商品时特别粗心大意,不怎么查看就随手购买;抑或极其谨慎仔细,对采购的商品均须多角度多细节查看清楚,则这两种极端的注意力程度都不符合"一般注意力"要求。若消费者的注意力程度介于上述两者之间,且尽到了适当的注意义务但仍发生混淆,则在混淆性判定中应予以考量。

四、其他因素对混淆可能性判定的影响

(一)权利商标的知名度和显著性

商标的知名度和显著性指商标指示商品或服务来源的强度。显著性越强、知名度越高的商标越容易被消费者记住,也越容易构成混淆。商标的显著性和知名度与其获得保护的力度成正比,对于知名度较高的商标,商标相似性及商品相似性的容忍程度越低,混淆可能性越大。商标的显著性包括商标的固有显著性和商标的获得显著性,判断商标显著性程度不仅要考虑商标自身对应商品的固有显著性,还要考虑在广泛使用的过程中所具备的获得显著性。

(二)实际混淆

对于商标混淆性判定,不以消费者实际发生混淆、误认为要件,只需判定有无混淆的可能性即可。商标侵权案件中,实际混淆的确是证明混淆可能性的重要因素,但实际发生混淆的取证难度大,如一味苛责权利方举证混淆实际发生,未免有失公允。因此,只要有混淆的可能,即使没有实际发生混淆也可认定为易导致混淆、误认。另外,实际混淆的证据与混淆可能性亦不等同,即便个别消费者发生实际混淆,也要考量其是否尽到了合理、适当的注意义务。若该消费者一贯粗心大意,其注意力程度与相关公众的普遍程度大不相同,则对其混淆证据的采信度可能不高。

(三)市场渠道

权利商标与被控侵权商标对应的商品或服务的市场渠道的重合程度,影响商标侵权案件中对混淆性的判定。市场渠道重合包括销售模式、宣传方式、消费群体及地域范围的重合。市场渠道的重合度越高,越容易发生混淆。反之,若双方在市场区分、交易渠道乃至消费群体上基本没有重合,则不容易发生混淆。

(一审合议庭成员:向颖、张群慧、王进英
二审合议庭成员:何渊、陈瑶瑶、杜灵燕)

金华市斯科塞斯品牌管理有限公司诉吉诗美贸易（上海）有限公司、万事达商贸（深圳）有限公司侵害商标权纠纷案

——商标权与在先著作权冲突解决机制

李　霞

关键词｜知识产权　商标侵权　在先权利　权利冲突　合法来源　正当使用

【裁判要旨】

我国商标法规定的“申请商标注册不得损害他人现有的在先权利”，不仅是对申请注册商标所提的要求，也赋予了在先权利人抗辩权。而在先权利之认定，需要考虑三个层次：(1)抗辩人是否拥有合法的在先权利基础；(2)基于合法的权利基础，使用方式和行为性质是否正当；(3)商标权利人取得和行使商标行为是否正当。当在先权利基础成立，在先权利人的使用具有正当性，且商标权利人对于涉案商标的取得、行使存在一定的非正当性的情况下，可以认定在先权利抗辩成立。

【相关法条】

《中华人民共和国商标法》

第七条　申请注册和使用商标，应当遵循诚实信用原则。

……

第九条　申请注册的商标，应当有显著特征，便于识别，并不得与他人在先

取得的合法权利相冲突。

……

第三十二条　申请商标注册不得损害他人现有的在先权利，也不得以不正当手段抢先注册他人已经使用并有一定影响的商标。

【案件索引】

上海市普陀区人民法院（2015）普民三（知）初字第401号民事判决书（2016年12月29日）

【基本案情】

原告：金华市斯科塞斯品牌管理有限公司（以下简称斯科塞斯公司）

被告一：吉诗美贸易（上海）有限公司（以下简称吉诗美公司）

被告二：万事达商贸（深圳）有限公司（以下简称万事达公司）

原告斯科塞斯公司诉称，2011年10月28日，经中华人民共和国原国家工商行政管理总局商标局批准，案外人义乌市庆鹏化妆品有限公司（以下简称庆鹏公司）获得“Secret charm”的注册商标专用权（商标注册证号：8759958），并在企业商品中使用。之后，庆鹏公司将该商标授权原告进行品牌管理和维护，并约定原告有权以自己的名义对侵权者提起诉讼和索赔。通过原告对该商标的推广及使用，商标的知名度大幅提高。2015年春节前后，原告发现被告吉诗美公司在上海来福士商场销售来源于被告万事达公司进口的标有“SECRET CHARM”标识的“维多利亚的秘密”的化妆品。后原告对上述情况进行了公证证据保全，经查，涉案商品标签均标有“代理商：万事达商贸（深圳）有限公司”字样。原告认为，两被告进口、销售的涉案商品上使用的“SECRET CHARM”标识与涉案商标“Secret charm”相比，仅存在字母大小写的区别，构成商标相同，两被告的行为共同构成商标侵权。另经原告调查发现，吉诗美公司在杭州萧山机场、广州天河城商城、广州太古汇商城、深圳益田假日广场等地均存在由万事达公司进口的带有被控侵权标识化妆品的展示及销售行为。故原告诉至法院，要求依法判令：(1)被告吉诗美公司立即停止销售侵害“Secret charm”注册商标的商品，被告万事达公司立即停止进口、销售侵害“Secret charm”注册商标的商品，两被告停止侵权范围限定在除重庆市之外的中国大陆；(2)被告万事达公司对进口、销售行为承担赔偿责任，赔偿原告经济损失及合理费用人民币21万元，被告吉诗美公司在自己的销售范围内承担连带赔偿责任。

被告吉诗美公司、万事达公司不同意原告所有的诉请,共同辩称:(1)在两公司进口、销售的被控侵权商品上使用的香型名称是基于维多利亚的秘密商店品牌管理公司(Victoria's Secret Stores Brand Management,Inc.,以下简称维密公司)在先的合法权利的正当使用。维密公司对包含被控侵权香型名称"SECRET CHARM"在内的产品包装美术设计享有在先的著作权,且已被在先生效判决予以认定。在被控侵权商品上使用的"SECRET CHARM"标识是对维密公司在先权利的正当使用。(2)原告主张的涉案商标系注册人通过违反诚实信用原则,侵犯维密公司在先权利而非法获得注册,其中并不蕴含原告的商誉或品牌价值,该商标系恶意抢注,原告系恶意诉讼,这种滥用权利的行为应予以驳回。(3)被控侵权商品上"SECRET CHARM"标识的使用不属于商标法意义上的商标性使用,而是被控侵权商品的香型名称,仅用于描述该商品的质量、原料、功能、意境和其他特点,其使用的商标系维密公司的"VICTORIA'S SECRET"商标。(4)被控侵权标识的使用不会引起消费者对产品来源的混淆。被控侵权标识"SECRET CHARM"与原告主张的"Secret charm"商标存在大小写、排列方式的区别,两者不相似,且该标识属于维密公司在先创作并享有著作权的包装美术设计的一部分,使用该被控侵权标识并不存在混淆的主观恶意,被控侵权商品使用的商标系极负盛名的"VICTORIA'S SECRET",上述商品仅在专卖店或维密公司官网销售,不会产生混淆与误认。(5)两公司只是销售商,所有被控侵权商品均来自维密公司,根据法律规定,如能证明合法来源则无须承担赔偿责任。

【裁判结果】

上海市普陀区人民法院于2016年12月29日作出(2015)普民三(知)初字第401号民事判决:驳回原告斯科塞斯公司的所有诉讼请求。

宣判后,双方当事人均服从判决,未提起上诉。

【裁判理由】

法院生效判决认为,本案的事实部分原、被告并无大的分歧,双方主要的争议焦点为:两被告的行为是否侵害了原告主张的"Secret charm"注册商标专用权;若两被告的行为构成商标侵权,则其应承担的相关法律责任。对于上述争议焦点,原告主张“Secret charm”商标系合法注册的商标,应受法律保护,两被告未经授权进口、销售使用该注册商标商品的行为构成商标侵权;而被告针对原告的诉讼主张亦提出了在先权利的正当使用、非商标性使用、有合法来源等多方面的抗辩意见。

关于两被告的行为是否侵害了原告主张的“Secret charm”注册商标专用权的问题。法院认为,根据《商标法》的规定,申请注册和使用商标,应当遵循诚实信用原则。申请注册的商标,应当具有显著性,便于识别,并不得与他人在先取得的合法权利相冲突。申请商标注册不得损害他人现有的在先权利,也不得以不正当手段抢先注册他人已经使用并有一定影响的商标。同时,经营者在市场经营活动中应当秉承诚实信用和公平竞争的原则,遵守公认的商业道德。

本案中,两被告主张其在被控侵权商品上使用的“SECRET CHARM”系基于维密公司在先合法权利的正当使用,维密公司对于包含“SECRET CHARM”在内的产品包装美术设计享有在先的著作权,故上述使用并未侵犯“Secret charm”的注册商标专用权。法院认为,商标法规定的“申请商标注册不得损害他人现有的在先权利”,不仅仅是对申请注册商标时所提的要求,也赋予了抗辩权,同时也是诚实信用这一基本民事法律原则的必然要求。当事人合法的民事权益受法律保护,除法律另有规定之外,民事权利一律平等。当一方主张权利,另一方享有在先权利时,当然允许对抗前者的主张。虽然商标法并未对“在先权利”的种类予以界定,但从法理和司法实践来看,在先权利可以包括外观设计专利权、著作权、企业名称权等,本案两被告提出的“在先权利”抗辩就是对于包含“SECRET CHARM”在内的产品包装美术设计享有的在先著作权抗辩。商标权与著作权同属于知识产权范畴,但分别保护不同的法益,当两者产生权利冲突时,应当遵循诚实信用、维护公平竞争和保护在先权利等处理原则。根据《著作权法》及《著作权法实施条例》的规定,著作权自作品创作完成之日起产生。外国人、无国籍人的作品根据其作者所属国或者经常居住地国同中国签订的协议或者共同参加的国际条约享有的著作权,受该法保护。维密公司系一家在美国设立的企业,中国和美国均为《保护文学和艺术作品伯尔尼公约》成员国,故维密公司对其创作的作品享有的著作权亦受我国《著作权法》的保护。

当事人合法的民事权益受法律保护,但并不等同于对任何权利都是无条件地加以保护,商标权作为民事权利的一种,当然也是如此。根据本案查明的事实,已有相关法院作出生效判决认定维密公司于2010年6月前完成“Secret

Charm 产品包装设计”美术作品的创作，而庆鹏公司于 2010 年 10 月 20 日才申请注册“Secret charm”商标。“SECRET CHARM”系具有特定含义的外文词汇，并非固定组合，将其使用在化妆品等产品的包装设计上具有一定创意，而维密公司创作使用在先，庆鹏公司申请注册商标在后。此外，原告及庆鹏公司、毛巧仙、朱友明、诗蜜儿公司还在 2001 年至 2016 年向国家商标局申请注册包括“Secret charm”“sheer love 十分爱”“Coconut passion”“Mango temptation 芒果之魅”“”“”“维多密码”“Victoria's code”“密情 SUCH A FLIRT”“爱之密 INCREDIBLE DARING”“SIMPLY BREATHLESS”“舞夜私语 TENDER WHISPER”等大量商标，其中部分商标在文字组成、排列顺序、呼叫或是构图、线条、设计上均与国外化妆品、香水、服装等品牌相同或近似，而又无法对其在不同类别上大量注册商标的意图及相关商标的设计创作来源作出合理解释说明，以上种种难谓巧合，其行为亦难谓善意。综上所述，法院认为，根据诚实信用、维护公平竞争和保护在先权利等处理原则，两被告的在先权利抗辩成立，其进口、销售维密公司使用上述美术作品包装的商品不构成对原告主张的“Secret charm”注册商标专用权的侵犯。至于两被告提出的其他抗辩意见，鉴于法院已经认定两被告的在先权利抗辩成立，故亦不再一一展开。

【案例注解】

一、商标权与在先著作权的权利冲突

（一）商标权与著作权

1. 商标与商标权

根据《商标法》第 8 条规定，任何能够将自然人、法人或者其他组织的商品与他人的商品区别开的标志，包括文字、图形、字母、数字、三维标志、颜色组合和声音等，以及上述要素的组合，均可以作为商标申请注册。申请注册的商标，应当具有显著特征，便于识别，并不得与他人在先取得的合法权利相冲突。从我国《商标法》的立法原则来看，我国采取商标注册制，即任何符合注册条件的商标均可经核准注册为注册商标，但对于该商标在申请注册之前是否经过使用等并没有硬性要求。

2. 作品与著作权

根据《著作权法》第 3 条规定，作品是指文学、艺术和科学领域内具有独创

性并能以一定形式表现的智力成果。著作权采取的是“作品完成即取得”的保护方式，与是否发表无关，也不要求作者在创作完成后必须进行登记。此外，外国人、无国籍人的作品根据其作者所属国或者经常居住地国同中国签订的协议或者共同参加的国际条约享有的著作权，受该法保护。比如本案中维密公司虽然系一家在美国设立的企业，但由于中国和美国均为《保护文学和艺术作品伯尔尼公约》成员国，故维密公司对其创作的作品享有的著作权亦受我国《著作权法》的保护。

（二）商标权与在先著作权冲突的基本类型

1. 文字商标与文字作品

一般来说，文字商标由汉字、字母、数字及其组合等构成，司法实践中比较常见的是文字商标与某一文学作品的标题、书名、短语或某一文字组合等相同。比如第1500069号“人头马”商标异议复审案即属于典型案例，该案中埃·雷米马丹有限责任公司对“人头马一开，好事自然来”享有在先著作权，但商标权人擅自将此广告语注册为商标。

当然，我们需要注意的是，文字商标本身要求简洁明了、易于识记，而文字作品出于独创性的要求，不能过于简洁。因此，在实践中我们需要审慎认定短语、标题等能否构成作品，如果前述表达本身并不能构成作品，那么也就不存在商标侵害在先文字作品著作权的问题。

2. 图形商标与“图形作品”

首先需要指出的是，这里的“图形作品”并非著作权法意义上的图形作品，著作权法中所称的图形作品是指工程设计图、产品设计图、地图、示意图等，此处的“图形作品”应做广义解释，即包括美术作品、电影作品、舞蹈作品等各类以图形形式表达艺术效果的著作权作品。

图形商标包括两类：一是将复杂构图或色彩构成的形象生动的图案作为商标，该类图形商标因其独创性已经达到著作权法的要求，其同时也可以构成著作权法意义上的作品；二是将简单常见的几何线条、几何图形、色块、常用标志及其简单组合形成的图形作为商标。其中，该类图形因独创性没有达到著作权法的要求，不属于在先著作权保护范围，不会与商标权发生冲突。

3. 商标与作品中的虚拟角色

虚拟角色指小说、漫画、动画等作品中虚构的人物、动物或者其他拟人化的事物形象或者其名称，由于这些名称或者形象具有高度的独创性，甚至部分角色名称已经深入人心，即使只是提起该虚拟角色的名称，人们便可以联想到唯一的虚拟人物形象。因此，如果允许申请人将此类虚拟角色名称注册为商标，无疑会给虚拟角色的著作权人造成巨大的经济损失，甚至会影响到该虚拟角色在社会公众心中的形象。比如“蜡笔小新案”“三毛案”即属于此类情形。

4. 其他类型

除了前述几类常见情形外，实践中可能存在交叉冲突的情形，比如本案中主张权利的商标“Secret charm”属于文字商标，而维密公司享有著作权的包含“SECRET CHARM”在内的产品包装美术设计则被认定为美术作品，即文字商标与美术作品的一部分冲突的特别情形。

（三）商标权与在先著作权冲突的原因

一方面，由于商标的表达形式与作品的表达形式的同一性，即二者的常见表达形式均包括文字、字母、数字、图形及其组合等，使二者在不同的法律中均可以得到相应的保护。

另一方面，商标权与著作权的公示公信力不同，如前所述，作品“一经创作完成”便享有著作权，即作品享有著作权甚至不需要其公开发表；而商标则需要申请人向有关行政部门申请并获批后才可以享有完整的商标权，二者的公示公信力显然不在同一层面，就实践而言，商标管理行政部门很可能并不知晓某一作品的存在，也就遑论进行审核。

正是由于上述两方面原因再加之知识产权相关立法相对较散、经济和创作活动日益活跃等其他方面原因的共同作用，以致商标权与在先著作权冲突的矛盾愈加突出。

二、商标权与在先著作权冲突解决机制

（一）冲突解决的相关立法

关于商标权与在先著作权冲突解决的相关规定主要见于《商标法》与《著作权法》中。

《商标法》第 9 条、第 32 条均对于申请商标注册不得损害他人现有的在先权利作出了明确规定，为保护在先权利提供了直接的法律依据。从保护方式来看，《商标法》主要规定了事前救济与事后救济两种途径。

关于事前救济，商标局对于拟申请的注册商标应当进行实质审核；此外，商标注册过程中还应当有 3 个月的公告期，该规定赋予了在先权利人、利害关系人在公告期内对初步审定公告的商标提出异议的权利，并且《商标法》也规定了异

议过程中的复议等制度。关于事后救济,在先著作权人可以向商标局申请宣告商标无效,对商标局决定不服的,亦可以向人民法院提起诉讼。

然而,无论是事前救济还是事后救济,均属于行政救济(即便对商标局的决定不服向人民法院提起诉讼,亦属行政诉讼的范畴);但在实践中也有许多的在先著作权人由于种种原因在民事诉讼过程中选择以在先著作权作为抗辩理由,否定其侵害了商标权人的商标权(如提供的证据尚不足以否定商标权、涉诉后才发现商标与其在先作品相近似等)。

(二)民事诉讼中在先著作权抗辩成立与否的认定标准

1. 是否拥有合法的在先权利基础

著作权人必须在先享有合法著作权,在司法实践中,由于著作权登记证书具有相当的公信力,因此对于认定著作权人是否享有合法著作权而言,在没有其他相反证据的情况下,一般可以以著作权登记证书上记载的内容进行认定。

若相关作品没有经过登记,可以结合其他证据形成证据链进行综合考量,比如通过作品底稿、在先发表、在先创作、在先委托创作的相关证据或者法院生效判决中认定的事实等进行认定。比如本案中,针对维密公司是否拥有合法的在先权利,杭州市滨江区人民法院的生效判决中已认定维密公司对涉案标识的创作使用在先,庆鹏公司申请注册商标在后。涉案包装美术设计创作完成于2010年6月23日,首次发表于同年9月1日,早于庆鹏公司的注册商标申请日(2010年10月20日)。著作权及于整体,包括文字及图案,"SECRET CHARM"系具有特定含义的外文词汇,并非固定组合,将其使用在化妆品等产品的包装设计上具有一定创意,属于整体外包装美术作品的有机组成部分,综合上述情况,法院认定两被告拥有合法的在先权利基础。

2. 基于合法的权利基础,使用方式和行为性质是否具有正当性

即便著作权人的在先权利基础被司法确认,仍需要考察其使用方式和行为性质,并结合商标权人的使用方式和使用性质进行综合判断。以本案为例,维密公司在产品上清晰标注主商标、生产地,并且完整使用其享有著作权的产品设计,另被控侵权产品只在维密公司的专卖店内进行销售,维密公司的上述使用方式显然并无攀附原告主张的权利商标的恶意,其使用方式和行为性质显然具有正当性。

3. 商标权利人的商标取得和使用商标行为是否正当

根据《商标法》第7条第1款的规定,申请注册和使用商标,应当遵循诚实

信用原则。所谓诚实信用原则,是指民事主体在从事民事活动时,应当诚实守信,积极履行法定和约定义务,主动承担法定和约定责任,不得滥用权利去规避法律或利用合同优势地位规避自身责任。诚实信用原则作为民法中的总原则,在一般情况下虽然不会直接引用这一条款对案件做出认定,但该原则作为民法的基本原则,在解决商标权与在先著作权冲突的过程中,亦应遵循这一基本原则。

本案中,法院经审理查明2015~2016年,商标局、商评委出具多份商标不予注册决定书、商标不予注册复审决定书,认定:原告及庆鹏公司等注册有近800件商标,其中有与享有较高知名度的外国护肤品、香水品牌等相同或近似的商标,且原告及庆鹏公司无法解释注册意图和商标的设计来源。故有关部门认定原告及庆鹏公司的复制、模仿行为明显具有误导公众、谋取利益的故意,同时其申请注册大量商标,已超出了正常的生产经营需要,构成"以欺骗手段或其他不正当手段取得注册"的情形。

4. 小结

综上所述,民事诉讼过程中对于在先著作权抗辩的认定是一个层层递进的过程,需要考虑三个层次:(1)是否拥有合法的在先权利基础;(2)基于合法的权利基础,使用方式和行为性质是否具有正当性;(3)商标权利人取得和行使商标的行为是否正当。也就是说,首先,需要确定著作权人提出的在先著作权本身是否成立,如果根本就不存在在先著作权,那么也就不可能出现在先著作权与商标权的冲突,也就无所谓冲突解决;其次,在在先著作权成立的情况下,需要分别考量著作权人、商标权人各自行为的正当性,这里的正当性虽然有赖于法院的主观判断,但需要指出的是,法院的主观判断仍然是其基于对全案各项查明之事实进行通盘考虑后得出的客观结论;最后,当在先著作权成立、著作权人的使用具有正当性且商标权人对于涉诉商标的取得、行使存在一定的非正当性的情况下,即可以认定在先著作权抗辩成立。

就本案而言,首先,针对维密公司是否拥有合法的在先权利基础,杭州市滨江区人民法院的生效判决中已认定维密公司对涉案标识创作使用在先,庆鹏公司申请注册商标在后。涉案包装美术设计创作完成于2010年6月23日,首次发表于同年9月1日,早于庆鹏公司的注册商标申请日(2010年10月20日)。著作权及于整体,包括文字及图案,"SECRET CHARM"系具有特定含义的外文词汇,并非固定组合,将其使用在化妆品等产品的包装设计上具有一定创意,属于整体外包装美术作品的有机组成部分。所以两被告拥有合法的在先权利基础。其次,基于合法的权利基础,判断维密公司的使用方式和行为性质是否具有正当性。在本案中,维密公司在其产品上清晰标注了主商标、生产地,而且涉案侵权产品只在维密的专卖店内进行销售。显然维密公司的使用方式和行为性质具有正当性。最后,需要关注商标权利人取得和行使商标行为的正当性。原告及庆鹏公司等注册了大量商标,且均与外国化妆品、香水等品牌相同或近似,其又无法解释注册意图和商标的设计来源。所以原告的行为难谓善意。根据诚实信用、维护公平竞争和保护在先权利等原则,两被告的在先权利抗辩成立。

(合议庭成员:张佳璐、李霞、王俭)

杭州网易雷火科技有限公司诉上海游族信息技术有限公司侵害商标权及不正当竞争纠纷案

——关键词搜索结果中显性使用他人商标构成商标侵权

王 茜

关键词 | 搜索关键词 隐性使用 显性使用 不正当竞争 商标

【裁判要旨】

当关键词搜索结果对应的链接条目标题、描述、介绍、指向的网页等含有他人商标，且存在突出使用时，属于商标性使用。同种商品或服务提供者，擅自将他人商标使用在指向其自己产品的推广链接上的行为，应当被认定为构成商标侵权。类似商品或服务提供者的上述行为足以使相关公众对商品和服务来源产生混淆和误认时，亦属侵犯注册商标专用权的行为。当出现法律关系竞合时，如专门法已足以保护权利人的合法权益，《反不正当竞争法》作为特别法不再给予重合保护。

【相关法条】

《中华人民共和国商标法》

第四十八条　本法所称商标的使用，是指将商标用于商品、商品包装或者容器以及商品交易文书上，或者将商标用于广告宣传、展览以及其他商业活动中，用于识别商品来源的行为。

第五十七条　有下列行为之一的，均属侵犯注册商标专用权：

（一）未经商标注册人的许可，在同一种商品上使用与其注册商标相同的商标的；

（二）未经商标注册人的许可，在同一种商品上使用与其注册商标近似的商标，或者在类似商品上使用与其注册商标相同或者近似的商标，容易导致混淆的；

……

【案件索引】

上海市普陀区人民法院（2019）沪0107民初6778号民事判决书（2019年12月10日）

【基本案情】

原告杭州网易雷火科技有限公司（以下简称网易雷火公司）提起本案诉讼，请求被告上海游族信息技术有限公司（以下简称游族公司）立即停止对原告“主公莫慌”商标权的侵权及不正当竞争行为；被告在其官网（https://www. youzu. com）首页连续24小时刊登致歉声明向原告赔礼道歉，消除影响（声明内容需经法院审核）；被告赔偿原告经济损失500,000元及原告为制止侵权支出的公证费7800元。

被告游族公司辩称，被诉的行为不构成商标侵权，字体显示为红色系搜索引擎的搜索机制导致，并非被告将字体设置成红色进行突出性使用；两款游戏题材、类型及名称均不同，不会造成混淆和误认；在搜索结果中出现“主公莫慌”，并不代表被告将“主公莫慌”设置为搜索关键词，原告对此也未提供证据证明。故不同意原告的诉请。

法院经审理查明：原告与网易（杭州）网络有限公司（以下简称网易公司）同为网易集团下属公司。《主公莫慌》是由网易公司制作发行的一款三国题材的策略类手游。相关计算机软件著作权登记证书载明，名称为网易《主公莫慌》游戏软件（以下简称《主公莫慌》）V1.0的计算机软件，开发完成时间为2014年6月5日，著作权人为网易公司。网易公司还注册了第12630421号、第12630438号“主公莫慌”文字商标，分别核定使用商品项目第9类、服务项目第41类，均在有效期内。同时，网易公司授权原告运营《主公莫慌》游戏（独占、不可转让、可分授权），许可原告在前述分类号核定使用的所有商品和服务项目上使用“主公莫慌”商标（排他性许可）以及就侵犯商标权的行为有权以自身名义进行维权。

2014年9月，网易游戏频道、4399手机游戏网、太平洋游戏网相继发布配图文，报道“《主公莫慌》已于9月10日正式全面公测，全线服务器均已爆满”“服务器火爆”“人气爆棚”“开发组于昨夜21:00乘胜追击，额外加开两组服务器”“早在小编发稿之前，《主公莫慌》已登上ios免费榜排名第二！”等，同时还介绍了网易手游将《主公莫慌》作为拳头产品，联合网易端游《大话西游2》共同推出大型互利活动及福利活动。2014年11月，97973手游网发布《大战韩国欧巴〈主公莫慌〉海外奇遇》配图文，介绍《主公莫慌》参展全球性游戏展会G－star的情况，表示这是《主公莫慌》向海外发布跨出的重要一步，也是网易决心用精品手游打开海外市场的标志举措。2015年9月，被告因在www. youzu. com平台宣传游戏软件《大将军》时使用《主公莫慌》游戏中的美术形象，给网易发致歉信，游戏狗发布《手游维权保卫战游族网络公开致歉网易》文章报道此事。

《天使纪元》是由被告运营的一款3D魔幻角色扮演类战斗手游。2018年5月，原告委托代理人申请保全证据公证，其通过手机浏览器输入“m. sm. cn”，进入神马搜索主页，输入“主公莫慌”关键词进行搜索时，搜索结果页面所示首条链接标题系“2018年最新主公莫慌橙将排行《天使纪元》……”，内容为“2018年3D魔幻主公莫慌橙将排行《天使纪元》，一天300级战力破神不是梦，主公莫慌橙将排行全民打宝公平分配……”，链接下标示“ts. youzu. com广告”。上述标题及内容中的“主公莫慌”显示红色字体。广东省广州市南沙公证处据此出具（2018）粤广南沙第18855号公证书。

同年6月，原告委托代理人申请保全证据公证，（1）通过手机自带浏览器输入“m. sm. cn”，进入神马搜索首页，搜索“主公莫慌”关键词，所示第一条链接标题系“2018年最新主公莫慌橙将排行《天使纪元》……”，内容为“2018年3D魔幻主公莫慌橙将排行《天使纪元》，一天300级战力破神不是梦，主公莫慌橙将排行全民打宝公平分配……”，链接下标示“ts. youzu. com广告”，之后的搜索结果出现多条有关《主公莫慌》游戏相关信息的链接，再之后出现的一条链接，标题系“2018年最新主公莫慌橙将排行《天使纪元》，炫酷的魔幻主公……”，内容为“2018年3D魔幻主公莫慌橙将排行《天使纪元》，一天300级战力破神不是梦，主公莫慌橙将排行全民打宝公平分配……”，链接下标示“ts. youzu. com广告”。上述链接标题及内容中的“主公莫慌”显示红色字体；（2）点击前述首条链接，进入“天使纪元”页面，点击弹窗框“打开”，页面跳转至App Store《天使纪元》软件信息页面，选择安装；(3)在手机桌面打开《天使纪元》游戏，版权信息显示出版服务单位为被告。广东省广州市南方公证处据此出具(2018)粤广南方第035866号公证书。原告支出公证费合计17,800元。

【裁判结果】

上海市普陀区人民法院于2019年12月10日作出(2019)沪0107民初6778号民事判决：(1)被告游族公司应于判决生效之日起30日内在其官网(https://www.youzu.com)首页连续24小时刊登声明以消除影响(声明内容需经法院核准)；(2)被告游族公司应于判决生效之日起10日内赔偿原告网易雷火公司经济损失人民币50,000元；(3)被告游族公司应于本判决生效之日起10日内赔偿原告网易雷火公司公证费人民币7800元；(4)驳回原告网易雷火公司的其余诉讼请求。

宣判后，原、被告均未上诉，判决已经生效。

【裁判理由】

法院认为，本案的争议焦点为：第一，被告是否侵害了原告的注册商标专用权。原告将享有权利的“主公莫慌”商标持续使用于自己的手游《主公莫慌》，并自公测以来持续地向手游用户提供相关游戏服务。该游戏有一定的用户群体及受关注度。因此，在手游这一服务项目中，“主公莫慌”文字足以令使用该类游戏的相关消费者建立起标识与服务提供者之间的稳定联系。被告同属网络游戏及手游的运营者，应该合理避让他人的商业标识。根据原告的保全证据公证内容，通过搜索“主公莫慌”文字出现的搜索结果的首条链接，是被告《天使纪元》手游的推广链接。结合搜索引擎机制能对搜索结果中的搜索关键词设置飘红的客观效果，该推广链接标题及可见的链接内容三次出现“主公莫慌”字样，且点开该链接能直接导向《天使纪元》游戏下载，属于突出使用“主公莫慌”用于推广、宣传，构成商标性使用。《天使纪元》与《主公莫慌》游戏同为手游，可称为同种商品(服务)，被告将与原告的注册商标相同的文字“主公莫慌”使用在指向其自己的《天使纪元》手游下载的推广链接的行为，属侵犯注册商标专用权的行为。即便二者题材类型有别，亦属类似商品(服务)。被告上述行为，足以造成相关公众的混淆和误认，亦属于侵犯注册商标专用权的行为。原告还认为被告在关键词投放中使用“主公莫慌”亦构成商标侵权，但现有证据尚不足以证明相关搜索结果是被告投放“主公莫慌”关键词所致，且本案已认定搜索结果链接的标题及内容中出现“主公莫慌”构成商标侵权，故对原告的该项主张未予支持。

第二，被告被控的不正当竞争行为是否成立。法院认为，现有证据尚不足以证明相关搜索结果是被告投放“主公莫慌”关键词所致，且本案已对被告商标侵权行为作出认定。在出现法律关系竞合时，因《商标法》作为专门法已予保护，《反不正当竞争法》作为特别法不再给予重合保护，故对原告的该项主张不再进行评价。

第三，本案民事责任的承担。被告实施了侵害原告商标专用权的行为，应依法承担停止侵权、消除影响及赔偿损失的民事责任。关于停止侵权的诉请，因庭审中原告确认相关侵权事实已停止，故不再另行判明。关于赔礼道歉，消除影响之诉请，予以支持，声明内容由法院核准。关于赔偿经济损失之诉请，原告未提供充分证据证明其因侵权遭受的损失及被告所获利益；就《主公莫慌》知名度亦未充分举证，并以涉及商业秘密为由不向法院提供该游戏下载量、收入等推广数据和证据，故法院综合考虑现有证据及商标知名度、原告游戏宣传推广情况、被告经营规模、既往行为及侵权情节、持续时间、后果、主观方面等因素对赔偿数额予以酌定。原告主张的公证费，确属维权必要支出且有相关凭证，法院予以支持。

【案例注解】

搜索引擎服务商通常会提供搜索关键词推广服务，用户在广告栏的具体位置、搜索结果条目的排序、网站定位的精准度等均与其支付的推广费成正比。本案所涉“神马搜索”属于阿里巴巴旗下的移动搜索引擎，其推广资源不言而喻。搜索引擎的推广机制是互联网经济下刺激市场主体相互竞争的有效手段，但也由此引发了知识产权领域的“关键词”侵权问题。正确处理此类纠纷，需厘清以下法律问题。

一、“关键词”侵权的两种情形

涉关键词知识产权侵权纠纷，被控侵权的行为可能是关键词的设置行为，也可能是关键词搜索结果中的商标使用行为。本案原告既主张被告在关键词投放中使用“主公莫慌”构成商标侵权，亦主张被告在搜索结果显示的推广链接中使用“主公莫慌”字样构成商标侵权。

（一）隐性侵权：“关键词”设置行为侵权

设置关键词，顾名思义，就是将相应文字与特定的搜索结果建立必然联系。

按照搜索引擎网站的推广策略，想要通过设置关键词锁定客户、获得曝光优势，需要向搜索引擎服务商提供选定的关键词并支付费用。将他人商标设置为关键词若构成侵权，行为人客观上要有向搜索引擎服务商购买关键词推广服务的行为，主观上也要有攀附他人商标商誉的故意。司法实践中，由于这种关键词设置行为极具隐蔽性，原告往往很难提供充分证据证明相关搜索结果是被告故意投放作为其权利商标的关键词所致。

就本案而言，根据“神马搜索”的搜索机制，关键词有多种匹配模式。当设置的关键词与网络用户的搜索词完全一致时，是精确匹配；还有一种广泛匹配模式，只要关键词与网络用户搜索词相关度较高，就可以触发推广结果，如设置“英语培训”为关键词，用户搜索“英语辅导”也会产生同样的推广结果。因此，在本案中用户搜索“主公莫慌”产生的相应结果并不能必然推导被告设置了“主公莫慌”作为关键词。在原告未能提供其他证据进行佐证的情况下，本案对原告关于被告投放“主公莫慌”关键词的主张未予支持。

（二）显性侵权：“关键词”搜索结果中使用他人商标侵权

以他人商标作为关键词进行搜索，可能出现两种搜索结果。一是搜索结果中未出现他人商标，但是搜索到的链接导向了自己的网站或产品。二是搜索结果中出现了他人的商标，此时，具体又区分为搜索到的链接所指向的网页内容中使用了他人商标，或搜索到的链接条目的标题，及项下可见的描述、介绍等使用了他人商标。

对于上述第一种情形，由于搜索结果中未出现他人商标，原告一般只能主张被告“关键词”设置行为侵权，如前所述，鉴于关键词设置的隐性特征，需要原告初步举证被告和搜索引擎运营商之间存在服务关系。

对于第二种情形，搜索结果是看得见的，若结果指向的链接、网站，或者链接的内容能够直观反映被控侵权商标识的使用情况，法院可以据此做出侵权认定。本案中，搜索原告权利商标“主公莫慌”出现的搜索结果的首条链接，是被告《天使纪元》手游的推广链接，链接标题及可见的链接内容中三次出现“主公莫慌”字样，法院遂从该搜索结果入手认定被告构成侵权。

二、关键词侵权行为的定性问题

涉关键词知识产权侵权纠纷中原告可能主张构成商标侵权或不正当竞争，或同时主张构成商标侵权及不正当竞争。法院对此认定不尽相同。

(一)认为构成不正当竞争

构成不正当竞争的认定主要是以被控侵权行为不符合商标侵权构成的要件,或以有悖于诚实信用和商业道德等原则性条款为由作出。

观点有:被告并非直接借助原告商标对其产品进行宣传和推广,相关关键词与被告产品不存在直接关联,无法发挥识别商品或服务来源的作用,不属于商标法规定的商标性使用;①“容易导致混淆”是构成商标侵权的要件之一,作为特定领域的网络用户或合理谨慎的消费者,能够识别搜索结果指向的链接与商标权人提供的商品或服务无关,将他人商标设置为关键词并未误导相关公众,达到容易造成混淆的后果;②同业竞争者将他人商标设置为关键词,是为利用他人商标知名度宣传推广自身产品,主观上具有攀附他人品牌的不正当性,客观上夺取了他人的潜在客户,属于违反诚信原则和商业道德的不正当竞争行为。

(二)认为构成商标侵权

认定构成商标侵权主要是基于对“商标性使用”“混淆可能性”等商标侵权要件或被侵权人商标利益的综合考量。

观点有:同业竞争者将他人商标设置为关键词,链接至自己经营的网站,易使相关公众误认商品或服务的来源与商标权人有特定联系,足以造成混淆,属于商标侵权;③同类商品或服务提供者的潜在消费群体相同,将他人商标设置为关键词实质抢占了商标权人的市场份额,损害了商标权人创造、使用该商标所应得之利益。④

(三)认为构成商标侵权及不正当竞争

著名的“大众”诉“百度”案指出,接受百度网站竞价排名服务的第三方企业选定关键词购买竞价排名服务,并于各自网站突出使用了原告的权利商标,使相关公众产生误认,侵犯了原告的商标专用权。同时,第三方网站擅自使用了原告的企业名称,让人误认为其是原告公司的网站,构成擅自使用他人企业名称及虚假宣传的不正当竞争行为。⑤ 有观点据此认为第三方企业实施的关键词

---

① 参见福建省高级人民法院民事判决书,(2015)闽民终字第1266号。

② 参见广州知识产权法院民事判决书,(2015)粤知法商民终字第14号。

③ 参见广州市天河区人民法院民事判决书,(2014)穗天法知民初字第129号。

④ 参见魏志静主编:《民商事典型疑难问题适用指导与参考〈知识产权与竞争纠纷卷〉》,中国检察出版社2013年版,第75页。

⑤ 参见上海市高级人民法院民事判决书,(2008)沪高民三(知)终字第116号。

侵权行为同时构成商标侵权及不正当竞争。

笔者认为，上述案件实质评价了三种行为，而并非认定同一被控侵权行为同时构成商标侵权及不正当竞争。一是选定关键词购买竞价排名的行为，即隐性关键词设置行为；二是在搜索结果链接的各网站突出使用原告商标的行为；三是擅自在搜索结果指向的网页中使用他人企业名称及虚假宣传的行为。实践中，如果被控侵权行为同时符合商标侵权及不正当竞争行为的构成要件，即完全竞合，法院认定时一般择其一；若存在多种性质的侵权行为（部分竞合或不存在竞合），法院可以同时认定构成商标侵权及不正当竞争，以更全面地补足权利人的损失。

不难看出，关键词侵权行为的定性争议主要是针对“隐性侵权行为”的定性。而对关键词的“显性使用行为”，司法实务界目前已基本达成共识，即按照一般商标侵权的认定规则，从各侵权要素入手，再结合个案特点作出判断，并已有多个判决认为显性的关键词使用行为构成商标侵权。

本案只涉及对显性使用行为的评价，并无过多争议。其一，关键词搜索结果指向的推广链接标题及可见的链接内容三次出现原告权利商标“主公莫慌”字样，且“主公莫慌”采用红色字体，具有醒目的视觉效果，属于突出使用“主公莫慌”进行推广宣传。而点开相应链接后直接导向被告的《天使纪元》游戏下载，具备使相关公众将“主公莫慌”商标权人识别为《天使纪元》游戏的提供者的可能性，构成商标性使用。其二，原告将“主公莫慌”文字商标持续使用于手游《主公莫慌》，已在手游领域使该类游戏用户建立起了标识与服务提供者之间的稳定联系。被告同属网络游戏及手游的运营者，提供类似商品或服务。现搜索“主公莫慌”的结果中突出使用了“主公莫慌”字样，且指向被告《天使纪元》手游，确有使相关公众产生混淆的可能性。即使相关公众能够区分《主公莫慌》和《天使纪元》是两款游戏，也很难不认为两款游戏的提供者存在某种联系，故本案中的混淆足以达到商标法规定的“容易混淆”的程度。基于以上分析，本案认定被告行为构成商标侵权。

三、隐性使用行为与商标性使用

商标性使用是认定构成商标侵权的前提要件。判断是否属于商标性使用，不是简单看是否将某商标标记于商品上，而是要看其是否具有识别商品或服务来源的功能。具体而言，一是看被控侵权标识的使用方式，如是否存在字体、大小、颜色等方面的突出使用，在视觉上易使人具有深刻印象；二是看相关公众是否会通过该商标来识别商品或服务的提供者。反之，若标记于商品上的商标不具有识别商品或服务来源的功能，即使其被使用在相同或类似的商品或服务上，且与权利人注册商标相同或近似，亦不构成商标侵权。

有观点认为，将他人商标设置为搜索关键词，目的不是识别商品或服务来源，而是实现商标指示性功能，是为表明竞价排名的购买者与商标权利人提供相同或类似服务。[①] 其认为考虑到网络自身的虚拟特点，消费者不能直观地看到商品，在进行网络搜索时往往会选择知名度较高的品牌作为关键词，在此种情况下，其他竞价排名的购买者可能会设置知名商标为关键词，在搜索结果中显示自己的产品，目的是告诉消费者其也提供同种或类似商品、服务，而非为了欺骗消费者其商品或服务的真实来源。

由此可见，允许隐性的关键词使用行为存在确有一定的合理性，其与目前互联网、新兴产业迅速发展的背景相契合，客观上也增加了更多小微企业的“露面”机会，提供给消费者更多的选择可能，有助于鼓励市场充分竞争、激励新业态发展活力。但并不意味着对该使用行为完全不加以规制，否则该行为可能成为部分主体抢占他人市场份额及商标之应得利益的“挡箭牌”。比如，消费者出于购买“茅台”酒的需要在网上搜索“茅台”，搜索结果的前几条或者显著位置全是其他品牌的酒，实质上损害了“茅台”品牌的商标利益，亦非良性的商业竞争样态。

关于如何规制，由于仅以他人商标作为搜索关键词不能简单认定构成商标性使用，故可以结合个案具体情况，如搜索结果中是否传递虚假信息或实施相关混淆行为等，以判断是否构成不正当竞争行为。

四、结语

当搜索结果显性地使用了他人商标或链接至的网站使用了他人商标、企业名称时，法院一般不难作出侵权认定。而单纯的隐性使用行为，一方面有其存在的现实意义；另一方面权利人也很难证明使用人有攀附其品牌的不正当性，需要根据具体的案件情节看使用人是否传递了虚假信息。因此，在关于此类关键词设置行为的规制和约束上，可以适当引入社会治理，延伸法院的司法功能。引导搜索引擎的服务商、电商等互联网平台合理设置竞价排名的规则。

（合议庭成员：张佳璐、向颖、杨德荣）

---

① 参见凌宗亮：《仅将他人商标用作搜索关键词行为的性质分析》，载《中华商标》2015 年第 9 期。

少年儿童出版社公司与天地出版社公司、新华书店江桥万达店商标侵权及不正当竞争纠纷案

——图书名称权益保护路径探析

徐博文

关键词 | 图书名称　著作权　不正当竞争　十万个为什么

【裁判要旨】

图书名称兼具著作属性与商业标识属性,仅仅通过《著作权法》不能有效地保护相关权利人的合法权益,对此可以采用图书名称商标保护方式,但是要证明图书名称构成商标存在一定难度,在这种情况下可以考虑运用《反不正当竞争法》进行保护。在实际保护过程中,应当对相关图书名称是否属于通用名称、是否具有显著性等问题进行讨论,同时严格限制图书名称商标权保护的权利界限,完善认定标准,兼顾社会利益和个人利益。

【相关法条】

一、《中华人民共和国商标法》(2019 年修正)

第三条　经商标局核准注册的商标为注册商标,包括商品商标、服务商标和集体商标、证明商标;商标注册人享有商标专用权,受法律保护。

……

第四十八条　本法所称商标的使用,是指将商标用于商品、商品包装或者

容器以及商品交易文书上，或者将商标用于广告宣传、展览以及其他商业活动中，用于识别商品来源的行为。

第五十七条　有下列行为之一的，均属侵犯注册商标专用权：

……

（二）未经商标注册人的许可，在同一种商品上使用与其注册商标近似的商标，或者在类似商品上使用与其注册商标相同或者近似的商标，容易导致混淆的；

（三）销售侵犯注册商标专用权的商品的；

……

二、《中华人民共和国反不正当竞争法》（1993 年）

第五条　经营者不得采用下列不正当手段从事市场交易，损害竞争对手：

……

（二）擅自使用知名商品特有的名称、包装、装潢，或者使用与知名商品近似的名称、包装、装潢，造成和他人的知名商品相混淆，使购买者误认为是该知名商品；

……

三、《中华人民共和国反不正当竞争法》（2019 年）

第八条　经营者不得对其商品的性能、功能、质量、销售状况、用户评价、曾获荣誉等作虚假或者引人误解的商业宣传，欺骗、误导消费者。

……

四、《最高人民法院关于审理商标民事纠纷案件适用法律若干问题的解释》（2020 年）

第九条　……

商标法第五十七条第（二）项规定的商标近似，是指被控侵权的商标与原告的注册商标相比较，其文字的字形、读音、含义或者图形的构图及颜色，或者其各要素组合后的整体结构相似，或者其立体形状、颜色组合近似，易使相关公众对商品的来源产生误认或者认为其来源与原告注册商标的商品有特定的联系。

第十条　人民法院依据商标法第五十七条第（一）（二）项的规定，认定商标相同或者近似按照以下原则进行：

（一）以相关公众的一般注意力为标准；

（二）既要进行对商标的整体比对，又要进行对商标主要部分的比对，比对应当在比对对象隔离的状态下分别进行；

（三）判断商标是否近似，应当考虑请求保护注册商标的显著性和知名度。

【案件索引】

一审：上海市普陀区人民法院（2020）沪0107民初2585号民事判决书（2021年6月4日）

二审：上海知识产权法院（2021）沪73民终600号民事判决书（2022年7月28日）

【基本案情】

原告前身即成立于1952年12月的少年儿童出版社，是中华人民共和国第一家专业少儿出版社。《十万个为什么》是1961年首次出版并延续至今的系列儿童科普图书，具有很高的知名度。同时，原告系第17085619号注册商标的商标权人，核定使用商品为第16类：书籍；印刷出版物等。原告发现被告新华书店江桥万达店销售被告天地出版社公司出版的图书《十万个为什么》（主编：龚勋；版次：2018年6月第1版）；此外，被告天地出版社公司还出版了其他《十万个为什么》图书，并在网络渠道公开销售。被告天地出版社公司不仅在图书封面等位置突出使用"十万个为什么"字样，而且在前言中声称"本书是《十万个为什么》的升级版"，但图书错误较多，因此，原告认为被告的主观恶意明显，严重侵害了原告注册商标专用权及有一定影响的商品名称，亦构成虚假宣传，被告新华书店江桥万达店作为图书销售主体，不可能不知悉原告品牌的知名度，应承担停止侵权的责任。

原告少年儿童出版社公司向法院提出诉讼请求，请求判令：（1）两被告立即停止商标侵权及不正当竞争行为；（2）被告天地出版社公司在《中国新闻出版广电报》、《中国知识产权报》及其京东旗舰店首页（http://mall. jd. com/index - 775120. html）上发布声明，消除因侵权行为给原告带来的负面影响；（3）被告天地出版社公司赔偿原告经济损失300万元及原告为维权支出的律师费、公证费等合理费用10.7万元。

被告天地出版社公司辩称：（1）原告获准注册的第17085619号商标是图文组合商标，从其之前申请纯文字"十万个为什么"商标未获核准注册的历史来看，"十万个为什么"是科普类图书的通用名称，不具有显著性，涉案图书的使用方式非商标性使用，系描述性使用；即便构成商标性使用，因图书明确标注出版社,不会造成公众混淆;天地出版社公司在涉案商标获得注册前已出版过《十万个为什么》图书,构成在先使用。综上所述,被告不构成商标侵权。(2)关于有一定影响的商品名称,其本质属于对未注册商标的保护,因此关于商标侵权的抗辩仍可适用,且其在《反不正当竞争法》2017 年修订前表述为“知名商品特有名称”,但原告并未就“特有性”进行举证,相反,早在第 1 版《十万个为什么》出版前,就有苏联版《十万个为什么》译作出版,且除原告之外的多家出版社出版过多版将“十万个为什么”作为图书名称的图书,其中还有些入选了图书榜单,有较高的美誉度,故“十万个为什么”并不能和原告建立起唯一联系。原告虽称其系改制而来,但相关工商登记信息指向原告于 2017 年才设立,不能认定其由少年儿童出版社更名而来,且截至诉讼期间,少年儿童出版社、上海世纪出版股份有限公司少年儿童出版社和原告存在主体并存的情况,且先后 6 个版本的《十万个为什么》均非原告出版,“知名商品特有名称”所承载的权益不能由原告承继,原告适格性存疑。综上所述,被告不构成擅自使用“知名商品特有名称”的不正当竞争。(3)所谓“升级”,泛指向“十万个为什么”这类科普图书,不构成虚假宣传。(4)因被告并未构成侵权,故无须承担相应民事责任,退一步说,原告也未实际使用注册商标,本案也不涉及商誉等损害,被告无须承担消除影响、赔偿损失等责任,原告所谓图书质量差亦无权威依据,不能纳入赔偿考量因素。

被告新华书店江桥万达店辩称:关于停止侵权的抗辩,以法院认定是否构成侵权为基础,愿意配合法院处理。

法院经审理认为,“十万个为什么”本身具有固有含义,但具有固有含义并不等同于相关商品的通用名称。问答式科普图书包括涉案《十万个为什么》系列图书,但“十万个为什么”尚无法与问答式科普图书相等同。天地出版社公司在相关图书封面突出使用“十万个为什么”,并不属于为了说明图书内容而进行的正当使用,而是构成识别图书来源的商标使用,客观上发挥了识别图书来源的功能和作用,容易导致图书购买者对于图书的来源,或者天地出版社公司与少年儿童出版社公司之间的关系产生混淆误认。天地出版公司社涉案 14 款图书中有 9 款首次出版时间在 2017 年 6 月(少年儿童出版社公司获得权利商标注册的时间)之前,但此时,少年儿童出版社公司《十万个为什么》系列图书经过长期使用宣传,在少儿科普图书领域享有很高的知名度和美誉度,被相关公众广为知悉,具备了识别系列图书来源的属性特征。因此,法院认定应作为知名商品特有名称保护。

法院还认为，天地出版社公司无正当理由使用“十万个为什么是影响几代人的经典读物……本书则是十万个为什么的升级版”的表述，容易使读者产生天地出版社公司图书系少年儿童出版社公司《十万个为什么》系列图书升级版的误解，构成引人误解的虚假宣传。

【裁判结果】

上海市普陀区人民法院于2021年6月4日作出（2020）沪0107民初2585号民事判决：（1）被告天地出版社公司立即停止侵害原告少年儿童出版社公司享有的第17085619号注册商标专用权的行为，并立即停止涉案虚假宣传的不正当竞争行为；被告新华书店江桥万达店立即停止侵害原告少年儿童出版社公司享有的第17085619号注册商标专用权的行为；（2）被告天地出版社公司于判决生效之日起10日内在其京东官方旗舰店首页连续7日刊登声明，并在《中国新闻出版广电报》刊登声明一次，以消除因其实施的侵害商标专用权行为及不正当竞争行为带来的影响（内容须经法院审核），如不履行，法院将在相关媒体上公布判决，费用由被告天地出版社公司承担；（3）被告天地出版社公司于判决生效之日起10日内赔偿原告少年儿童出版社公司经济损失50万元及合理开支10万元；（4）驳回原告少年儿童出版社公司的其余诉讼请求。

后被告不服判决并上诉至上海知识产权法院，上海知识产权法院于2022年7月28日作出（2021）沪73民终600号民事判决，判决认为，天地出版社公司的上诉请求不能成立，应予驳回；一审判决认定事实清楚，适用法律正确，应予维持。

【裁判理由】

法院生效裁判认为本案的争议焦点有四个。

一、原告主体适格性问题

被告天地出版社公司抗辩称，原告成立于2017年6月13日，于2019年1月27日受让取得涉案商标，《十万个为什么》共6版均出版发行于该时间之前，因此涉案商标的显著部分及图书名称“十万个为什么”未经原告实际使用产生指向原告商品来源的指示功能，“知名商品特有名称”所承载的权益不能由原告承继，且在案证据可以显示，原告及其所称的改制前的少年儿童出版社、上海世纪出版股份有限公司少年儿童出版社等主体存在共存情况，故原告适格性存疑。对此,法院认为,现有证据显示原告经受让获得涉案商标专用权,可提起商标侵权之诉。至于其对涉案商标的实际使用情况,并不影响原告提起维权之诉的权利。同时,原告上级公司及相关主管部门亦证实,多个主体共存的情况主要是因为出版机构改制所致。涉案主体虽历经改制,但保持了连续性,根据相关图书出版许可证的记载及原告上级公司、相关主管部门的证实,涉案的“十万个为什么”图书出版等没有争议,也不会有原告以外的其他主体主张涉案相关权利,故法院认定,“十万个为什么”作为知名图书特有名称所承载的权益由原告承继,本案原告主体适格。

二、被告天地出版社公司、新华书店江桥万达店的行为是否构成商标侵权

根据相关法律规定,未经商标注册人的许可,在同一种商品或者类似商品上使用与其注册商标相同或者近似的商标,容易导致混淆的,销售侵犯注册商标专用权的商品的,均属侵犯注册商标专用权的行为。结合本案双方诉辩焦点,法院评析如下。

(一)“十万个为什么”是不是问答式科普图书的通用名称

法院认为,首先,“十万个为什么”不属于法定的商品通用名称。根据《最高人民法院关于审理商标授权确权行政案件若干问题的规定》(以下简称《商标授权确权规定》)第10条的规定,依据法律规定或者国家标准、行业标准属于商品通用名称的,应当认定为通用名称。因无相关证据支撑,“十万个为什么”显不属于上述情况。其次,“十万个为什么”不属于约定俗成的商品通用名称。根据《商标授权确权规定》第10条的规定,约定俗成的通用名称一般以全国范围内相关公众的通常认识为判断标准。被告天地出版社公司主张,多个出版社曾出版过多版本的名称为“十万个为什么”或含“十万个为什么”的图书,因此“十万个为什么”已经退化成为该商品领域内的通用名称,不具显著性。此外,除图书名称外,其他将“十万个为什么”指代问题较多的这种使用方式,使用的是文字本身的含义,与涉案图书的特定品牌属性,并非同一使用语境。综上,法院认定,“十万个为什么”并非问答式科普图书的通用名称。

(二)被控侵权标识的使用是否属于商标法意义上的商标使用

根据相关法律规定,将商标用于商品、商品包装或者容器以及商品交易文书上,或者将商标用于广告宣传、展览以及其他商业活动中,用于识别商品来源的行为属于商标的使用。本案中,被告抗辩理由之一,即使用“十万个为什么”是对图书科普类别的描述,并非用作商标使用。法院认为,商标的基本功能为识别功能，即将商标权人的商品或服务与他人的商品或服务相区别，这是商标赖以存在的基础。对“使用商标”行为的判定应以能否起到识别功能为依据，即如果能够起到指示来源的作用，则构成商标性使用；反之则不属于商标性使用。图书名称具有商品和品牌的混合属性，具体图书名称本身具有个性化可能，可与作者、出版社等形成对应联系，起到区分图书来源的作用。原告注册第17085619号商标，实质是将图书名称作为商业标识使用，是实现图书名称权益商标权化的一种方式，这种方式在文创领域较为常见，如将图书、游戏、电影等名称注册为商标。在两者趋同的情形下，从发挥区分商品来源功能的角度分析，并无将两者严格剥离加以识别的需要，实际上也无法实现。图书名称可以脱离图书内容而基于出版者的出版行为产生识别商品来源的作用，具有独立的属性和保护的价值。因此，“十万个为什么”虽然只是图书名称，但如前所述，其已具有了商业标识利益，实质发挥了区分商品来源的功能，故被控侵权标识的使用，属于商标法意义上的商标使用。况且，法院认为，“十万个为什么”是具有一定夸张性的表达，被告亦没有证据证明，其出版的涉案图书包含有10万条问答条目及内容，故法院难以认定其构成描述性使用。

（三）被控侵权标识的使用是否属于在同一种商品上使用与注册商标近似的商标，容易导致混淆的情形

根据相关司法解释规定，在商标侵权纠纷案件中，认定被控侵权标识与主张权利的注册商标是否构成近似，应当视所涉商标或其构成要素的显著程度、市场知名度等具体情况，在考虑和对比文字的字形、读音和含义，图形的构图和颜色，或者各构成要素的组合结构等基础上，对其整体或者主要部分是否具有市场混淆的可能性进行综合分析判断。其整体或主要部分具有市场混淆可能性的，可以认定构成近似；因而判断商标侵权中的近似并不仅限于商标整体的近似，还应包括主要部分的近似。

本案中，涉案商标核准注册类别为书籍、印刷出版物等，被控侵权商品为图书，属于同一种商品。涉案注册商标系图文组合商标。从呼叫习惯和辨识度高低来看，中文部分“十万个为什么”具有较高显著性。与涉案商标相较，被控14款侵权图书在封面上均标识有“十万个为什么”字样，其中两款书名分别为《小小十万个为什么》和《儿童十万个为什么》，图书的封面上完整印有上述标识，因“小小”和“儿童”一般指向年龄特征，从中文词组的构词习惯及词汇语义来看，在偏正结构中“十万个为什么”更具识别度，属核心要素，故构成近似；另两款书

名分别为《中国孩子想知道的十万个为什么》和《中国学生想知道的十万个为什么》，图书封面上的“十万个为什么”字体明显偏大，构成主要识别部分，故构成近似；另三款书名分别为《朗朗小书房美丽自然》、《朗朗小书房神奇宇宙》和《自然小问号》，但图书的封面上印有“十万个为什么”，构成近似；其余书名为《十万个为什么》，图书的封面上印有“十万个为什么”，构成近似。法院认为，上述使用方式易使相关公众对被告出版的图书与原告之间存在共同来源、关联关系等特定联系产生混淆误认，加之涉案 14 款图书中，若干款在书名与“十万个为什么”无关的情况下，在封面使用“十万个为什么”；若干款在书名包含“十万个为什么”的情况下，突出使用“十万个为什么”；若干款书名为“十万个为什么”的情况下，在书内介绍中使用“曾影响几代人”等表述，可以认定，被告具有攀附原告图书知名度的意图。

综上，法院认为，被控侵权标识的使用属于在同一种商品上使用与注册商标近似的商标，容易导致混淆的情形。

（四）关于被告是否属于在先使用

根据相关法律规定，商标注册人申请商标注册前，他人已经在同一种商品或者类似商品上先于商标注册人使用与注册商标相同或者近似并有一定影响的商标的，注册商标专用权人无权禁止该使用人在原有范围内继续使用该商标，但可以要求其附加适当区别标识。本案中，被告抗辩，其在涉案商标申请前已有使用“十万个为什么”的情况。对此法院认为，在先使用抗辩成立的条件包括先于商标注册人使用、有一定影响力及限定为原使用范围。本案中，相关主体对“十万个为什么”的使用远早于被告，故对该抗辩，法院难予采纳。

综上，法院认为，被告天地出版社公司在涉案图书名称、图书封面、销售图片及描述中使用“十万个为什么”的行为，构成商标侵权。被告新华书店江桥万达店销售侵权图书，亦构成商标侵权。

三、被告天地出版社公司、新华书店江桥万达店的行为是否构成不正当竞争

（一）关于“有一定影响的商品名称”

《反不正当竞争法》（1993 年）规定，擅自使用知名商品特有的名称，或者使用与知名商品近似的名称，造成和他人的知名商品相混淆，使购买者误认为是该知名商品的构成不正当竞争。该法 2017 年 11 月修订（自 2018 年 1 月 1 日起施行）时将上述混淆行为修订为“擅自使用与他人有一定影响的商品名称”。考虑到上述表述的实质同一性，且原告的相关主张以涉案商标获取注册时间为界（2017年6月21日），故法院认为宜以《反不正当竞争法》（1993年）规定的“知名商品特有名称”指代。本案中，被告被控侵权的14款图书中共有9款首次出版时间在2017年6月之前，时间跨度为2015年6月至2017年5月，故本案主要评价在该时间段，“十万个为什么”是否构成知名商品特有名称。

法院认为，根据相关司法解释规定，在中国境内具有一定的市场知名度，为相关公众所知悉的商品，应当认定为《反不正当竞争法规定》的“知名商品”。法院认定知名商品，应当考虑该商品的销售时间、销售区域、销售额和销售对象，进行任何宣传的持续时间、程度和地域范围，作为知名商品受保护的情况等因素，进行综合判断。原告应当对其商品的市场知名度负举证责任。具有区别商品来源的显著特征的商品名称，应当认定为“特有名称”。本案中，原告的相关举证可以证明，《十万个为什么》系列图书出版历史跨度长，参与编写人员阵容强大，获奖众多，在少儿科普图书领域享有很高的知名度和美誉度，被相关公众广为知悉。法院也关注到，“十万个为什么”在2000年申请商标时被驳回的情况，以及市场上另有其他出版社出版名称为“十万个为什么”图书等情形，对此法院认为，一方面，依托持续出版、投入宣传报道、获奖频次及奖项规格高、参与编写人员知名度高等优势，《十万个为什么》系列图书显然与少年儿童出版社公司的指向连接性最强，具有了区别来源的属性特征；另一方面，涉案时间段跨度为2015年6月至2017年5月，该时间段更接近2017年6月涉案商标获准注册的时间，商标评审委员会作出“经过使用和宣传已获得显著性”的判断也是建立在该时间节点向前一定时间段的证据判定基础上的，可见“十万个为什么”在上述时间段具有显著性。综上所述，即便有他人在之前使用过上述商品名称，在其没有连续投入人力、物力使此商品名称所标示的商品成为知名商品，或在“十万个为什么”已具有知名度后再投入经营，并不能削弱相关主体对知名商品特有名称所享有的权益，故法院认定，“十万个为什么”构成知名商品特有名称，可受到反不正当竞争法的保护。

原告与被告天地出版社公司均为出版类公司，两者具有竞争关系。被告在图书名称中、销售商品的图片及描述中擅自使用原告知名商品特有名称“十万个为什么”，易造成消费者混淆误认，构成擅自使用他人知名商品特有名称的不正当竞争。

（二）关于虚假宣传

根据相关法律规定，经营者不得对其商品的性能、功能、质量、销售状况、用户评价、曾获荣誉等作虚假或者引人误解的商业宣传,欺骗、误导消费者。原告与被告天地出版社公司均为出版类公司,两者具有竞争关系。被告在其出版的图书上使用"十万个为什么是影响几代人的经典读物,是十万个为什么的升级版本"等表述,对此法院认为,根据原告的举证,少年儿童出版社出版公司的《十万个为什么》先后共有 6 版,时间跨度长,结合其极高的知名度,较之其他出版社出版的同名图书,更符合上述表述语境下的指向,被告在图书名称已含"十万个为什么"的情况下,使用"升级版本"等介绍方式,刻意建立与原告的联系,增加了混淆误认的可能性,这一宣传方式容易误导消费者,引人误解被告出版的图书与原告具有特定联系。综上,法院认定,被告天地出版社公司构成虚假宣传的不正当竞争。

此外,关于被告新华书店江桥万达店是否构成上述不正当竞争,法院认为,无论是"擅自使用知名商品特有的名称",还是虚假宣传,一般指向的都是直接实施行为,被告新华书店江桥万达店仅是销售方,亦无证据证明其存在帮助侵权等主观意图,故法院认定,其销售行为不构成不正当竞争。

四、如被告天地出版社公司、新华书店江桥万达店构成侵权,需承担的民事责任

根据相关法律规定,侵权行为人应当承担停止侵害、消除影响、赔偿损失等民事责任。本案中,被告天地出版社公司的涉案行为构成对原告享有的涉案商标专用权的侵害,并构成擅自使用知名商品特有名称和虚假宣传的不正当竞争行为,应立即停止相关侵权行为,但考虑到本案中,原告主张知名商品特有名称的时间段早于商标,涉案侵权图书的出版行为具有持续性,侵权表现形式具有同一性,法院虽对商标注册前的擅自使用知名商品特有名称的行为作出了侵权性认定,但停止擅自使用知名商品特有名称的责任认定可被停止商标侵权评价一并涵摄,故法院判令被告天地出版社公司应停止侵害商标专用权的行为及虚假宣传的不正当竞争。被告新华书店江桥万达店销售涉案图书构成侵害商标专用权,亦应停止侵权行为。

关于原告诉请主张消除影响部分,法院认为,被告天地出版社公司与原告为竞争关系,其出版的侵权图书品类较多,时间跨度长,若出现混淆,对市场期待度、消费选择会产生影响。本案中,法院未采信原告关于涉案侵权图书质量不佳的主张,但少儿科普类图书针对的读者群体恰处于知识汲取的打基础期,因此科普内容的精准性和权威性至关重要,客观上涉案侵权图书的编写团队阵容确不及原告，故原告要求被告消除影响，并无不当，法院予以支持。消除影响的范围应与侵权行为传播所及范围一致，鉴于本案中图书销售既涉及线下实体店，又涉及线上网店，并结合被告的侵权情节、影响范围等因素，法院据此判令被告天地出版社公司在《中国新闻出版广电报》刊登声明一次，并在其京东旗舰店首页刊登声明并持续7日，就涉案商标侵权及不正当竞争行为，为原告消除影响。

关于原告诉请主张的赔偿经济损失及合理开支部分。原告对商标侵权及不正当竞争部分不作区分，法院认为，侵害商标专用权及构成不正当竞争的赔偿数额，按照被侵权人因被侵权所受到的实际损失确定，实际损失难以计算的，按照侵权人因侵权所获得的利益确定，还应包括被侵权人为制止侵权行为所支付的合理开支，如实际损失及侵权获利难以确定的，由法院按法定赔偿予以酌定。本案中，原告将涉案侵权图书的种类、印刷次数、销售时间、销售渠道规模等作为酌定参考因素，对此法院将综合考虑原告注册商标的使用状况、知名商品特有名称与商标知名度的辐射作用、商标及知名商品特有名称对商品利润的贡献度、被告侵权情节、侵权持续时间、主观过错程度、相关出版市场情况、原告维权历史等因素，酌情确定被告所应承担的赔偿数额。此外，原告主张为本案维权支出的合理费用，法院亦将根据本案的公证费支出、购买侵权商品费用支出、诉讼标的、律师工作量等酌情予以支持。

【案例注解】

《商标授权确权规定》第22条第2款规定："对于著作权保护期限内的作品，如果作品名称、作品中的角色名称等具有较高知名度，将其作为商标使用在相关商品上容易导致相关公众误认为其经过权利人的许可或者与权利人存在特定联系，当事人以此主张构成在先权益的，人民法院予以支持。"可见，在我国司法实践中，图书名称是可以作为一项民事权益进行保护的。然而，图书名称的精练和高度概括性使其难以获得《著作权法》的保护，《商标法》保护的可行性探讨势在必行。

一、图书名称不适用著作权保护

《著作权法》第3条规定："本法所称的作品，是指文学、艺术和科学领域内具有独创性并能以一定形式表现的智力成果……"可见，要寻求著作权保护，该对象必须是以一定形式表现的智力成果，且需要具有独创性。

首先，图书名称是对图书内容的提炼概括，高度浓缩的题目要在有限的字数范围内清晰地表达出作者想要传达给读者的信息，同时也包含吸引读者的目的。尽管拟定作品名称这一过程离不开作者的智力创造，但是区别于创作作品的从无到有，作品名称是在已经完成的作品基础之上或是与作品同时创造的，这个过程并没有投入创作作品之外的智力劳动，故作品名称是否能够被视为以一定形式单独表现的智力成果这一问题，仍然有待商榷。

其次，图书名称的高度概括性和简短的特点决定了图书名称通常并不满足作品独创性的要求。根据《著作权法》规定，独创性是著作权保护的核心要件。然而，在实践中，为便于读者了解图书内容，图书名称通常秉持简短、清晰的基本原则，例如《西游记》《三国演义》等著作。但是由于这些组成图书名称的汉字本身就具有固定的含义，再加上字数和内容的限制，大部分图书名称往往无法体现出作者独有的、区别于他人的表达方式，进而难以认定作品名称的独创性。

二、图书名称可以通过商标权保护

商标是经营者用来区别商品或者服务来源的标记，商标最原始、最基本的作用是标明来源。[①]《商标法》第 8 条规定："任何能够将自然人、法人或者其他组织的商品与他人的商品区别开的标志，包括文字、图形、字母、数字、三维标志、颜色组合和声音等，以及上述要素的组合，均可以作为商标申请注册。"商标区别、标示来源的作用直接构成了商标这一概念，这也是商标制度存在的基础。如果商标不能起到标示来源的作用，也就失去了作为商标进行保护的基础；反之，如果其他标识对商标的这一功能造成了妨碍，自然也就构成了商标侵权。

在学理上，有商标五分法一说，分别是指臆造商标、随意商标、暗示商标、描述商标和通用名称。[②] 对于前三类来说，其本身即具备商标显著性，具备商标法意义上的注册要件，并不是本文重点讨论的范围。对于描述商标，其本身并不具备显著性的要件，只能通过广泛大量的使用，来获得商标的显著性，从而具备可注册性。[③] 图书名称本质上是对图书这一商品的描述性文字，因此对于图书名称来说，想要进行商标注册，必须先通过上述途径获得显著性。对于通用名称，其是指某类或某种产品或服务的名称或标记，一般属于同业竞争者共有，既不具备固有显著性，也不适用获得显著性规则。一旦通用名称被作为商标专

① 参见吴汉东主编：《知识产权法》，法律出版社 2009 年版，第 204 页。

② 参见彭学龙：《商标法的符号学分析》，法律出版社 2007 年版，第 130～131 页。

③ 参见蔡慧永：《图书书名商标权保护解析》，载《法学杂志》2018 年第 3 期。

有，处于公共领域的市场语言必将变得贫乏，①后来者必将面临先入者所没有的障碍。所以如果图书名称属于通用名称的话，其亦不可能获得商标法的保护。

结合本案，分析图书名称“十万个为什么”是否能够通过商标权保护，需要先判断其是否属于通用名称，而后针对其是否具有显著性特征以及相关行为是否构成商标使用等问题进行进一步探讨。

(一)通用名称的认定

商品通用名称的判断是一个具体的事实认定问题，应当结合通用名称判断的原则和规则，综合地域、时间、行业标准、相关公众的认知等因素具体考量。根据《商标授权确权规定》第10条的规定，依据法律规定或者国家标准、行业标准属于商品通用名称的，应当认定为通用名称。分析历年来涉及商品通用名称的相关案例，关于商品通用名称的参考因素主要有：(1)以国家标准为主，辅以行业标准；(2)商品的某一名称被相关人员广泛认可；(3)商品通用名称在专业工具书中有记载或被收录进辞典；(4)在相关公开出版物上有商品通用名称的记载或有相关专家对该名称的证词；(5)有争议的商品标识的使用时间和方式以及对该商品的宣传等。

笔者认为，认定商品通用名称时相关人员对该名称的认知程度才是最基本的原则、最根本的基础。在有确切证据表明相关人员对某一名称存在认知情况时，这个证据就完全可以作为判定标准，这类证据的作用力等级甚至高于国家和行业标准，也就是说，在判定时若两者出现不一致，应以前者而非后者为判定标准。而认定因素中的后三项，只可以辅助性地印证其他证据，不具有单独的证明力。综上所述，在商品通用名称认定的过程中，各种参考因素并不能一视同仁，应当以相关人员对某一名称的认知程度为主要标准，其他因素根据情况辅助证明。

具体到本案的情况中：首先，“十万个为什么”是一类儿童类问答式科普读物的名称，但是此类图书的名称多种多样，公众不可能仅仅认为“十万个为什么”是这类图书的通用名称。其次，本案原告于2017年被核准注册了涉案商标，当时多个出版社出版多版“十万个为什么”本图书的情况已然存在，商标评审委员会还是作出了“经过使用和宣传已获得显著性”的判断。可见此时，“十万个为什么”作为商标主要辨识部分还是具有一定显著性的，这与一般注册商

① 参见彭学龙：《商标法的符号学分析》，法律出版社2007年版，第139页。

标在使用中退化为通用名称,显著性弱化的情形恰恰相反,“十万个为什么”显然不属于相关人员认知中的通用名称。

(二)显著性的认定

正如前文所述,在通常情况下,图书名称使用的都是现代汉语中现存的具有特定含义的普通词汇,这些词汇、汉字都有其本身固定的含义。这不仅影响图书名称在著作权层面的独创性,也导致图书名称在大多数情况下并不具备商标法意义上的显著性,不得作为商标注册。

要讨论图书名称的显著性问题,需要先对图书进行分类。根据图书出版的模式,可以将图书分为系列图书和单部图书。“十万个为什么”显然是系列图书的名称,因此本文不讨论单部图书的显著性问题。系列图书属于连续性出版物,其名称可以反映出该系列图书的一贯特点和作品类型,表示出该系列图书的大致题材及质量,对识别该系列图书的出版机构和消费者的选择起到了关键性的作用。因此,系列图书的名称在不属于该类别图书的通用名称且不直接描述图书内容等特点时,可以认为具有商标法意义上的显著性,能够作为商标注册。

在本案中,《十万个为什么》虽然属于系列图书,但由于“十万个为什么”本身有其固有含义,具有描述性“十万个”是数量词,“为什么”代指问题,二者组合的意思是很多问题,与图书内容相关,不具有固有显著性。因此,需要通过其他途径来认定其显著性。

具有描述性质的图书名称,在本身不具备固有显著性的情况下,需要通过权利人对图书名称进行长期、连续的商标性使用,使图书名称具有一定知名度来获取显著性。为了实现商标标示商品来源的功能,需要进一步加强宣传、推广,使该图书名称在公众的认知中起到区别于其他类似商品的作用。在本案中,原告对“十万个为什么”的使用远早于被告。《十万个为什么》系列图书经过长期的使用宣传,在少儿科普图书领域享有很高的知名度和美誉度,被相关公众广为知悉,具备了识别系列图书来源的属性特征,应认为其已经获得了显著性,具备商标权保护的前提条件。

(三)对商标文字部分的使用构成混淆

本案中,涉案商标核准注册类别为书籍、印刷出版物等,被控侵权商品为图书,属于同一种商品。涉案注册商标系图文组合商标。从呼叫习惯和辨识度高低来看,中文部分“十万个为什么”具有较高显著性。在裁判理由中,法院认为与涉案商标相较,被控侵权图书在封面上均标识有“十万个为什么”字样,构成近似。

对此,被告抗辩称,图书上标注有出版单位,不致造成混淆。值得注意的是,混淆既包括指向同一主体来源的混淆,也包括产生主体间存在关联关系的混淆,且只要造成混淆可能性即可,因此该标注行为并不足以隔断混淆可能性。综上,被控侵权标识的使用属于在同一种商品上使用与注册商标近似的商标,容易导致混淆的情形。

三、反不正当竞争保护模式分析

通过前文对图书名称商标权保护的分析,可知显著性是进行商标权保护必要条件,但是正如“十万个为什么”,大多数的图书书名都是由描述性词汇构成,未经过长期的持续使用是难以获得显著性的。

书籍与出版社存在一定联系,可以视为该出版社生产的商品,书名则为商品名称。《反不正当竞争法》第6条规定:“经营者不得实施下列混淆行为,引人误认为是他人商品或者与他人存在特定联系:(一)擅自使用与他人有一定影响的商品名称、包装、装潢等相同或者近似的标识……”第8条规定:“经营者不得对其商品的性能、功能、质量、销售状况、用户评价、曾获荣誉等作虚假或者引人误解的商业宣传,欺骗、误导消费者。”故具有一定影响的书名可以受到《反不正当竞争法》的保护。证明图书名称具有一定影响的难度要远远小于证明图书名称经使用获得显著性。因此,在图书名称经过长期使用获得显著性并获得商标注册之前,可以合理运用《反不正当竞争法》保护相关主体的合法权益。

从域内外司法实践层面来看,反不正当竞争保护也存在一定可行性。从域外法律规定来看,美国《兰哈姆法》虽未直接将图书名称纳入反不正当竞争的保护范畴,但作为判例法国家,其通常对图书名称提供反不正当竞争保护,事实上承认了图书名称获得反不正当竞争法保护的正当性。① 世界知识产权组织《反不正当竞争示范条款》第 2 条亦规定了“名人姓名和虚拟角色名称”的混淆行为，表明世界知识产权组织将名称的保护问题通过混淆理论纳入了反不正当竞争法的保护范畴之中，图书名称的保护同理。②

本案中，原告的相关举证可以证明，《十万个为什么》系列图书出版历史跨度长，参与编写人员阵容强大，获奖众多，在少儿科普图书领域享有很高的知名度和美誉度，被相关公众广为知悉。在投入了如此大量人力、物力的情况下，《十万个为什么》系列图书显然与原告少年儿童出版社公司的指向连接性最强。因此，“十万个为什么”构成知名商品特有名称，可受到反不正当竞争法的保护。根据《反不正当竞争法》第 17 条第 4 款规定，经营者违反该法第 6 条、第 9 条规定，权利人因被侵权所受到的实际损失、侵权人因侵权所获得的利益难以确定的，由人民法院根据侵权行为的情节判决给予权利人 500 万元以下的赔偿。根据《反不正当竞争法》第 6 条的规定，被告使用“十万个为什么”的行为属于“擅自使用与他人有一定影响的商品名称、包装、装潢等相同或者近似的标识”，故可以认定被告实施了混淆行为，需要依据该法第 17 条第 4 款承担相应的法律责任。

四、权利界限

笔者在文章开头就提到，图书名称具有商标权和竞争权益的双重属性，因此无论是通过《商标法》还是《反不正当竞争法》对图书名称进行保护，都需要兼顾《著作权法》层面的影响。站在《著作权法》的角度，为了促进文化知识的传播，在保护相关作品权利人的权利的同时，也为作品进入公有领域设置了必要的时间条件。这样有利于社会公众的再创造，否则将会遏制其他人的创作源泉与激情，从而造成事实上对于精神产品的垄断。然而，根据《商标法》的一般理论，只要商标持有人合法持有商标并续展，商标就可以无限期的存在下去，如果在文学创作领域不对商标权利进行限制的话，则将会使文学创作步履维艰，或出现作品进入公有领域却无法再次传播的窘境。③

---

① 参见陈绍玲：《我国单部作品名称法律保护的困境及突破——兼评麦卡锡作品名称保护理论》，载《政法论坛》2021 年第 6 期。

② 参见付凡、凌宗亮：《图书名称商品化权益的法律保护探析——以涉“十万个为什么”商标侵权及不正当竞争纠纷为视角》，载《中华商标》2022 年第 11 期。

③ 参见蔡慧永：《图书书名商标权保护解析》，载《法学杂志》2018 年第 3 期。

站在《商标法》的角度,为了规范图书名称商标权保护的路径,协调《著作权法》,应当更加严格图书名称商标化的认定标准。同时,不应当排斥对已经成为注册商标的图书名称的正当使用。图书名称在被使用或注册为商标之前,均为现代汉语中的普通词汇,有其自身固有的含义,即使通过大量使用获得显著性,依然不能阻却其他主体对此类普通词汇的正当性使用。因此,相关主体对图书名称进行使用的行为是否构成商标性使用以及商标侵权也应当纳入考量范围之内。

综上所述,运用《商标法》和《反不正当竞争法》对图书名称进行保护无可厚非,但是应当综合考察图书名称的显著性高低程度、长期使用情况、与权利人的稳定联系关系,以及他人的使用是否属于描述性使用、是否构成商标侵权等问题,对商标权保护予以更严格的认定标准,从而兼顾社会利益和文化传播的需要,在各方利益最大化平衡的情况下合理运用商标权对图书名称进行保护。

(一审合议庭成员:张佳璐、张敏婕、王萌

二审合议庭成员:钱光文、凌宗亮、范静波)

重庆金羚羊电子商务有限公司诉上海豫恩餐饮管理有限公司、四川兴食尚科技有限公司等侵害商标权纠纷案

——以商标许可使用费为计算基数适用惩罚性赔偿

潘上上

关键词 | 知识产权　商标权　商标许可使用费　惩罚性赔偿

【裁判要旨】

惩罚性赔偿的适用以被侵权人主张为前提，且应同时满足故意、情节严重两个要件。权利人的实际损失、侵权人的获利、商标许可使用费均可作为惩罚性赔偿计算之基数，其中，许可使用费标准既能直接反映特定知识产权市场中的使用价值，又集中体现了知识产权制度的基本价值和制度功能，是科学有效的损害计算标准。法院在确定损害赔偿金额时，可按照侵权情节参考涉案商标许可使用费，以填平性原则为准酌定赔偿金额。

【相关法条】

《中华人民共和国商标法》

第六十三条　侵犯商标专用权的赔偿数额，按照权利人因被侵权所受到的实际损失确定；实际损失难以确定的，可以按照侵权人因侵权所获得的利益确定；权利人的损失或者侵权人获得的利益难以确定的，参照该商标许可使用费的倍数合理确定。对恶意侵犯商标专用权，情节严重的，可以在按照上述方法

确定数额的一倍以上五倍以下确定赔偿数额。赔偿数额应当包括权利人为制止侵权行为所支付的合理开支。

……

【案件索引】

一审：上海市普陀区人民法院（2020）沪0107民初16843号民事判决书（2022年4月1日）

二审：上海知识产权法院（2023）沪73民终214号民事裁定书（2023年4月12日）

【基本案情】

原告重庆金羚羊电子商务有限公司（以下简称金羚羊公司）提起本案诉讼，请求上海豫恩餐饮管理有限公司（以下简称豫恩公司）、四川兴食尚科技有限公司（以下简称兴食尚公司）、河南珍知客食品有限公司（以下简称珍知客公司）、上海和志实业有限公司（以下简称和志公司）立即停止生产及销售侵害原告第28149844号"自嗨锅"注册商标专用权商品的行为；四被告赔偿原告经济损失及为制止侵权行为所产生的合理费用共计900万元；四被告共同在豫恩公司所经营的拼多多、淘宝店铺首页登报道歉。审理中，金羚羊公司确认侵权行为已停止，申请撤回第1、3项诉讼请求，并明确经济损失及合理费用的计算标准系以商标许可使用费300万元为基数，主张三倍惩罚性赔偿。

被告豫恩公司、和志公司共同辩称其并未侵犯原告注册商标专用权，"自嗨"系网络流行用语，非原告所有；原、被告生产的产品在包装、图案、产品理念等方面均不相同，一般消费者不会对产品的品牌和来源产生误认；原告产品不存在知名度，被控侵权产品销售时间短且销量不高，被告没有主观恶意，不应适用惩罚性赔偿。被告兴食尚公司辩称，其不是被控侵权标识的使用人，未生产或组装被控侵权产品，也未授权任何企业将其企业名称及生产资质用于被控侵权产品的广告宣传，兴食尚公司与其他被告没有共同侵权故意，亦未提供任何便利条件或帮助；原告未提交充足证据证明其实际损失，且主张赔偿额过高。被告珍知客公司辩称，其只负责将豫恩公司提供的内容物和外部包装材料进行组合生产，不构成侵权。

法院经审理查明：

原告金羚羊公司成立于2017年,于2018年11月21日核准注册第28149844号“自嗨锅”商标,核定使用商品为第30类。原告在其自热火锅产品外包装的侧面、盖子上,内容物的底料包、餐具包、主食包、加热包上使用该商标。经原告的宣传推广,“自嗨锅”品牌在2018年至2020年获得多项奖项。

被告和志公司成立于2008年,豫恩公司成立于2019年,两被告的法定代表人系同一人。和志公司于2020年8月先后注册第42206421号、第422122778号“自嗨碗”商标,核定使用服务分别为第39类和第40类,其申请注册的第42099944号“自嗨碗”商标(注册商品类别为第30类)于2021年7月8日被国家知识产权局认定构成在类似商品上的近似商标而不予注册。另查明,和志公司在2019年11月至2020年2月,在多个品类上申请注册“自嗨碗”“自嗨碗宝宝”商标,其中多个商标被原告提出异议,并经国家商标局审核决定不予注册,和志公司未对上述商标异议结果申请复审。

被控侵权产品实物的桶身、桶盖、内附料包上均使用“自嗨碗”字样,其外包装上显示商标持有人为被告和志公司,委托商、出品商均为被告豫恩公司,组合商为被告珍知客公司。被告豫恩公司在其经营的拼多多、淘宝店铺销售被控侵权产品,其中淘宝店铺销售页面中的产品参数显示厂名为被告兴食尚公司。

法院另查明,原告曾与其关联公司金羚羊公司签订《商标使用许可合同》,将第28149844号商标许可其使用,许可使用费300万元。国家知识产权局《商标使用许可备案通知书》显示,许可使用期限为三年,许可使用商品为第30类含方便米饭在内的33种商品。2019年8月7日,金羚羊公司(甲方)与被告和志公司(乙方)签订《耗材类合作协议》,约定由乙方生产带有“自嗨锅”等商标的印刷品。

【裁判结果】

上海市普陀区人民法院于2022年4月11日作出(2020)沪0107民初16843号民事判决书:(1)被告豫恩公司、和志公司应于本判决生效之日起10日内赔偿原告金羚羊有限公司经济损失及为制止侵权行为所支付的合理费用共计人民币50万元,被告珍知客公司在人民币7万元范围内承担连带责任;(2)原告金羚羊公司其余的诉讼请求不予支持。

后原告不服一审判决,向上海知识产权法院提起上诉。因原告在法院送达上诉费用缴纳通知后,未在指定期限内交纳上诉费并明确表示不再交纳,上海知识产权法院于2023年4月12日作出(2023)沪73民终214号民事裁定书,按重庆金羚羊电子商务有限公司自动撤回上诉处理。一审判决已生效。

【裁判理由】

法院生效裁判认为:被控侵权标识与原告权利商标在文字的字形、读音、含义及整体结构方面相似,易使相关公众产生误认或认为两者之间有特定联系,构成近似;被控侵权产品与原告权利商标核定使用商品属同种商品,被告未经许可,在同一种商品上使用与原告注册商标近似的标识,构成商标侵权,被告和志公司作为被控侵权标识的持有人,豫恩公司在其经营的网店内销售被控侵权产品,均构成对原告注册商标专用权的侵犯。被控侵权产品显示产品组合商系被告珍知客公司,在无相反证据的情况下,可以认定珍知客公司系被控侵权产品的生产商,其生产被控侵权产品的行为构成对原告注册商标专用权的侵犯。

关于原告所主张的惩罚性赔偿。法院认为,适用惩罚性赔偿应具备两个条件:(1)被控侵权行为必须是恶意侵犯商标专用权的行为;(2)须构成情节严重。结合本案,首先,原告的权利商标经过其长期大力宣传推广,在相关领域具有一定知名度。被告豫恩公司、和志公司的法定代表人系同一人,和志公司在明知原告权利商标存在并具有知名度的情况下,在其与原告关联公司签订生产带有"自嗨锅"商标印刷品的《耗材类合作协议》后不久,便在多个商品及服务类别下申请注册与原告权利商标近似的标识,由豫恩公司对外委托生产并销售,可见两被告攀附权利商标的主观恶意明显。其次,原告提出异议后,和志公司在其申请注册的多个商标被国家商标局决定在全部或部分类别不予注册的情况下,仍申请注册了涉案商标,其使用于被控侵权产品上的标识与权利商标标识相同或高度近似,两者使用在相同产品上,产品的样式、卡通基调、商标的标识位置等几乎完全相同,全面模仿权利商标及产品,可见两被告侵权情节严重。综上,可对被告豫恩公司、和志公司施以惩罚性赔偿。

关于惩罚性赔偿数额的确定。因原告未提供证据证明其实际损失,亦未提供充分证据证明被控侵权产品在线上销售平台的销售数据,故法院根据侵权情节、性质、后果等因素,参照权利许可使用费,酌定填平性赔偿数额,并作为惩罚性赔偿数额的计算基数。根据《商标使用许可备案通知书》,原告将权利商标许可金羚羊公司使用的许可使用费为300万元,涉及许可期限三年,覆盖使用许可商品共计33种,而本案被控侵权产品仅涉及自热米饭,故法院参考许可使用费,酌情确定赔偿基数,按照两倍计算以体现惩罚性。

被告珍知客公司系根据豫恩公司的要求进行组装生产,不具备使用惩罚性赔偿的构成条件,故法院综合各项因素酌定法定赔偿数额。因在案证据并未显示被控侵权行为与被告兴食尚公司的关联性,故兴食尚公司不应就本案侵权行为承担责任。

【案例注解】

一、惩罚性赔偿须以故意、情节严重为适用要件

《民法典》第1185条对知识产权惩罚性赔偿作出了总览式的规定:“故意侵害他人知识产权,情节严重的,被侵权人有权请求相应的惩罚性赔偿。”该规定明确了惩罚性赔偿的适用以被侵权人主张为前提,且应同时满足故意、情节严重两个要件。2021年3月3日,《最高人民法院关于审理侵害知识产权民事案件适用惩罚性赔偿的解释》(以下简称《惩罚性赔偿司法解释》)正式施行,对惩罚性赔偿在知识产权案件中的具体法律适用提供了明确指引。

(一)主观要件——故意

《惩罚性赔偿司法解释》第1条第2款规定:“本解释所称的故意,包括商标法第六十三条第一款和反不正当竞争法第十七条第三款规定的恶意。”不同法条中的用词差异系立法技术不断完善、演进造成的,其内涵皆是侵权人明知侵权并积极追求侵权损害后果的发生,即明知故犯。

结合《惩罚性赔偿司法解释》第3条,主观要件的认定可以结合被侵害商标的知名度、被告经原告或者利害关系人通知警告仍继续实施侵权、被告与原告或者利害关系人基于特定身份关系而接触过涉案商标等因素。本案中,被告和志公司与原告的关联公司具有委托加工的合作关系,曾接触原告具有一定知名度的权利商标,其在合同签订后不久便多次申请注册与原告权利商标近似的标识,其攀附权利商标之恶意昭然若揭。

(二)客观要件——情节严重

《惩罚性赔偿司法解释》第4条规定,在认定侵害知识产权情节严重时应综合考虑侵权手段、次数,侵权行为的持续时间、地域范围、规模、后果,侵权人在诉讼中的行为等因素。本案中,法院经审理查明被告和志公司多次申请注册的与原告权利商标近似的标识屡次被原告申请异议并被国家商标局驳回,和志公司在明知“自嗨碗”标识不能用在第30类产品上,仍然将“自嗨碗”商标注册在

其他类商品上，然后跨类别地使用在与原告权利商标相同的产品上，同时在产品样式、卡通基调、商标标识位置等方面照搬原告产品设计，系对原告权利商标及产品的全面模仿，可见其侵权情节之严重性。

关于法院是否可依职权使用惩罚性赔偿的问题，《民法典》第 1185 条作出了明示，“被侵权人有权请求相应的惩罚性赔偿”，即以当事人提出请求为前提。当然，法院认为具备使用惩罚性赔偿条件的，可以行使释明权。根据《惩罚性赔偿司法解释》第 2 条规定，被侵权人至少应当在一审法庭辩论终结前提出适用赔偿性惩罚的请求，并明确赔偿数额、计算方式以及所依据的事实和理由。

二、惩罚性赔偿基数之确定

（一）计算方法及其适用顺序

《商标法》第 63 条规定，在商标侵权纠纷中适用惩罚性赔偿，计算基数的确定共有三种方法：一是按照权利人受到的实际损失；二是按照侵权人因侵权所获得的利益；三是商标许可使用费的倍数。三种计算方法有明确顺序，即适用前一种难以确定的，才能适用后一种方式。

在这种规定下，计算基数的确定主要是以“填平损失原则”为主，辅以其他计算方式。权利人实际损失和侵权人获利是根据“填平损失原则”所设计的常规性赔偿方法，应该首先予以使用。立法者的目的很明确，就是让权利人回到被侵权之前的状态，既没有支持权利人因被侵权而获利，也没有通过该赔偿惩罚侵权人。按照这一立法逻辑，应当首先按照权利人因被侵权所受到的实际损失确定赔偿数额；难以确定的，再按照侵权人所获利益确定。

“权利人实际损失”的计算公式为“因侵权减少的销售量或者侵权商品销售量×注册商标商品的单位利润”，“侵权人获利”的计算方式为“商品销售量×商品单位利润（无法查明则按照注册商标商品的单位利润计算）”，但上述计算公式中的“利润”具体指的是销售利润、营业利润还是净利润，①相关法律并没有予以明确。另外，在权利人已尽力举证的前提下，法官可以责令侵权人提供其掌握的与侵权行为相关的账簿、资料，便于查明具体的损失或获利数额，权利人无正当理由拒不提供或者提供虚假材料的，法院可以参考权利人的主张和证据确定相应的赔偿数额。

---

① 销售利润是通过“销售收入－成本－销售税收及附加”计算得出的，而营业利润＝销售利润－管理成本－财务费用，净利润＝营业利润－所得税。选择不同的利润进行计算，对赔偿的数额具有较大影响。

只有前述两种方法不能确定侵权赔偿数额时，才能由法官行使自由裁量权，参照商标许可使用费的倍数合理确定侵权赔偿数额。[①]

（二）许可使用费标准之适用

许可使用费标准设立的初衷是破解实际损害难以量化举证的困难。许可使用费作为决定知识产权客观市场价值的变量，能最直观地揭示权利人所失去的市场利益，通过简便的举证程序来弥补救济不足，[②]可见，根据许可使用费来确定损害赔偿数额具有明确的计量规范。应注意的是，人民法院在个案中参照许可使用费的倍数确定赔偿数额时，须明确这一标准的功能定位仍是损害赔偿制度的填平原则，即仍要以补偿损失为核心导向，弥补被侵夺的知识产权的使用价值。

许可使用费在学术中有三种标准，分别是既有的许可使用费标准、类似的许可使用费标准、虚拟的许可使用费标准。实践中，宜参照既有的许可使用费标准，即以侵权发生之前权利人与侵权人、权利人与其他第三人就相同知识产权已经存在的许可协议中的许可费为标准，目的是真实反映权利人的意志和商标的实际市场价值。法官应要求当事人提供真实存在的许可使用协议作为其主张适用许可使用费标准的前提，还可要求其提供包括许可使用费的支付凭证、发票、国家知识产权局备案登记等证据。

本案的裁判亮点在于法院参照原告金羚羊公司的权利商标对外许可使用费价格确定惩罚性赔偿的计算基数。法院根据《商标使用许可合同》及国家知识产权局《商标使用许可备案通知书》，查明原告主张的许可使用费 300 万元涉及许可期限三年，覆盖使用许可商品共计 33 种，而本案被控侵权产品仅涉及自热米饭一种，故法院在原告未举证其实际损失及被控侵权产品线上销售数据的前提下，综合侵权情节、性质、后果等因素，参照权利商标的许可使用费，酌情确定填平性赔偿数额作为惩罚性赔偿的计算基数。

（三）合理费用不应作为惩罚性赔偿的基数

《惩罚性赔偿司法解释》第 5 条明确规定："人民法院确定惩罚性赔偿数额时，应当分别依照相关法律，以原告实际损失数额、被告违法所得数额或者因侵

---

① 参见欧阳福生：《参照商标许可使用费倍数确定商标侵权赔偿额的司法适用》，载《中华商标》2017 年第 10 期。

② 参见孜里米拉·艾尼瓦尔：《知识产权许可使用费赔偿标准的完善路径》，载《北京社会科学》2022 年第 3 期。

权所获得的利益作为计算基数。该基数不包含原告为制止侵权所支付的合理开支……”究其原因,合理开支是被侵权人在后续维权过程中产生的,不是其因侵权行为所受到的实际损失,与侵权行为之间无因果关系,将其纳入惩罚性赔偿基数不合理。

三、惩罚性赔偿倍数之确定

惩罚性赔偿是在填平损害之外对侵权人施以金钱惩罚,其适用要严格遵循经济法的一般特征,即通过适当的法律威慑达到保护市场经济的目的。“罪过相适”是该制度实现适度威慑的必然要求,是实现知识产权促进创新这一政策目标的必然要求。

如何确定惩罚性赔偿的倍数是一个非常复杂的问题。从国内法的立法与实践来看,难以从立法的角度对倍数的确定进行量化,仅仅能够确定影响金额判定的一些考量因素。我国法律规定,由人民法院在法律规定的倍数范围内,根据个案情况、综合全案情形进行裁量。法院应把握好惩罚性赔偿所具有的惩罚与遏制侵权功能、保护与激励创新功能,[①]在适用时坚持补偿为主、惩罚为辅的原则,使赔偿总额与侵权人的主观恶意、情节轻重程度相适应,同时还应考虑侵权人自身的承受能力。在综合考量行为人的主观状态、侵权情节、损害后果及侵权人的获利、知识产权的市场价值、侵权人的偿付能力和判处金额对侵权人未来可能造成的影响等因素,根据具体案情确定合适的倍数。

在责任竞合方面,因同一侵权行为已经被处以行政处罚或者刑事罚金且执行完毕,被告主张减免惩罚性赔偿责任的,人民法院不予支持,但在确定倍数时可以综合考虑,以实现对侵权人的惩罚总量平衡适度。

关于惩罚性赔偿数额的倍数是否应当是整数,一种观点认为,由于法律没有明确规定,法院最终确定的倍数可以为非整数。[②] 惩罚性赔偿的倍数为非整数,便于法院精准地适用惩罚性赔偿规则。法院在根据三个不同要素确定赔偿基数时往往会出现数额相差较大的情况,因此就要发挥倍数的作用,以弥补赔偿基数确定数额相差较大的不足,将惩罚性赔偿的判赔数额控制在一定范围内,以使最终确定的数额与案件的真实情况相符合。

---

① 参见丁文严、张蕾蕾:《知识产权侵权惩罚性赔偿数额的司法确定问题研究》,载《知识产权》2021 年第 2 期。

② 参见《深圳市中级人民法院关于知识产权民事侵权纠纷适用惩罚性赔偿的指导意见(试行)》第 18 条。

四、惩罚性赔偿倍数与许可使用费倍数的关系

在许可使用费倍数上再施以一倍以上五倍以下的惩罚性赔偿，看似矛盾，有“倍上倍”“双重惩罚”之嫌疑，人民法院如何把握许可使用费倍数与在此基数上适用惩罚性赔偿的倍数的关系，本案判决即是对这一问题的生动解释和有益探索。

首先，如前所述，许可使用费标准并不具备惩罚功能，其功能定位仍是损害赔偿制度的填平原则，因此，许可使用费标准下的判赔数额并不言及侵权人其他利润，亦不会使侵权人承受额外损失，即并不会出现以此惩罚的法律效果。之所以在许可使用费上适用合理倍数规则，是因为权利商标对外许可的使用费并不能真实反映侵权损失，现实情况下，许可使用费往往低于被许可人实施知识产权所获得的利益，换言之，许可使用费的赔偿数额应比正常许可费高才能起到遏制侵权的目的，这个高出的数额由“倍数”来体现。

其次，在知识产权法全面引入惩罚性赔偿的背景下，无须通过许可使用费赔偿标准来实现惩罚目的。许可使用费标准下的合理倍数规则是为了能动地弥补、填平被侵权人被侵夺的知识产权使用价值，而惩罚性赔偿只针对故意且情节严重的侵权人，两者的立法动因并不相同，因此，以许可使用费合理倍数为计算基准使用惩罚性赔偿并不会出现重复惩罚、过度赔偿的问题，即“倍上倍”的计算方法是符合相关法律规定的。

结合本案，原告金羚羊公司向其关联公司许可权利商标的许可使用费为300万元，涵盖33个商品三年的许可范围，而被告生产、销售的被控侵权产品只有自热米饭一种，如完全按照该许可使用费计算，既不符合案件实际情况，也有过度惩罚的问题，对原告而言也是一种过度补偿，因此，法院在确定损害赔偿金额的时候按照侵权情节对许可使用费进行了限缩处理，以填平性原则为准酌定赔偿金额。同时，考虑到被告的确具有明显的攀附恶意且情节严重，必须施以惩罚性赔偿达到警戒、遏制的作用，法院综合考虑侵权情节、性质、后果等因素，按照两倍计算赔偿数额以体现惩罚性。

五、结语

惩罚性赔偿系在填补损害之外，为惩罚侵权人而令侵权人向权利人赔偿超过其侵权行为造成的实际损害数额的一种金钱赔偿，其适用以权利人主张为前提，且应同时满足故意、情节严重两个要件。权利人实际损失、侵权人获利、商标许可使用费均可作为惩罚性赔偿的计算基数，三种计算方法有明确顺序，在适用前一种难以确定时，才能适用后一种方法。许可使用费标准既能直接反映特定知识产权市场中的使用价值，又集中体现了知识产权制度的基本价值和制度功能，是科学有效的损害计算标准。本案将许可使用费作为惩罚性赔偿的参考依据，酌定填平性赔偿数额，系对知识产权损害赔偿制度科学化裁量规范的有益探索。

（一审合议庭成员：向颖、张敏婕、沈小妹
二审合议庭成员：钱光文、邵勋、叶菊芬）

梅森瓷器公司诉雍洋居(上海)国际贸易有限公司侵害商标权及不正当竞争纠纷案

——服务商标侵权纠纷司法认定

李　霞　陈　莹

关键词｜服务商标　侵权认定　合理使用抗辩

【裁判要旨】

鉴于服务本身的特点,服务商标无法直接附着于其注册类别的"服务"之上,只能附着在与服务相关的广告媒介、服务场所或其他与提供服务相关的物品上,所以服务商标为达到其使用在相对应的注册类别上的目的,必然经由商标跨类使用的路径。因此在认定市场主体实施的相关行为是否侵害了服务商标权利人的合法权益时,一方面应当准确界定其是否构成商标法意义上的"服务",另一方面应当综合考量经营者的经营模式、被诉标识的使用方式及使用场景等因素界定是否构成服务商标的商标性使用。

【相关法条】

一、《中华人民共和国商标法》

第四十八条　本法所称商标的使用,是指将商标用于商品、商品包装或者容器以及商品交易文书上,或者将商标用于广告宣传、展览以及其他商业活动中,用于识别商品来源的行为。

二、《中华人民共和国反不正当竞争法》

第六条　经营者不得实施下列混淆行为,引人误认为是他人商品或者与他人存在特定联系：

……

（二）擅自使用他人有一定影响的企业名称（包括简称、字号等）、社会组织名称（包括简称等）、姓名（包括笔名、艺名、译名等）；

……

三、《最高人民法院关于审理商标民事纠纷案件适用法律若干问题的解释》

第十一条　商标法第五十七条第（二）项规定的类似商品，是指在功能、用途、生产部门、销售渠道、消费对象等方面相同，或者相关公众一般认为其存在特定联系、容易造成混淆的商品。

类似服务，是指在服务的目的、内容、方式、对象等方面相同，或者相关公众一般认为存在特定联系、容易造成混淆的服务。

商品与服务类似，是指商品和服务之间存在特定联系，容易使相关公众混淆。

【案件索引】

一审：上海市普陀区人民法院（2020）沪 0107 民初 23362 号民事判决书（2022 年 2 月 28 日）

二审：上海知识产权法院（2022）沪 73 民终 356 号民事判决书（2023 年 8 月 18 日）

【基本案情】

原告梅森瓷器公司提起本案诉讼，请求判令被告雍洋居（上海）国际贸易有限公司（以下简称雍洋居公司）立即停止侵犯原告第 26966805 号、第 G1120931 号、第 G1144796 号注册商标专用权的行为及不正当竞争行为；在《新闻晨报》（非中缝位置）刊登声明，为原告消除影响，持续时间不少于 15 天（声明内容需经法院审核）；赔偿原告经济损失 1,000,000 元及合理费用 7500 元并承担本案诉讼费。

被告雍洋居公司辩称，不同意原告的全部诉请，其未侵犯原告的商标权，亦不构成不正当竞争。（1）被告的经销行为有合法授权，其使用相关标识基于原告关联公司与被告上家森海国际控股有限公司（以下简称森海公司）签订的独家经销协议，被告的经销方式系合法授权前提下的正常商业行为。（2）被告店铺仅销售原告的产品，且销售的产品均来源于原告，属于正品，其使用相关标识是正当销售产品及对产品情况做真实宣传，没有主观恶意，亦不会构成混淆误认。(3)被告作为梅森产品中国区总代理的事实，原告早已知悉，原告在起诉前从未对被告的经销活动提出过异议，而香港仲裁结果亦并不当然地认定被告构成侵权。(4)即便退一步讲，被告构成侵权，原告主张的侵权赔偿金额及维权费用畸高，不应予以支持。

法院经审理查明：原告是一家注册于德国的著名瓷器生产企业，由奥古斯丁大帝创立于1710年，是全欧洲最早成立的陶瓷厂，其生产的瓷器“梅森瓷”广受欧洲王室、明星和政治家的欢迎，在国际上享有盛誉。原告主张其名下的3个注册商标作为权利商标，分别为第26966805号“MEISSEN”商标，于2018年9月28日注册，核定使用范围包括第35类广告宣传、商业管理辅助、商业管理和组织咨询、商业管理咨询、商业管理顾问、特许经营的商业管理、替他人推销等；第G1120931号“”商标，国际注册日期为2011年12月1日，2012年7月21日申请领土延伸至中国，核定使用范围包括第35类零售目的的在通讯媒体上展示商品、为他人的商品和服务的特许经营的商业管理等；第G1144796号“”商标，国际注册日期为2012年8月14日，2013年1月19日申请领土延伸至中国，核定使用范围包括第35类企业经营、企业管理、特许经营的商业管理等。以上3个权利商标均在有效期内。

上海市闵行公证处出具的(2020)沪闵证经字第1920号公证书载明：2020年6月23日，公证员、工作人员随同北京市中伦文德律师事务所上海分所委托代理人马某俊来到位于上海市北京西路1228号一家标识为“MEISSEN”的店铺中，在前者的监督下，马某俊在该店铺购买了瓷器一件，并领取了产品介绍册一本。由马某俊用支付宝付款650元，并取得POS签购单一张、发票一张、“Guide to use”一份以及正品保证书一份。以上POS签购单、发票、付款页面截屏均显示收款方系被告雍洋居公司。从现场所拍照片可见，该店铺的外墙店招、入口处、内墙使用了“”“”标识。离开时，店铺前台处放置了一个印有微信二维码图片的台卡，由公证处工作人员对该二维码图片进行拍照。回到公证处后，由公证处工作人员对所购商品、产品介绍册、“Guide to use”以及“正品保证书”进行拍照、封存。随后，由马某俊出示其手机，进行相关检查后未发现异常情况，将手机连入公证处无线局域网，在公证员、公证处工作人员的监督下，马某俊使用上述手机扫描前述二维码照片并浏览该微信公众号的相关内容，其中该微信公众号的微信号为“MEISSENcouture”，微信名称为“MEISSEN 梅森”，微信头像为“ ”，账号主体为被告雍洋居公司。

根据被告雍洋居公司提供的报关单、往来电子邮件等，原告还主张被告雍洋居公司在对外经营中自称为“MEISSEN 梅森中国”，并使用刻有“Meissen Couture - China International Trading Co.,Ltd.”的公章；被告对此予以确认，其表示获得的是全品类的知识产权授权，故一直如此使用。

审理中，原、被告双方确认，涉案微信公众号已于2020年10月14日注销；本案中原告主张的其他被控商标侵权及不正当竞争行为亦均停止。

被告雍洋居公司成立于2014年11月21日，注册资本为2,670,000美元，经营范围为一般项目：工艺礼品（文物、象牙及其制品除外）、珠宝首饰（黄金、毛钻、裸钻除外）、厨房用品、家居用品、日用百货等的批发、零售、佣金代理（拍卖除外），并提供相关的安装、维修、咨询服务，品牌管理、企业管理等。

原告于2012年3月2日在中国香港特别行政区设立全资子公司梅森亚太有限公司（Meissen Asia Pacific Limited,MAP）。案外人森海公司于2014年6月5日在中国香港特别行政区依据香港《公司条例》注册成为有限公司。梅森亚太有限公司曾于2014年3月11日与森海公司签订《主特许经营协议》，双方就销售推广梅森 MEISSEN 产品建立合作关系。2017年12月1日，上述两公司又签订了《独家经销协议》。该协议约定：“未经 MAP 事先书面同意，经销商不得转包、转让或以其他方式处置本协议项下授予其的任何权利和许可或承担的任何义务。……任何违反上述规定的此类转让或转让均无效，不具有任何效力和法律效力……”

2018年5月7日，梅森亚太有限公司向森海公司出具《经销商授权书》一份，其上载明，“特此确认，在其与 MAP 之间自2017年12月1日起生效的独家经销协议的框架内并根据此协议之规定，为梅森 MEISSEN 产品在中华人民共和国境内的官方独家经销商。MAP 由国立梅森瓷器手工制造责任有限公司授权签订此独家经销协议”。森海公司亦向被告雍洋居公司出具《授权书》一份，其上载明，“森海公司今授权雍洋居公司为中国区独家代理商，负责梅森产品的所有销售、推广等事宜，授权期限：2017年12月1日至2022年12月31日”。

香港国际商会仲裁院于2021年8月13日针对双方于2017年12月1日签

订的《独家经销协议》等事项作出最终裁决如下："……(c)确认梅森亚太有限公司通过2019年9月9日给森海公司发函从而有效地终止了协议……(f)森海公司，无论是由其本身、其被许可人、代理人还是分销商(包括裁决书附表中所列的个体)行事，应立即停止未经梅森亚太有限公司同意或授权，在合约地区销售、推广、营销或宣传合约产品或使用商标或任何知识产权的行为……"

双方当庭确认，森海公司将前述协议的权利与义务转让或转授权给被告雍洋居公司，未曾获得过梅森亚太有限公司的书面确认。

【裁判结果】

上海市普陀区人民法院于2022年2月28日作出(2020)沪0107民初23362号民事判决：(1)被告雍洋居公司应于判决生效之日起30日内在《新闻晨报》(非中缝位置)刊登声明(声明内容须经法院核准)，消除因其实施的商标侵权及不正当竞争行为而对原告梅森瓷器公司造成的不良影响；(2)被告雍洋居公司应于判决生效之日起10日内赔偿原告梅森瓷器公司经济损失200,000元；(3)被告雍洋居公司应于判决生效之日起10日内赔偿原告梅森瓷器公司合理费用7500元；(4)对原告梅森瓷器公司的其他诉讼请求不予支持。

宣判后，被告雍洋居公司不服一审判决，向上海知识产权法院提起上诉，上海知识产权法院于2023年8月18日作出(2022)沪73民终356号民事判决：驳回上诉，维持原判。

【裁判理由】

法院生效裁判认为，本案双方当事人的主要争议焦点为：(1)被告雍洋居公司在其店铺的外墙店招、入口处、内墙使用"MEISSEN""MEISSEN"标识，以及将"MEISSEN梅森"作为其微信公众号的名称、将"MEISSENcouture"作为其微信号、将"MEISSEN"作为其微信公众号头像的行为，是否构成对原告注册商标专用权的侵害或不正当竞争；(2)被告雍洋居公司在对外经营中，自称为"MEISSEN梅森中国"，并使用刻有"Meissen Couture - China International Trading Co.,Ltd."公章的行为是否构成擅自使用原告有一定影响的企业名称的不正当竞争行为；(3)若构成，被告雍洋居公司应承担的相关民事责任。

关于第一个争议焦点，根据相关法律规定，商标的使用是指将商标用于商品、商品包装或者容器以及商品交易文书上,或者将商标用于广告宣传、展览以及其他商业活动中,用于识别商品来源的行为。在服务场所,服务招牌,服务工具,带有服务商标的名片、明信片、赠品等服务用品,带有服务商标的账册、发票、合同等商业交易文书,广告及其他宣传用品,为提供服务所使用的其他物品中使用服务商标的行为,应视为服务商标的使用。本案中,被告雍洋居公司在涉案店铺的外墙店招、入口处、内墙使用“MEISSEN”“MEISSEN”标识,其指示的是店铺的经营者或者店铺的经营者与商标或者字号权利人之间的授权关系,应当认为是在表明企业经营、管理者身份等服务类别上使用相关标识的行为,属于对第35类服务商标的使用。同理,被告雍洋居公司将“MEISSEN 梅森”作为其微信公众号的名称、将“MEISSENcouture”作为其微信号、将“MEISSEN”作为其微信公众号头像的行为,在网络营商环境下,该微信公众号的名称、头像等对应现实状态中的店铺招牌,实际发挥帮助消费者识别销售服务提供者的功能,亦属于对第35类服务商标的使用。

根据《商标法》规定,未经商标注册人的许可,在同一种商品(服务)上使用与其注册商标近似的商标,或者在类似商品(服务)上使用与其注册商标相同或者近似的商标,容易导致混淆的,属于侵犯注册商标专用权的行为。原告系第26966805号“MEISSEN”、第G1120931号“”、第G1144796号“MEISSEN artCAMPUS”注册商标的权利人,其所享有的注册商标专用权依法应受法律保护。上述3个权利商标均注册在第35类广告销售服务上,包括企业经营、企业管理、特许经营的商业管理、广告宣传、替他人推销、零售目的的在通讯媒体上展示商品、为他人的商品和服务的特许经营的商业管理等,与被告雍洋居公司使用被控侵权标识的类别属于相同、类似服务。原告生产、销售的“梅森瓷”,系获得欧洲王室、明星和政治家喜爱的瓷器,其价格远高于成本溢价,属于奢侈品品牌,消费者购买其产品,除基于产品本身,亦为了品牌价值,在购买时享受到的销售体验亦是原告提供的服务之一。将原告的权利商标与被控侵权标识“MEISSEN”“MEISSEN”“MEISSEN 梅森”“MEISSENcouture”进行比对,以上被控侵权标识的主要识别部分为“MEISSEN”“”,与原告的权利商标构成近似,易导致相关公众对于涉案店铺、涉案微信公众号的经营者,店铺、微信公众号的经营者与商标或者字号权利人之间的授权关系产生混淆误认。综上,被告雍洋居公司在其店铺的外墙店招、入口处、内墙使用“”“”标识,以及将“MEISSEN 梅森”作为其微信公众号的名称、将“MEISSENcouture”作为其微信号、将“”作为其微信公众号头像的行为,构成对原告第 26966805 号、第 G1120931 号、第 G1144796 号注册商标专用权的侵害。鉴于法院已对上述行为是否侵害原告的注册商标专用权进行了评价,故对于上述行为是否同时构成对原告的不正当竞争,不再予以评价。

关于第二个争议焦点,根据《反不正当竞争法》及相关司法解释规定,经营者擅自使用他人有一定影响的企业名称(包括简称、字号等),引人误认为是他人商品或者与他人存在特定联系的,属于不正当竞争行为。企业登记主管机关依法登记注册的企业名称,以及在中国境内进行商业使用的外国(地区)企业名称,应当认定为《反不正当竞争法》规定的“企业名称”。具有一定的市场知名度、为相关公众所知悉的企业名称中的字号,可以认定为《反不正当竞争法》规定的“企业名称”。本案中,原告外文名称的主要部分即字号为“MEISSEN”,关于其中文名称,根据本案已查明的事实,原告至迟于 2008 年申请注册“梅森”商标,至迟于 2015 年以“梅森瓷器公司”名义申请注册商标,故“梅森”可以认定为原告中文名称的主要部分即字号。“MEISSEN”“梅森”作为原告名下的注册商标,同时亦是原告的外文、中文字号,经原告的长期使用与宣传,具有一定的市场知名度与美誉度,可以认定为有一定影响的企业名称。被告雍洋居公司未经原告许可,在对外经营中,自称“MEISSEN 梅森中国”,并使用刻有“Meissen Couture – China International Trading Co. ,Ltd. ”的公章,易导致相关公众产生其服务系原告提供或者原告授权提供,原、被告存在授权合作关系的混淆和误认。综上,被告雍洋居公司的上述行为构成擅自使用原告有一定影响的企业名称的不正当竞争行为。

至于被告雍洋居公司辩称其经销行为有合法授权,之前原告对其经销行为包括使用商标、字号亦未曾提出异议,其使用相关标识是为了销售产品、宣传推广,没有主观恶意,亦不会构成混淆误认的意见,法院认为,首先,根据被告雍洋居公司的主张,其合法授权来自森海公司,而根据森海公司与原告关联公司梅森亚太有限公司签订的《独家经销协议》约定,森海公司作为销售商,应当以自己的名义销售产品,其无权以原告或关联公司本身或其代理人的名义行事,其更无权授权被告以原告或关联公司的名义行事。在未经原告或关联公司书面同意的情况下,森海公司无权向第三方转授权或转让上述协议的权利义务,包括转授权或转让任何与商标权或其他知识产权相关的权利。上述协议已因森海公司违约而被香港国际商会仲裁院裁决于 2019 年 10 月终止。其次,根据被告雍洋居公司提供的往来电子邮件、报关单等证据,尚无法得出原告或其关联公司早已明确知晓被告与森海公司之间具体关系的结论。无论根据《独家经销协议》的约定,还是通行的商业惯例,授权他人使用自己的注册商标、企业名称(字号)亦应以书面形式予以确认。即便退一步,假设原告或其关联公司早已知晓被告与森海公司之间的具体关系,亦不能因其之前未及时就侵权行为提起主张,即得出原告或其关联公司“默示授权”被告使用原告注册商标、企业名称(字号)的结论。最后,构成商标合理使用应当符合下列条件:(1)使用行为是善意和合理的,并未将他人商标标识作为自己商品或服务的标识使用;(2)使用行为是必要的,仅在说明或者描述自己经营商品的必要范围内使用;(3)使用行为不会使相关公众产生任何混淆和误认。本案中,被告雍洋居公司实施的被控侵权行为包括:在其店铺的外墙店招、入口处、内墙使用“MEISSEN”“MEISSEN”标识;将“MEISSEN 梅森”作为微信公众号的名称、将“MEISSENcouture”作为微信号、将“MEISSEN”作为微信公众号头像;在对外经营中,自称“MEISSEN 梅森中国”,并使用刻有包含“Meissen Couture – China”字样的公章。上述使用相关标识的方式,实质上系用于表明或指示店铺、微信公众号的经营者或该经营者与涉案商标、字号权利人之间的授权关系。如前所述,被告既然主张其相关权利来自森海公司的合法授权,则其应当亦对森海公司的权利来源进行审慎的核查,其理应知晓在未经原告或关联公司书面同意的情况下,森海公司无权向第三方转授权或转让协议的权利义务,包括转授权或转让任何与商标权或其他知识产权相关的权利,故被告上述使用相关标识的行为不属于善意使用;上述使用方式亦超出了仅用于说明或者描述自己经营商品的必要范围,不属于必要的使用行为。善意合理的使用行为应当使相关公众仅根据该使用行为本身就足以作出清晰、合理、正确的判断,不会产生任何混淆和误认;而被告的上述使用方式,易使得相关公众在施以一般注意义务的情况下,产生被告的服务系原告提供或者原告授权提供,原、被告存在授权合作关系的混淆和误认。综上所述,被告雍洋居公司的上述辩称意见，缺乏依据，法院不予采纳。

关于第三个争议焦点，如前所述，被告雍洋居公司的上述行为，已分别构成对原告第 26966805 号、第 G1120931 号、第 G1144796 号注册商标专用权的侵害和不正当竞争，依法应当承担停止侵权、消除影响、赔偿损失的民事责任。鉴于原告确认被告所有侵权行为均已停止，故再判令被告停止侵权已无必要，对于原告的第一项诉请，法院不再予以支持。关于刊登声明、消除影响，根据相关法律规定，侵权行为涉及经营者的商业信誉时，该经营者有权诉请侵权者承担消除影响的责任。本案中，被告的商标侵权及不正当竞争行为误导了相关公众，对原告的商誉造成了一定的不良影响，故应当消除影响。鉴于涉案微信公众号已注销，原告要求在《新闻晨报》刊登声明，于法不悖，法院予以支持。至于消除影响的具体方式、时间等，法院根据被告的侵权情节酌情予以确定。关于赔偿经济损失及合理费用，鉴于原告因侵权行为遭受的实际损失、被告因侵权行为获得的经济利益均难以确定，故法院综合考虑原告商标及企业名称（字号）的知名度，被告实施的涉案侵权行为的性质、过错程度、持续时间及其他侵权情节等因素予以酌定。原告为本案诉讼支出的公证费 7500 元，属于原告为维权支出的合理费用，法院予以支持。

【案例注解】

一、服务商标的特殊性及相同或类似服务的认定

（一）服务商标的特殊性

商标是商品或服务的提供者为了将自己的商品或服务与他人提供的同种或类似商品或服务相区别而使用的标记，根据识别对象的不同，商标可以分为商品商标和服务商标。就商标法意义上的“服务”而言，其主要具有以下特点：[①]一是无形性，大多数情况下商品都是有形且可以物质形态表现的，而服务在通常情况下表现为一种行为或活动，是无形的；二是易变性，由于服务很大程度上依赖于服务提供者，其会因服务人员、服务环境等因素的变化而变化；三是即时性，服务通常情况下与消费同时发生，不存在商品需要经历的如生产、储藏、销售等环节。

---

① 参见雷雯：《服务商标法律保护问题研究——以“服务”定义为着眼点》，浙江工商大学 2018 年硕士学位论文。

（二）“相同/类似”在服务商标侵权案件中的认定

需要指出的是，商标专用权权利范围主要通过商标标识和商标所识别的商品或服务两个要素进行界定。一方面，商标使用权的范围限于在核准注册的商品上使用核准注册的商标；另一方面，商标禁用权的范围限于禁止他人在类似商品上使用相同或近似的商标或者在相同商品上使用近似商标。[①] 因此，在商标侵权类纠纷中，需要准确认定被诉标识的使用是否与权利商标核准范围构成相同或类似。

正是由于“服务”所具有的前述特点，服务商标在通常情况下无法直接附着于其核定的“服务”之上，而需要通过服务场所、广告媒介、服务成果（以物质形式体现服务成果，如奶茶店提供的奶茶、餐厅提供的菜品）等予以展现。在兼具服务提供与商品销售的情况下，我们需要准确界定被诉使用行为能否与权利商标构成相同或类似服务。

根据《商标法》的相关规定，未经商标注册人的许可，在同一种商品上使用与其注册商标相同的商标，以及未经商标注册人的许可，在同一种商品上使用与其注册商标近似的商标或者在类似商品上使用与其注册商标相同或者近似的商标，容易导致混淆的，均属于侵犯注册商标专用权的行为。所谓类似服务，是指在服务的目的、内容、方式、对象等方面相同或者相关公众一般认为存在特定联系、容易造成混淆的服务；商品与服务类似，是指商品和服务之间存在特定联系，容易使相关公众混淆。

结合司法实践，特别是在兼具服务提供与商品销售的服务商标侵权案件中，对于被诉行为与权利商标核准类别的相同或相似与否的认定，不能根据其所依附的载体或者采取的形式等进行机械判断，而应当结合以下因素综合考虑。[②]

1. 被诉主体的经营模式

由于服务具有无形性、易变性和即时性，若被诉主体的经营项目标准化程度较高，可预先批量采购、储存且几乎不存在个性化定制，则该行为更宜认定为独立的商品销售行为。反之，若其经营行为个性化色彩较强或者经营者为销售

---

① 参见凌宗亮：《判断服务商标是否侵害商品商标应区分使用情形》，载《人民司法》2014 年第 22 期。

② 参见王正志、马畅：《服务商标的侵权判定》，载微信公众号“知产力”2023 年 8 月 3 日，https://mp.weixin.qq.com/s/oUCSe5UnUAQbql7lprzhjA。

商品所提供的的各项服务已经可以独立成为商标法意义上的“服务”，则更宜将其认定为服务提供行为。

2. 服务商标所附载体与相关商品的关联性

需要注意的是，部分权利人出于各种原因，虽然也从事相关商品的销售，但仅注册了服务类商标。在这种情况下，我们应当考察该服务商标是否与权利人提供的商品在消费者心目中建立了一定的联系，即该服务商标是否事实上起到了区分商品来源的作用，此时销售商品行为本身也成为“服务”的一部分。

3. 被诉标识的整体使用环境

根据相关法律规定，所谓商标性使用是指将商标用于商品、商品包装或者容器以及商品交易文书上，或者将商标用于广告宣传、展览以及其他商业活动中，用于识别商品来源的行为。在服务场所，服务招牌，服务工具，带有服务商标的名片、明信片、赠品等服务用品，带有服务商标的账册、发票、合同等商业交易文书，广告及其他宣传用品，为提供服务所使用的其他物品中使用服务商标的行为，应视为服务商标的使用。[①] 因此，当某一被诉标识的使用方式落入了上述使用方式的范畴，则存在置身于该环境的消费者将该服务商品与相关商品建立联系的可能性。

综合上述分析，就本案而言，雍洋居公司实施的被诉行为主要包括在其开设的实体店铺的门头店招、对外交易文书及微信公众号等处使用被诉侵权标识，这些被诉行为一方面符合前述关于商标性使用的相关规定，另一方面综合考量雍洋居公司的经营模式及涉案商品的高品牌溢价（奢侈品）的属性，法院认定雍洋居公司使用被诉标识的行为落入了梅森公司主张权利的3个服务商标的核定使用范围。

二、服务商标侵权案件中合理使用抗辩的法律分析

（一）指示性合理使用和商标权用尽的概念和范围

指示性合理使用和商标权用尽均属于商标的合理使用范围。目前有学者认为，商标指示性正当使用是使用他人商标描述自己的商品或服务，是商标的“表达性”使用，而商标权用尽是使用他人商标指示特定商品或服务的来源，是商标“发信号”功能的使用。[②]

---

① 参见原国家工商行政管理局商标局《关于保护服务商标若干问题的意见》第7条。

② 参见王太平、周兰：《商标指示性正当使用与商标权用尽的区分》，载《中华商标》2019年第3期。

然而,我国现行立法对于上述两种合理使用的相关概念并未作出明确界定,因此在对这类商标使用行为的规制中,商标权利用尽和商标指示性合理使用存在概念范围上的重叠,即从理论上讲被诉侵权主体既可以从权利用尽的角度进行抗辩,也可以从指示性合理使用的角度进行抗辩。具体到本案中,雍洋居公司主张其使用相关标识是为了销售产品、宣传推广,没有主观恶意,亦不会构成混淆误认的抗辩即属此类抗辩。

（二）合理使用抗辩成立与否的判断标准

1. 使用行为的必要性

一般而言,销售的商品本身(包括与商品配套出售的购物袋、包装盒等)即带有商标。因此,若某一经营主体销售的是他人的正品商品,即使其未在门头店招、门店环境布置等处单独使用商标,相关消费者仍然可以通过商品等处的标识识别出商品的来源。由此可见,将他人的商标用于自己的店招,特别是单独使用并不属于正常生产经营中所必需的商业手段,这种使用已经超出了商标权限制中对使用行为所要求的必要限度。

2. 使用行为的合理性和主观善意

使用方式是否合理,应当结合该商品或服务所处的行业及领域进行判断,符合商业惯例的使用方式就属于合理使用方式;反之就不属于合理的使用方式。根据目前一般的商业惯例,通常只有商标权利人自有的直营店铺或经授权的专卖店才可以店铺的门头店招等处单独使用相关商标。[①] 因此,如果某一经营者认为其属于经授权的专卖店,那么其理应对相关的权利来源、授权文件等进行更为审慎的核查确认。特别需要指出的是,鉴于授权行为涉及包括权利人在内的各方主体的重大利益,该等授权必须由权利人以书面明示的方式进行确认。若非如此,则相关经营者的行为具有攀附他人知名度和影响力的故意,其行为难言善意。

3. 使用行为的混淆可能性

在门头店招、店铺环境等处单独、突出使用权利商标的行为显然不具有必要性、合理性并且具有诱导消费者产生混淆误认的主观故意。这些因素容易导致的结果是消费者误认为该店铺由商标权利人所经营,或者其经营者与商标权利人存在商业上、法律上的关联关系,进而构成混淆。

---

① 参见苏和秦、梁思思:《论商标的指示性合理使用》,载《知识产权》2020 年第 3 期。

本案中，雍洋居公司在其门头店招、店铺环境及微信公众号等处使用被诉侵权标识，其虽然辩称销售梅森瓷器的行为取得了相关授权，但根据法院查明事实，其"权利来源"（森海公司）并未取得权利人的授权，即森海公司在未经权利人许可的情况下无权向第三方转授权或转让相关协议的权利义务，包括转授权或转让任何与商标权或其他知识产权相关的权利。此外，并无证据表明雍洋居公司在与森海公司的合作过程中审慎核查了森海公司的权利来源，且根据雍洋居公司提供的往来电子邮件、报关单等证据，亦无法得出梅森公司或其关联公司早已明确知晓雍洋居公司与森海公司之间具体关系的结论。故法院对于雍洋居公司关于其属于合理使用的抗辩未予采纳。

（一审合议庭成员：李霞、林杼蔚、黄俊娥

二审合议庭成员：胡宓、易嘉、杜灵燕）

三、反不正当竞争篇

车王（中国）二手车经营有限公司与车好多旧机动车经纪（北京）有限公司虚假宣传纠纷案

——对比广告的正当性边界

李　霞　王安冬

关键词 | 知识产权　不正当竞争　虚假宣传　对比广告

【裁判要旨】

1. 对比广告是否构成虚假宣传，应在基于对比广告特征的理解上，结合其内容的真实性与表述的准确性综合考量。与同业竞争者正当适度的对比宣传，未超出明显合理范围、未引人误解的，不构成虚假宣传；缺乏事实依据，表述方式易引人误解的，构成虚假宣传。

2. 非特定被侵权人即泛主体，有权就虚假宣传行为提起诉讼，但对于其提出的损害赔偿的主张，仍应严格以是否因侵权行为遭受直接损失为标准，不能举证证明的，不予支持。

【相关法条】

一、《中华人民共和国反不正当竞争法》（2019 年）

第八条　经营者不得对其商品的性能、功能、质量、销售状况、用户评价、曾获荣誉等作虚假或者引人误解的商业宣传，欺骗、误导消费者。

经营者不得通过组织虚假交易等方式，帮助其他经营者进行虚假或者引人误解的商业宣传。

二、《中华人民共和国广告法》(2018 年)

第四条　广告不得含有虚假或者引人误解的内容,不得欺骗、误导消费者。

广告主应当对广告内容的真实性负责。

三、《最高人民法院关于审理不正当竞争民事案件应用法律若干问题的解释》①

第八条　经营者具有下列行为之一,足以造成相关公众误解的,可以认定为反不正当竞争法第九条第一款规定的引人误解的虚假宣传行为:

(一)对商品作片面的宣传或者对比的;

(二)将科学上未定论的观点、现象等当作定论的事实用于商品宣传的;

(三)以歧义性语言或者其他引人误解的方式进行商品宣传的。

以明显的夸张方式宣传商品,不足以造成相关公众误解的,不属于引人误解的虚假宣传行为。

人民法院应当根据日常生活经验、相关公众一般注意力、发生误解的事实和被宣传对象的实际情况等因素,对引人误解的虚假宣传行为进行认定。

【案件索引】

一审:上海市普陀区人民法院(2018)沪 0107 民初 15944 号民事判决书(2019 年 9 月 26 日)

二审:上海知识产权法院(2020)沪 73 民终 53 号民事裁定书(2020 年 2 月 27 日)

【基本案情】

原告车王(中国)二手车经营有限公司(以下简称车王公司)诉称:其系一家从事二手车经营的公司,在全国设有 30 余家实体店。其主要经营模式为传统二

---

① 该司法解释现已被 2022 年 3 月 20 日起施行的《最高人民法院关于适用〈中华人民共和国反不正当竞争法〉若干问题的解释》废止,前者的第 8 条对应后者的第 17 条:"经营者具有下列行为之一,欺骗、误导相关公众的,人民法院可以认定为反不正当竞争法第八条第一款规定的'引人误解的商业宣传':(一)对商品作片面的宣传或者对比;(二)将科学上未定论的观点、现象等当作定论的事实用于商品宣传;(三)使用歧义性语言进行商业宣传;(四)其他足以引人误解的商业宣传行为。人民法院应当根据日常生活经验、相关公众一般注意力、发生误解的事实和被宣传对象的实际情况等因素,对引人误解的商业宣传行为进行认定。"

手车销售模式，即规模化购入二手车，翻新后出售给消费者，以赚取差价。被告车好多旧机动车经纪（北京）有限公司（以下简称车好多公司）同为二手车经营公司，其采用新型商业模式，通过“瓜子二手车直卖网”等网络平台进行二手车销售。近年来，被告因在经营活动中高频次使用“没有中间商赚差价”“比车商多卖××元（××为具体数字）”等宣传用语，引起较大社会关注。原告认为，被告将其运营的瓜子二手车平台与包括原告在内的经营者进行片面的对比宣传，“没有中间商赚差价”“比车商多卖××元”等宣传用语并无事实依据，易造成误导，使消费者相信在瓜子平台上可以实现“车主多卖钱，买家少花钱”的双赢局面，严重影响了消费者对二手车交易渠道的判断和选择，贬损了包括原告在内的传统二手车商在消费者心目中的形象与声誉，导致原告流失了大量车源和顾客群体，构成虚假宣传。故原告诉请要求被告停止虚假宣传，并赔偿原告经济损失1000万元及合理开支6.8万元。

被告车好多公司辩称，其从事的是二手车经纪服务，作为平台方，仅提供居间服务，促成交易后按照比例收取服务费，该商业模式与原告不同，故“没有中间商赚差价”是对其自身商业模式的客观描述；“比车商多卖××元”亦来源于相关大数据分析，不属于虚假宣传；上述宣传用语并未指向原告，亦未对原告造成损失，故损害赔偿等诉请并无事实和法律依据。

法院经审理查明：车王公司成立于2011年9月19日，经营范围包括二手机动车的经销、汽车销售、二手车评估等；车好多公司成立于2015年7月13日，经营范围包括旧机动车经纪、汽车销售等，并实际经营瓜子二手车直卖网网站（www.guazi.com）、移动版/触屏版（m.guazi.com）、App以及微信公众号4个平台。

原告主张被告实施的虚假宣传行为包括：（1）在瓜子二手车直卖网网站（www.guazi.com）上显示“没有中间商赚差价”“比车商多卖××元”等字样；（2）在瓜子二手车直卖网（移动版/触屏版）（m.guazi.com）显示“没有中间商赚差价”字样；（3）在瓜子二手车直卖网App上显示“没有中间商赚差价”字样；（4）在“瓜子二手车直卖网”微信公众号上显示“没有中间商赚差价”字样。

原告的商业模式主要为由原告先将卖方车辆买下，取得所有权后将车辆放在门店，待买方有购买意向后，由原告直接向买方销售车辆，签订买卖合同。原告收购车辆之前，要做车辆检测、整备等工作，之后根据不同车辆类型加价不同幅度出售。被告的商业模式主要为通过搭建瓜子二手车平台，将二手车直接由车主卖给买家,被告作为居间方,在促成双方交易后收取一定比例或金额的服务费,并按照6%的税率缴纳服务费增值税。同时,被告建立专业化的车辆评估监测团队,保证车源安全可靠,还引入汽车保养、美容、维修等10个品类的优质合作伙伴,打造二手车交易生态链。

被告为证明其宣传用语"比车商多卖××元"的数据来源,提供南京车易淘网络信息技术有限公司出具的说明,内容主要为:南京车易淘网络信息技术有限公司运营的车300网站(www.che300.com),是独立的第三方汽车交易与金融的大数据服务提供商,为广大车商及消费者提供汽车交易与金融产业链关键数据一站式服务,如车辆车商收车价、车商零售价等服务。车300数据源于全网和线下实体交易市场里对接的交易数据,诸如车商收车价,车商零售价,历史二手车价格趋势,成交、挂牌数据等。车300通过使用计算模型和人工智能数据分析系统,将这些数据进行清洗,最终得出一系列包括车商收车价和车商零售价在内的符合市场规律的交易价格,并将这些数据提供给各大合作伙伴进行比价参考。

【裁判结果】

上海市普陀区人民法院于2019年9月26日作出(2018)沪0107民初15944号民事判决:(1)被告车好多公司立即停止在瓜子二手车直卖网(www.guazi.com)内使用"比车商多卖××元"宣传用语的不正当竞争行为;(2)被告车好多公司应于本判决生效之日起10日内赔偿原告车王公司合理费用68,000元;(3)驳回原告车王公司的其他诉讼请求。

宣判后,原告车王公司不服一审判决,向上海知识产权法院提起上诉。后因车王公司未在指定的期限内缴纳上诉费,上海知识产权法院于2020年2月27日作出(2020)沪73民终53号民事裁定:本案按上诉人车王公司自动撤回上诉处理。一审判决自裁定书送达之日起发生法律效力。

【裁判理由】

法院生效裁判认为,本案的主要争议焦点为:(1)被告使用的"没有中间商赚差价""比车商多卖××元"等宣传用语是否构成虚假宣传;(2)如被告的行为构成虚假宣传,则原告作为非特定被侵权人,是否具备诉讼主体资格以及是否应获得赔偿。

一、关于第一个争议焦点

（一）“没有中间商赚差价”

一方面，原告作为传统二手车商，主要商业模式为先购入二手车，经整备翻新后，销售给消费者；而被告主要商业模式为通过搭建瓜子平台，将二手车直接由车主卖给买家，被告作为居间方，在促成双方交易后收取一定比例或金额的服务费。无论在直卖模式还是在保卖模式下，被告均通过其运营的瓜子平台为二手车买卖双方提供撮合交易服务平台。故从双方的商业模式来看，被告确有别于传统二手车商，其利用互联网快捷便利、轻资产的优势赚取居间服务费，而非买入卖出之间的差价。上述宣传用语基本符合被告的商业模式，不属于虚假陈述。另一方面，从“没有中间商赚差价”的表述本身来看，本案争议焦点系该对比广告是否属于片面宣传或者比对，从而达到引人误解的程度。被告系商业主体，其在进行宣传推广时必然会趋向于选择最能体现其商业模式、产品、服务最大优势的表述方式。如前所述，被告商业模式确有别于传统模式，其在宣传时亦会突出且集中地展示优势所在，而法律并未苛责商业主体在进行对比宣传时，必须全面完整地展示自己所有优缺点，并与他方逐一进行比较说明。从消费者的角度来看，二手车交易市场面对的消费群体系二手车的买方和卖方，汽车具有其特殊性，它不同于生活中一般的低值易耗品，故相关公众在进行交易时，必然会对交易条件、交易平台、交易对象、交易安全施以更全面、更审慎的合理注意义务。作为一个理性人，应当知晓被告作为商业主体而非公益组织，必然以营利为目的，故正常、理性相关公众一般也不会将“没有中间商赚差价”误解为瓜子平台系提供免费服务。因此，上述宣传用语尚未达到片面对比宣传、“引人误解”的程度，不构成虚假宣传的不正当竞争。

（二）“比车商多卖××元”

一方面，被告陈述其与车300建立数据合作关系，“比车商多卖××元”中“车商”的概念来自车300网站，数据同样源于车300，而车300网站的运营商亦确认被告的上述说法。但根据查明的事实，被告从未在瓜子平台上披露上述数据来源的出处，亦未举证上述数据如何统计得出。另一方面，被告的上述表述方式只是简单地列明“比车商多卖××元”，却既未标明比较的基准，亦未标明比较的方式，并非科学严谨的表述方式。事实上，车300网站与瓜子平台的主要投资人系同一组织。客观地说，二手车系特定物，应为一车一价，被告的上述宣传用语未标明系同时段、同类型二手车的比较方式，可能使人误解系同一辆二手车在不同平台的询价结果。退一步说，基于被告的居间服务性质，卖家确有可能通过瓜子平台获得多卖车价的机会，但当被告使用精确的数据描述进行宣传推广，向相关公众披露与其他市场竞争者有关的信息时，应遵守经济伦理、慎言慎行，对于数据来源、比较方式、比较基准等信息应当进行注释注解，公开尽量多的相关信息和背景资料，指引受众正确理解。因此，被告上述宣传用语缺乏事实依据，表述方式亦易引人误解，构成虚假宣传的不正当竞争。

二、关于第二个争议焦点

如前所述，被告使用的“比车商多卖××元”宣传用语已构成虚假宣传，从该宣传用语本身分析，其属于抽象的对比广告。从有效制止不正当竞争行为、促进市场公平竞争的角度出发，在被告构成虚假宣传的前提下，即使该行为未对原告造成直接损害，原告仍有权要求被告承担停止不正当竞争的法律责任，而非留待行政管理机关进行查处，故对于原告要求被告停止侵害的诉请应予支持。然而，从反不正当竞争法规制虚假宣传的目的来看，其通过制止对商品或者服务的虚假宣传行为来维护公平的市场竞争秩序，其并不以被侵权人的直接损害为要件判断虚假宣传行为是否成立；但作为同业竞争者的原告属于非特定被侵权人，即便被告因被控虚假宣传行为增加了商业机会获取的可能性，也不能得出必然会对原告造成损害后果的结论。因此，原告需举证证明其合法权益已经因被控侵权行为遭受直接损害，才有权要求被控侵权行为的实施者对其进行经济赔偿。回到本案，原告并未举证证明其因被告的虚假宣传行为而遭受的具体损失，故法院对于原告要求被告赔偿经济损失1000万元的诉讼请求不予支持。考虑到原告确为本次维权支出了律师费、公证费，亦提供了相关支付凭证，以上费用属于合理费用，故予以支持。

【案例注解】

虚假宣传是反不正当竞争法中存在理解适用不明晰的一个部分，而对于对比广告这种颇具特殊性的宣传方式，如何认定是否构成虚假宣传尤为棘手。此外，作为非特定被侵权人是否就虚假宣传纠纷具有诉讼资格及获损害赔偿资格亦颇有争议。本案中存在若干程序性及实体性问题可供思考与研究：(1)非特定被侵权人就虚假宣传行为，是否具有诉讼主体资格；(2)对于广告语，尤其是对比广告是否构成虚假宣传，应采用怎样的认定标准；(3)如构成虚假宣传，对于非特定被侵权人主张的侵权责任应如何考量。

一、非特定被侵权人就虚假宣传行为,是否具有诉讼主体资格

关于该问题,存在两种不同意见。其背后不仅存在对反不正当竞争法的价值考量,亦含有关于诉权理论的不同理解。一种为非特定被侵权人需因虚假宣传行为遭受直接损失才有诉讼主体资格。典型案例可见最高人民法院公布的2009年中国法院知识产权司法保护10大案件中"黄金假日诉携程机票预定不正当竞争案"。在该案中,最高人民法院认为,只有在该经营者的行为违反《反不正当竞争法》的规定,同时给其他经营者的合法权益造成损害时,其他经营者才有权提起民事诉讼;而《反不正当竞争法》中规定的虚假宣传行为,并不都是经营者可以主张民事权利的行为,应当符合经营者之间具有竞争关系、有关宣传内容足以造成相关公众误解、对经营者造成了直接损害这3个基本条件。[①]然而,这种意见对于非特定被侵权人显然极为不利。如果非特定被侵权人必须明确证明其因虚假宣传行为遭受直接损失才可提起诉讼,则不利于对其合法权益有效及时的保护;对于客观存在的虚假宣传行为对非特定被侵权人的不正当市场冲击,亦无法及时救济;证明责任过于严苛,显失公平。这种意见亦有违现代反不正当竞争法保护经营者、消费者及市场竞争秩序的宗旨,既使经营者的损害不能及时得以主张,也使消费者进一步处于虚假宣传的蒙蔽中,可能破坏公平竞争的市场秩序。

本案则采不同的观点,即就虚假宣传纠纷并不严格以被侵权人受到直接损害为构成要件,非特定被侵权人在因虚假宣传行为遭受或可能遭受损害时即有权提起诉讼。该观点不仅符合反不正当竞争法的立法精神,有助于保护经营者的合法权益,也体现了司法改革进程中对于诉权理念的改变。在前述最高人民法院的判决公布时,实践中普遍存在以私法一元论的传统诉权理论为主,即视诉权为实体权利之延伸、无实体权利即无诉权的现象,典型的体现即当时的立案审核制度。然而,这种理论对于当事人的要求过于严苛,致使许多当事人无法行使诉权保障自身权益。自司法体制改革以来,立案审核制改为立案登记制,体现了司法系统自上而下对诉权的观念转变:从过去传统的诉权理论转变为现代以服务当事人、充分发挥和保障当事人主导地位的诉权理论;将起诉权与胜诉权进行区分,起诉不以实体权利存在为前提,而对于是否胜诉则留待审理后另行处理。因此本案的这项意见并未悖于最高人民法院的意见,而是对其

① 参见最高人民法院民事判决书,(2007)民三终字第2号。

转变后的理念予以应用。该思路也与国外同类案件的审理思路相一致,如美国《反不正当竞争法重述》中,以虚假广告为由的原告需符合如下条件:(1)被告就其产品或他人产品作了事实虚假或误导的陈述;(2)这些陈述已经或可能欺骗很大一部分的潜在消费者;(3)欺骗是实质性的,即这种欺骗可能影响消费者的购物决定;(4)被告将其产品投入州际贸易;(5)原告已经或有可能因被告行为遭受损害,如销量下降、商誉损失等。[①] 其中对于当事人是否因虚假宣传遭受直接损失亦未作出要求,仅需存在受损的可能性即可;在避免无关主体滥诉之余,充分保障了当事人的诉讼权利。

二、对比广告是否构成虚假宣传的认定标准

作为宣传用语的下位概念,在具体分析对比广告是否构成虚假宣传的认定标准前,先就虚假宣传这个概念本身树立认定标准。关于虚假宣传的描述,立法上存在一定的变化,就过去反不正当竞争法对虚假宣传行为的定义作进一步完善,但仍然存在一定的不确定性。根据1993年颁布的《反不正当竞争法》,其所规制的虚假宣传行为是指"利用广告或者其他方法,对商品的质量、制作成分、性能、用途、生产者、有效期限、产地等作引人误解的虚假宣传";而自《反不正当竞争法》2017年修订以来,相应表达则转变为"对其商品的性能、功能、质量、销售状况、用户评价、曾获荣誉等作虚假或者引人误解的商业宣传,欺骗、误导消费者"的行为。一方面,从进步的角度看,该表述将"虚假"涵盖在内,进一步完善虚假宣传的涵盖范围,且与2015年修订的《广告法》保持措辞的一致性。另一方面,该表述又存在一定的问题。就字面而言,只要宣传用语内容虚假或表述引人误解即构成虚假宣传;对于内容虚假但尚不足以引人误解如"以明显夸张等方式宣传商品,不足以造成相关公众误解"[②]的情形,并未排除在外,这有违对于虚假宣传立法规制的真正目的和其本质。虚假宣传究其本质,在于其表达效果的引人误解,即欺骗、误导消费者。内容的虚假性从根本上说也是欺骗、误导消费者的一种方式,即通过虚假内容使消费者产生错误认识。这点结合《最高人民法院关于审理不正当竞争民事案件应用法律若干问题的解释》及《反不正当竞争法(修订草案送审稿)》的表述亦可体现。其中,虚假宣传的具体形式包括:(1)进行虚假宣传或者片面宣传;(2)将科学上未定论的观点、现象作为

---

① 参见黄武双:《不正当比较广告的法律规制》,载《中外法学》2017年第6期。

② 参见孔祥俊:《论反不正当竞争法修订的若干问题——评〈中华人民共和国反不正当竞争法(修订草案)〉》,载《东方法学》2017年第3期。

定论的事实用于宣传;(3)以歧义性的语言或者其他引人误解的方式进行宣传。其中第1、2项即指向现行条文中的“虚假”,而第3项则指向“引人误解”。纵然内容虚假,便不存在损害消费者或其他经营者权益、影响市场竞争秩序的情况,也就没有规制的必要。

同样,反观《广告法》的相关表述沿革,虽然该法自2015年修订以来,其均使用与反不正当竞争法类似的表述,即该法第4条第1款“广告不得含有虚假或者引人误解的内容,不得欺骗、误导消费者”;但从该款指向的内容,以及该条第2款“广告主应当对广告内容的真实性负责”和《广告法》第28条的相关表述与罗列来看,似乎广告法指向的反而是“虚假”而非“引人误解”了。其实,反言之,引人误解的表述刻画的也是虚假的内容,消费者受欺骗、误导的原因本质上是基于该表述所表达的虚假内容产生错误认识。由此可见,《广告法》并非不规制引人误解的陈述。因此,对于条文中的“虚假或者引人误解”,不应简单地将“虚假”与“引人误解”割裂来看,而应当将“虚假”与“引人误解”相结合,互为补充理解。

基于上述分析,就虚假宣传的认定标准而言,可归纳为以字面内容的真实性与文意表述的准确性分层考量。如果字面内容不真实,则仅在其表述不足以引人误解且显著夸张时,不构成虚假宣传,其余情形一概构成虚假宣传;而如果字面内容真实,则仅当其表述达到引人误解的地步时,构成虚假宣传。对于该问题,美国法院有类似的认定标准,其将虚假陈述分为两种:失实陈述和虽非失实但会误导消费者或造成消费者混淆的陈述。在具体认定时采用两步测试法:属于失实陈述,则推定消费者可能在作出购物决定时受到欺骗;属于不失实陈述,则需以消费者意见调查结论来判断是否会误导消费者。对于前述的内容虚假但不引人误解的情形,则通过“艺术性夸张”理论予以排除。[①]

对比广告作为宣传广告的一种,具有不同于一般广告的特殊性,即以与同业竞争者对比的方式进行宣传。正因这种特殊性,对于对比广告的认定尤须谨慎。早先,意大利、西班牙、葡萄牙等国家就对比广告持否定态度,认为对比广告难以克服不客观公正、会损害被比较者的利益、降低广告可信度、扰乱市场竞争秩序等固有缺陷。[②] 但客观上,构成以上问题的原因不在于对比广告的形式

① 参见黄武双:《不正当比较广告的法律规制》,载《中外法学》2017年第6期。

② 参见杨祝顺:《欧美比较广告的商标法规制及其启示》,载《知识产权》2016年第10期。

本身，而在于广告主自身不恰当的宣传目的。对比广告并不天然打击其他经营者、蒙蔽消费者、扰乱市场竞争秩序，其从效用上能最高效、突出地展现同业经营者各自的特点与优劣，既有助于经营者自身品牌、业务的宣传推广，也有利于消费者快速准确地选择符合自身需求的商品或服务，倒逼同业竞争者就业内彼此优劣作出针对性改进，从而使市场竞争秩序高效、自由地运作。对比广告的优势对新兴业态尤为重要，有利于新兴业态在与传统业态的竞争中尽快吸纳消费者，占有市场份额，实现企业生存发展。如本案中车好多公司即属开创性使用互联网平台提供二手车买卖居间服务的新兴二手车销售领域的经营者，这与包括车王公司在内的传统二手车销售商存在显著不同。车好多公司借助其诸多吸引眼球的对比广告，让国内消费者很快了解该公司及其业务特征，从而使该公司在短期内即占有相当比例的市场份额。

对比广告与虚假宣传中的片面宣传，存在一定区别。虽然对比广告一般都具有片面性，即仅针对部分方面集中、突出地宣传，但正当的对比广告仅以突出广告主自身优势为目的，而片面宣传则意在通过隐瞒相关信息，使消费者产生误解，故而对于片面宣传的规制并不必然否定对比广告的正当存在。因此，作为司法工作者，应对于对比广告这种宣传模式显示必要的谦抑性，更为审慎地认定具体的对比广告用语是否构成虚假宣传，避免干预市场正常竞争。本案中，被告车好多公司以提供二手车居间平台的方式，通过二手车买卖双方在平台的直接交易行为收取居间及服务费，“没有中间商赚差价”基本符合其运营模式，不构成虚假陈述；正常理性的消费者亦应当知晓被告车好多公司作为商业主体必然以营利为目的，一般不会将该广告语误解为被告瓜子平台系提供免费服务，故该广告语未达到引人误解的程度。因此，“没有中间商赚差价”作为宣传用语的行为不构成虚假宣传。对于“比车商多卖××元”，由于车好多公司并未披露相关数据来源、比较方式、比较基准等信息，且其所谓的数据来源亦取自其关联公司，故其所表达内容缺乏真实性，构成虚假陈述；该广告语的表述亦可能使人误解同一辆二手车同时期在不同平台的询价结果，从而导致引人误解的结果，欺骗、误导消费者。因此，将“比车商多卖××元”作为宣传用语的行为构成虚假宣传。

三、非特定被侵权人主张侵权责任的认定标准

本案采诉权与胜诉权分离的理论，虽然原告车王公司得以就该虚假宣传纠纷提起诉讼，但对于其主张的侵权责任，尤其是对于损害赔偿的主张，则需进一步考量。这点可与非特定被侵权人主张停止侵权的考量标准比较分析，对于侵权广告涉及非特定对象的情形，停止侵权具有多方面的意义。作为非特定对象的一员，其他经营者存在因该广告遭受或可能遭受损害的情形，因此停止侵权对于其他经营者具有保护其合法权益的效果。另外，停止侵权也有助于及时遏制不正当竞争行为对市场竞争秩序带来破坏，使市场竞争回归正常。因此，在非特定被侵权人主张停止侵权时，只要其证明其因该虚假宣传行为实际遭受或可能遭受损失，即遭受损失的合理可能性，应当予以支持，而非留待相关行政部门处理。本案中，车王公司有关停止侵权的主张获法院支持。然而，对于损害赔偿的主张，应在认定时采取更严格的标准，这与其所侧重维护的法益息息相关。不同于停止侵权侧重维护市场竞争秩序，损害赔偿最直接也最主要保护的是其他经营者的利益，对于维护市场竞争秩序则仅起间接的、次要的作用。此外，由于侵权广告所涉对象并不特定，侵权人的侵权获利并不必然与被侵权人的损失等同，其所侵害的仅为被侵权人获利的可能性，故不能仅为支持诉请而作可推翻的损害推定，否则其可能只因属于相同市场竞争者而收获不当之财，对于其他市场竞争者亦不公平。因此，在判定是否支持损害赔偿时，仍应以非特定被侵权人是否因该侵权行为遭受直接损失为判断标准，如其未举证证明其合法权益因被控侵权行为遭受直接损害，则不应支持对其进行经济赔偿。本案中，由于车王公司并未举证证明其因虚假宣传行为遭受直接损失，因此法院对该项主张不予支持。

（一审合议庭成员：张佳璐、李霞、严建华
二审合议庭成员：黎淑兰、刘静、吴盈喆）

深圳全爽节能科技有限公司诉上海金兆节能科技有限公司不正当竞争纠纷案

——互联网场景下侵权声明是否构成商业诋毁的审查认定规则

林抒蔚

关键词 | 侵权声明 虚假信息 误导性信息 表达自由

【裁判要旨】

在判断行为人针对竞争对手所发布的侵权声明是否构成商业诋毁时，不应以生效判决确定前述侵权声明所载行为是否构成侵权为唯一标准，而是应当综合考虑相关权利状况、被诉声明内容、被诉诋毁行为人的主观意图及传播方式等因素。

【相关法条】

《中华人民共和国反不正当竞争法》

第十一条　经营者不得编造、传播虚假信息或者误导性信息，损害竞争对手的商业信誉、商品声誉。

【案件索引】

上海市普陀区人民法院（2020）沪0107民初2940号民事判决书（2021年2月19日）

【基本案情】

原告深圳全爽节能科技有限公司向上海市普陀区人民法院诉称：原告成立于2017年12月20日，经营范围包括微量润滑油、节能润滑设备的技术研发与销售，被告经营范围包括生产销售润滑材料，实际经营中原、被告均销售微量润滑油，因此，原、被告构成同业竞争关系。2018年，原告发现在被告经营的网站（http://www.kins88.com）首页的醒目位置有一篇题为“关于市场上假冒上海金兆节能KINS金爽品牌微量润滑油的声明”的文章。在该文章中，被告将其与原告销售的微量润滑油产品进行了明确比较，并声称且用醒目突出的字体标明原告的产品系仿冒、假冒。被告的行为导致消费者误认为原告所销售的产品是假冒伪劣产品。原告认为，原、被告经销各自的产品，本应恪守商业道德、展开公平竞争，原告不存在任何仿冒、假冒行为；被告在其网站上向不特定的公众所发布的该文章属于捏造、散布虚伪事实，其行为会使相关公众误以为原告公司存在售假行为，从而对原告的产品产生不良印象，损害了原告的商业信誉和商品声誉。原告认为，根据《反不正当竞争法》的规定，被告行为已构成商业诋毁。

被告上海金兆节能科技有限公司辩称：其在微量润滑油领域具有一定知名度，原告在明知被告企业名称、域名等注册在先的情况下，仍注册与被告类似的企业名称和域名并在相关产品上标注。原告还擅自使用被告的一系列商标推广、销售上述产品，产品包装亦与被告产品近似，故被告针对这一情况发表声明，意在提醒相关公众进行区分，内容属实，未对原告的商业信誉造成损害，故不构成商业诋毁。

法院经审理查明：原告深圳全爽节能科技有限公司与被告上海金兆节能科技有限公司均从事润滑油销售业务。原告深圳全爽节能科技有限公司成立于2017年，曾用名为“金兆节能科技有限公司”（2020年变更为现用名），于2015年注册www.kins888.com域名，作为官方网站进行对外宣传。被告上海金兆节能科技有限公司成立于2007年，于2007年注册www.kins88.com域名，作为官方网站进行对外宣传，并于2012年至2018年注册“金爽KINS”“金兆KINZ”“金爽”“金兆”商标，上述商标的核定使用商品均为第4类润滑油等，且均在有效期内。

2019年3月4日，原告深圳全爽节能科技有限公司登录被告上海金兆节能科技有限公司官网（www.kins88.com），其中“新闻资讯”板块可见标题为“关于市场上假冒上海金兆节能 KINS 金爽品牌微量润滑油的声明”的文章。该文章称,有不少客户反映在网络上买到假冒 KINS 金爽的微量润滑油产品,再次郑重提醒客户与客户经理联系或拨打公司电话购买金爽油品,谨防上当受骗。该文章以加大字体显示:购买认准 KINS 金爽商标,杜绝一切类似仿造。该字样下方显示图片 3 张,左侧一张标注为“正品”,另两张标注为“仿冒”,并附如下文字:(1)正品油包装为白色桶装,其他颜色均为假冒,且正品有 KINS 金爽商标而非公司名称;(2)标签为上海金兆节能科技有限公司,无上海两字均为仿冒;(3)公司地址为上海静安区而非闵行区汇北路;(4)正品油包装的公司网址为 × ×. × ×88. × ×,仿冒品为 www. kin888. com(请认准 88 非 888)。文字下方显示图片一张,图片右上角标注红色“假冒”字样,并以红色圈出“金兆节能科技有限公司”“上海市闵行区汇北路 80 号”等信息。文末可见“以下为公司正品 KINS 金爽不同规格产品包装图,其他包装全部是假冒产品”字样并附图片 3 张。

原告深圳全爽节能科技有限公司曾在其官方网站 www. kins888. com 中使用“金兆节能科技有限公司”“上海金兆节能”“金兆节能”等字样;在展示、宣传其产品时,对产品的类别标注为“金爽植物—微量润滑”,多款产品图片与被告声明中所载仿冒产品图片一致;在网站宣传文章中,多次使用“金爽微量润滑”进行产品宣传;在“联系我们”处可见“上海金兆节能 上海市汇北路 80 号”。原告深圳全爽节能科技有限公司曾在其开设于阿里巴巴网站(www. 1688. com)上的网店“金兆节能科技有限公司”内使用“金兆节能科技”“金兆节能”等字样,并以“金兆节能科技 上海金爽植物润滑”与产品型号为标题,展示、销售润滑产品。被告针对上述情况,分别以侵害商标权以及不正当竞争为由,于 2019 年 3 月 28 日和 2019 年 4 月 10 日向广东省深圳市宝安区人民法院起诉。在本案审理过程中,上述不正当竞争纠纷案作出生效判决,认定原告将“金兆”文字作为企业名称中的字号进行登记,将 www. kins888. com 作为公司网站以及在其生产、销售的“微量润滑”产品及其销售、广告宣传中使用“上海金兆”等标识的行为均构成不正当竞争;上述商标侵权纠纷案一审认定原告深圳全爽节能科技有限公司在宣传、展示、销售润滑油产品时使用与被告商标相同或近似的“金爽”标识,构成商标侵权。

【裁判结果】

上海市普陀区人民法院于 2021 年 2 月 19 日作出如下判决:驳回原告深圳

全爽节能科技有限公司的全部诉讼请求。宣判后，各方均未提出上诉，判决已发生法律效力。

【裁判理由】

法院生效裁判认为：商业诋毁是指经营者编造、传播虚假信息或误导性信息，损害竞争对手的商业信誉、商品声誉的行为。从主体来看，原、被告均从事润滑油等相关商品的经销，其间存在同业竞争关系，符合商业诋毁纠纷构成要件中对主体资格的要求，故被告的行为是否构成商业诋毁，关键在于判断其是否实施了编造、传播虚假信息或误导性信息，损害原告商业信誉和商品声誉的行为。结合双方当事人的诉辩主张，根据已经查明的案件事实，被告发布涉案声明的行为不构成对原告全爽公司的商业诋毁。具体原因如下：

从内容来看，涉案声明通篇以谨防假冒为主题，并就正品购买渠道及正伪品鉴别方法作出说明，其中引用的假冒产品图片和正伪品说明文字可以明确指向原告。关于正伪品的区别，声明罗列了 4 个要点，涉及产品外包装颜色、商标、企业名称、地址和网址等内容，双方均认可区别点本身的存在，但对能否据此将原告产品予以醒目标示，并使用仿冒、假冒、仿造等词汇进行描述存在争议。鉴于被告成立时间在前，在企业字号中使用“金兆”文字远早于原告，且原、被告的域名具有高度相似性，被告域名的使用时间远早于原告等基本情况，结合被告的商标注册和使用情况及其在润滑油生产销售方面的影响力，被告在声明中使用“仿冒”“假冒”“仿造”等措辞评价原告商品，具有一定的事实依据，未达到故意编造虚假信息的程度。

另外，经营者在发布声明时应当尽到审慎注意义务，与此同时，亦不能苛求声明内容完全确定，毫无疑义。如果声明内容基于传播信息的语境、相关公众的普遍认知水平并不会产生误解，或者信息内容整体上可以消弭部分语句或词语产生的歧义，则该信息不属于误导性信息。本案中被告发布的声明系其单方声明，其中明确指出了其认为构成假冒或仿冒的原告产品，有针对性地罗列了被告享有的相关权利以及原、被告产品的区别，并在图片中予以标示，同时提示了被告产品的销售渠道，整体而言信息披露相对充分。加之被告的声明发布于其官方网站，一般情况下浏览者多为有意愿了解被告公司或其产品的受众，被告在该特定渠道通过差异比对方式说明原、被告产品的区别并表达自身对这一情况的判断，在影响范围和影响方式上具有相对的限定性。“仿冒”“假冒”“仿造”等措辞的使用,虽在含义上与法律的相关规定存在一定差异,也不能完全等同于商标侵权或不正当竞争,但结合被告一般经营者的身份、普通消费者的普遍认知以及上述用语的日常表达习惯,综合考虑原、被告名称,网址的近似性以及地址、商标等的使用情况,上述措辞传达的信息与实际情况基本可以对应,不至于使相关公众产生偏离基本词意的联想,故不构成误导性信息。

从意图来看,被告就原告相关行为申请公证、提起诉讼、发布声明的时间集中在 2018 年年底至 2019 年年初,由此可以看出,被告的行为系基于一定事实依据并采取应对措施的过程。作为一般经营者,提起诉讼固然是其保护自身合法权益的一种路径,但同时被告亦有权采取其他必要、合理的措施。本案声明发布于被告官方网站的“新闻资讯”板块,内容与原告的相关行为存在较强的对应性,受众亦与可能受原告行为影响的对象具有一定的重合性,综合考虑发布声明的时间、平台、原因、表达方式、影响形式和范围等因素,被告的行为与其所称表明产品区别、澄清事实、防止消费者混淆的目的较为契合,未超出正当合理的范围。

从效果来看,商业诋毁旨在贬低竞争对手的商业信誉和商品声誉,削弱其市场竞争能力,本案中,并无证据表明相关公众因涉案声明而降低了对原告或其产品的评价,或者被告因此获得不正当利益,声明的结果亦不违背对消费者合法权益的保护。

综上所述,被告发布涉案声明的行为不构成对原告的商业诋毁,对于原告的全部诉讼请求均不予支持。

【案例注解】

本案的争议焦点为:被告在尚无生效法律文书认定原告行为构成知识产权侵权的情况下发布侵权声明,指出原告存在“仿冒”“假冒”“仿造”等行为是否构成商业诋毁。

一、经营者表达自由与商业诋毁规制

表达自由是一项古老的基本权利,也可以延伸商业领域。具体而言,经营者在从事商业活动的过程中,可以通过陈述、提示、声明等诸多方式,自由地表达意见与看法。由于经营者表达自由往往涉及商业观点,或多或少地影响着相关公众的商业选择,故其天然地与竞争利益挂钩。

反不正当竞争法规制的商业诋毁行为同样与信息传播和意见表达相关,出

于保护公平竞争秩序、维护经营者权益和消费者福祉的考虑，经营者不得编造、传播虚假信息或误导性信息，损害竞争对手的商业信誉和商品声誉。从这个意义上理解，法律对经营者的表达自由作出了一定的限制，经营者对其商业言论内容负有更高的注意义务。正因如此，经营者的表达自由常常被置于反不正当竞争法的视野中接受审视，如对两者界限把握不当，商业言论可能落入商业诋毁的规制范围。在上海奔富贸易有限公司与易富（上海）贸易有限公司商业诋毁纠纷上诉案［（2020）沪 73 民终 160 号］中，法院就在判决书中指出，经营者在经营活动中享有言论自由，经营者出于竞争目的对他人产品进行评价或批评应当在合理范畴内。

在互联网兴起前，经营者的表达渠道多局限于传统的传播媒介，如报纸、杂志、广播、电视等，信息传播的方式较为单一，范围和持续时间也相对有限。网络技术的发展和自媒体的兴起，让经营者自由表达意见的途径日趋多元化，方式也日趋便利化。鉴于互联网商业言论具有参与主体广、传播速度快、影响范围广等特点，如何处理好商业言论表达自由与限制之间的冲突与平衡，也成为司法实践中极具现实意义的问题。应该肯定的是，无论是从经营者加强宣传推广、促进和维护自身利益的角度，还是从提高市场透明度、监督竞争动态、保障消费者知情权的角度，商业言论自由都发挥着重要的价值。与此同时，商业言论必须以客观真实、诚实信用为原则，不得扰乱正常的竞争秩序，侵害其他人的合法权益，尤其是在互联网场景下，“不正当竞争活动的科技特征突出，执行迅速，所涉影响区域广阔且后果重大”①，一旦出现商业诋毁，可能产生重大且难以消弭的影响。

二、侵权声明的正当性判断

商业言论的类型多种多样，内容包罗万象，其背后的具体意图也千差万别。在司法实践中，经营者在合法权利受损或可能受损的场合下自行“发声”“喊话”，就是一种较为典型的商业言论类型。本案就是一起经营者在互联网上发布声明，指向竞争对手存在知识产权侵权行为而引发的商业诋毁纠纷。

在经营者认为自身权益遭受侵害的情况下，其有权选择多种救济途径进行维权，比如发起诉讼、发送警告函、发布声明等，这些在现实生活中都比较常见。不同的途径各有特点和优势，经营者可以自行选择一种或多种使用。相较于诉

① 参见吴汉东：《论反不正当竞争中的知识产权问题》，载《现代法学》2013 年第 1 期。

讼周期的持续性、警告函发送对象的有限性，发布声明在维权成本和维权效率上有其优势，也在一定程度上有利于简化解救方式、节约救济成本。但考虑到侵权声明往往涉及知识产权权利边界的确定以及对竞争对手行为的侵权判断，内容的把握上存在一定的难度和模糊性，受众范围也具有相当的不特定性，故侵权声明在作为维权方式的同时，也可能会被用于市场竞争，成为一种竞争手段，受到反不正当竞争法的调整。最高人民法院在深圳市理邦精密仪器股份有限公司与深圳迈瑞生物医疗电子股份有限公司商业诋毁纠纷案［（2015）民申字第 191 号］民事裁定书中指出，发送侵权警告既可以是权利形式行为，被用以行使和保护权利；又可以是市场竞争行为，被用以进行市场竞争或者不正当竞争。正当的侵权警告与不正当竞争的划分涉及权利保护与维护公平竞争之间的利益平衡，要求既允许正当的侵权警告行为及保护权利的形式，又有效防止滥用侵权警告，保护竞争对手的合法权益。以上论述虽针对的是涉知识产权的侵权警告行为，但在很大程度上也适用于侵权声明这种言论方式。

在反不正当竞争法的评价体系下，商业诋毁是指经营者自己或者利用他人编造、传播虚假信息或者误导性信息，损害竞争对手的商业信誉、商品声誉，以削弱其市场竞争能力，并为自己谋取不正当利益的行为。侵权声明是否构成商业诋毁，侵权声明正当与否，一般需要结合多种因素，进行综合判断。

（一）内容真实性

商业诋毁的手段包括编造、传播虚假信息或者误导性信息，其中虚假信息是指内容不真实、不符合实际情况的信息，即这些信息是无中生有编造而来；而误导性信息可能包含真实或部分真实的信息，但呈现出模糊、片面、真伪不明的状态，易使受众对客观事实产生认知偏差。

从内容上看，商业言论大致可以分为事实部分和认识部分（或评述部分），事实部分侧重于对客观事实的描述，要求做到真实准确；认识部分侧重于对自身观点的表达，由于立场的不同和认知的差异，该部分存在一定的灵活空间。特别是随着网络传播的日益普及，在纷繁复杂的网络信息中，相关受众的注意力集中度较传统媒体时代发生了巨大的变化，如果经营者仅对产品或服务作事实陈述，将价值判断完全交予受众，可能不利于受众认知的及时形成。因此，认识部分在对信息是否真实或者是否存在误导性的判断上，可谓至关重要。具体到侵权声明这种言论类型，尽管事实部分所占的篇幅和详细程度不尽相同，但通常认为，对客观事实的罗列越详尽具体，越具有针对性，信息的披露也就越充分，造成歧义的可能性也就相对较低。

对于侵权声明发出时相关侵权判决尚未作出的情况，司法实践中大致存在两种观点。一种观点认为，侵权的判断有其专业性，在无权威认定的情况下，侵权声明的措辞应极尽克制，不宜出现“侵权”“假冒”等绝对性结论，否则可归入无事实依据的虚假信息或容易导致受众误解的误导性信息。另一种观点认为，经营者对于“侵权”“假冒”的自行判断，不以是否存在侵权判决为基础，甚至不以是否提起侵权诉讼为基础，对结论确定性程度的要求，应当根据案件具体情况进行把握，不能一概而论。

我们认同后一种观点。第一，声明内容的不当性主要体现为对相关公众错误引导，从而影响其市场选择，导致消费者的知情权和竞争对手的竞争优势受损。对于误导的判断，仍应落脚于基础的客观事实，不能机械地依赖于所谓的既定结论。第二，作为一种救济手段，侵权声明在很大程度上是对诉讼程序的一种补充，能够相对快速、简便地控制可能的侵权影响，如苛求其必须以诉讼结论为依据，存在架空此项救济措施运用的风险。第三，对于商业言论的规制，仍应体现出对经营者表达自由的充分尊重，体现出表达自由与维护市场秩序间的利益平衡，经营者有权对不确定事实发表预判，并对此承担法律风险。

至于侵权声明发出后作出的诉讼结果能否在判断信息虚假性时作为依据，我们认为答案是肯定的，原因在于无论诉讼结果何时做出，其均属于客观事实；如经营者发布侵权声明时自行对他人侵权与否作出判断，该结论又在后续生效的诉讼裁判中得到确认，则足以印证侵权声明内容的真实性；反之亦然。

（二）措辞严谨性

经营者有权针对竞争对手发布侵权声明，但应做到基于事实，合理审慎。在事实的罗列上，应充分披露据以判断竞争对手构成侵权的必要信息，尽可能涵盖自身权利基础（如权利名称、类型、有效期限等）、具体侵权表现、侵权判断依据、所涉影响范围等要件，如有可能也可以采用附图、对比说明等方式予以阐明。

与此同时，受自身立场、表达方式、主观认知等方面的影响，我们不能苛求声明内容完全确定，毫无疑义。如果声明内容基于传播信息的语境、相关公众的普遍认知水平并不会产生误解，或者信息内容整体上可以消弭部分语句或词语产生的歧义,则不属于误导性信息。一般而言,我们可以从认知后果和认知水平两个方面进行考察,一方面,信息的受众是否在事实上已经受该信息干扰,对竞争对手的商誉产生了错误的认识或心理印象,消费注意力发生转移;另一方面,按照受众通常的判断能力来理解,他们是否有极大可能受该信息的错误引导而对经营者的竞争对手的商誉产生误认。比如"仿冒""假冒"等词汇,其在知识产权相关法律中的含义虽与日常生活语境中存在一定的差异,但相关公众的理解不会出现严重偏差,不会产生过于偏离实际的联想,此时如严格限定经营者在侵权声明中使用确切法律措辞,与其作为一般市场主体的身份不符。

(三)传播合理性

从本质上来说,诋毁是一种欺骗性信息的传播行为,其作用原理是通过对竞争对手产品或服务的扭曲,影响受众对竞争对手的评价,进而损害竞争对手的商业信誉、商品声誉。也就是说,虚假或者误导性的信息,必须通过"传播",才能到达相关受众。因此,除上述提及的内容准确性、措辞严谨性之外,如何把握信息的传播对象、传播路径、传播影响,也是至关重要的考量因素。由于侵权声明中可能存在事先言论,存在不确定的风险,故在传播方式的选择上,应以合理性、必要性为原则。具体而言,发布平台的受众范围应与竞争对手侵权行为的影响范围相当,与经营者自身经营的业务范围契合,不能以消除竞争对手侵权行为影响为由,无序扩大声明的传播范围,滥用声明的传播途径。

互联网具有开放、自由、交互、虚拟等特点,这使互联网时代的信息传播面临新的变化和问题。一方面,信息实际的传播路径,可能会偏离信息发布主体预设的范围。另一方面,信息受众对于信息真伪的判断认知能力可能存在较大差异,对所涉具体情况的了解程度也千差万别。因此,对于如何限定侵权声明的受众范围,尽可能确保受众做出合理判断,承担合理的商业风险,也是侵权声明需要重点考虑的问题。

除上述因素外,主观意图也是很多司法判决在处理此类纠纷时会关注的因素。对于行为人的主观意图是否影响商业诋毁的成立,虽然在理论上仍存在争议,但从文义上理解,《反不正当竞争法》中关于"编造、传播"的规定,应该暗含着故意实施,至少是主观上存在过失。当然,主观意图的判断,就证据角度而言存在一定的困难,一般需综合考量言论的背景、性质、行为的特点等。

三、利益权衡

利益权衡，即在相关冲突的利益中作出利益上的排序和取舍，这在整个竞争法的体系中是确定是否构成不正当竞争，界定不正当竞争范围的重要因素。在涉及侵权声明的案件中，除言辞内容和限度外，利益的权衡同样需要纳入考量范围。一般而言，被言说者有获得他人公正评价、不被贬损的权利，言说者也有言论自由的权利。尤其需要强调的是，在利益权衡中，公共利益和消费者利益也不能一直缺位，司法需要引入更为多元的利益因素，进行更为精细而复杂的权衡。①

（合议庭成员：张佳璐、林抒蔚、丁濛）

① 参见谢晓尧：《在经验与制度之间：不正当竞争司法案例类型化研究》，法律出版社2010年版，第368页。

上海冠生园食品有限公司诉成都市新都区冠生园食品有限责任公司侵害商标权及不正当竞争纠纷案

——老字号商业标识权利冲突的司法判定

俞　璐

关键词｜知识产权　不正当竞争　商标权　老字号

【裁判要旨】

老字号在发展中面临如何确定权利边界和规范使用的问题。对于历史原因造成的商标与老字号之间的权利冲突，应本着尊重历史、诚实信用、利益平衡、保护在先权利等原则进行处理，既要给予老字号强有力的法律保护，又要尊重其历史传承与时代背景。

【相关法条】

《中华人民共和国商标法》

第五十七条　有下列行为之一的，均属侵犯注册商标专用权：

（一）未经商标注册人的许可，在同一种商品上使用与其注册商标相同的商标的；

（二）未经商标注册人的许可，在同一种商品上使用与其注册商标近似的商标，或者在类似商品上使用与其注册商标相同或者近似的商标，容易导致混淆的；

……

【案件索引】

一审：上海市普陀区人民法院（2018）沪0107民初20800号民事判决书（2019年12月11日）

二审：上海知识产权法院（2020）沪73民终167号民事判决书（2020年12月1日）

【基本案情】

原告上海冠生园食品有限公司（以下简称上海冠生园公司）提起本案诉讼，请求被告成都市新都区冠生园食品有限责任公司（以下简称新都冠生园公司）立即停止侵害原告第246111号、第6895650号、第1590965号注册商标专用权行为；立即停止使用并注销网站域名 www. xdgsy. com. cn；立即停止将“冠生园”作为企业字号使用的不正当竞争行为；限期更改企业名称，变更后的企业名称不得含有“冠生园”字样；赔偿经济损失及合理费用共5,000,000元。

被告新都冠生园公司辩称其行为不构成商标侵权：（1）被告未将“冠生园”作为商标使用，被告产品标注的是被告的商标“新冠”和“禧月坊”，产品包装上标注生产厂家是合法的；（2）被告产品外包装上的“冠生园”与原告商标不构成相同或近似；（3）普通公众通过正常判断能够辨别产品品牌和生产厂家，不易造成混淆；（4）在产品中突出“冠生园”“新都冠生园”“新都冠生园出品”是对被告字号的合理使用；（5）被告企业官网域名中含有“gsy”3个字母，虽然与原告注册商标中字母部分相同，但“gsy”3个字母与“冠生园”商标中的“gsy”，不具有必然的对应关系。被告辩称其行为不构成不正当竞争：（1）全国各地出现部分企业字号中包含“冠生园”是计划时代的产物；（2）被告企业字号中“冠生园”3个字的渊源是与重庆冠生园的联营，被告企业的前身创立时间最早可以追溯到1986年，后与重庆冠生园联营，成立新都县冠生园食品厂，联营结束，沿用“新都冠生园”至今；（3）被告企业自成立以来，积极发展自身品牌，名下商标“新冠”和“禧月坊”在四川乃至西南地区都有一定的知名度，其中“新冠”商标被评为成都市著名商标，被告也无须“傍名牌”。

法院经审理查明：1918年，冼冠生先生和上海梨园界4位艺人在上海创办“冠生园”，自产自销蜜饯、糖果，兼营粤式茶食。1923年，冠生园改组为股份有限公司。1956年，冠生园实行公私合营，并更名为冠生园食品厂，为国有企业。

冠生园股份有限公司解体，上海总部一分为三，各地分店均隶属于地方，与上海冠生园再无关系，只有冠生园字号被保留。1987 年，上海长征食品厂并入冠生园食品厂，成立上海冠生园食品总厂，继而又组建成立上海冠生园食品联合总公司。1993 年，上海冠生园食品联合总公司与其他食品厂合并成立了冠生园（集团）总公司。1996 年，上海工商冠生园实现合并，统一字号，冠生园（集团）有限公司改制成立。1997 年，原告上海冠生园食品有限公司成立。案外人上海冠生园益民食品有限公司系原告全资子公司，负责生产冠生园品牌的月饼。

第 246111 号“冠生園”商标于 1986 年 3 月 15 日核准注册，核定使用商品为第 30 类，包括谷制品、面制品等。第 6895650 号“生 冠生園”商标于 2010 年 5 月 14 日核准注册，核定使用商品为第 30 类，包括月饼。第 1590965 号“冠生園 G·S·Y”商标于 2001 年 6 月 21 日核准注册，核定使用商品为第 30 类，包括面包、面粉制品等。2000 年 9 月 27 日，国家商标局认定“冠生园”商标为驰名商标，所附图样为“冠生园”文字及“生”字图案。2006 年，商务部以 09045 号证书认定“冠生园”注册商标为“中华老字号”。2012 年 5 月 27 日，原告经受让取得上述 3 个商标的专用权。2004 年至 2017 年，上海冠生园益民食品有限公司生产的月饼多次被评为中国名饼、上海名优食品、上海名特优月饼。

2018 年 6 月至 9 月，案外人杭州来杨知识产权代理有限公司（以下简称来杨知产代理公司）和原告在上海和重庆共公证购买到被告生产的粽子 1 袋、月饼 5 份。经比对，粽子包装袋标注“新冠 XINGUAN”“新都冠生园食品”。5 种不同款式的月饼外包装袋均标注“新都冠生园”及“新冠”标识，注明制造商为被告。其中一款月饼的外包装盒和独立包装还标注了“新冠”。2018 年 7 月至 8 月，来杨知产代理公司对于被告的官网“www. xdgsy. com. cn”、微信公众号进行证据保全。

原告主张被告的侵权标识一共有 4 种使用方式：（1）被告使用第 8176013 号“新冠”注册商标（右侧为“新都冠生园出品”，放弃专用权）；（2）被告在月饼和粽子产品、网站、微信公众号上使用“新都冠生园”“新都冠生园出品”等字样；（3）被告注册并使用“xdgsy. com. cn”域名；（4）被告在微信公众号发布的一篇文章所附图片其中一张显示有 3 幢建筑物，上方标注“新都冠生园食品有限公司”，在中间一幢建筑物上方标注“冠生园”字样，即原告主张的被告在企业招牌上突出使用“冠生园”字样。

1991 年 10 月 29 日，重庆冠生园食品公司与新都蕊春园食品厂联营成立新都冠生园食品联营厂。1992 年 2 月 1 日，该厂申请开业，经工商机关批准，企业名称为新都县冠生园食品联营厂。1992 年 9 月 1 日，重庆冠生园食品公司同意将原来的新都县冠生园食品联营厂更名为新都县冠生园食品厂。1994 年 9 月 21 日，新都县冠生园食品厂获得第 706260 号“”注册商标专用权，核定使用商品为第 30 类，包括糖果、糕点等，该商标为成都市著名商标。新都县冠生园食品厂后改组为新都冠生园食品有限责任公司。2006 年 5 月 31 日，新都冠生园食品有限责任公司更名为成都市新都区冠生园食品有限责任公司（被告现企业名称）。2011 年至 2012 年，经国家商标局核准，被告分别获得第 7328392 号“”、第 8176013 号“”（右侧一行字为“新都冠生园出品”，“新都冠生园出品”放弃专用权）、第 9676456 号“”注册商标专用权；2015 年 6 月、2015 年 9 月，被告分别获得第 14437260 号“”、第 15132182 号“”注册商标专用权。以上 5 个商标，核定使用商品均为第 30 类，包括月饼、粽子等。目前，第 706260 号、第 7328392 号、第 8176013 号、第 9676456 号商标转让至刘某春名下。

【裁判结果】

上海市普陀区人民法院于 2019 年 12 月 11 日作出（2018）沪 0107 民初 20800 号判决：（1）被告新都冠生园公司立即停止侵害原告第 246111 号“”、第 6895650 号“”、第 1590965 号“”注册商标专用权的行为；（2）被告新都冠生园公司应于判决生效之日起 10 日内赔偿原告上海冠生园公司经济损失及合理费用，共计 500,000 元；（3）驳回原告上海冠生园公司其他的诉讼请求。

宣判后，上海冠生园公司不服一审判决，向上海知识产权法院提起上诉，上海知识产权法院于2020年12月1日作出(2020)沪73民终167号民事判决:驳回上诉,维持原判。

【裁判理由】

法院生效裁判认为:首先,被告将“冠生园”作为字号注册为企业名称并完整规范使用的行为不构成对原告的不正当竞争。商标权和字号权分别保护不同的法益,当两者产生权利冲突时,应当遵循诚实信用、维护公平竞争等处理原则。被告取得“冠生园”字号有其历史渊源与时代背景,其与新都县冠生园食品联营厂具有承继关系。被告注册、使用“冠生园”字号可追溯至1991年至1992年间,早于原告取得“冠生园”字号时间,亦早于“冠生园”商标被认定为驰名商标、中华老字号的时间。被告形成的字号权具有其正当性。被告在当地经营多年,具有一定的规模与生产能力,其完整规范地使用其企业名称,并不会引起相关公众的混淆误认。

其次,对于原告主张被控侵权标识的第一种使用方式,“新都冠生园出品”作为第8176013号注册商标不可分割的一部分应可使用,原告对此有异议,应向商标行政主观机关申请解决,该注册商标是否构成对原告商标的侵害,不属于人民法院一审民事案件审理的范围,对此法院不予处理。对于第二种使用方式,被告和原告同属食品行业,应当知晓被告“冠生园”商标的较高知名度,且“冠生园”部分的字体与大小均不同。因此在产品、包装物以及网站、微信公众号不规范使用企业名称“新都冠生园”“新都冠生园出品”等字样,易使相关公众产生混淆误认,构成商标侵权。对于第三种使用方式,第1590965号“冠生園 G·S·Y”商标中包含“G. S. Y”字样,但从中国消费者的阅读习惯来看,该商标的主要识别部分仍为“冠生园”中文字样;与被控侵权域名的主要识别部分“xdgsy”进行比对,难以认定两者构成相同或近似。“xdgsy”只是字母组合,其读音和含义并不具有唯一性,难以认定与“冠生园”存在对应关系,故该种使用方式不构成商标侵权。对于第四种使用方式,在图片的建筑物使用“冠生园”字样,难以认定与原告涉案商标核定使用商品如谷制品、月饼等构成相同或类似商品,故不构成商标侵权。

最后,对于侵害原告涉案注册商标专用权的行为,侵权行为人应当承担停止侵权、赔偿损失等民事责任。因实际损失和侵权获利难以确定,法院综合考虑涉案商标的知名度、被告实施侵权行为的性质、过错程度、侵权持续时间等因素予以酌定。对于公证费、律师费等制止侵权行为的合理开支,法院酌情予以支持。

【案例注解】

本案系一起由老字号引起的商标侵权及不正当竞争纠纷案件。与普通的此类案件相比,其不同之处在于既要给予老字号强有力的法律保护,又要尊重其历史传承与时代背景,平衡两者之间的利益关系。

一、老字号的概念及相关法律

根据商务部等八部门 2022 年 1 月 25 日发布《关于促进老字号创新发展的意见》,“老字号”是指历史悠久,传承独特产品、技艺或服务、理念,取得社会广泛认同的品牌,具有鲜明的中华优秀传统文化特色和深厚的历史底蕴,具有广泛的群众基础和丰富的经济文化价值。我国现行法律法规中并不存在“老字号”这一术语。在司法实践中,通常将老字号理解为创办已有一定时期,拥有时代传承的产品、技艺或服务,具有较高知名度和良好信誉的经营主体名称。我国对于老字号的时间认定有明确的规定,根据《关于实施“振兴老字号工程”的通知》,老字号须创建于 1956 年(含)之前。

《保护工业产权巴黎公约》最早将字号纳入知识产权国际保护体系。目前,我国还没有关于保护老字号或者企业字号权的专门法律。在司法实践中,一般对老字号以字号的形式予以保护。《民法典》第 54 条规定个体工商户可以起字号。《企业名称登记管理规定》(2020 年修订)第 6 条、第 8 条、第 21 条规定企业名称由行政区划名称、字号、行业或者经营特点、组织形式组成;企业名称中的字号应当由两个以上汉字组成;企业认为其他企业名称侵犯本企业名称合法权益的,可以向人民法院起诉或者请求为涉嫌侵权企业办理登记的企业登记机关处理。在现行知识产权立法体系下,可从企业名称权、商标权、著作权等多维度对老字号进行保护。

二、老字号纠纷产生的原因

(一)公私合营等历史原因

许多老字号在成立之初,都属于个体经营。由于老字号须创建于 1956 年(含)之前,绝大多数老字号在其发展过程中必定经历过公私合营这一特殊时期。1954 年 9 月 2 日,对资本主义企业实行公私合营。1956 年年初,资本主义企业实现全行业公私合营。1966 年 9 月,公私合营企业转变为社会主义全民所有制。历经所有制改革,老字号均成为国有或者集体企业所有。企业历经公私合营、解体、改制、合并、更名等多重变革,老字号的归属不可避免会比较混乱,容易导致企业与其传承人或相关主体之间存在权属纠纷。

本案即属于此种情形。老字号“冠生园”因历史原因形成一脉相承的多个经营主体并存的情形。1956 年,冠生园股份有限公司解体,上海总部一分为三,重庆等分店企业均隶属于地方,与上海冠生园再无关系,只有冠生园字号被保留。20 世纪 80 年代和 90 年代,随着改革开放不断深入,全国兴办联营企业,各地均出现“冠生园”字号企业。本案被告即在此背景下设立,被告与重庆冠生园食品公司存在承继关系。

(二)企业名称登记的地域性限制

我国对于企业名称登记采取分区登记、分级管理的制度。企业名称由申请人自主申报后,由工商行政管理部门审核,但此种审核受到行政区划和行业的限制。根据《企业名称登记管理规定》第 17 条的规定,在同一企业登记机关,申请人拟定的企业名称中的字号不得与特定同行业或者不使用行业、经营特点表述的企业名称中的字号相同,即经过登记的字号可在登记地同行业排他使用。换言之,企图“搭便车”的企业可以在不同行政区划的工商行政管理部门进行企业名称登记,或者在不同的行业注册与他人老字号相同或者近似的字号。

(三)老字号传人的判定困难

在老字号经营的漫漫历史长河中,出于各种原因,老字号后人也可能在其他区域开展经营,从而造成不同地域出现同一老字号的情形。例如“吴良材案”,吴良材眼镜店的前身为 1719 年在上海创建的澄明斋珠宝玉器铺,1927 年更名为专营眼镜的吴良材眼镜店。1947 年吴良材的后人吴国城在南京开设分号。如今上海吴良材与南京吴良材并无经营上的关联。

对于究竟谁是老字号的真正后人,也可能产生巨大争议。例如“泥人张案”即为天津“泥人张”与北京“泥人张”之争,双方均有一系列证据证明其与“泥人张”的渊源,为其后人。最高人民法院最终认定“泥人张”作为知名商品特有名称,归属于张明山及其后代,即天津“泥人张”,而非北京“泥人张”。

(四)老字号商业标识被无历史渊源的主体抢注

在经营发展过程中,许多老字号出于各种原因停止经营。老字号商标标识可能被其他无历史渊源的主体注册为商标,重回市场。该类主体自此以老字号的传人为名,进行商业经营。老字号创始人的后人在意识到老字号的内含市场价值后,可能会提起相关诉讼。例如“方顺和案”,方顺和烧饼店于 1956 年停止经营,方顺和公司于 2010 年成立,并注册了“方顺和”商标,其与“方顺和”的创始人方春根并无任何关联。再如“同德福案”,创始于 1898 年的同德福斋铺因公私合营停止生产,但技艺的传承却未中断。余晓华作为同德福斋铺的第四代传人,注册了重庆同德福公司。成都同德福公司作为“同德福”商标的权利人,主张重庆同德福公司侵害其注册商标专用权并构成不正当竞争。

不同法院对此种类型案件判决的观点存在较大分歧。对于“方顺和案”,法院认为,长期中断经营的老字号将会成为一个公有的文化符号,其他经营者如果将老字号发扬光大,可以将老字号注册为商标、登记为企业字号,老字号后人无法仅凭身份关系承继得到已长期停止经营的老字号的独占性权益。对于“同德福案”,法院则认为成都同德福公司与老字号无历史渊源,但以老字号的历史进行宣传,构成虚假宣传。成都同德福公司享有商标权,但是重庆同德福公司系与老字号具有历史渊源的企业,其将老字号登记为企业名称,且未突出使用该字号,不构成侵害商标权或不正当竞争。

三、保护老字号的裁判原则

(一)重视历史渊源的审查

老字号的权利冲突问题,很大程度上源于中华民族传统品牌历经计划经济、市场经济体制改革等历史变迁,代际传承在地域上呈现多样性分布。审理老字号纠纷案件,需要将大量精力用于梳理老字号的历史渊源,从而查明企业名称及商标的来源。在审查老字号的合法传人时,不应只考察血缘关系上的传承,还应该结合老字号在历史发展过程中遇到的特殊情况,考察可能存在的多个传人主体。[①] 应积极调动当事人的举证意识,引导其尽可能提供完整的老字号形成过程中所保留的证据,例如,改制相关材料、公司更名登记文件、书籍、报纸杂志、老照片、证人证言等,尽可能还原历史,从而建立查明老字号形成过程的基础,准确判定各方主体的权利边界。

在本案中,法官积极引导双方当事人提交证据。被告由此提交了重庆冠生园食品公司与新都蕊春园食品厂签订的《联营协议》和改制、更名的相关文件,

---

① 参见邓玲:《“山寨”老字号商标及不正当竞争纠纷的司法裁判研究》,载《知识产权》2017 年第 6 期。

证明双方联营成立新都冠生园食品联营厂，经过多次改制更名，最终更名为被告现在的企业名称。被告由此证明其与重庆冠生园食品公司及新都县冠生园食品联营厂存在承继关系，被告注册、使用“冠生园”字号早于原告取得“冠生园”字号的时间，亦早于“冠生园”商标被认定为驰名商标、中华老字号的时间。结合被告已在当地经营多年，具有一定的规模与生产能力，法院综合认定被告注册并完整规范使用“冠生园”字号的行为并不会引起相关公众的混淆误认，并不构成不正当竞争。

(二)明确商标权和字号权的权利边界

相当数量的老字号权利人具有法律意识，会将字号注册为商标，以此间接保护字号权。商标权和字号权分别保护不同的法益，当两者产生权利冲突时，应当遵循诚实信用、维护公平竞争等处理原则。诚实信用原则要求市场参与者在不损害他人利益和社会公益的前提下追求自己的利益；维护公平竞争原则需要强化市场竞争和优化政府规制。具体认定时除要考察行为人的主观过错，同时还要结合行为发生时商标、字号等商业标识的显著性及实际使用情况、商标或字号的知名度范围、行为人知晓知名度的可能性、行为人行为发生的合理性、行为人是否存在突出使用等客观情况综合判断。①

即便出于历史原因，原、被告双方作为一脉相承下的老字号经营主体，仍应尊重他人的商标权，避免造成相关公众混淆误认。如其能完整规范使用自己的企业名称，即属于合理使用的范畴；如其有意识地突出使用相关字样，则存在主观恶意，可能构成商标侵权。

对于本案原告主张的4种侵权标识的使用方式，法院一一进行审查。虽然被告的自有商标具有一定知名度，然而却未证明企业字号本身的知名度。在原告“冠生园”商标具有较高知名度的情况下，被告应当在相关标识的使用方式上予以合理避让。然而观察被告的实际使用方式和产品的标识位置，“新都冠生园”信息更为突出，其中“冠生园”部分以不同字体、不同大小呈现，较易使相关公众将注意力集中放在“冠生园”3个字上，难谓正当。“冠生园”既是原告的驰名商标、中华老字号，又是原告及其关联公司的字号，相关公众在施以一般注意力的情况下，无法区分被告的不规范使用企业名称“新都冠生园”“新都冠生园

① 参见金民珍、徐婷姿、袁田：《老字号知识产权纠纷的类型化及裁判原则》，载《中华商标》2019年第4期。

出品”等字样的方式究竟是指向企业名称还是指向商标,该种使用方式易使相关公众将上述标识与原告的商标产生混淆误认,构成商标侵权。

(三)强化诚实信用原则

诚实信用原则被称为是民法中的“帝王条款”。《民法典》第7条规定:“民事主体从事民事活动,应当遵循诚信原则,秉持诚实,恪守承诺。”在知识产权领域,民事主体进行市场竞争行为时同样需要遵守诚实信用原则,不得扰乱市场竞争秩序。《反不正当竞争法》第2条第1款规定:“经营者在生产经营活动中,应当遵循自愿、平等、公平、诚信的原则,遵守法律和商业道德。”《商标法》第7条第1款规定:“申请注册和使用商标,应当遵循诚实信用原则。”《商标法》第15条、第32条等规定则是诚实信用原则的具化。对于老字号保护而言,申请商标注册不得损害老字号传人现有的在先权利,例如字号权,也不得以不正当手段抢先注册老字号传人已经使用并有一定影响的商标。在审理老字号与商标的权利冲突案件中,既需要保护老字号的传承与发展,又要防止老字号与注册商标构成混淆,多维度考察各方的经营状况、老字号及商标使用情况,根据诚实信用原则最终合理地确定各自的市场。

诚实信用原则也是利益平衡原则的基础。特别是对于老字号经营主体中断经营,其他与之并无历史渊源的主体注册老字号商标、承继老字号荣誉、长期经营的情形,存在究竟是保护老字号亲缘传人还是承继经营主体利益的问题,法院此时既要避免给予承继经营主体其商标专用权过宽的保护,又要避免阻碍社会资源的有效利用;要充分考量老字号的历史发展过程、老字号的传承情况、相关消费者的认知等因素,在某些特定条件下,允许商标和字号的善意共存,从而实现经营者之间的包容性发展。当然,对于各方的利益平衡需要始终立于诚实信用原则的基础之上。

(一审合议庭成员:张佳璐、李霞、李诚

二审合议庭成员:胡宓、杜灵燕、易嘉)

株式会社益力多本社诉上海悦家食品有限公司等不正当竞争纠纷案

——反不正当竞争法中形状构造装潢的司法认定标准

陈　莹

关键词｜反不正当竞争法　商品形状构造　包装装潢

【裁判要旨】

《反不正当竞争法》第 6 条第 1 项规定，经营者不得擅自使用与他人有一定影响的商品名称、包装、装潢等相同或者近似的标识，引人误认为是他人商品或者与他人存在特定联系。当某一诉请保护的商品具备一定的知名度、其形状构造具备区别商品来源的作用，且诉请保护的形状构造不属于由商品自身的性质决定的设计，也不属于为实现某种技术效果所必需的设计时，该诉请保护的商品形状构造可以适用《反不正当竞争法》的相关规定予以保护。

【相关法条】

一、《中华人民共和国反不正当竞争法》

第六条　经营者不得实施下列混淆行为，引人误认为是他人商品或者与他人存在特定联系：

（一）擅自使用与他人有一定影响的商品名称、包装、装潢等相同或者近似的标识；

……

二、《最高人民法院关于审理不正当竞争民事案件应用法律若干问题的解释》

第一条　在中国境内具有一定的市场知名度，为相关公众所知悉的商品，应当认定为反不正当竞争法第五条第（二）项规定的“知名商品”。人民法院认定知名商品，应当考虑该商品的销售时间、销售区域、销售额和销售对象，进行任何宣传的持续时间、程度和地域范围，作为知名商品受保护的情况等因素，进行综合判断。原告应当对其商品的市场知名度负举证责任。

……

第二条　具有区别商品来源的显著特征的商品的名称、包装、装潢，应当认定为反不正当竞争法第五条第（二）项规定的“特有的名称、包装、装潢”。有下列情形之一的，人民法院不认定为知名商品特有的名称、包装、装潢：

（一）商品的通用名称、图形、型号；

（二）仅仅直接表示商品的质量、主要原料、功能、用途、重量、数量及其他特点的商品名称；

（三）仅由商品自身的性质产生的形状，为获得技术效果而需有的商品形状以及使商品具有实质性价值的形状；

（四）其他缺乏显著特征的商品名称、包装、装潢。

前款第（一）、（二）、（四）项规定的情形经过使用取得显著特征的，可以认定为特有的名称、包装、装潢。

……

【案件索引】

一审：上海市普陀区人民法院（2020）沪 0107 民初 16765 号民事判决书（2022 年 1 月 27 日）

二审：上海知识产权法院（2022）沪 73 民终 844 号民事判决书（2023 年 8 月 30 日）

【基本案情】

原告株式会社益力多本社（以下简称益力多本社）提起本案诉讼，请求判令被告上海悦家食品有限公司（以下简称悦家公司）、上海悦家食品有限公司郯城分公司（以下简称悦家郯城分公司）：（1）两被告立即停止对原告“Yakult”乳酸菌乳饮品包装装潢权的侵权行为;(2)两被告销毁库存的使用与原告“Yakult”乳酸菌乳饮品包装装潢近似的包装装潢的“100ml 悦家优菌 AE90 乳酸菌乳饮品”“100ml 悦家优植乳酸菌乳饮品”,以及相关宣传材料,删除网站上的相关宣传信息,从销售店召回尚未销售的使用与原告“Yakult”乳酸菌乳饮品包装装潢近似的包装装潢的“100ml 悦家优菌 AE90 乳酸菌乳饮品”“100ml 悦家优植乳酸菌乳饮品”,以及其五连排产品的宣传资料,并予以销毁;(3)两被告赔偿原告因被告的侵权行为所遭受的经济损失人民币 200 万元以及原告为调查、制止被告的侵权行为所花费的各种合理支出人民币 30 万元,共计人民币 230 万元。

被告悦家公司和悦家郯城分公司共同辩称,原告所主张的包装装潢中,单瓶容器系市场通用容器,不具备显著性特征,五连排包装装潢不具有一定的影响力,且两被告的商品与上述单瓶容器和五连排包装装潢均不构成近似,不会导致消费者混淆,被告无侵权故意。

法院经审理查明:原告益力多本社成立于 1949 年 1 月,经营范围为益生菌及乳制品的制造、销售及进出口等,系“养乐多”和“Yakult”系列商标专用权人。原告益力多本社主张“养乐多”乳酸菌乳饮品的单瓶容器及五连排包装装潢为有一定影响的商品包装装潢。该商品单瓶容量 100 毫升,可单瓶出售,也可采用五连排(5 瓶为 1 板)的形式出售,五连排外以塑料薄膜包裹的方式予以固定。该商品单瓶容器整体上窄下宽,瓶口为圆形,瓶身为圆柱形,瓶身中上部有一凹陷,凹陷位置上方和下方均印有红色文字。该商品五连排包装装潢正面以左低右高的弧形线条分隔,线条上方透明,下方左侧 1/3 采用内红、橙、黄、绿、青 5 色渐变背景,上有蓝色矩形框,框内标有白色文字,框下方以蓝色文字标注产品净含量,下方右侧 3/2 采用红色背景,上有不完全封闭的椭圆形,椭圆形内部和下方分别标注红色“养乐多”和“Yakult”字样。自 2006 年起,“养乐多”乳酸菌乳饮品在我国主要城市的大型超市销售,并通过各类广告、报纸杂志、网络媒体予以宣传。“Yakult”商标被认定为驰名商标。

被告悦家公司和被告悦家郯城分公司生产并在线上线下多渠道销售“悦家优菌 AE90 乳酸菌乳饮品”(以下简称优菌饮品)和“悦家优植乳酸菌乳饮品”(以下简称优植饮品),两款商品单瓶样式相同。被告优菌饮品的五连排包装装潢以高低不一的弧线作为分隔,线条上方透明,下方一侧采用红、橙、黄、绿、青 5 色渐变,上有蓝色矩形框,框内标有白色文字,框下方以蓝色文字标注产品净含量,另一侧采用红色背景,其上由“人形图案 + 半圆弧形 + 文字”组合及下方文字组成。优植饮品的五连排包装装潢以高低不一的弧线作为分隔,线条上方透明,下方为左低右高弧线走向的绿、黄、橙、红色块,未使用矩形框元素,且增加了地球图案。

【裁判结果】

上海市普陀区人民法院于2022年1月27日作出(2020)沪0107民初16765号民事判决:(1)被告悦家公司、悦家郏城分公司于判决生效之日立即停止涉案不正当竞争行为;(2)被告悦家公司、悦家郏城分公司于判决生效之日起10日内赔偿原告益力多本社经济损失及合理费用35万元;(3)对原告益力多本社的其余诉讼请求不予支持。

宣判后,被告悦家公司、悦家郏城分公司不服一审判决,向上海知识产权法院提起上诉,上海知识产权法院于2023年8月30日作出(2022)沪73民终844号民事判决:驳回上诉,维持原判。

【裁判理由】

法院生效裁判认为,本案双方当事人的主要争议焦点为:(1)原告益力多本社主张的包装装潢能否构成有一定影响的商品包装装潢;(2)两被告是否构成侵权。

关于争议焦点一,根据《反不正当竞争法》及相关司法解释的规定,擅自使用与他人有一定影响的商品名称、包装、装潢等相同或近似的标识,引人误认为是他人商品或者与他人存在特定联系的,构成不正当竞争行为。认定是否构成有一定影响的商品,应当考虑该商品的销售时间、销售区域、销售额和销售对象,进行任何宣传的持续时间、程度和地域范围,作为知名商品受保护的情况等因素,进行综合判断。在案证据表明,"养乐多"乳酸菌乳饮品进入中国市场已近20年,通过原告益力多本社多家关联公司,在全国多个主要城市的超市、商场内均有销售,市场占有率较高。与此同时,该商品通过报纸杂志、户外广告、各类活动等多渠道多形式对其进行了广泛的宣传和推广,综上,"养乐多"乳酸菌乳饮品经过长期、持续的推广宣传,在相关公众中取得了较高的知名度,应当认定为具有一定影响力的商品。

具有区别商品来源的显著特征的商品包装装潢,属于反不正当竞争法所保护的有一定影响的商品包装装潢,但仅由商品自身的性质产生的形状,为获得技术效果而需有的形状以及使商品具有实用性价值的形状除外，除非其经过使用取得显著特征。本案中，原告主张构成有一定影响的包装、装潢包括“养乐多”乳酸菌乳饮品五连排包装、装潢以及单瓶饮品容器包装、装潢。

关于原告主张的五连排包装装潢，“养乐多”乳酸菌乳饮品的五连排包装装潢正面以左低右高的弧形线条分隔，线条上方透明，下方左侧1/3采用内红、橙、黄、绿、青5色渐变背景，上有蓝色矩形框，框内标有白色文字，框下方以蓝色文字标注产品净含量，下方右侧2/3采用红色背景，其上由“不完全封闭的椭圆形+红色文字”组合及下方红色文字组成。上述元素的整体组合形成具有识别性的包装、装潢，经过长时间的使用和大量宣传，已足以使相关公众将上述包装、装潢的整体形象与“养乐多”乳酸菌乳饮品联系起来，具有识别商品来源的作用，可作为反不正当竞争法意义上有一定影响的商品包装、装潢予以保护。

关于原告主张的单瓶容器，该单瓶容器采用圆形瓶口和统一直径的圆柱形瓶身，其中瓶口由红、银两色包装膜覆盖，瓶身中部有凹陷，凹陷上下分别印有红色文字，瓶口与瓶身通过光滑表面相连。上述设计中，圆形瓶口和圆柱形瓶身属于饮料容器常见设计，凹陷位置具有便于拿握的实用性价值，该形状难以与商品的功能性分离。此外，单瓶容器上文字和覆膜的颜色选择亦较为单一，加之市面上确有多款类似容器形状乳酸菌乳饮品在售，故原告主张的单瓶容器尚不足以起到区分商品来源的作用，未能与涉案商品建立起明确、稳固的联系，无法作为有一定影响的商品包装、装潢受到反不正当竞争法的保护。

关于争议焦点二，将原、被告产品的五连排包装装潢进行比对，被告优菌饮品的五连排包装装潢以高低不一的弧线作为分隔，线条上方透明，下方一侧采用红、橙、黄、绿、青五色渐变，上有蓝色矩形框，框内标有白色文字，框下方以蓝色文字标注产品净含量，另一侧采用红色背景，其上由“人形图案+半圆弧形+文字”组合及下方文字组成，从整体视觉效果来看，与原告涉案商品的包装、装潢构成近似。另外，优菌饮品经过改版，除矩形框由蓝色变为红色以及局部细节的改动外，整体元素组合较改版前基本一致，仍构成近似。考虑到原告商品包装、装潢的知名度较高，原、被告商品受众存在一定重合，根据普通消费者购买此类商品时可能施加的一般注意力，容易对商品来源产生混淆。综上所述，两被告在改变前后的优菌饮品上擅自使用与原告“养乐多”乳酸菌乳饮品五连排包装装潢近似的包装装潢，构成不正当竞争行为。两被告提出涉案商品在销售场所的摆放区域、存储条件存在不同，且标注了其自有商标，不会产生混淆。

商品包装、装潢与商标均系消费者识别商品来源的依据，两被告在相同商品上使用与原告商品包装、装潢近似的包装、装潢，即便使用了不同的商标，也仍容易导致消费者对商品来源产生混淆，故法院对被告的上述意见不予采纳。

被告优植饮品的五连排包装装潢以高低不一的弧线作为分隔，线条上方透明，下方为左低右高弧线走向的绿、黄、橙、红色块，未使用矩形框元素，且增加了地球图案，该包装装潢大大减少了与原告产品包装装潢特有部分近似的元素，故法院认定被告优植饮品的五连排包装装潢与原告"养乐多"乳酸菌乳饮包装装潢不构成近似。

两被告就其擅自使用原告有一定影响的商品包装、装潢的不正当竞争行为，应承担停止侵权、赔偿损失等民事责任。关于赔偿数额的确定，鉴于原告因被侵权所受到的实际损失及两被告因侵权所获得的利益均难以确定，法院综合考虑原告商品具有较高的知名度和市场占有率，外包装装潢在涉案商品交易中的吸引力和利润贡献率，被告系专业的乳酸菌乳饮品生产企业且通过线上、线下渠道销售侵权商品，原告商品及侵权商品各自的价格，侵权持续时间等因素酌情予以确定。

【案例注解】

一、《反不正当竞争法》的修订对商品包装装潢保护的影响

根据1993年《反不正当竞争法》第5条第2项规定，经营者不得擅自使用知名商品特有的名称、包装、装潢，或者使用与知名商品近似的名称、包装、装潢，造成和他人的知名商品相混淆，使购买者误认为是该知名商品。2017年修订[①]后的《反不正当竞争法》第6条第1项则规定，经营者不得擅自使用与他人有一定影响的商品名称、包装、装潢等相同或者近似的标识，引人误认为是他人商品或者与他人存在特定联系[②]。从《反不正当竞争法》的这一修订来看，修订后的条文与修订前相比，主要具有以下几个方面的变化：

一是突出了混淆要件并澄清了混淆的含义。《反不正当竞争法》修订后将此类行为定位为混淆行为，从修订前后这一条文的字面意思来看，1993年《反不正当竞争法》的表述采取的是狭义的混淆概念（限定于商品的混淆误认），而

① 《反不正当竞争法》于2017年11月4日修订。

② 参见孔祥俊：《反不正当竞争法新原理（分论）》，法律出版社2019年版，第13～14页。

2017 年《反不正当竞争法》修订后的表述则采取了广义的混淆概念，即将混淆的概念延伸至对主体关联关系、认可关系等外延广泛的混淆。

二是以“等”字扩张了商业标志范围。1993 年《反不正当竞争法》将商业标志的范围限定于商品名称、包装、装潢，而 2017 年《反不正当竞争法》修订后的条文则以“等”字的方式扩张了商业标志的范围，使法律对于商业标志的定义呈相对开放的立法态度。

三是在构成要件上的删减调整。2017 年《反不正当竞争法》将“知名商品”修订为“有一定影响的商品”，并删除了“特有”这一表述。当然，需要指出的是，在某些案件中（特别是部分跨越该法修订的案件中），我们也可以适当考虑“知名商品”和“有一定影响的商品”的表述的实质同一性，在案件审理过程中对主张权利的商品作统一认定。

二、形状构造作为商品包装装潢进行保护的正当性

关于包装装潢的概念，其实可细分为“包装”与“装潢”两个概念，但由于二者联系紧密，因而常常结合成整体出现。具体而言，包装是为了便于携带商品而使用的辅助物或者容器，而装潢是为美化商品而在商品或包装上附加的文字、图案、色彩或者其排列组合。[①]

（一）形状构造属于商品装潢

从语义上看，凡是具有美化商品作用且外部可视的装饰都属于“商品装潢”的范畴，一般而言，商品的装潢可以分为以下两类：一类是文字图案类装潢，该类装潢主要体现为商品或其外包装上的文字、图案、色彩及其排列组合等；另一类是形状构造类装潢，即属于物品本体但具有装饰作用的物品的整体或者局部外观构造，但仅由商品自身的性质所决定的形状、为实现某种技术效果所必需的形状以及使商品具有实质性价值的形状除外。

需要指出的是，将商品的形状构造纳入装潢的范畴并给予适当的保护同样符合立法本意，由于商品的形状构造同样凝结了权利人所投入的资金、人力、物力及智力成果等，亦承载了权利人在长期经营过程中所积累的良好的商誉和口碑。如果简单地将装潢理解为附着于商品之上的文字、图案、色彩及其排列组合，则商品的构造形状将无法被纳入反不正当竞争法所保护的范畴。

---

① 参见黄军：《侵犯知名商品特有包装装潢行为构成的问题与改进》，载《知识产权》2017 年第 10 期。

更重要的是,最高人民法院在(2010)民提字第16号申请再审人宁波微亚达制笔有限公司与被申请人上海中韩晨光文具制造有限公司等擅自使用知名商品特有装潢纠纷一案中,就形状构造作为商品装潢进行保护的正当性作了详尽的分析阐释,这一案例对于将形状构造纳入装潢的范畴并给予反不正当竞争法意义上的保护具有重要的指导意义。

(二)保护商品形状构造的法律适用竞合

就商品形状构造这一客体而言,如权利人的该形状构造已获得外观设计专利权授权,则权利人亦可以通过《专利法》的相关规定对该形状构造主张保护。当然,即便某一商品的形状构造符合适用专利法进行保护的条件,并不意味着其不再属于反不正当竞争法保护的对象。鉴于目前相关法律对于两者的适用先后并未作出强制性规定,因此在法律适用竞合的情况下,权利人可以自行选择适用保护的法律。正如前述最高人民法院在(2010)民提字第16号案中所分析的,反不正当竞争法可以在知识产权法之外,在特定条件下对于某些民事权益提供有限的、附加的补充性保护。[①]

三、适用反不正当竞争法保护商品形状构造的司法裁判标准

(一)诉请保护的商品具备一定影响

虽然2017年修订后的《反不正当竞争法》的措辞是“引人误认为是他人商品或者与他人存在特定联系”,但不可否认的是,在相关案件审理过程中,我们仍应当关注诉请保护的商品同样应当具备一定的知名度或者说影响力。然而,鉴于现行《反不正当竞争法》及相关司法解释对于这部分概念的认定并未作出明文规定,一般而言,在审判实践中主要通过综合考量诉请保护的商品的知名度、销售时间、销售区域、销售对象、曾获荣誉、作为知名商品受保护的情况等因素。[②]

如本案中,法院在认定诉请保护的“养乐多”乳酸菌乳饮品是否符合前述关于有一定影响的商品的定义时,即综合考量了其进入中国市场时间长、通过原告及其关联公司在全国多个主要城市的超市、商场内均有销售,市场占有率较高。考虑到该商品通过报纸杂志、户外广告、各类活动等多渠道多形式对其进行了广泛的宣传和推广,综合考虑各类因素后,法院认定“养乐多”乳酸菌乳饮

---

① 参见最高人民法院民事判决书,(2010)民提字第16号。

② 参见方芳:《对知名商品特有包装、装潢的反不正当竞争法保护》,载《法制博览》2016年第35期。

品经过长期、持续的推广宣传，在相关公众中取得了较高的知名度，应当认定为具有一定影响力的商品。

（二）诉请保护的形状构造已经实际具有区别商品来源的作用

所谓商品的形状构造具备区别商品来源的作用，主要包括以下两方面的含义：一方面，该形状构造具备区别于一般常见涉及的显著特征；另一方面，通过权利人在市场上持续地使用和宣传，相关公众已经将该形状构造与特定生产者、提供者联系起来。

关于是否具备显著特征，应当重点分析同类型产品的形状构造的设计空间。一般而言，形状构造受商品功能的限制越小，其设计空间就越大。此外，即便某一形状构造的设计具备相当的显著性，还需要关注该设计是否与商品本身设计或为实现某种技术或功能等实用性价值相关。

至于该构造是否具备一定的影响力，其实质与上文所述的诉请保护的商品的影响力具有同一性，即权利人对该形状构造的使用时间越长、使用范围越广，则相关公众越有可能将该形状构造与特定商品建立特定联系。

（三）诉请保护的形状构造不属于由商品自身的性质决定的设计，也不属于为实现某种技术效果所必需的设计

诉请保护的形状构造不应当由商品自身性质所决定，亦不应为实现某种特定使用功能所需。若某一形状构造与前述两项因素高度相关，则即便其具备显著独特的设计、广泛长期的使用，亦不会使相关公众将其与特定产品建立联系，更遑论因他人使用而产生混淆误认。

（四）他人对该形状构造的使用会导致相关公众的混淆误认

就我国司法实践现状而言，所谓混淆误认有 4 种情形：①一是商品混淆，将不同商品混为一谈；二是经营者混淆，将不同商品认为来源系同一经营者；三是关联关系混淆，误认为不同商品的经营者具有授权许可、参股控股等特殊关系；四是联想意义上的混淆，将不同商品产生联想。需要指出的是，由于第 4 种混淆、误认的程度较低，通常不会将其纳入混淆、误认的范畴。对于前述混淆、误认，既可以是现实已经发生的，也可以是存在造成相关公众混淆、误认的可能性，但在判断可能性时，仍应当对其施以较高的认定标准，即相关公众对商品来源产生混淆、误认具有高度盖然性。

---

① 参见孔祥俊：《反不正当竞争法新原理（分论）》，法律出版社 2019 年版，第 64～66 页。

综合前述判断标准,本案中原告主张的其中一项诉请保护的形状构造即系用于盛装商品的单瓶容器,对此法院认为,一方面,该单瓶容器采用圆柱形的设计较为常见,而瓶身上的凹陷位置则具有便于拿取的实用性,且该形状难以与商品的功能性加以分离;另一方面,瓶身使用的包装覆膜等设计较为单一,市场上其他类似形状容器的同类产品亦正常在售,即相关社会公众并未将该单瓶容器与诉请保护的商品建立特定联系。因此,法院最终没有认定该单瓶容器构成反不正当竞争法意义上的商品装潢。

(一审合议庭成员:张佳璐、林抒蔚、戴仁炯

二审合议庭成员:吴盈喆、邵勋、叶菊芬)

四、合同篇

广州友谊班尼路服饰有限公司与上海天络行品牌管理股份有限公司、上海天达行投资管理有限公司著作权许可使用合同纠纷案

——侵害在先著作权的判断标准及权利救济的合理性边界认定

罗　荟

关键词 | 权利冲突　侵犯在先著作权　授权行为有效性　权利救济合理性

【裁判要旨】

著作权人已就美术作品取得著作权登记并就该权利进行授权使用，即便该美术作品已在授权行为作出前被他人申请商标注册登记，在著作权无瑕疵且无证据证明权利人知晓他人商标登记的情况下，该授权行为仍然有效。对于授权行为引发的相关侵权纠纷并无定论，且双方已就侵权行为相关法律事宜处置及费用承担达成一致的情况下，被授权方自行采取的下架、另行委托律师处理等费用缺乏合理必要性，法院不予支持。

【相关法条】

一、《中华人民共和国著作权法》(2010 年修正)

第三条　本法所称的作品，包括以下列形式创作的文学、艺术和自然科学、社会科学、工程技术等作品：

……

（四）美术、建筑作品；

……

二、《中华人民共和国合同法》[1]

第八条　依法成立的合同，对当事人具有法律约束力。当事人应当按照约定履行自己的义务，不得擅自变更或者解除合同。

依法成立的合同，受法律保护。

第六十条　当事人应当按照约定全面履行自己的义务。

当事人应当遵循诚实信用原则，根据合同的性质、目的和交易习惯履行通知、协助、保密等义务。

三、《中华人民共和国著作权法实施条例》

第二条　著作权法所称作品，是指文学、艺术和科学领域内具有独创性并能以某种有形形式复制的智力成果。

第四条　著作权法和本条例中下列作品的含义：

……

（八）美术作品，是指绘画、书法、雕塑等以线条、色彩或者其他方式构成的有审美意义的平面或者立体的造型艺术作品；

……

【案件索引】

上海市普陀区人民法院（2018）沪 0107 民初 19875 号民事判决书（2019 年 12 月 5 日）

【基本案情】

原告广州友谊班尼路服饰有限公司（以下简称广州班尼路公司）提起本案诉讼，请求上海天络行品牌管理股份有限公司（以下简称天络行公司）、上海天

---

① 《合同法》的相关规定已被纳入 2020 年 5 月 28 日公布的《民法典》第 465 条及第 509 条。《民法典》第 465 条规定：依法成立的合同，受法律保护。依法成立的合同，仅对当事人具有法律约束力，但是法律另有规定的除外。《民法典》第 509 条规定：当事人应当按照约定全面履行自己的义务。当事人应当遵循诚信原则，根据合同的性质、目的和交易习惯履行通知、协助、保密等义务。当事人在履行合同过程中，应当避免浪费资源、污染环境和破坏生态。

达行投资管理有限公司(以下简称天达行公司)连带赔偿货品及仓储费损失人民币247万余元,支付原告支出的律师费、翻译费、公证费等合理费用人民币57万余元。

两被告辩称:原、被告签订著作权授权协议时,案外人的注册商标没有对外公布,当时被告无法预见案外人在我国香港地区有注册商标。案外人使用的商标形象是被告拥有版权但未公开发表的形象,被告在我国香港地区对案外人商标提出异议,请求法院判令案外人商标无效。原告对此知情,却在仅有对方律师要求下架、法院没有作出事实判定、海关也未要求产品下架的情况下,将产品下架,对自身利益过度保护。根据原、被告及 BALENO KINGDOM LIMITED(以下简称香港班尼路有限公司)签订的补充协议,被告已经在我国香港地区聘请了律师并承担了所有费用,原告另行聘请律师是人为无谓地扩大损失。原告索赔无据,故被告无须承担原告因索赔发生的费用。

法院经审理查明:

一、关于泰迪珍藏系列著作权授权情况

本案涉及的美术作品"泰迪珍藏系列"首次出版/制作日期为 2014 年 6 月 30 日,首次发表日期为 2014 年 7 月 1 日,上海市版权局于 2014 年 11 月 4 日予以作品登记,著作权人为天络行公司。2015 年 7 月 16 日,原告与两被告签订《授权协议》,约定天络行公司将泰迪珍藏系列形象的版权通过商品授权的模式,授权广州班尼路公司将许可版权应用于授权商品的设计、开发、生产、销售,将许可版权应用于授权商品相关的市场推广。天达行公司作为天络行公司财务收付之结算方,代为收付协议项下款项,不收取费用,也不承担任何合同的权利义务。2016 年 1 月 1 日,原告委托香港班尼路有限公司作为其代理人,代为在香港区域销售泰迪珍藏系列形象商标产品。

二、有关泰迪珍藏系列形象的知识产权纠纷

案外人 HARREN(HONG KONG)LIMITED(以下简称协泓公司)原系编号 303104883 的商标、编号 303104892 的商标的权利人。303104883 号商标提交注册申请的日期及注册日期为 2014 年 8 月 18 日,中国香港特别行政区政府知识产权署商标注册处(以下简称香港商标注册处)公布获接纳注册申请日期为 2015 年 7 月 24 日,实际注册日期为 2015 年 10 月 30 日。303104892 号商标提交注册申请的日期及注册日期为 2014 年 8 月 18 日,香港商标注册处公布获接纳注册申请日期为 2015 年 12 月 24 日,实际注册日期为 2016 年 4 月 1 日。

2016年4月11日，香港班尼路有限公司收到律师函，指出香港班尼路有限公司未经授权使用泰迪珍藏系列商标及图案标志，侵犯案外人协泓公司注册商标，要求香港班尼路有限公司采取相应的措施。

2016年5月5日，天络行公司委托的律师行就天络行公司与协泓公司知识产权纠纷提供法律服务。2016年5月，天络行公司向香港商标注册处申请宣告协泓公司商标无效，随后撤回该申请，于2016年7月向中国香港特别行政区高等法院（以下简称香港高等法院）提起2016年第1706号关于宣告协泓公司商标无效的诉讼。2016年6月，协泓公司向香港高等法院提起2016年第1470号诉讼，诉香港班尼路有限公司侵犯其商标权。香港班尼路有限公司提出反诉，主张协泓公司的注册商标系恶意申请注册，应宣告无效。

2017年3月，协泓公司、天络行公司、香港班尼路有限公司签订《和解协议》，约定天络行公司以60万元人民币收购协泓公司商标。香港高等法院根据当事人的共同申请终止诉讼。

三、纠纷发生后原、被告的沟通情况

天络行公司委托的律师行律师在签订《法律服务协议》后，履行了法律服务义务，针对可能涉及的商标侵权及后续处置系列问题进行了解答，指出目前情况下协泓公司没有任何法律上的理由阻止广州班尼路公司及香港班尼路有限公司售卖泰迪珍藏系列产品。

2016年5月6日，原告、两被告与香港班尼路有限公司签订《补充协议书》，约定由天络行公司或天达行公司委派的律师处理相关法律事宜，所有引起的法律诉讼及费用由天络行公司或天达行公司全部负责；在诉讼过程当中及日后若天络行公司提供的授权形象存在瑕疵或无效而导致广州班尼路公司及香港班尼路有限公司遭受任何损失，天络行公司及天达行公司承担一切赔偿。

2016年6月17日，原告委托律师向两被告发送律师函，要求天络行公司、天达行公司尽快采取行动。2016年6月21日，天络行公司委托的律师行律师回应称协泓公司针对香港班尼路有限公司所提出诉讼缺乏理据，香港班尼路有限公司没有必要将有关货物下架。2016年8月10日，天络行公司委托的律师行律师重申，律师行及大律师一直以来的意见是无须将产品下架。2016年8月12日，天络行公司发送邮件至广州班尼路公司，表示对于因产品下架而造成的损失事宜，天络行公司及天络行公司委托的律师行一直以来的意见是无须将产品下架。

四、原告为防止损失扩大采取的行为

原告广州班尼路公司在与香港班尼路有限公司签订的授权协议中约定，因代理销售行为及其他因执行委托事项产生的一切法律后果由广州班尼路公司承担。香港班尼路有限公司就协泓公司的投诉及香港高等法院案件，向委托的律师行支付律师费合计港币39万余元；因泰迪珍藏系列产品下架停止销售，为储存泰迪珍藏系列产品，支付租金港币13万余元；聘请公证公司对仓储产品进行盘点，并签发盘点报告；为翻译案件的原讼传票等文件，向翻译公司支付翻译费港币6000元；就此次纠纷向内地法院提交相关资料及律师费合计港币4万元。

【裁判结果】

上海市普陀区人民法院于2019年11月18日作出（2018）沪0107民初19875号民事判决：对原告广州班尼路公司的诉讼请求不予支持。判决后，当事人未上诉，判决已生效。

【裁判理由】

法院生效裁判认为，首先，需要对天络行公司提供的授权形象是否存在瑕疵或无效情形进行认定。根据《著作权法实施条例》第2条、第4条第8项的规定，泰迪珍藏系列形象美术作品在线条、形象的表现力上都具备独创性，应受《著作权法》保护。天络行公司在上海市版权局对上述作品进行了著作权登记，依法享有泰迪珍藏系列形象美术作品的著作权，有权将上述美术作品授权广州班尼路公司使用。虽然协泓公司提交商标注册申请的日期在签订《授权协议》之前，但是香港商标注册处只有在接纳申请后才会在《香港知识产权公报》上予以公布，而公布获接纳注册申请日期在签订《授权协议》之后，现有证据无法推断天络行公司在将泰迪珍藏系列形象美术作品著作权授权给广州班尼路公司时，知情协泓公司申请注册商标一事，亦无证据证明上述美术形象著作权存在瑕疵，故而天络行公司提供的授权形象不存在瑕疵或无效情形。

其次，需要对下架涉案产品是否必要合理进行认定。根据《补充协议书》，原、被告已就协泓公司之诉，同意及授权天络行公司或天达行公司委派的律师代表处理相关事宜，约定所有引起的法律诉讼及费用由天络行公司或天达行公司全部负责。之后，天络行公司及其委托的律师行律师多次向广州班尼路公司及香港班尼路有限公司表达无须将产品下架的立场，并无证据证明原、被告之间就产品下架一事事先达成过一致意见。根据协泓公司、天络行公司、班尼路有限公司签订的《和解协议》,并未认定在天络行公司提起的无效诉讼以及协泓公司提起的侵权诉讼中,各方当事人所应承担的责任。根据现有证据,未体现广州班尼路公司将产品下架之必要性,故无法认定广州班尼路公司作出将产品下架的行为是必要且合理的。

天络行公司提供的授权形象不存在瑕疵或无效情形,同时亦无证据显示广州班尼路公司将货品下架的行为系必要合理的情况下,此时对于原告要求由被告承担下架所产生的货品损失、仓储费、盘点报告及公证费等,难以支持。在《补充协议书》已经明确由天络行公司或天达行公司委派的律师处理相关法律事宜并承担相关费用的情况下,原告仍自行委托律师并产生律师费、翻译费等一系列费用,该费用应由原告自行承担。

【案例注解】

一、著作权与商标权的权利冲突处置现象及处置规则

(一)权利冲突现象多发

著作权与商标权的客体存在较多相似和重叠,但是权利取得方式和取得时间不相同,在后的商标权与在先权利产生冲突的现象由来已久。① 在权利客体方面,著作权的客体包括书法作品、美术作品等,该类作品在具备审美功能的同时,很多还可以作为商标使用。在权利取得方面,著作权采用创作完成即取得权利的保护方式,而申请人需要向商标局申请、经核准注册并进行公告才能取得商标专有使用权。实践中有市场主体利用两种权利取得方式不同的特点,故意采用与他人享有著作权的标识相同或相似的标识申请注册商标或采用与他人注册商标相同或相似的作品申请著作权,著作权与商标专有使用权的冲突现象十分常见。

(二)权利冲突时保护在先权利原则的适用

在知识产权领域,保护在先权利原则是处理各种权利冲突最基本的原则之一。它是从物权法中的物权优先原则演化而来的,体现的是谁先取得知识产权就保护谁的"先来先得"精神,②即在处理著作权与商标权的权利冲突时,优先保

---

① 参见马彪等:《商标法32条"在先权利条款"适用文献综述》,载唐春、李文红主编:《知识产权文献与案例综述研究(2021)》,知识产权出版社2021年版。

② 参见张法连:《美国处理商标注册与在先权利的冲突问题探究:评析日本华特克公司诉刘氏及美国华特克公司案》,载《法律适用》2009年第7期。

护在先存在的合法权利。《商标法》第9条规定申请注册的商标,应当具有显著特征,便于识别,并不得与他人在先取得的合法权利相冲突。《商标法》第32条规定申请商标注册不得损害他人现有的在先权利,也不得以不正当手段抢先注册他人已经使用并有一定影响的商标。因此,商标权的取得需要遵循保护在先权利原则。

学界对于“在先权利”的概念界定存在两种趋势:一种比较注重和商标之间的联系,如“在先权是指他人在注册商标申请注册之前依法享有的民商事权利”①;另一种则在更宽泛意义上进行界定,如认为在先权利不是一种特定的法律概念,仅是“同一权利客体同时或先后受到多种权利的保护时,依法先产生的权利”②。世界知识产权组织认为,“他人合法的在先权利”至少包括已经受保护的厂商名称权(商号权),已经受保护的工业品外观设计权、版权,已经受保护的原产地名称权、姓名权、肖像权等。根据《最高人民法院关于审理商标授权确权行政案件若干问题的规定》(以下简称《商标授权确权规定》)第18条,《商标法》第32条规定的在先权利,包括当事人在诉争商标申请日之前享有的民事权利或者其他应予保护的合法权益。在《商标授权确权规定》的新闻发布会上,最高人民法院知识产权庭负责人答记者问中提到“在先权利”是一个开放性条款,不仅包括著作权、姓名权这些固有权利,还包括依据其他法律规定应当保护的作品名称、角色名称等合法权利。③ 由此,所谓在先权利实际上是开放的范畴,只要是符合法律规定的在先权利,都可能成为《商标法》第32条所规定的商标注册的在先权利阻碍。著作权和商标权发生冲突的情况下,是否构成“在先权利”的争议点主要集中在“在先时点”的判断是以申请注册日还是以核准注册日为准。④《商标授权确权规定》以申请日为判断在先权利产生的基点,在申请日前存在权利系构成在先权利的必要条件;在著作权和商标权发生冲突的情况下,在先权利应为诉争商标申请日前已享有的民事权利或者其他应予保护的合法权益。

---

① 参见张顺荣:《从“TRIPS”看我国〈商标法〉的不足及完善》,载《知识产权》1998年第3期。

② 参见张广良:《知识产权实务及案例探析》,法律出版社1999年版,第174页。

③ 2017年1月11日,最高人民法院召开的新闻发布会上,最高人民法院知识产权庭负责人就《商标授权确权规定》答记者问。

④ 参见芮松艳:《商标法三十一条中对“在先权利”的理解》,载《中国知识产权报》2011年9月30日,第8版。

二、侵害在先著作权的判断标准

在先权利的范畴和边界应以具体对其作出规定的其他法律为基础。关于著作权是否构成在先权利，需要回归到著作权的判定标准上。根据《商标授权确权规定》第 19 条的规定，当事人主张诉争商标损害其在先著作权的，人民法院应当依照《著作权法》等相关规定，对所主张的客体是否构成作品、当事人是否为著作权人或者其他有权主张著作权的利害关系人以及诉争商标是否构成对著作权的侵害等进行审查。

（一）是否构成作品的判断

对于涉案作品是否构成著作权保护客体的判断取决于该作品是否具有独创性。《著作权法》保护的作品需要体现设计者独特的智力判断和选择、展示设计者的个性、达到一定的智力创造高度。本案泰迪珍藏系列形象美术作品在线条、形象的表现力上都具备独创性，构成《著作权法》保护的"作品"。

（二）权利主体的判断

《商标法》第 32 条的立法目的在于避免在同一标志上同时存在两种以上相互冲突的有效的民事权利或权益，既存在有效的商标专用权，也存在其他民事权利或权益。著作权具有自动产生、自愿登记的特性，创作完成即具有著作权。本案中泰迪珍藏系列美术作品首次出版/制作日期为 2014 年 6 月 30 日，也即著作权取得时间为 2014 年 6 月 30 日。协泓公司首次提交两项商标注册申请的日期均为 2014 年 8 月 18 日，也即天络行公司享有美术作品著作权的时间早于协泓公司申请注册商标的时间，故本案中著作权符合构成在先权利的时间标准。上海市版权局于 2014 年 11 月 4 日予以作品登记，权利人为天络行公司，天络行享有的著作权具有合法性。

（三）权利侵害的判断

当在先权利是法定权利之时，问题实际上就转变为在后商标申请对于在先法定权利的损害问题，这种损害的认定原则应该回到调整法定权利的部门法中寻找依据。《商标法》第 32 条规定在先权利，若损害的是在先商标，则需回归《商标法》关于"损害"的构成要件，以"接触 + 实质性相似 + 混淆误认之可能"为要件；若损害的是在先著作权，则需要以"接触 + 实质性相似"进行认定。

1. 接触

"接触"考量的是诉争商标申请人是否有接触著作权作品的可能性，该可能性可以为推定，在先著作权权利人只需要举证证明在诉争商标标识完成前，权利人作品已进入相关公共领域或者诉争商标申请人通过其他途径可接触到权利人作品，在没有相反证据的情况下，即可推定具有接触可能性。[①]

本案中天络行公司于2014年7月1日首次发表作品，可以推定该作品进入相关公共领域，在没有相反证据的情况下，可推定协泓公司对于该作品具有接触可能性。[②] 协泓公司于2014年8月18日申请该商标注册登记，无法排除在接触到该作品后进行商标注册的可能性。

2. 实质性相似

关于实质性相似，其是对作品的独创性部分和诉争商标进行比对，判断是否构成实质性相似。根据最高人民法院指导案例81号[③]，在判断是否构成实质相似时，应比较作者在作品表达中的取舍、选择、安排、设计等是否相同或相似，不应从思想、情感、创意、对象等方面进行比较。对创意、素材、公有领域信息、创作形式、必要场景，以及具有唯一性或有限性的表达形式，不予保护。但是实质性相似的判断具有较大主观性，法学理论界和司法实务界存在不同做法，例如在深圳市腾讯计算机系统有限公司与徐州金鹰国际实业有限公司、深圳小喇叭电子有限公司侵害著作权纠纷一案中，一审、二审法院对于侵权作品与权利作品是否构成实质性相似作出截然相反的判决。[④] 因本案不涉及商标权人和著作权人之间关于商标权是否侵害在先著作权的判断，且著作权人和原商标权人已达成关于商标收购的一致协议，本案不涉及权利是否构成实质性相似的判断，因而此处不再详述。

三、在先权利授权行为的有效性审查

著作权授权许可需要订立许可使用合同，授权许可是否有效本质上即许可合同是否有效，《民法典》第136条第1款规定民事法律行为自成立时生效，但是法律另有规定或者当事人另有约定的除外。《民法典》第143条关于民事法律行为有效的条件为：行为人具有相应的民事行为能力；意思表示真实；不违反法律、行政法规的强制性规定，不违背公序良俗。

（一）在著作权授权主体方面

本案中，天络行公司享有泰迪珍藏系列美术作品在先著作权，且其已经进

① 参见重庆市第一中级人民法院民事判决书，(2021)渝01民终3014号。

② 参见重庆市第一中级人民法院民事判决书，(2021)渝01民终3014号。

③ 参见张晓燕诉雷献和、赵琪、山东爱书人音像图书有限公司著作权侵权纠纷案，最高人民法院指导案例81号(2017年)。

④ 参见江苏省高级人民法院民事判决书，(2015)苏知民终字第101号。

行著作权登记,登记的作品并未侵犯他人权利,故而著作权权属并无争议,其具有将著作权进行授权的资格和能力。

（二）著作权授权的意思表示方面

原、被告具有达成授权的一致合意,双方签订著作权授权协议,被告将泰迪珍藏系列形象的版权通过商品授权的模式,授权广州班尼路公司将许可版权用于授权商品的设计、开发、生产、销售,还对许可使用的地域范围、时间、付酬标准等均进行了约定。双方就授权内容达成真实的一致意思表示。

（三）授权行为不违反法律、行政法规的强制性规定,不违背公序良俗方面

天络行公司作出授权行为的日期为 2015 年 7 月 16 日,但是香港商标注册处公布获接纳注册申请日期分别为 2015 年 7 月 24 日、2015 年 12 月 24 日。根据我国香港地区商标审查申请的程序,商标注册处接纳申请后会在《香港知识产权公报》作出公布,任何人均可在《香港知识产权公报》阅览商标,并对注册申请提出反对。天络行公司在作出授权行为时,在客观上无法知晓涉案美术作品已经被他人申请注册商标的情况,根据前述分析,天络行公司的著作权构成在先权利,加之著作权授权行使范围未违反法律规定,因此著作权授权许可并不违反法律、行政法规的强制性规定,不违背公序良俗。

四、在先权利行使障碍时救济措施的合理性边界认定

（一）按照约定全面履行义务的必要性

《民法典》第 509 条第 1、2 款规定,当事人应当按照约定全面履行自己的义务。当事人应当遵循诚信原则,根据合同的性质、目的和交易习惯履行通知、协助、保密等义务。本案在著作权许可合同履行中,可能存在侵权风险及著作权行使障碍,原、被告及香港班尼路有限公司已经达成一致并签订《补充协议书》,约定原、被告就协泓公司之诉,同意及授权天络行公司或天达行公司委派的律师代表处理相关事宜,所有引起的法律诉讼及费用由天络行公司或天达行公司全部负责。在此情况下,面对协泓公司在香港提起的诉讼,理应按照《补充协议书》约定,在充分告知、沟通的基础上,由被告方委托律师进行处理,香港班尼路有限公司自行委托律师进行应诉的行为违反了双方的合同约定。

（二）救济措施合理性的判断

在权利冲突导致权利行使出现障碍的情况下,被许可人须结合权利内容、紧迫程度、处理进展、可能结果等因素,对救济措施的合理性和必要性做出判断,在保护自身合法权益的同时,避免因救济措施超出合理限度而扩大损失,否

则相关的损失需自行承担。

1. 救济措施的紧迫程度判断

(1)行政机关介入的可能性及阻却的情况判断

在本案中,律师行已经就可能的紧迫情况进行了解释,指出根据惯常做法,商标权利人已委托律师发律师函及/或准备展开民事诉讼,再向香港特别行政区海关报案的机会较低,加之香港特别行政区海关处理投诉的过程需时甚久,故协泓公司用我国香港地区商标注册处的商标审批文件向香港海关报案的可能性较低;加之律师行指出天络行公司已提交商标无效申请,可阻却海关搜查。

(2)诉前禁令的情况分析

知识产权中的诉前禁令是为及时制止正在实施或即将实施的侵害权利人知识产权或有侵害可能的行为,而在当事人起诉前根据其申请发布的一种禁止行为人从事某种行为的强制性命令。其申请需要满足的根本前提为:申请人有证据证明他人正在实施或即将实施侵犯其知识产权的行为,如不及时制止会给申请人的合法权益造成难以弥补的损害。若法院认为被诉侵权人的行为符合诉前禁令的标准则会发布诉前禁令,禁令的内容多为停止销售侵权产品。从英国、美国、法国等国的立法例来看,多数国家都采取了实质审查的标准,侵权行为是否实质存在是决定禁令能否正确作出的重要依据。但是协泓公司只向法院提起商标权侵权之诉而尚未拿到任何法庭命令(包括禁制令),也即协泓公司或法院并未认为知识产权侵权已达到紧迫程度,因此没有任何法律上的理由阻止香港班尼路有限公司售卖涉案产品,采取产品下架的措施并不紧急。

2. 权利处理进展判断

(1)处理过程中是否形成一致意见

纠纷产生后,需要双方协商解决方案,双方多次针对此问题进行沟通,香港班尼路有限公司倾向于下架产品,天络行公司多次提出不需要将产品下架,双方并未就产品下架达成一致合意。

(2)是否构成侵权的结论性认定

在被判定构成侵权的情况下,采取产品下架、停止销售的救济行为是必需的,但是本案中香港班尼路有限公司作出商品下架决定时,香港班尼路有限公司和协泓公司的商标侵权纠纷、天络行公司与协泓公司的宣告商标无效之诉,均未有定论,也即产品下架的基本前提不存在。

3. 侵权行为的损失承担判断

(1)最终的责任承担约定

双方在签订的《补充协议书》中已经明确约定,在诉讼过程当中及日后天络行公司提供的授权形象存在瑕疵或无效而导致广州班尼路公司及香港班尼路有限公司遭受任何损失,天络行公司及天达行公司需就该协议向广州班尼路公司及香港班尼路有限公司承担一切赔偿。在此情况下,天络行公司为可能存在的侵权行为进行了充分背书,而香港班尼路有限公司出于商誉及可能侵权的考虑作出下架的商业决策,并由此产生了仓储、盘点等费用,系过分保护自身权利,在此情况下带来的损失应自行承担。

(2)损失认定依据

在本案的关联案件,即在我国香港地区审理的商标侵权案件中,协泓公司、天络行公司、香港班尼路有限公司签订《和解协议》,天络行公司支付60万元给协泓公司作为商标收购及相关纠纷的和解金。但是《和解协议》并未认定在天络行公司提起的无效诉讼以及协泓公司提起的侵权诉讼中,各方当事人所应承担的责任。在双方责任承担无明确依据的情况下,香港班尼路有限公司所受的损失系基于自身利益考虑作出的商业决策导致,不应由天络行公司承担。

(合议庭成员:张佳璐、张敏婕、杨德荣)

黄某龙诉北京中搜网络技术股份有限公司、北京中搜网络技术股份有限公司上海分公司技术使用合同纠纷案

——技术服务内容之合目的性解释

陈力夫　郭海明

关键词｜权利义务冲突　合目的性解释　合同解除

【裁判要旨】

“互联网＋”时代网络技术产品的创新及关联的商业营利模式层出不穷,对于相关技术服务合同违约纠纷的审理需关注涉案产品的特点是否在合同中得以呈现,原、被告的权利义务设定是否与实现合同目的相对应。技术提供方与用户之间订立的技术服务合同约定不明时,不能由技术提供方对产品特性作任意解释,应结合合同签订过程和其他条款内容综合判断合同目的,以合理确定技术提供方的合同义务;违约行为导致合同目的不能实现的,符合合同法定解除条件。

【相关法条】

一、《中华人民共和国合同法》①

第八条　依法成立的合同,对当事人具有法律约束力。当事人应当按照约定履行自己的义务,不得擅自变更或者解除合同。

---

① 《民法典》自2021年1月1日起施行,《合同法》同时废止。现相关内容主要规定于《民法典》第456、509、562、565、566、577、878、883、884条中。

依法成立的合同,受法律保护。

第六十条　当事人应当按照约定全面履行自己的义务。

当事人应当遵循诚实信用原则,根据合同的性质、目的和交易习惯履行通知、协助、保密等义务。

第九十三条　当事人协商一致,可以解除合同。

当事人可以约定一方解除合同的条件。解除合同的条件成就时,解除权人可以解除合同。

第九十六条第一款　当事人一方依照本法第九十三条第二款、第九十四条的规定主张解除合同的,应当通知对方。合同自通知到达对方时解除。对方有异议的,可以请求人民法院或者仲裁机构确认解除合同的效力。

第九十七条　合同解除后,尚未履行的,终止履行;已经履行的,根据履行情况和合同性质,当事人可以要求恢复原状、采取其他补救措施,并有权要求赔偿损失。

第一百零七条　当事人一方不履行合同义务或者履行合同义务不符合约定的,应当承担继续履行、采取补救措施或者赔偿损失等违约责任。

第三百五十六条第二款　技术服务合同是指当事人一方以技术知识为另一方解决特定技术问题所订立的合同,不包括建设工程合同和承揽合同。

第三百六十一条　技术服务合同的受托人应当按照约定完成服务项目,解决技术问题,保证工作质量,并传授解决技术问题的知识。

第三百六十二条第二款　技术服务合同的受托人未按照合同约定完成服务工作的,应当承担免收报酬等违约责任。

二、《中华人民共和国公司法》(2013 年修正)[①]

第十四条　公司可以设立分公司。设立分公司,应当向公司登记机关申请登记,领取营业执照。分公司不具有法人资格,其民事责任由公司承担。

公司可以设立子公司,子公司具有法人资格,依法独立承担民事责任。

三、《中华人民共和国民事诉讼法》(2017 年修正)[②]

第二百五十三条　被执行人未按判决、裁定和其他法律文书指定的期间履

---

① 该法已由中华人民共和国第十四届全国人民代表大会常务委员会第七次会议于 2023 年 12 月 29 日修订,自 2024 年 7 月 1 日起施行。

② 该法根据 2021 年 12 月 24 日第十三届全国人民代表大会常务委员会第三十二次会议《关于修改〈中华人民共和国民事诉讼法〉的决定》第四次修正;根据第十四届全国人民代表大会常务委员会第五次会议于 2023 年 9 月 1 日通过的《关于修改〈中华人民共和国民事诉讼法〉的决定》第五次修正,自 2024 年 1 月 1 日起施行。

行给付金钱义务的,应当加倍支付迟延履行期间的债务利息。被执行人未按判决、裁定和其他法律文书指定的期间履行其他义务的,应当支付迟延履行金。

四、《最高人民法院关于民事诉讼证据的若干规定》(2008 年调整)①

第二条 当事人对自己提出的诉讼请求所依据的事实或者反驳对方诉讼请求所依据的事实有责任提供证据加以证明。

没有证据或者证据不足以证明当事人的事实主张的,由负有举证责任的当事人承担不利后果。

【案件索引】

上海市普陀区人民法院(2016)沪 0107 民初 20048 号民事判决书(2017 年 12 月 26 日)

【基本案情】

黄某龙与北京中搜网络技术股份有限公司上海分公司(以下简称中搜上海分公司)签订了《"中搜第三代搜索"合作协议》(以下简称《第三代搜索协议》),约定黄某龙向中搜上海分公司购买"律师所"关键词,由中搜上海分公司根据关键词制作搜索结果页面,黄某龙在合同期内可不断丰富完善页面,并与中搜上海分公司共同推广发布广告位,获取流量、广告等分成收益。黄某龙按约支付款项,合同履行中其认为中搜上海分公司未按约提供相应产品服务,提供 SRP 流量、广告收入、分成收入等信息,搜索结果页面实际上为"开放性"页面,可由任意注册用户进行编辑完善,其作为关键词购买方无法对页面内容进行控制,导致其通过吸引广告或流量获利的合同目的落空,故诉至法院要求解除合同并返还款项。中搜上海分公司则认为本案系黄某龙违约,并援引协议条款说明:"中搜上海分公司黄某龙在选定的,且评级为三星标准以上关键词搜索结果页上设置搜索广告位,其所获销售收益双方按比例分成;黄某龙应完成 50% 以上数量的关键词搜索结果页面的生成,并保证质量达到评级三星标准以上,否则视为违约。"据此,中搜上海分公司认为,黄某龙对"关键词搜索结果页面"产品具有"开放性"特征是明知的,其平台模式就是通过允许第三方参与编辑,提高

① 该规定根据 2019 年 10 月 14 日最高人民法院审判委员会第 1777 次会议《关于修改〈关于民事诉讼证据的若干规定〉的决定》修正。

页面活跃度,增加广告投放机会,并转化为关键词购买方的收益。根据协议,黄某龙负有持续完善页面的合同义务,现广告收益不理想,是黄某龙上述违约行为所致。故中搜上海分公司不同意解除合同,认为合同应当继续履行。

法院审理中查明,2012 年 11 月 22 日,原告黄某龙(甲方)与被告中搜上海分公司(乙方)签订《第三代搜索协议》,约定甲方负责搜索结果页面(以下简称 SRP)生成和维护工作,乙方负责提供技术平台、人工辅助编辑系统(以下简称 HEMS 系统)和整个搜索引擎的推广和营销工作。合作内容为关键词律师所,项目实施费 56,320 元,服务年费 14,080 元,合同总价 70,400 元,服务期间自 2012 年 11 月 22 日起至 2022 年 11 月 22 日止。该协议主要条款如下:"1.1 甲、乙双方将在'第三代搜索引擎'的内容制作、技术服务、运营及推广营销等方面展开合作……";"1.2 合同款项按约定全额到达乙方账上后,乙方在 5 个工作日内开始进入项目实施阶段,向甲方提供执行合作项目所必需的相关工具,并在一个月内为甲方从事本合作项目工作的业务骨干进行培训,培训结束之后,进入服务阶段;若甲方未将合同款项在约定的时间内全额交到乙方,乙方有权顺延合同履行期限,并可随时单方面终止本合同";"1.3 服务阶段,乙方提供并保证整个搜索引擎技术后台并提供所需相关服务,包括但不限于搜索技术平台服务、关键词服务、功能服务、网络空间使用服务、HEMS 系统后续使用及服务";"1.4 甲方组织编辑人员按照要求对负责的关键词生成 SRP,并负责维护,保证 SRP 的质量达到合同约定标准,SRP 的质量标准详见合同附件一《第三代搜索结果页质量标准》";"1.6 甲方按本协议的约定,负责分派的 SRP 的内容质量维护工作并承担相应的所有成本";"1.7 乙方为甲方在合作关键词 SRP 页面中提供甲方的品牌标识和链接";"1.8 乙方应当定期向甲方提供 SRP 流量、广告收入、分成收入等信息,并依据约定比例向甲方支付广告分成收益";"1.10 甲、乙双方对本合同中的全部条款的全部内容已充分了解并达成共识,均不存在任何异议";"1.11 本合同附件包括:1)附件一《第三代搜索结果页质量标准》;2)附件二《第三代搜索引擎合作关键词列表》";"2.1 甲方应对所负责的 SRP 上生成的内容和日常维护内容承担法律责任";"2.2 自乙方对甲方的相关培训结束之日起三个月内,甲方应完成 50% 以上数量的关键词搜索结果页面(SRP)的生成,且在合同有效期内不得低于上述完成数量比例和评级标准的要求,并保证 SRP 的质量达到合同约定的评级三星标准(含三星)以上,否则视为甲方违约";"2.3 甲方有义务制作所选行业的关键词模板,并经乙方审核后使用,乙方可以提供相关帮助,包括但不限于提供参考模板”;“2.4 乙方有义务不断完善网站平台和‘第三代搜索引擎’平台,保证所提供的平台和技术服务的稳定和不间断。乙方应运营和推广‘第三代搜索引擎’平台,提高平台的影响力”;“2.6 本合同期限内,乙方在甲方选定的,且评级为三星标准(含三星)以上关键词搜索结果页面(SRP)上设置搜索广告位,其所获销售收益(按权责发生制的本合同期限内的相应收益)的15%归甲方,其余的归乙方。乙方另外拿出搜索广告位所获销售收益的5%用于奖励SRP评级三星以上(不含三星)的合作伙伴”;“2.7 乙方应在产品设计功能范围内解决甲方在第三代搜索的内容制作和使用过程中遇到的技术问题,并通过电话、邮件等方式提供远程技术支付服务”;“3.1 若甲方违反合同约定致使合同无法履行或甲方无故要求解除合同,乙方有权取得已履行部分的合同金额,并扣除合同总金额20%的违约金后终止本合同”;“3.2 若乙方违反合同约定,甲方有权单方面终止合同,并有权要求乙方退回未履行部分相应的合同金额。乙方无故要求解除合同的,甲方有权要求乙方退还未履行部分的合同金额,并加付甲方所交合同款20%的违约金后终止合同”;“4.5 本印刷合同文本在2012年10月1日至2013年9月30日(含2013年9月30日)签署有效”;等等。

关于《第三代搜索协议》中约定的两份附件,原告称被告中搜上海分公司从未向其提供过,被告中搜上海分公司则表示已向原告提供过该等附件。审理中,被告中搜上海分公司提供了两份附件(均有手写编号:SHSSYQ201211095,但未见双方盖章或签字)。其中附件一《第三代搜索结果页质量标准》的主要内容为,指标类型分为全面(18%)、智能(36%)、美观(17%)、互动(7%)、准确(22%);每项指标分为1~5分评级(第三代搜索结果页质量评分的满分为5分,4~5分评级为五星,3~4分评级为四星,2~3分评级为三星,1~2分评级为两星,0~1分评级为一星),每项指标具体定义及其各子项评级标准描述如下。

1.全面(单项合计得分不低于0.5)。(1)内容全面,即搜索结果页(SRP)上显示均为有价值信息,与该SRP关键词契合度高,SRP内容全面,关联信息丰富。其评级5分(超出指标要求,效果非常理想)的描述为SRP信息量极其丰富,各维度、各类型信息涵盖特别全面,极具价值量,信息与关键词密切程度极高。(2)微件类型全面,即适用于行业的“订阅微件”类型全面,通过各类信息搜索实现SRP的丰富性及完整性。其评级5分的描述为“订阅微件”类型十分全面,关键词设置非常合理,特别便于条目搜集,微件条目内容极其丰富。

2. 智能(单项合计得分不低于1.1)。(1)人工参与编辑制作,即人工进行内容筛选,设定抓取机制、链接地址、添加微件类型。其评级5分的描述为内容筛选非常精准,链接地址选取非常合理,微件内容与微件类型、标题吻合度很高。(2)人工把握关键词设置,即人工甄别关键词属性、类别等要素。人工筛选微件条目,微件关键词设置使用“空格”“|”增加搜索精确度。其评级5分的描述为微件关键词设置经过反复推敲,关键词设置特别科学、合理、恰当,搜索结果与当前关键词主题、微件主题特别协调,非常便于达到预期的搜索结果。(3)系列关联信息推荐,即SRP中需人工增加关键词的一系列关联信息,主要体现在(关键词相关的)名词解释、(关键词相关的)热点事件、关联人物、关联产品或服务、关联企业或单位5个方面。其评级5分的描述为SRP满足“指标定义”中的5个方面,并且内容非常丰富、准确、时效性强,与关键词联系非常密切。(4)人工关注信息更新,即SRP制作完成后,根据关键词对应的信息发展变化情况,对SRP进行添加、删减、更改信息的维护。其评级5分的描述为SRP跟踪工作非常到位,信息更新及时、准确、合理。

3. 美观(单项合计得分不低于0.5)。(1)风格,即各类模板的皮肤颜色、风格选择需要和主题搭配,各个微件的皮肤颜色、风格相互协调,同时,页面配色、皮肤设置与关键词词性协调、搭配。其评级5分的描述为皮肤颜色、风格挑选与关键词、SRP主题搭配十分恰当,各微件之间皮肤设置特别协调,非常符合大众审美取向。(2)版式,即各微件间距保持8像素;页面文字(字号、字体、颜色)、样式统一、协调;采用的图片、视频应保证画面质量;微件中的内容应满足微件总体面积,不要有太多留白;“更多”链接项不应遮盖微件条目;不出现空白版面的微件。其评级5分的描述为完全达到页面版式要求,微件排版精美,符合大众审美取向;细节发挥到极致,无空白、留白,无压字、替加等细节问题,给用户以视觉享受。(3)三列式内容分布,即微件按三列式排列,通常左侧为背景资料类信息,中间为主要资讯区,右侧为功能区。其评级5分的描述为三列式版式清晰、一目了然,左、中、右内容分布达到默认模板设置要求,区域划分合理、明确。

4. 互动(单项合计得分不低于0.2),即互动类微件运用全面、灵活(包括论坛搜索、博客搜索、微博搜索、贴吧搜索、贴吧互动)。其评级5分的描述为,互动微件类型全面(5类),条目内容非常丰富、准确,有价值信息比例很高,更新速度很快。

5. 准确(单项合计得分不低于0.7)。(1)内容信息准确无误,即SRP含有文字、图片、视频等,要求无错别字、错图、错误、无效链接等。其评级5分的描述为文字、图片、视频使用非常恰当、精准,图片精美,链接全部正确,文字颜色、图片总体色系均与关键词主题、皮肤样式相得益彰,无错别字、错图现象。(2)关键词属性准确,即准确区分关键词的属性。其评级5分的描述为关键词属性划分清晰,关键词属类设置科学、合理、便于判断与记忆。

2012年11月22日、11月29日,原告分两次向被告中搜上海分公司支付了合同款项,每次均为35,200元,共计70,400元。其后,被告为原告制作生成了关键词为“律师所”、合作优化方为原告的SRP页面。被告向原告支付收益款项共计5370.21元,分别为2013年10月25日支付750元、2013年11月28日支付700元、2014年5月26日支付652.88元、2016年2月4日支付1702.23元、2016年4月28日支付1565.10元。原告确认收到,但对于款项性质不予认可,认为因被告未按协议约定提供SRP流量、广告收入、分成收入等信息,故被告支付上述款项仅是因原告不断催款,其从原告已付合同款中提取了部分给原告,而并非实际的收益。

2016年5月17日,原告诉至法院,2016年5月31日法院将原告诉状副本送达被告中搜上海分公司及中搜公司。审理中,原告为证明涉案关键词结果页面可经任意第三方编辑修改,于2016年7月15日至上海市徐汇公证处进行相关网页证据保全公证。具体操作如下:原告操作公证处计算机,连接至公证处网络,打开Chrome浏览器并进行清洁操作后,在页面地址栏输入www. zhong-sou. com进入“中搜”页面,在搜索栏输入“律师所”,显示搜索结果页面,右上角显示本结果合作优化方:黄某龙,页面内容呈左、中、右三列式布局,左侧为“小档案”,附有一办公室图片并配有律师所定义文字;中列从上至下依次为“新闻动态”“微博搜索”“相关视频”“主题动态”等栏目,右侧显示有下载“中搜搜悦”更多精彩内容。点击登录,进入登录页面,未操作后退出。点击注册,进入注册页面,选择邮箱注册,通过邮箱接收激活链接,完成注册登录,进入中搜个人中心,点击右上角中搜首页后进入,输入“律师所”进行搜索,进入结果页面,显示本结果合作优化方:黄某龙,点击右上角“完善本页”进入,页面显示“现在请分别在下列栏目中,点击编辑为栏目添加内容和样式”,左侧小档案栏目显示编辑、删除按钮,点击编辑进入,可见内容、样式选项,内容中分缩略图、内容项目,在内容中进行文字输入并保存,点击“提交审核”,弹出对话框显示“最后请完善词条相关信息,可跳过此步直接提交审核,您可以为词条添加1~5个同义词,每新增一个均点击‘确定’按钮区分，以便增加词条的曝光率”，点击提交，弹出对话框显示“提交审核后您的页面不能修改，确定提交?”点击提交审核。其后，又按照上述步骤使用注册邮箱进行同时操作，直至提交。2016 年 7 月 15 日，上海市徐汇区公证处出具(2016)沪徐证字第 7314 号公证书，原告为此支付公证费 1500 元。

审理中，被告陈述，《第三代搜索协议》第 2.6 条能够体现涉案产品系面向公众，允许任意第三方进行页面编辑的开发平台，原告作为协议方与公众的区别在于其能够获得分账收益等权限；该协议第 2.2 条应理解为，涉案页面在对公众开放的前提下，原告所完成的编辑数量应达到全部，即包括任意第三方编辑数量的 50% 以上，但对于该编辑数量的后台数据信息无法提供。同时确认，后台对于编辑内容的相关审核由被告完成，原告只能查阅，不能审核，但可以申诉。

【裁判结果】

上海市普陀区人民法院于 2017 年 12 月 26 日作出(2016)沪 0107 民初 20048 号判决：(1)解除原告黄某龙与被告中搜上海分公司于 2012 年 11 月 22 日签订的《第三代搜索协议》；(2)被告中搜公司应于判决生效之日起 10 日内返还原告黄某龙 40,000 元；(3)被告中搜公司应于判决生效之日起 10 日支付原告黄某龙为维权支出的公证费 1500 元；(4)对原告黄某龙的其余诉讼请求不予支持。

宣判后，原、被告均未提起上诉，判决已生效。

【裁判理由】

法院生效裁判认为：本案的争议焦点为：(1)被告中搜上海分公司是否已按约履行了全部合同义务；(2)涉案合同是否应予解除；(3)若合同解除，两被告需承担的民事责任。

一、被告中搜上海分公司是否已按约履行了全部合同义务

原告与被告中搜上海分公司所签订的《第三代搜索协议》系当事人的真实意思表示，为依法成立的有效合同，对当事人具有法律约束力，当事人应当按照约定全面履行自己的义务。原告主张被告中搜上海分公司始终未向原告提供协议所约定的附件《第三代搜索结果页质量标准》，被告对已完成提供负有举证

责任，现其提供的相关附件上未见原告的有效签章，故法院认定，被告中搜上海分公司未向原告提供附件。根据《第三代搜索协议》的约定和被告的当庭陈述，并结合被告电子邮件中的征求意见函内容，可以认定，被告中搜上海分公司应向原告提供涉案关键词“律师所”SRP 制作、质量标准附件、执行合作项目（关键词搜索结果页面的生成及维护）所必需的相关工具，包括履行开通相应系统后台、交付用户名及密码、培训等相关义务，并且还应在双方合作的关键词搜索结果页面中附以原告品牌标识和链接，定期为原告提供搜索结果页流量、广告收入、分成收入等相关信息，同时亦负有运营及推广整个搜索引擎等义务。根据被告页面截屏、电话录音、付款凭证等现有举证，可以认定被告制作了附有合作方为原告标识、关键词为“律师所”的 SRP 页，交付了用户名和密码，支付过收益等，但被告未能提供有效证据证明其已提供了质量标准附件、为原告进行过培训（而仅是培训通知），未能定期提供 SRP 流量、广告收入等信息，故被告未能证明其已全面履行了合同约定的义务，因而被告中搜上海分公司已构成违约。

二、涉案合同是否应予解除

根据《合同法》第 93 条的相关规定，当事人可以约定一方解除合同的条件。解除合同的条件成就时，解除权人可以解除合同。本案中，原告与被告中搜上海分公司在《第三代搜索协议》中约定，若被告中搜上海分公司违反合同约定，原告有权单方面终止合同，并有权要求被告中搜上海分公司退回未履行部分的合同金额。上述约定可视为双方对解除合同的约定，鉴于该约定条款合法有效，故原告在行使解除权时，应当遵从其约定。如前所述，被告中搜上海分公司未能按约全面履行其合同全部义务，违反了合同约定，但基于诚实信用原则，对于上述违约行为如何进行评价，是否一旦出现违约行为，无论情形、程度，均视为合同解除条件已成就，法院认为还需进行具体分析和评价。结合本案，根据涉案协议的约定，原告不仅负有对关键词搜索结果页面的生成和维护义务，还须对完成质量及数量负责。现被告中搜上海分公司未向原告提供协议所约定的附件《第三代搜索结果页质量标准》，亦未提供必要的技术培训，以致原告难以依约履行其对搜索结果页面内容、质量、数量的保证义务。同时，本案原告还主张涉案搜索结果页面可经任意第三方进行编辑完善，违背其缔约目的。法院认为，根据被告陈述，中搜第三代搜索系开放平台，任意用户确可通过自行注册中搜账户，对原告所购关键词“律师所”对应的搜索结果页面内容予以编辑完善，但相关页面的权益方仍为原告，任意用户编辑、订阅、分享等产生的增量会激发页面活跃度，进而增加原告可得广告等收益。对于“互联网+”时代网络技术产品的创新及关联的商业营利模式，法院无意评价，但本案中需关注的是被告上述涉案产品的特点是否在合同中得以呈现，原、被告的权利义务设定是否与实现合同目的相对应。对此，被告主张涉案协议第2.6条即为对该特点的表述，原告据此应知悉其所购关键词搜索结果页面系可由任意用户编辑的开放平台，法院认为，从字面理解，该条款主要涉及设置搜索广告位、销售收益分配比例、奖励方案等，与“可由任意用户编辑的开放平台”特征无关，即便有指向原告以外的主体，也表述为“SRP评级三星以上的合作伙伴”，而非所谓的任意用户。故对被告的该主张，法院无法采信。此外，根据被告的陈述及当庭勘验情况，任意用户编辑后不仅无须取得作为关键词合作方原告的许可，且仅需提交被告中搜上海分公司作内容是否合法的最终审核，从而使原告失去对相应搜索结果页面内容及质量的控制，客观上造成原告无法履行其保证搜索结果页面内容质量等义务。根据被告对涉案协议第2.2条的解释，原告需完成的50%以上数量是以任意用户编辑数量为基数的，在开放模式下，这无异于要求原告与所有网络用户进行“赛跑”，一方面需要运营推广，鼓励更多网络用户参与，以增加收益可能；另一方面原告的履约义务需随开放增量“水涨船高”，且被告亦无法提供数据参照，对原告履行协议义务显属苛责。故法院对被告关于所述涉案产品的特点已在合同中得以呈现，原、被告的权利义务设定与实现合同目的相对应之主张，不予采纳。被告未能按约提供SRP流量、广告收入等信息，且根据当庭勘验情况，相关操作与数据变化的指向关系不明确，被告的该违约行为直接影响原告对合同重要事项即收益情况的相关权利。综上所述，被告中搜上海分公司未全面履行合同约定义务，不仅构成违约，也在客观上导致原告无法为合作项目履行其主要义务，致使原告无法通过合同履行实现其缔约预期，故可以认定被告的涉案违约行为致合同约定的原告单方行使解除权之条件成就，因而原告主张解除其与被告中搜上海分公司签订的《第三代搜索协议》的诉讼请求，于法有据，法院予以支持。

三、两被告需承担的民事责任

涉案协议解除后，原告有权要求被告退回未履行部分相应的合同金额。法院将综合考虑合同实际履行情况、违约情节等因素，依法酌情确定被告中搜上海分公司应当返还的金额。因被告中搜上海分公司系被告中搜公司设立的分公司，根据《公司法》第14条规定，分公司不具有法人资格，其民事责任应由公司承担,故法院对于原告要求被告中搜公司返还合同款项,依法予以支持。鉴于公证费用系原告为证据固定、进行诉讼的必要支出,法院予以支持。关于原告主张的利息损失部分,因在本案诉讼之前,原告并未以通知等形式要求解除涉案合同,涉案合同状态及双方的权利义务关系尚存争议,故对于利息损失部分,法院不予支持。

【案例注解】

一、技术服务合同的合目的性解释

(一)技术服务合同的特殊性

技术服务合同的产生源自技术需求方对于专业技术服务的需求,由于专业能力的差异,技术提供方通常依凭其强势地位,牢牢把握与技术需求方交易的主动权和进程。特别是在数字经济时代,流量经济空前繁荣,对流量等于收益的高调宣传伴随复杂的利益分配机制"井喷式"呈现,各式各样的流量挖掘方案和服务摆在投资者面前,即使大力开展投资者教育,也很难打破其中的专业壁垒,使投资者做出正确选择。[①] 技术服务合同一般由技术提供方拟定,技术需求方对于其中海量的高度标准化的专业信息存在认知负担,往往在不明了某些条款具体含义及后果的情况下径行接受这些条款。因此,当纠纷双方对技术服务合同相关条款的理解存在分歧时,如何解释便显得极为重要。

(二)技术服务合同的解释

传统合同解释奉行文本中心主义,倡导规范化分析进路,主张合同解释应围绕合同文本和条款展开;但越是正式、专业、复杂的书面合同,对合同当事人认知力和注意力的要求就越高,对认知受限的人群来说就越不公平。[②] 为了反映复杂认知环境中表意双方的真实意思表示,在进行合同解释时,如合同所使用的文字或某个条款可能作两种解释,应采取最合目的的解释,[③]其重点系与合同相关的行为和情事,注重交易实质,充分考虑不同交易情形下每个当事人的

---

① 参见杨彪:《协商的代价:数字社会合同自由的认知解释与算法实现》,载《中外法学》2022 年第 2 期。

② 参见杨彪:《协商的代价:数字社会合同自由的认知解释与算法实现》,载《中外法学》2022 年第 2 期。

③ 参见梁慧星:《民法学说判例与立法研究(二)》(第 2 册),国家行政学院出版社 1999 年版,第 262 页。

行为选择和背景信息，纠正文字依赖带来的解释误差，通过解释使当事人的意思表示协调明确，以符合当事人的缔约目的。在数字经济背景下，技术提供方作为强势方，天然地掌握合同条款和流量数据的优势；而技术需求方作为弱势的相对方，被动地接受了苛刻的合同文本，又无法掌控于己有利的数据，难以通过数据来反证合同义务设置的谬误。

因此，在对高度标准化的合同进行解释时，法院可责令合同强势方提供底层数据或对合同目的的技术实现加以演示，观察其所提供的技术与合同目的实现是否具有强关联性，亦可要求合同强势方提供同类合作方的基础数据和本案相对方数据进行比对，进而综合推测合同强势方设置的弱势方履约义务是否合理。

本案中，需要判断被告所述涉案产品的特点是否已在合同中得以呈现，原、被告的权利义务设定是否与实现合同目的相对应，而通过当庭勘验探查合同实际履行情况，结合合同签订过程和其他条款内容综合解释判断合同目的，意义重大。

二、合同目的不能实现的判断标准

（一）合同目的对法定解除权的影响

合同目的的实现，是当事人缔结合同的首要价值。我国关于合同法定解除事由的规定，无论是《合同法》第 94 条还是《民法典》第 563 条，除不可抗力之外，其主要事由均可概括为违约致使“不能实现合同目的”。[①] 本案是否符合法定解除的条件，要看被告的违约行为是否导致“不能实现合同目的”，因此，对本案合同目的的认定至关重要。

（二）合同目的的区分

“合同目的”的规范构造在于其主观目的和客观目的二元结构。合同的主观目的，即缔约当事人主观上欲通过缔结合同实现的利益，是当事人的缔约动机；合同的客观目的，即典型的交易目的，是缔约合同的效果意思。从司法实践上看，我国法院对“不能实现合同目的”的判断，一般均指向客观目的不能实现，当事人的缔约动机或者说进一步目的并不具有法律上的规范意义。[②] 例如涉及学区房的纠纷中，房屋购买人获得房屋所有权仅是其客观合同目的，其购买房

---

① 参见王俐智、孙学致：《论违约方解除合同的条件——兼评〈民法典各分编（草案）·合同编〉第 353 条》，载《交大法学》2020 年第 1 期。

② 参见杨锐：《论〈民法典〉中的“不能实现合同目的”》，载《北方法学》2021 年第 2 期。

屋更重要和优先的考虑即主观目的是为子女在学区就学获得机会。对于该类纠纷,诸多司法判决未将开发商在广告资料中宣传的学区房认定为开发商的合同义务,但也有司法判决将开发商的宣传资料视为开发商的承诺,承诺内容对开发商具有拘束力。对于合同目的的认识差异,直接影响对于合同义务的认定。

关于主观与客观的地位,目前无论是实务界还是理论界,基本上都是客观主义占上风,一方只要向另一方表露了其愿意接受法律约束的意图,就要承担相应的责任。这种政策的目的在于保护合理的信赖。[①] 客观主义的观点认为,判断当事人行为以及权利、义务的标准不能是内心的意思,而必须是外部的表现。“现在,在大陆法系国家合同解释中的主流观点是:以客观主义为主而辅助以主观主义方式,即主要以客观解释为主,主观主义作为参照。”[②]

(三)正确认识合同主观目的的积极意义

虽然客观目的对于合同如此重要,但在判定具体案件时仍需关注主观目的对合同的影响。合同主观目的,既是缔约当事人的内心动机,也可能是合同实现的基本目的或者最终目的。对合同主观目的认识不足,限缩合同目的的规范范围,无疑会忽略影响当事人缔约的因素,导致合同目的在我国法中的规范功能无法有效发挥。

在合同目的不能实现的语境下,除将合同目的定位为合同的给付义务内容(客观目的)外,还需将合同目的定位为合同给付义务之外的利益,即将合同目的纳入合同的交易基础领域,作为合同有意义的前提,这种意义上合同目的就成为合同的交易基础的主观合同目的。如此,合同目的概念才更具有弹性,方可涵摄更多的履行障碍事由。[③]

就本案而言,原告与被告就第三代搜索引擎合作签署协议,原告作为甲方负责搜索结果页面的生成和维护工作,被告作为乙方负责提供技术平台、人工辅助编辑系统和整个搜索引擎的推广和营销工作,原告的客观目的可以理解为通过运维搜索结果页从广告位的销售中获得收益分成,被告事实上也向原告支付过收益,但基于此并不能当然地认为合同目的已经实现。对原告而言,其作为搜索结果页面的生成和维护主体,是以具备对相应搜索结果页面内容及质量

---

① 参见章杰超:《合同目的的含义之解析》,载《政法论坛》2018 年第 3 期。

② 李永军:《合同法》(第 1 版),法律出版社 2010 年版。

③ 参见杨锐:《论〈民法典〉中的“不能实现合同目的”》,载《北方法学》2021 年第 2 期。

的控制为前提的,这一主观目的虽然没有外化体现在协议中,但比获得收益这一客观目的更为重要和优先。事实上,在被告的平台上,任意用户编辑后不仅无须取得作为关键词合作方的原告的许可,且仅需提交被告中搜上海分公司作内容是否合法的最终审核,从而使原告失去对相应搜索结果页面内容及质量的控制,这一后果亦未在协议中向原告申明。因此,法院认定被告制作的搜索结果页面不能实现合同目的,符合合同法定解除的条件。

(合议庭成员:张佳璐、郑倩、张楚炜)

上海涵大隆贸易有限公司与上海朱家角投资开发公司等商标权转让合同纠纷案

——书面合同欠缺时商标转让合同意思表示真实性的判断

梅楚舒

关键词 | 知识产权　意思表示　书面合同欠缺　商标转让

【裁判要旨】

根据《商标法》及相关司法解释的规定，转让注册商标的，转让人和受让人应当签订转让协议；但在实践中往往会出现转让人和受让人无法提供协议书面文本的情况，易引发对于商标权归属问题的争论。在此种情况下，要充分考虑为实现合同目的的实际履行情况，结合商标注册证书的持有情况，双方对商标的使用、维护情况以及相关资产转让协议的内容综合考虑判断双方的真实意思表示。

【相关法条】

《中华人民共和国商标法》（2001 年修正）[①]

第三十八条第一款　注册商标有效期满，需要继续使用的，应当在期满前六个月内申请续展注册；在此期间未能提出申请的，可以给予六个月的宽展期。

---

① 2013 年和 2019 年两次修正后的《商标法》第 40 条第 1 款规定："注册商标有效期满，需要继续使用的，商标注册人应当在期满前十二个月内按照规定办理续展手续；在此期间未能办理的，可以给予六个月的宽展期。每次续展注册的有效期为十年，自该商标上一届有效期满次日起计算。期满未办理续展手续的，注销其注册商标。"

宽展期满仍未提出申请的，注销其注册商标。

第三十九条第一款　转让注册商标的，转让人和受让人应当签订转让协议，并共同向商标局提出申请。受让人应当保证使用该注册商标的商品质量。

【案件索引】

一审：上海市普陀区人民法院（2013）普民三（知）初字第 192 号民事判决书（2014 年 9 月 25 日）

二审：上海市第二中级人民法院（2014）沪二中民五（知）终字第 84 号民事判决书（2014 年 12 月 23 日）

【基本案情】

原告上海涵大隆贸易有限公司（以下简称涵大隆公司）提起本案诉讼，请求确认第 1506317 号、第 1510017 号注册商标由上海朱家角涵大隆食品有限公司受让的行为不成立且上述注册商标由上海朱家角涵大隆食品有限公司向被告上海朱家角古镇旅游发展有限公司（以下简称朱家角旅游公司）转让的行为无效，并确认原告是上述注册商标的商标专用权人。本案中上海朱家角涵大隆食品有限公司已核准注销，故其应承担的责任由其股东，即本案被告上海朱家角投资开发有限公司（以下简称朱家角投资公司）、朱家角旅游公司承担。

被告朱家角投资公司辩称：涉案商标系经合法程序转让，第一次转让时上海朱家角涵大隆食品有限公司委托商标代理公司办理相关手续，转让申请书上有原告的盖章，相关资产转让协议中也涉及商标转让事实，原始的商标注册证亦在被告处，故商标转让行为系原告真实意思表示。两次商标转让公告期间，原告均未提出异议，且商标原始注册的期限届满后由被告朱家角旅游公司申请续展，故请求驳回原告的诉讼请求。

被告朱家角旅游公司辩称：涉案商标两次转让均经合法程序，现其为涉案商标的专用权人，原始的商标注册证原件亦在其处，请求驳回原告的诉讼请求。

法院经审理查明：原告涵大隆公司成立于 1999 年 6 月 17 日，股东为上海宝宜置业有限公司（以下简称宝宜公司）、陈某燕。1999 年 3 月 16 日，宝宜公司与青浦县供销合作联合社签署《产权转让协议书》，约定将该供销社所属的涵大隆酱园工场（包括房屋、土地、电力设施、涵大隆招牌等）整体转让给宝宜公司，其中涵大隆招牌作为无形资产作价人民币 10 万元。2001 年 1 月，涵大隆公司注册取得第1506317号、第1510017号“涵大隆”图形商标，核定使用商品类别为第29类和第30类，商标有效期限分别为2001年1月14日至2011年1月13日，2001年1月21日至2011年1月20日。

2004年12月10日，宝宜公司与朱家角投资公司签订《北大街涵大隆、森趣楼资产转让协议》，由甲方宝宜公司及涵大隆公司实际控制人陈某昌将北大街涵大隆、森趣楼所涉土地、房屋及构筑物转让给乙方朱家角投资公司。

2005年6月17日，陈某昌因涉嫌合同诈骗罪被刑事拘留，后被逮捕；2006年7月7日宝宜公司犯合同诈骗罪被判处罚金150万元，陈某昌作为宝宜公司直接负责的主管人员犯合同诈骗罪，被判处有期徒刑10年，并处罚金10万元。

上海朱家角涵大隆食品有限公司成立于2006年2月24日，系朱家角投资公司、朱家角旅游公司共同出资设立。2006年11月2日，两涉案商标经核准转让至上海朱家角涵大隆食品有限公司。

2009年6月，上海朱家角涵大隆食品有限公司和朱家角旅游公司向商标局申请转让两涉案商标。2009年9月18日上海朱家角涵大隆食品有限公司注销。2010年1月18日两涉案商标经核准转让至朱家角旅游公司，朱家角旅游公司随即取得其为注册人的涉案两个商标的商标注册证。2010年7月，朱家角旅游公司提出商标续展申请，经核准第1506317号注册商标续展至2021年1月13日，第1510017号注册商标续展至2021年1月20日。朱家角旅游公司持有注册人为“上海涵大隆公司”（涵大隆公司）的两份涉案商标注册证原件及注册人为“朱家角旅游公司”的两份涉案商标注册证原件。

另查，宝宜公司成立于1996年10月10日，股东为上海新谊轿车配件有限公司、陆某龙，法定代表人陆某龙；上海新谊轿车配件有限公司成立于1993年10月26日，股东为陈某昌、陆某靖，法定代表人陆某靖。

涵大隆公司自2006年12月15日起企业状态为吊销未注销。

【裁判结果】

上海市普陀区人民法院于2014年9月25日作出（2013）普民三（知）初字第192号民事判决：对原告涵大隆公司的所有诉讼请求不予支持。

宣判后，原告涵大隆公司不服一审判决，向上海市第二中级人民法院提起上诉，上海市第二中级人民法院于2014年12月23日作出上海市第二中级人民法院（2014）沪二中民五（知）终字第84号民事判决：驳回上诉，维持原判。

【裁判理由】

法院生效裁判的理由如下。首先,关于双方是否签订书面商标转让协议的问题。原告涵大隆公司称其从未与上海朱家角涵大隆食品有限公司签订过商标转让书面协议,其股东宝宜公司及原告实际控制人陈某昌与被告朱家角投资公司达成的收购协议并不涉及商标转让事项。两被告则称,原告涵大隆公司与上海朱家角涵大隆食品有限公司曾就商标转让事宜达成过书面协议,但目前已找不到;即使双方未单独就商标转让事宜签订书面协议,双方也曾就涵大隆酱园房地产、物资等进行整体转让收购,已包括商标转让事项,之后被告朱家角旅游公司的关联公司上海珠里旅游产品开发有限公司与陈某昌之子陈某峰签订的《涵大隆部分资产转让协议》中也涉及商标转让过户费用。对此法院认为,商标转让系商标权利人与受让人就商标权属进行的民事处分行为,理应体现双方合意。商标局及相关商标代理公司均表示当时确实存在转让协议,但因未留底等无法核对,而相关法律也规定转让注册商标转让方和受让方应签订转让协议。事实上,在商标局及相关商标代理公司档案中存在盖有原告及上海朱家角涵大隆食品有限公司印章的商标转让申请书,故有理由相信当时确有双方转让商标的协议,尽管该协议因故未直接签订或者遗失,但商标转让双方共同向商标局递交的申请书亦是体现双方合意的表现形式之一。

其次,原告涵大隆公司对商标转让行为是否知情,是否是其真实意思表示。对此法院分析如下。第一,通常情况下,权利人将权利证书原件交付于受让人可视为权利人欲进行交易转让的诚意表示。涉案商标的原始商标注册证(注册人为原告)原件现由被告朱家角旅游公司持有。原告对此虽解释称,该商标证原置于经营场所内,后因原告内部管理混乱,商标证遗失至被告朱家角旅游公司处,但原告上述主张并没有相关证据印证。第二,从原、被告对涉案商标的使用情况来看,原告表示涉案商标注册后,其一直进行使用,但在涵大隆酱园等资产转让之后未再生产销售。两被告及相关公司则在收购涵大隆酱园地产、受让涉案商标后,一直经营管理涵大隆酱园,并使用涉案商标至今。第三,从原、被告对商标权的维护分析,对于原告而言,两被告生产销售含涉案商标的酱菜,该行为是公开且显而易见的,如原告认为其并未转让涉案商标,按一般常理,其完全有理由对此提出异议,但未见原告采取过任何相关措施。另外,注册商标的核准使用期限是注册商标权利中的重要内容,原告涵大隆公司在其股东宝宜公司受让无形资产涵大隆招牌后不久即注册了涉案商标，足见其具有较强的商标意识，其对商标续展等基本事宜不会不知。原告申请注册的涉案两个商标在期限届满前乃至法律规定的6个月宽限期期满前，均未提出任何续展申请。相反，被告朱家角旅游公司作为第二次商标转让的受让人积极提出了续展申请。原告作为商标权利人对于逾期未予续展将导致注册商标被注销这一重大权利灭失事项，未予任何关注，显然不合常理。至于原告称因实际控制人陈某昌入狱导致管理混乱且陈某昌亦不能被苛求对商标具体到期时间等情况十分了解的辩解，法院认为，依法成立的公司是民事活动中的独立民事主体，其实际控制人的行为自由受限并不影响公司法人意志的自由表达。第四，在涵大隆酱园地产转让过程中签订的《涵大隆部分资产转让协议》，有关于涉案商标转让至上海朱家角涵大隆食品有限公司的过户费内容，且过户费用与商标代理公司的陈述一致；陈某昌的儿子陈某峰在该协议上签字，当时原告公司印章持有人袁某友亦陈述陈某峰代表陈某昌在该协议上签字，足见原告与上海朱家角涵大隆食品有限公司涉案商标转让事项在办理涵大隆酱园房地产转让交接的过程亦再有反映。第五，原告涵大隆公司的股东宝宜公司及陈某昌曾与被告朱家角投资公司就涵大隆酱园等房地产转让事项达成协议。涉案注册商标为图形商标，与涵大隆酱园建筑外形高度一致，且原、被告生产销售含涉案商标商品的主要场所亦均在涵大隆酱园内，足见涉案商标与涵大隆酱园有着天然的紧密联系。两被告在收购涵大隆酱园房地产及含有涉案商标的酱菜等物资且有明确意愿继续经营涵大隆酱园的情况下，不进行相关涉案商标的转让，这是不符合一般商业惯例的，亦无法达到继续经营保持当地特色的涵大隆酱园的目的。原告虽主张涵大隆酱园房地产转让主体系原告股东宝宜公司而并非原告，且宝宜公司及陈某昌与被告朱家角投资公司签订的涵大隆酱园等资产转让协议不涉及商标转让事项，但法院认为在涵大隆酱园等房地产资产转让协议中，宝宜公司与陈某昌是共同甲方，陈某昌既是宝宜公司的主要负责人，又是原告的实际控制人，宝宜公司的涵大隆酱园房地产亦是原告的原实际经营场所，故两被告认为应将涵大隆酱园等房地产转让与涉案商标转让事宜结合起来进行综合判断，涵大隆资产转让协议是整体性转让的主张有其合理性。

综上所述，法院认定涉案注册商标于2006年进行第一次转让时原告是明知的，且转让系其真实意思表示，相关转让行为符合相关法律规定，合法有效。

【案例注解】

一、书面合同缺失对于商标转让行为效力的影响

根据《商标法》及相关司法解释的规定,转让注册商标的,转让人和受让人应当签订转让协议,并共同向商标局提出申请并提交转让注册商标申请书,转让注册商标申请手续由受让人办理。按照上述规定,商标转让合同应为要式合同,且转让协议是商标转让的必备文件。由于商标局仅进行形式性审查而非实质行政审批等,[①]存在商标局以及代办相关手续的商标代理公司、案件双方当事人均无法提供商标转让协议书面文本的情况,在此基础上要分两种情形分析。一是不存在书面合同的情形。在德国法上,法定书面形式决定法律行为(合同)的效力而非成立与否,不遵守法定书面形式的法律行为直接被认定为无效;而在我国,法定书面形式原则上为合同的成立要件,如果不遵守法定书面形式,合同原则上不成立。[②] 但值得注意的是,要式的主要功能是起到警示作用,确保当事人可以尽到谨慎注意的义务,让法律关系更加清晰明了,如在担保合同中,为了保护债务人,仅债务人可以主张因要式不具备的无效,这一点在《德国民法典》中亦有体现,《德国民法典》在确立"欠缺法律所规定的形式的法律行为,无效"的一般规则的情况下,也在土地所有权转让合同、赠与约定、担保表示等个别情形下例外地予以承认。[③] 故在一方当事人已经履行主要义务且对方接受时,可以认为双方已经通过行为进行了瑕疵补正而合同有效,即履行治愈形式瑕疵。二是存在书面合同但是无法提供的情形。此种情形下要综合考虑具体案情加以推定,但商标转让需向商标局提交申请书,实践中商标局需审核转让协议,且申请书亦为双方达成合意的表现,依据高度盖然性的证明要求倾向于推定认为存在转让协议。

本案中,商标转让行为已由代理公司代为办理并完成了转让的相关手续,此时应当推定转让双方存在商标转让合同。案件审理中,商标代理公司、商标局均表示当时确实存在商标转让协议,但出于特别原因无法提供转让合同的文

---

① 参见程永顺:《第三次〈商标法〉修正案亟待澄清与完善的若干问题》,载《知识产权》2013 年第 9 期。

② 参见朱广新:《书面形式与合同的成立》,载《法学研究》2019 年第 42 期。

③ 参见[德]汉斯·布洛克斯、[德]沃尔夫·迪特里希·瓦尔克:《德国民法总论》,张艳译,中国人民大学出版社 2012 年版,第 68 页。

本。在此条件下，法院依据加盖转让人和受让人公章的商标转让申请书、双方及其关联公司之间签署的资产转让协议以及参与转让人员的证言，推定当时确有双方转让商标的协议。

二、对商标转让协议中当事人意思表示真实性的判断

根据《民法典》第 5 条的规定，民事主体从事民事活动，应当遵循自愿原则，按照自己的意思设立、变更、终止民事法律关系。因此，民事法律行为应当具备的条件中就包括意思表示真实。意思表示的真实性是商标转让行为成立的必要条件。在缺少商标转让合同书面文本的情况下推断当事人是否具有转让商标的真实意思表示，需要以《民法典》第 142 条为依据，结合多种因素进行综合推断。

1. 要在整体的框架下结合一般性原则进行分析。一方面，要结合民法的平等原则、意思自治原则、公平原则、诚实信用原则等，来探寻当事人的真实意图。另一方面，也要特别关注商事领域所需要遵循的维护交易公平原则、促进交易迅捷原则等，尤其是在商标转让的过程中，当事人自然而然地会遵守商事主体应遵守的一般规则，如权利证书的交付、转让人对于商标的停止使用等，如果存在上述情况，则可合理推定当事人之间存在商标转让的意思表示。

2. 要融合各种解释学方法。最常用的就是结合合同的书面文本来判断当事人的真实意思表示，这既可以适用于有相对人的意思表示，也可以适用于无相对人的意思表示。但在部分情况下合同的文本解释的优先性存在一定的例外，如“误载不害真意”或者在格式条款中作不利于格式条款制定一方的解释等情况，此处不再赘述。本案中，在《涵大隆部分资产转让协议》中包含对商标过户费用的约定，原告方相关人员（原告实际经营人之子及受托人）也在协议上进行了签字，可以从侧面印证原告知晓涉案的商标转让行为，存在商标转让的意思表示。

根据《民法典》第 142 条规定，在解释意思表示时，要结合相关条款进行，即要将单个条款或单个行为结合其他部分以及其在整体中的作用来进行解释。比如在商标转让的过程中，可以结合当事人磋商过程及以往的合作情况等进行综合分析，如果在商标转让协议外，转让双方还存在其他相关资产转让协议，可以作为商标转让行为存在与否的重要推断。本案所涉及的涵大隆商标系沪上知名老字号，其主要的经营场所即涵大隆酱园与承载了涵大隆商标的酱菜等产品，经过多年的历史积淀和经营人的宣传推广，共同组成了涵大隆老字号的品牌和资产。另外，涉案的涵大隆图文商标也与涵大隆酱园建筑外形高度一致。要充分获得并行使涉及涵大隆的资产和相关权利，其转让内容应当同时包含有形资产和无形资产（包括商标权）。在双方书面签订《北大街涵大隆、森趣楼资产转让协议》《涵大隆部分资产转让协议》并完成对涵大隆有形资产即涵大隆酱园地产及相关物资的整体收购，且受让人也明确表示将继续经营该酱园的情况下，理应概括地包括商标地转让。

《民法典》第142条明确要"结合行为的性质和目的"解释意见表示，因为意思表示是为实现表意人目的而服务的，所以在判断当事人真实意思表示的过程要探究合同订立所欲达成的预期结果。法国民法中亦有规定，"解释契约应从契约中寻找缔结契约之诸当事人的共同本意，而不应局限于用语的字面意示。"梅迪库斯认为，在多方法律行为中，由于一方所追求的目的并非也是另一方所追求的目的，因此将合同所欲实现的目的作为判断标准时必须十分谨慎，不应按照表意人或者相对方的理解进行解释，而要按照理性第三人对意思表示的理解进行解释。在商标转让的过程中，实际使用该商标是合同的根本目的。通常情况下，在完成商标权转移后，转让方应停止对原商标的使用，受让方则开始对商标的使用。本案中，原告作为商标转让的转让方，在2006年双方完成商标转让行为后，即停止了对涉案商标的使用；二被告作为商标转让的受让方，在完成商标转让后使用涉案商标，上述行为符合商标转让后对合同目的的实现。此外，在受让人明确表示将继续经营该酱园的情况下，若排除商标权的转让，将导致实际经营出现困难、收购目的无法实现，这不符合逻辑常识。

3. 要特别注重习惯在民事法律活动中的重要作用。习惯有着特别重要的地位，是因为习惯在交易中被赋予了特定的意义，可以用于推断当事人的意思表示。在商标转让的过程中，商标注册证书的持有情况可以用于对实际权利人的判断。通常情况下，原始的权利人将权利证书原件交付受让人，可视为权利人欲进行商标权交易的诚意表示。因权利证书的持有人具有权利外观，可以先行推定双方具有转移注册商标专用权的意思表示，持相反意见一方应举证证明双方缺乏交易的意思表示。本案中，涉案商标的原始商标注册证原件由被告朱家角旅游公司持有，其亦表示注册证系原告在转让过程中提供。在此情形下，本案原告认为商标注册证的移转系其主要控制人入狱后经营混乱所致，但无法举证证明，不足以推翻商标注册证书转移对双方存在交易的意思表示的推定。

根据经营习惯来看，双方对商标的维护情况亦可作为判断的标准。通常情况下，商标权利人对商标负有维护的义务，包括在商标权到期后积极续展，以及发现他人存在侵权行为时通过民事、行政等手段积极维权。本案中，原告在取得涉案老字号后即进行涉案商标注册申请，具有较强的商标保护意识。但在两涉案商标期限届满至商标续展宽限期的6个月到期时，原告都未提起续展申请，此做法与其主张的未发生商标权转移的表述相悖。相反，被告朱家角旅游公司作为商标的受让方，在完成商标转让后商标权第一次到期时，即向商标局提起商标续展申请并完成相关工作，可以认为其对已经完成商标转让并拥有涉案商标权具有内心确认。同时，两被告在完成商标转让后即开始生产、销售包含涉案商标的商品，该行为是公开的，原告主张自己为权利人而未对此“侵权行为”提出过异议，有悖权利人积极维护自身权益的常理。

三、代理人是否超越授权对商标转让合同的影响

在正常的民商事活动中，经常会出现双方当事人授权代理人代为办理相关事项的情况。在代理的过程中，若代理人所实施的民事法律行为并未超越授权，也不存在恶意串通等滥用代理权行为，则法律后果自然由被代理人承担。若代理人实施的民事法律行为为无权代理，则不对被代理人发生效力，但若被代理人已经开始履行合同义务或者接受相对人履行，则视为对合同的追认。同时，还要考虑其是否为表见代理，是否具有被授予代理权的外观，第三人对于并不知晓行为人没有代理权这一事项是否有过失。

本案中，原告在与被告完成资产转让交易时，袁某友持有原告公司的公章；公章是公司意志的重要体现，被告有充分的理由相信是原告委托袁某友办理相关事务，同时在原告实际控制人之子陈某峰根据原告公司及实际控制人的授权处理原告公司部分资产转让事宜时，也已经授权袁某友代为办理相关税费支付以及办理注册商标转让相关事宜。可见，袁某友持有公章办理涉案商标转让给被告相关事宜时，已经获得原告的授权。因此，涉案商标转让文件上原告的公章体现了原告将涉案商标转让给被告的真实意思表示。

（一审合议庭成员：金红、张佳璐、周有良

二审合议庭成员：何渊、胡宓、杨馥宇）

美驰(上海)食品有限公司与程某某、林某某特许经营合同纠纷案

——中间人信息披露义务的违反及其后果

陈肖宇

关键词 | 辅助人 欺诈 缔约过失 共同侵权 信赖利益

【裁判要旨】

特许人负有信息披露之先契约债务。在被特许人明确提出品牌要求时,特许人及其代理人不应故意作出误导陈述,否则构成欺诈。代理人欺诈视为本人欺诈,相对人可撤销合同。代理人磋商行为使本人与相对人之间产生先契约债务,故代理人欺诈时,本人应承担缔约过失责任。

【相关法条】

《中华人民共和国合同法》①

第五十四条第二款　一方以欺诈、胁迫的手段或者乘人之危,使对方在违背真实意思的情况下订立的合同,受损害方有权请求人民法院或者仲裁机构变更或者撤销。

第五十六条　无效的合同或者被撤销的合同自始没有法律约束力。合同部分无效,不影响其他部分效力的,其他部分仍然有效。

第五十八条　合同无效或者被撤销后,因该合同取得的财产,应当予以返

① 现已失效。

还；不能返还或者没有必要返还的，应当折价补偿。有过错的一方应当赔偿对方因此所受到的损失，双方都有过错的，应当各自承担相应的责任。

【案件索引】

一审：上海市普陀区人民法院（2015）普民三（知）初字第 12 号民事判决书（2015 年 11 月 24 日）

二审：上海知识产权法院（2016）沪 73 民终 56 号民事判决书（2016 年 6 月 2 日）

【基本案情】

程某某的诉讼请求为：（1）撤销程某某与美驰（上海）食品有限公司（以下简称美驰上海公司）、林某某之间签订的编号分别为“th0085”“th0087”的两份经销合同；（2）美驰上海公司返还程某某保证金 10 万元；（3）美驰上海公司、林某某向程某某赔偿损失共计 272,696.97 元。

【裁判结果】

一审法院依照《合同法》第 54 条第 2 款、第 56 条、第 58 条之规定，判决：（1）撤销程丽华与美驰上海公司、林江华签订的编号“th0085”“th0087”的《帕帕珍味面包店授权经销三方协议书》；（2）美驰上海公司应于判决生效之日起 10 日内返还程丽华加盟费 100,000 元；（3）美驰上海公司应于判决生效之日起 10 日内赔偿程丽华损失 50,000 元。

二审法院判决：驳回上诉，维持原判。

【事实概要】

“帕帕罗蒂 papparoti”商标和“帕帕珍味”商标均经国家商标局核准注册使用在第 30 类商品，包括面包、面粉制品等，前者注册人为帕帕罗蒂（马来西亚）有限公司，有效期为 2011 年 1 月 21 日至 2021 年 1 月 20 日；后者注册人系美驰香港公司，有效期为 2013 年 7 月 14 日至 2023 年 7 月 13 日。

美驰香港公司于 2012 年 6 月 1 日授予美驰上海公司特许经营权并使用其“pappagourmet 帕帕珍味”品牌及商标在中国地区开展品牌餐饮业务，特许经营权包括可在中国各个城市招收和授权“pappagourmet 帕帕珍味”品牌的独家总代理及加盟商,有效期为5年。

2012年10月28日,程丽华与美驰上海公司、林江华签订《帕帕珍味面包店授权经销三方协议书》两份,编号分别为th0085和th0087,合同内容如下:甲方美驰上海公司作为特许方主要经营面包和糕点的生产与销售,以区域和单方授权经销的形式进行运营;乙方林江华为甲方美驰上海公司在重庆区域的区域经销商,负责甲方产品或甲方指定产品在该区域市场的销售;丙方程丽华成为甲方美驰上海公司在大渡口和龙湖区域内"帕帕珍味面包店"的单店授权经销商。三方签订以下协议:一、三方的关系:甲方授权丙方经销帕帕珍味面包店,允许丙方使用甲方的商标、特色形象、产品供货渠道等专有资源,但丙方经营收益和风险由丙方独立享受和负担。甲、乙、丙三方是彼此独立的……四、协议期限:1.本协议有效期三年,自本协议签订之日起算……六、单店开业:1.装修和布置:甲方将向丙方提供包括设计、形象、内部装饰、店内布置、设备、家具及配色方案的要求……2.设备、装置、家具和标识:丙方同意使用符合帕帕珍味面包店的设计、外观、功能和运营要求规格和标准的装置、家具、设备和标识,丙方更进一步同意在其经营场地只使用甲方以书面形式批准的标识、标志、文字、招牌及展示材料。丙方应当向甲方指定或批准的供应商购买批准种类品牌及类型的装置、家具和标识……4.开业的先决条件:丙方同意必须满足以下四项条件,得到甲方确认后方能开业:(a)根据第六条第三款,丙方的所有约定义务已经完成;(b)经营场地已经根据甲方批准的计划和规格进行了装修、装饰、布置,及储存了必须的原材料和用品;(c)对店长和其他人员的开业前培训已经全部完成,并由甲方认证通过……七、乙方提供丙方培训、支持、原材料供给及管理……九、费用和支付:1.丙方为取得单店经销经营权同意向甲方一次性支付授权经销费5万元。……该合同上盖有美驰上海公司及其员工李萌的印章,并有程丽华、林江华签名。

合同签订后,程丽华向美驰上海公司支付特许经营加盟费10万元,林江华向程丽华出具10万元收据一张,上载"收到两个店的加盟费",并盖有"帕帕珍味重庆总代理"的印章,美驰上海公司承认收到此笔款项。

2013年4月2日,美驰上海公司向程丽华出具《授权书》:美驰上海公司授权经营的品牌由"帕帕罗蒂"更名为"帕帕珍味"。

程丽华向原审法院提交美驰上海公司的宣传册,证明林江华在招揽程丽华加盟时,交给程丽华宣传册使程丽华相信美驰上海公司系"帕帕罗蒂"的许可方。该宣传册封面上印有美驰香港公司的企业名称，并印有帕帕罗蒂、帕帕珍味等几个文字标识。原审庭审中，美驰上海公司认为，该宣传册是在“帕帕罗蒂”商标归属于帕帕罗蒂(马来西亚)有限公司之前，美驰上海公司制作的。

2013 年 9 月，程丽华在百度上搜索“帕帕罗蒂”，跳出所有与“帕帕罗蒂”有关的链接，点击其中一条推广链接，直接跳转至美驰上海公司的官网网站 www. papparoti - china. com/www. index. html，网站上有宣传帕帕罗蒂面包的内容。美驰上海公司承认在“帕帕罗蒂”商标尚未属于帕帕罗蒂(马来西亚)有限公司之前，使用过 www. papparoti - china. com，但现已停止使用。

2012 年 12 月 21 日，程丽华加盟的“帕帕珍味”面包店(龙湖店)经美驰上海公司的代理商林江华认可后开业，至 2013 年 6 月停止经营。程丽华为此支出的费用：消防工程 18,000 元，装修款 20,000 元，装修清洁费 552 元，油画相框 24 个共计 1100 元，消毒柜(设备)400 元，桌椅、凳子 35 个共计 6950 元，过滤机 1 个 1900 元，点钞机 1 台 500 元，收银机组合一套 3800 元，半自动咖啡机组合 27,500元，菜单印刷品 2000 份 520 元，T 恤 10 套 200 元，发酵箱等 27,820 元，履约保证金 23,460 元，首期物管费 3220 元，物管费、水电费等共计 19,672. 97 元，2013 年 1 月至 6 月的租金 30,360 元，撤离龙湖店产生的外观维护费 8800 元，广告制作费 11,850 元，共计价值 206,604. 97 元。

2013 年 12 月，程丽华的“帕帕真味”面包店(大渡口店)开业经营，但未通知美驰上海公司、林江华，经营约 2 个月后停止营业，主要经营业务小吃类食物。程丽华为此支付的费用：装修款 20,000 元，消防产品检测费 3522 元，消防工程 10,000 元，发酵箱等设备 27,820 元，租金 4750 元，共计人民币 66,092 元。

原审庭审中，程丽华认为因美驰上海公司、林江华的欺骗，导致程丽华加盟了“帕帕珍味”的面包店，而非“帕帕罗蒂”面包店，由此开设面包店产生的费用均属于程丽华的损失。程丽华承认桌椅物件、设备因保管不善，被程丽华折价处理，但程丽华也无法说明处理后的价款总数。其中履约保证金系程丽华向物业公司交纳，因后期没有经营，物业公司拒绝予以退还。美驰上海公司、林江华提出油画相框、T 恤、菜单印刷品不是开店必需物品，外观维护费和广告制作费属于非必要的费用。房屋租金只有收据，没有租房合同予以证明，故真实性无法确认。程丽华未提交履约保证金物业公司拒绝退还的证据，美驰上海公司、林江华对此费用作为损失计算在内不予认可。

关于第二家开店产生的费用，美驰上海公司、林江华认为程丽华没有按照合同的约定经过林江华的验收、同意，且在程丽华起诉后再开设第二家，属于故意扩大损失，故二被告对第二家产生的费用不予认可。程丽华认为当时签合同的时候就已经与美驰上海公司、林江华约定开设两家加盟店，程丽华为履行合同差不多同时开展两家店的装修工作，向林江华购买两家店开设需要的两套设备，对此林江华知情，故第二家开店产生的费用仍属于被告应赔偿程的损失。

程丽华称其是在重庆发现帕帕罗蒂面包店，通过该店提供的宣传单找到美驰上海公司的代理商林江华，要求加盟“帕帕罗蒂”面包店，但是林江华告诉程丽华“帕帕罗蒂”就是“帕帕珍味”，以前叫“帕帕罗蒂”，现在叫“帕帕珍味”。林江华的陈述使程丽华误以为“帕帕罗蒂”在中国市场上已经不存在了，“帕帕珍味”是“帕帕罗蒂”的承继和延续，程丽华只能加盟“帕帕珍味”。程丽华加盟后，发现在自己开设的龙湖店附近还有一家“帕帕罗蒂”面包店。程丽华要求林江华对此作出解释，林江华仍称美驰上海公司拥有“帕帕罗蒂”品牌权，最终林江华交给程丽华由美驰上海公司出具的“帕帕罗蒂”更名为“帕帕珍味”的授权书。之后，程丽华上网查询发现“帕帕罗蒂”商标属于帕帕罗蒂（马来西亚）有限公司所有，认为自己受到了欺骗，故于 2013 年 6 月诉至法院。

美驰上海公司承认在帕帕罗蒂（马来西亚）有限公司申请注册“帕帕罗蒂”商标成功前，平时以“帕帕罗蒂”的商标许可加盟。在帕帕罗蒂（马来西亚）有限公司的“帕帕罗蒂”商标注册成功后，美驰上海公司停止使用“帕帕罗蒂”商标，并开始向所有加盟商发更名授权书，向程丽华发更名授权书属于误发。林江华承认在拉加盟商时曾有“以前是帕帕罗蒂，后来是帕帕珍味”的表述。美驰上海公司、林江华认为程丽华对自己加盟的品牌系“帕帕珍味”是清楚的，美驰上海公司、林江华并没有欺骗程丽华。美驰上海公司、林江华同时还在庭审中表述“帕帕罗蒂”品牌的加盟店在重庆已经经营有四五年之久，而“帕帕珍味”品牌的面包店在近两年才开始招收加盟店。

【裁判理由】

关于程丽华是否受欺诈的认定。事实层面，一审法院认定程丽华要求过加盟“帕帕罗蒂”。理由如下：(1) 如果程丽华一开始就要求加盟“帕帕珍味”，林江华根本不需要作出“以前是帕帕罗蒂”这样的表述，林江华这样的表述更像是在解释“帕帕罗蒂”和“帕帕珍味”的承继关系，也能反映出程丽华要求过加盟“帕帕罗蒂”。(2)“帕帕罗蒂”品牌的面包店进驻重庆已达四五年之久，美驰上海公司在“帕帕罗蒂”商标归属于帕帕罗蒂(马来西亚)有限公司之前,甚至“帕帕罗蒂”商标归属于帕帕罗蒂(马来西亚)有限公司后的一段时间内,一直以“帕帕罗蒂”招揽加盟商,而“帕帕珍味”品牌是在近两年才推出的面包品牌。美驰上海公司的宣传册和网站上以及对外加盟的宣传品牌均是“帕帕罗蒂”。原审法院认为程丽华一开始要求加盟的品牌是“帕帕罗蒂”的说法是合理的。(3)美驰上海公司在程丽华已经加盟“帕帕珍味”后向程丽华发“帕帕罗蒂”更名为“帕帕珍味”的授权书的行为,能印证了程丽华一开始的加盟要求。法律层面,一审认为,特许人应当向被特许人披露特许人的注册商标等重要信息;特许人向被特许人提供的信息应当真实、准确、完整,不得隐瞒或者提供虚假信息。本案程丽华通过“帕帕罗蒂”宣传单找到林江华后,明确表示要求加盟“帕帕罗蒂”面包店,作为特许方美驰上海公司的代理商林江华,在明知“帕帕罗蒂”商标所有权属于帕帕罗蒂(马来西亚)有限公司的情况下,应当明确告诉程丽华美驰上海公司不持有“帕帕罗蒂”商标,不应当向程丽华作出“以前是帕帕罗蒂、现在是帕帕珍味”充满歧义的表述,隐瞒作为特许人应当披露的基本信息,特别是加盟者对加盟的品牌有特定要求的情况下,这样的表述难免使程丽华误以为“帕帕罗蒂”已经被“帕帕珍味”替代,不能加盟“帕帕罗蒂”的面包店,只能加盟“帕帕珍味”的面包店。由于林江华隐瞒了作为许可方应当披露的真实情况,使程丽华作出了错误的意思表示,其行为构成合同法上的欺诈,案涉合同应予撤销。二审认同一审法院对于被上诉人林江华的行为已构成合同法上的欺诈的分析与认定。

关于财产返还,法院认为美驰上海公司作为最终收款人应当返还程丽华支付的加盟费。

关于损害赔偿,法院认为鉴于美驰上海公司、林江华的欺诈给程丽华造成了本不应有的损失,应予赔偿。关于赔偿数额。对龙湖店的损失,美驰上海公司、林江华提出的程丽华开龙湖店的部分费用属于非必要费用,店铺租金没有合同予以印证等意见具有一定合理性,原审法院予以采纳。对大渡口店的损失,原审法院认为,虽大渡口店是在程丽华起诉后才开店,且没有经过美驰上海公司、林江华同意,但是程丽华与美驰上海公司、林江华签合同时就已经明确约定开设两家店,程丽华为履行合同同时作两家店的准备,包括装修,购买设备,林江华是知情的,也未提出反对,故原审法院认为大渡口店的损失,美驰上海公司、林江华仍须负责。鉴于程丽华自行处理了相关设备,且无法说明处理后的费用,原二审认为,原审法院对涉案合同被撤销后合同相对方应返还加盟费以及应赔偿损失的数额确定，亦无明显不妥，予以维持。

关于责任主体，一审法院认为，林江华系美驰上海公司的区域经销商，负责为加盟商提供面团、培训、技术指导、宣传等，真正许可方为美驰上海公司，林江华的行为都应由委托方美驰上海公司来承担相应法律后果。二审法院认为，涉案合同明确被上诉人林江华系上诉人美驰上海公司的区域经销商，并在合同第7条中约定被上诉人林江华向被上诉人程丽华提供培训、开业支持和持续的支持、原材料供给与管理等，被上诉人林江华在涉案合同约定的区域内代作为特许人的上诉人美驰上海公司履行部分合同义务，对于被上诉人程丽华而言，被上诉人林江华所实施的行为均代表上诉人美驰上海公司，故原审法院判决由上诉人美驰上海公司承担涉案合同被撤销后的法律责任，具有事实和法律依据，二审法院亦予维持。

【案例注解】

一、案涉合同主体身份之辨

合同主体关系的准确定性是厘清各方责任的前提。实践中，合同签订有时需由中间人促成，如本案中林江华就在促成美驰上海公司与原告签约上起了作用。就中间人身份之法律上的定性，可分为磋商辅助人、代理人或兼具二者等等，有必要深入讨论。磋商辅助人的特点是，辅助人依据其他主体的意思辅助其他主体参与磋商过程。代理人的特点是，以其他主体的名义为法律行为。磋商辅助人如果不参与合同的签订，即不以被代理人名义为法律行为，不构成代理人。代理人如同时参与缔约磋商与合同订立过程，也可能构成磋商辅助人。

结合上述背景，可对本案情形进行分类讨论。设若系争合同由林江华与原告签署，则林江华或具双重身份。第一重身份系美驰上海公司的代理人，即林江华代美驰上海公司订立合同。第二重身份系三方合同之独立一方。系争合同中约定了林江华对程丽华提供培训、开业支持和持续的支持、原材料供给与管理等权利义务，包括原告须从林江华处进货的义务等，就此而言，设若林江华不提供培训等支持，实际上构成其自身对原告债务的违反。因此，即使肯定林江华的代理人身份，似不宜也无须轻易否认林江华的独立主体地位。

设若系争合同由美驰上海公司员工、林江华与原告三人签署，则林江华虽可能为美驰上海公司的品牌代理商，但其并不代理签订案涉合同签订，而只是美驰上海公司的缔约磋商辅助人参与到合同磋商阶段。如系争合同系三人签署,似更难否认林江华于案涉合同中有独立承担义务的空间。

二、欺诈的构成与合同的撤销

基于欺诈的撤销权而撤销合同的要件是:(1)合同依法成立并生效(暂且不提无效法律行为之可撤销);(2)存在欺诈行为;(3)具有违法性;(4)存在欺诈故意[①];(5)因欺诈引发、维持或强化了错误,因错误发出意思表示;(6)欺诈者符合法律规定的情形。要件(1)、要件(3)非本案焦点,不再展开。

关于要件(2),难点在于欺诈行为的判定。本案中,法院依法发挥自由心证,根据间接证据采信了原告缔约时表示过想加盟"帕帕罗蒂",并同时认定了林江华作出与事实不符的行为。此间有表示行为的解释问题可进一步讨论。由于案涉合同签订时,"帕帕罗蒂"已属于帕帕罗蒂(马来西亚)有限公司,而非美驰上海公司,故从客观解释者角度来看,原告称其欲加盟的"帕帕罗蒂"面包店,应当被解释为想和可依法授权使用帕帕罗蒂(马来西亚)有限公司享有的"帕帕罗蒂"商标权的特许人签订合同。道理在于,理性人通常不愿意使用有侵权风险的标识。尽管美驰上海公司称其于该商标注册前曾使用过"帕帕罗蒂",但林江华所谓的"以前是'帕帕罗蒂',现在是'帕帕珍味'"的表述,从客观解释看,则被解释为帕帕罗蒂(马来西亚)有限公司享有的"帕帕罗蒂"商标权已变更为"帕帕珍味"。但这与实际情况不同——帕帕罗蒂(马来西亚)有限公司享有的"帕帕罗蒂"标识相关的服务或商品从未变成"帕帕珍味"。因此,林江华有欺诈行为。

至于美驰上海公司是否存在欺诈行为,关键在于宣传册的制作和官方网站上曾出现"帕帕罗蒂"的行为该如何认定。笔者认为,如果上述行为发生在帕帕罗蒂(马来西亚)有限公司取得"帕帕罗蒂"的商标权后,可能会被评价为过错行为,因该行为本身可能构成对帕帕罗蒂(马来西亚)有限公司的侵权,本身并不妥当,也容易导致受众的错误认识,但上述二行为是否构成欺诈并影响本案合同的效力,本文难下定论。基于此,本案法官也是更多地强调林江华的欺诈行为。

对要件(6)的讨论也可进一步深化。即假如美驰上海公司不构成欺诈,仅有林江华欺诈,案涉合同得否撤销。设若认为林江华系案涉合同之一方主体,

① 有学者主张对欺诈故意作弱化处理,参见刘勇:《缔约过失与欺诈的制度竞合——以欺诈的"故意"要件为中心》,载《法学研究》2015 年第 5 期。

属于合同方欺诈,则原告作为相对人得撤销合同。设若林江华不构成案涉合同之一方主体,仅作为辅助人参与磋商或代理缔约环节,如法院认定合同可撤销,则本案可抽取出"受委托的磋商辅助人/代理人欺诈视为本人欺诈"的判例规则。道理在于,欺诈行为人是本人"阵营"中的人。① 如此认定,也可免去由被欺诈人证明本人对欺诈行为人应当知道的举证要求,抑制欺诈行为人与合同签订主体合谋欺诈的动力,也符合债务人不因役使第三人而使其缔约地位处于比如其自身履行更为优待的状态的基本法理。②

关于要件(4),法院认定本案林江华具有间接故意。但如果认为本案的事实无法推出被告的欺诈故意,至多是过失误导,那么本案同样透露出两个裁判导向:一是当授权品牌存在商标权争议时,授权方对此或有信息披露义务;二是受误导者消灭因过失误导而订立的不利合同,也有一定正当性。③

三、责任主体及其承担责任类型之认定

关于林江华是否承担责任以及承担何种责任问题,本案中,法院并不要求林江华承担责任。但如认为林江华系案涉合同之一方主体,由于其作为缔约主体欺诈,需承担缔约过失责任,也需承担侵权责任。④ 设若认为林江华仅为公司代理人,因欺诈乃恶意悖俗行为,尚侵害相对人的精神自由,如林江华非系美驰上海公司雇员,其似亦需承担侵权责任。⑤ 至于林江华自身是否承担缔约过失责任,涉及代理人缔约过失之疑难话题,法院对此持否定态度。⑥ 对代理人得否适用《民法通则》第 67 条(《民法典》第 167 条)规定,使其承担缔约过失责任,容

---

① 参见杨代雄:《法律行为论》,法律出版社 2021 年版,第 331 ~332 页。

② 在意定之债中,债务人得以免责的诸项要件不会因其役使第三人而发生变更。对此,参见解亘:《再论〈合同法〉第 121 条的存废——以履行辅助人责任论为视角》,载《现代法学》2014 年第 6 期。虽然本案中涉及更多的是缔约过失责任而非违约责任,但如果认同将缔约过失责任视为对现代合同缔约规范的模拟,那么推出正文观点似也无不妥。关于缔约过失责任是缔约规范的模拟,其规范性质是任意法的观点,可参见苏永钦:《寻找新民法》,北京大学出版社 2012 年版,第 389 页。

③ 关于订立不利合同的讨论,参见孙维飞:《〈合同法〉第 42 条(缔约过失责任)评注》,载《法学家》2018 年第 1 期;冯德淦:《违反先合同说明义务发效果的构造》,载《烟台大学学报(哲学社会科学版)》2019 年第 2 期。

④ 关于缔约过失责任和侵权责任关系的讨论,参见孙维飞:《〈合同法〉第 42 条(缔约过失责任)评注》,载《法学家》2018 年第 1 期。为求讨论之完整性,本文暂时采区别说,即认为缔约过失责任有区别于侵权责任的必要。

⑤ 参见王泽鉴:《侵权行为》(第 3 版),北京大学出版社 2016 年版,第 338 页。

⑥ 对代理人缔约过失的主题讨论,可参见白雪:《试论代理人之缔约过失责任》,华东政法大学 2020 年硕士学位论文。

有讨论空间。[①] 若认为林江华非代理人、非合同一方主体，仅作为磋商辅助人，其仍有承担侵权责任之余地，至于缔约过失责任是否构成有待研究。

关于美驰上海公司的责任承担问题。本案中，法院依据缔约过失责任条款，要求美驰上海公司承担缔约过失责任，理由是涉案合同明确被上诉人林江华系上诉人美驰上海公司的区域经销商，真正许可方为美驰上海公司，被上诉人林江华所实施的行为均代表上诉人美驰上海公司，应由美驰上海公司承担。法院似更倾向于认为，美驰上海公司使用林江华进行磋商，因此美驰上海公司需就林江华的过错行为向缔约相对人承担无过错责任，该责任之性质是缔约过失责任。背后的道理或许在于，本人对交易相对人本就有信息披露义务，该义务就不能随意委托代理人履行；因该义务之懈怠致相对人受有损害时，本人即无法借口系代理人的过错、与自己无关进行抗辩。[②] 美驰上海公司是否就林江华的行为向原告承担侵权法上的替代责任，须视二者之间法律关系而定。另外，美驰上海公司对林江华如具有指示、选任过失，其当然需要承担侵权责任；如美驰上海公司就其自身制作宣传册与官网行为存在过错，其似可能也因此对原告承担缔约过失责任与侵权责任。

四、损害赔偿范围的判定

当事人因缔约磋商而对相对方的合理信赖应予保护。因信赖合同有效成立而做的支出因合同被撤销而落空，就此落空的费用等信赖利益，缔约过错方应承担损害赔偿责任。[③] 但本案的赔偿金额不高，可见法院认为并非所有损失都可予以赔偿，仅必要合理的支出属于赔偿范围。对损害赔偿范围作此限定，有助于相对人谨慎支出费用，可以避免无效率的投入，值得肯定。[④] 此外，在赔

---

① 学者多认为《民法通则》第 67 条（《民法典》第 167 条）是侵权责任的规范，参见王浩：《违法代理与本人的责任》，载周江洪、陆青、章程主编：《民法判例百选》，法律出版社 2020 年版，第 116 页以下。

② 参见王浩：《违法代理与本人的责任》，载周江洪、陆青、章程主编：《民法判例百选》，法律出版社 2020 年版，第 118 ~ 119 页。

③ 参见孙维飞：《〈合同法〉第 42 条（缔约过失责任）评注》，载《法学家》2018 年第 1 期。

④ 对此，下面一段话可以参考：“缔约成本必须小于契约创造的效益，才符合效率，以交易价格作为整体效益的反映，如果价格扣除缔约和履约的支出已无剩余，理性的经济人不会作这样的交易。故在交易刚接触时，还无法预估交易的履行成本和利益，当然不适合立即投入过多缔约成本……缔约成本的投入最好能随交易发展的逐渐成熟而加码，也就是当整体利益和履约成本已经可以抓个大概时，更加努力地投入，彼此提供足够信息，好让对方更能计算履约阶段的成本利益，预测可能的风险及避险的设计与成本，寻找最便宜的避险者或保险者。”参见苏永钦：《寻找新民法》，北京大学出版社 2012 年版，第 389 页。

偿范围的认定上需考虑损益同销的法理。从因果关系上看，对信赖利益的赔偿使受损失者处于假如合同未被订立的状态。若此，则被特许人也不应获得开店的收入，因此判赔金额并不会完全等于原告主张的损失。最后，本案赔偿金额是否可能因欺诈的定性困难而在赔偿范围作了适当调整，即将事实认定与法律适用混同于最后的判赔金额认定中，以平衡各方利益，已难以证实。①

（一审合议庭成员：张佳璐、竺盈琼、戴可珍
二审合议庭成员：刘静、杨韡、吴盈喆）

① 现行《民事诉讼法》规定对欺诈的证明需要达至排除合理怀疑，这其中包括对欺诈故意的证明需排除合理怀疑。但如既有证据未能达到排除合理怀疑的程度，但又可达到高度盖然性程度，司法又当如何处理，应是个很有意思的问题。就损害赔偿问题而言，清晰的事实认定配合完全赔偿原则，当然足以救济受损失者，并使各方信服；但一旦证据不那么充分，需要借助更多的经验常理去推断建构出法律事实时，法院是否可能在赔偿金额作出调整，以避免“误伤”呢？如读者对此话题感兴趣，可参见胡学军：《中国传统司法如何处置“真伪不明”》，载《中国法学》2022年第5期；孙维飞：《电梯劝阻吸烟案的公平责任分析》，载《师大法学》2019年第2辑。

五、刑事篇

被告人楚某销售伪劣产品刑事附带民事公益诉讼案

——刑事附带民事公益诉讼范围的司法界定

刘亚玲　盛　利

关键词　刑事附带民事公益诉讼　“列举＋概括”式条款
社会公共利益　谦抑性原则

【裁判要旨】

《最高人民法院、最高人民检察院关于检察公益诉讼案件适用法律若干问题的解释》第20条关于检察机关提起刑事附带民事公益诉讼的范围，采用了“列举＋概括”式的立法模式。在检察机关根据概括条款中“损害社会公共利益”的规定提起刑事附带民事公益诉讼时，人民法院应当采用同类解释规则界定概括式条款中“社会公共利益”的内涵和外延，审查诉争利益归属的公共性、不特定性以及诉争利益的影响、扩散程度，同时结合谦抑性原则进行价值的动态平衡，准确界定刑事附带民事公益诉讼提起的范围。

【相关法条】

一、《中华人民共和国民法典》

第一百七十九条　承担民事责任的方式主要有：

（一）停止侵害；

（二）排除妨碍；

（三）消除危险；

（四）返还财产；

（五）恢复原状；

（六）修理、重作、更换；

（七）继续履行；

（八）赔偿损失；

（九）支付违约金；

（十）消除影响、恢复名誉；

（十一）赔礼道歉。

法律规定惩罚性赔偿的，依照其规定。

本条规定的承担民事责任的方式，可以单独适用，也可以合并适用。

第一千一百六十五条　行为人因过错侵害他人民事权益造成损害的，应当承担侵权责任。

依照法律规定推定行为人有过错，其不能证明自己没有过错的，应当承担侵权责任。

第一千一百六十七条　侵权行为危及他人人身、财产安全的，被侵权人有权请求侵权人承担停止侵害、排除妨碍、消除危险等侵权责任。

第一千二百零五条　因产品缺陷危及他人人身、财产安全的，被侵权人有权请求生产者、销售者承担停止侵害、排除妨碍、消除危险等侵权责任。

第一千二百零六条　产品投入流通后发现存在缺陷的，生产者、销售者应当及时采取停止销售、警示、召回等补救措施；未及时采取补救措施或者补救措施不力造成损害扩大的，对扩大的损害也应当承担侵权责任。

依据前款规定采取召回措施的，生产者、销售者应当负担被侵权人因此支出的必要费用。

二、《中华人民共和国消费者权益保护法》

第十八条第一款　经营者应当保证其提供的商品或者服务符合保障人身、财产安全的要求。对可能危及人身、财产安全的商品和服务，应当向消费者作出真实的说明和明确的警示，并说明和标明正确使用商品或者接受服务的方法以及防止危害发生的方法。

第四十八条第一款第一项　经营者提供商品或者服务有下列情形之一的，除本法另有规定外，应当依照其他有关法律、法规的规定，承担民事责任：

（一）商品或者服务存在缺陷的；

三、《中华人民共和国民事诉讼法》

第五十八条　对污染环境、侵害众多消费者合法权益等损害社会公共利益的行为，法律规定的机关和有关组织可以向人民法院提起诉讼。

人民检察院在履行职责中发现破坏生态环境和资源保护、食品药品安全领域侵害众多消费者合法权益等损害社会公共利益的行为，在没有前款规定的机关和组织或者前款规定的机关和组织不提起诉讼的情况下，可以向人民法院提起诉讼。前款规定的机关或者组织提起诉讼的，人民检察院可以支持起诉。

四、《最高人民法院、最高人民检察院关于检察公益诉讼案件适用法律若干问题的解释》

第二十条　人民检察院对破坏生态环境和资源保护、食品药品安全领域侵害众多消费者合法权益，侵害英雄烈士等的姓名、肖像、名誉、荣誉等损害社会公共利益的犯罪行为提起刑事公诉时，可以向人民法院一并提起附带民事公益诉讼，由人民法院同一审判组织审理。

人民检察院提起的刑事附带民事公益诉讼案件由审理刑事案件的人民法院管辖。

【案件索引】

上海市普陀区人民法院（2022）沪 0107 刑初 223 号刑事附带民事判决书（2022 年 10 月 17 日）

【基本案情】

自 2020 年起，楚某经营位于上海市青浦区某车行，其在明知电动自行车不得搭载标定电压大于 48 伏特的蓄电池的情况下，仍然对外销售搭载电压 60 伏特及以上的超规格蓄电池电动自行车，以此获取非法利益。

2021 年 10 月，顾客李某通过以旧换新的形式在楚某经营的车行内购得一辆新电动自行车，该车行为其改装安装了 84 伏特 32 安培小时的里乐牌锂电池。上海市青浦区市场监督管理局认为上述销售改装非机动车的行为，违反了《上海市非机动车安全管理条例》的相关规定，构成销售改装的非机动车的行为，责令当事人立即改正，并作出罚款人民币 1.2 万元的行政处罚决定。楚某作为车行实际经营者缴纳罚款人民币 1.2 万元。

后经查证有 20 人（包含上述顾客李某）在楚某店内购买搭载超规格蓄电池

的电动自行车共20辆,销售金额达人民币6万余元。经公安机关委托的上海机动车检测认证技术研究中心有限公司鉴定,上述20辆搭载超规格蓄电池的电动自行车因蓄电池的最大输出电压、车速限制等检验项目不合格,均不符合《电动自行车安全技术规范》(GB 17761—2018)国家强制性标准要求。楚某在案件侦查阶段供述,除在本案所涉刑事案件中查证并召回进行鉴定的20辆电动自行车外,自2019年12月底开始,只要有人要超标锂电池,就不断从上家进货,销售超标蓄电池时间持续至本案案发。该部分超标电池或用于店内出售的新车更换超标锂电池,或用于店内之前出售的电动自行车车主更换超标锂电池,还用于附近的人通过其他途径购买的电动自行车更换超标电池。

楚某到案后如实供述上述犯罪事实,并于案发后退赃人民币1.8万元。

上海市青浦区人民检察院除建议上海市普陀区人民法院判处被告人楚某有期徒刑9个月,适用缓刑,并处罚金人民币4万元外,同时提起刑事附带民事公益诉讼,认为附带民事公益诉讼被告楚某违反国家法律规定,非法改装电动自行车并进行销售的行为存在交通、火灾等公共安全隐患,其行为导致消费者及其他不特定公民人身、财产安全处于受威胁状态,严重妨害社会管理秩序,损害了社会公共利益,请求依法判令:(1)被告楚某就其侵害行为在国家级媒体上或者庭审直播中公开赔礼道歉;(2)被告楚某在国家级媒体上发布消费警示,召回已销售的超标电动自行车并消除隐患;(3)被告楚某赔偿人民币6万元。其中刑事附带民事公益诉讼第3项诉请赔偿额依据楚某销售不合格电动自行车的销售款项确定,将用于相关公益损失赔偿。

楚某对起诉书指控的犯罪事实、证据、罪名及量刑建议均无异议,自愿认罪认罚并签字具结;对附带民事公益诉讼起诉事实、理由、诉讼请求以及证据亦均无异议,提出对于第1项赔礼道歉之诉请,愿意在国家级媒体上公开赔礼道歉,提供付款凭证等证据用以说明其已对部分受害人进行了赔偿。楚某的辩护人表示,楚某就本案所涉犯罪事实曾受到行政处罚,已缴纳罚款1.2万元,请求在判处罚金中进行抵扣。

【裁判结果】

上海市普陀区人民法院于2022年10月17日作出(2022)沪0107刑初223号刑事附带民事判决:(1)被告人楚某犯销售伪劣产品罪,判处有期徒刑9个月,缓刑1年,并处罚金人民币4万元(缓刑考验期限从判决确定之日起计算;行政机关已给予罚款人民币 1.2 万元折抵相应罚金,罚金款余款已预缴)。(2)违法所得依法予以追缴,扣押在案的用于犯罪的楚某财物(手机一部)依法予以没收。(3)附带民事公益诉讼被告楚某应于判决生效之日起 30 日内,在国家级媒体上就其销售伪劣产品的行为公开赔礼道歉(赔礼道歉内容需经法院审核)。(4)附带民事公益诉讼被告楚某应在国家级媒体上发布消费警示(已履行),召回已销售的超标电动自行车并消除隐患。

【裁判理由】

审理期间,被告人暨附带民事公益诉讼被告楚某预缴罚金人民币 2.8 万元。公益诉讼起诉人与附带民事公益诉讼被告就附带民事公益诉讼中起诉人的第 3 项诉请达成调解,楚某就该调解协议内容已履行完毕。

上海市普陀区人民法院认为:被告人楚某作为车行经营者、销售者,在电动自行车上改装安装超标准的蓄电池,致电动自行车蓄电池的最大输出电压、车速限制等均不符合国家强制性标准,系以不合格产品冒充合格产品的方法,销售不符合国家强制性标准的电动自行车,查证销售金额人民币 6 万余元,其行为已构成销售伪劣产品罪,公诉机关指控的犯罪事实清楚,罪名成立。被告人楚某到案后如实供述自己的罪行,依法可从轻处罚;自愿认罪认罚,可依法从宽处理;主动退赃,预缴罚金,具有悔罪表现,可依法宣告缓刑予以考验。辩护人关于适用缓刑的合理的辩护意见,法院可予采纳。公诉机关量刑建议适当,法院亦予以采纳。

对于附带民事公益诉讼部分,法院观点如下。电动自行车作为人们日常出行的常用交通工具,为保障公共交通道路安全,国家有关部门专门发布实施《电动自行车安全技术规范》规定强制性国家标准。楚某经营车行违反法律法规,对电动自行车非法改装,搭载超规格蓄电池并对外销售,该部分不符合国家安全标准的电动自行车在公共道路上行驶,或被带入居住场所、公共场所充电等,存在交通、火灾等公共安全隐患,并将导致众多消费者及其他不特定公民人身、财产安全处于受威胁状态,严重妨害社会管理秩序,损害社会公共利益,附带民事公益诉讼被告楚某对此依法应承担民事责任。附带民事公益诉讼起诉人要求被告楚某向公众公开赔礼道歉、消除隐患,法院予以支持。鉴于双方在审理过程中就附带民事公益诉讼起诉人的第 3 项诉讼请求达成调解,依法将对起诉人与楚某达成的刑事附带民事公益诉讼调解协议履行公告程序,公告期满后未收到有效异议，经审查认为调解协议内容不损害社会公共利益的，依法予以确认。

【案例注解】

刑事附带民事公益诉讼这一诉讼模式涵盖了刑事诉讼、民事诉讼、公益诉讼三种维度的结构，拓宽了公共利益的保护渠道，有助于实现检察机关的法定职责，也有利于节约司法资源，保证刑事和民事裁判的协调统一，近年来成为检察机关提起公益诉讼的重要方式。[①] 随着刑事附带民事公益诉讼司法实践经验的日益丰富，检察机关也在不断“拓展公益诉讼案件范围”[②]，除法律明确规定的犯罪行为外，如涉及个人信息安全、产品质量侵害消费者合法权益等公共领域的问题成为刑事附带民事公益诉讼“等外”探索的热点。刑事附带民事公益诉讼范围的扩大是社会发展和公共利益保护的必然要求，但盲目扩大适用范围，也会分散司法资源，导致司法权与行政权失调，还易造成对私权的过度干涉，故在司法审判中，有必要在《关于检察公益诉讼案件适用法律若干问题的解释》第20条“列举＋概括”式规定的基础上对概括式条款进行解释，就刑事附带民事公益诉讼范围确立统一的裁判标准。

一、“列举＋概括”式条款的解释方法

“列举＋概括”式（也称例示性列举）条款是指法条在规定具体事项的同时作出概括式兜底性的规定，以避免遗漏。《关于检察公益诉讼案件适用法律若干问题的解释》第20条对刑事附带民事公益诉讼范围的规定，即采用了“列举＋概括”的立法模式，既列举了具体的犯罪行为，还概括规定了“损害社会公共利益”这一构成要件要素作为兜底。在司法审判中，准确界定概括式条款的内涵和外延是确定刑事附带民事公益诉讼范围的前提。

“列举＋概括”式条款与普通的概括条款如民法上的诚实信用原则、公序良俗条款相比，最主要的不同即在于除了有价值开放且需要主观评价的不确定的法律概念之外，还列举了符合概括条款的具体的描述性概念。故在“列举＋概

---

① 有学者统计2018年检察机关提起的公益诉讼中，刑事附带民事公益诉讼占76.70%，2019年这一比例进一步上升至81.12%，参见刘艺：《我国检察公益诉讼制度的发展态势与制度完善——基于2017—2019年数据的实证分析》，载《重庆大学学报（社会科学版）》2020年第4期。

② 党的十九届四中全会通过的《中共中央关于坚持和完善中国特色社会主义制度推进国家治理体系和治理能力现代化若干重大问题的决定》，在“加强对法律实施的监督”一节中明确要求“拓展公益诉讼案件范围”。

括”式条款的解释上，除遵循对概括条款一般的解释方法外，还应当将列举内容和概括条款作为一个整体，根据列举内容对概括条款作出同类解释。所谓同类解释规则，即如果列举了具体的事项并将其归属于“一般性的类别”，那么这个一般性的类别就应当与具体列举的事项属于同一类型。[①] 在采用同类解释规则对“列举＋概括”式条款进行解释时，概括条款的内涵及外延应当参照与其并列的具体列举事项的内涵及外延。

二、同类解释规制下“社会公共利益”标准的再认定

在采用同类解释规则对《关于检察公益诉讼案件适用法律若干问题的解释》第20条“损害社会公共利益”这一概括条款进行解释时，应当参照破坏生态环境和资源保护、食品药品安全领域侵害众多消费者合法权益等具体列举的犯罪行为损害利益的特点，结合刑事附带民事公益诉讼的立法目的，确定概括条款中“社会公共利益”的标准。

首先，“社会公共利益”归属应当具有公共性。按照庞德的利益分类学说，社会公共利益“是从社会生活角度出发，为维护社会秩序、社会的正常活动而提出的主张、要求和愿望”[②]。虽然现代社会价值取向多元化，利益追求不尽相同甚至存在冲突，但即便冲突矛盾存在，也还是存在共同的目标和基本一致的利益，如生态环境的改善、健康安全的追求、社会文明的进步等，因此社会公共利益应当具有公共性的特点。这也意味着刑事附带民事公益诉讼制度保护的社会公共利益，强调的是社会作为一个系统、整体所拥有的利益，而非其中某个子系统的利益，也决定了不宜将损害地区利益或局部利益的犯罪行为纳入刑事附带民事公益诉讼的范围。

其次，“社会公共利益”归属应具有不特定性。只有在利益归属不特定的情况下，才无法通过直接利害关系主体启动诉讼程序维护权益，而需要在法律上赋予超越直接利害关系的机关、团体等以诉权，因此刑事附带民事公益诉讼所保护的社会公共利益应具有不特定性。同时，应当注意的是，利益归属的不特定性是指受益主体不特定，并不排斥受益主体属于某类特殊群体。比如在食品药品安全领域侵害消费者合法权益的问题上，并不因消费者属于特殊群体而否定其利益归属的不特定性，不特定性的判断取决于诉争的消费者合法权益是

① 参见王利明：《法律解释导论：以民法为视角》，法律出版社2009年版，第262页。

② 沈宗灵：《现代西方法理学》，北京大学出版社1992年版，第291～295页。

“不特定众多消费者的合法权益”还是“特定众多消费者的合法权益”。前者因利益归属的不特定性属于公共利益的范畴，而后者则属于特定群体的利益，可以由特定群体提起消费群体诉讼而不应提起公益诉讼。

最后，“社会公共利益”应影响广泛、具有扩散性。犯罪行为因侵害了社会公共秩序，在一定程度上均对社会公共利益产生影响，故应当根据犯罪行为对社会公共利益的影响程度合理确定刑事附带民事公益诉讼的范围。《关于检察公益诉讼案件适用法律若干问题的解释》第 20 条列举的可能对生态环境、人民健康安全等造成严重侵害的具体犯罪行为，涉及的主体众多、社会影响恶劣，呈现影响广泛且具有扩散性的特点。在个案中，应参照上述具体列举犯罪行为，判断犯罪行为对社会公共利益的影响程度与列举内容是否具有相当性。具体而言，可以结合利益归属主体广泛性、社会影响程度、社会背景情况等综合考量，其中侵害对象涉及妇女、儿童、老年人、残疾人、劳动者等特殊群体的，应当予以着重关注。

具体到本案中，产品质量侵害消费者合法权益并非《关于检察公益诉讼案件适用法律若干问题的解释》第 20 条明确列举的可以提起刑事附带民事公益诉讼的犯罪行为，至于是否能根据概括条款中“损害社会公共利益”的规定提起刑事附带民事公益诉讼，应当根据上文结合诉争利益是否具有公共性、不特定性以及影响程度综合判断。首先，楚某在电动自行车上搭载超规格蓄电池并对外销售的行为，不符合《电动自行车安全技术规范》，且超规电动自行车在行驶过程中存在车速过快、刹车失灵的交通安全风险，在充电过程中还存在因电池故障引起火灾的安全隐患，将导致消费者及其他公民人身、财产处于受威胁的状态，侵害的利益具有社会公共性。其次，从涉及利益的主体来看。搭载超规格蓄电池的电动自行车不仅存在侵害使用者人身安全的可能，在充电过程中可能产生的电池故障和行驶过程中的交通安全风险还将威胁其他公民的人身、财产安全，诉争利益的归属具有不特定性。最后，从诉争利益的影响程度来看，楚某在电动自行车上搭载超规格蓄电池并对外销售的行为涉及对多种公共利益侵害的可能，利益的归属主体多样、广泛。在超规格电动自行车屡禁不止、事故频发的背景下，本案涉及犯罪行为社会影响较大。综上所述，本案所涉产品质量侵害消费者合法权益的犯罪行为，属于《关于检察公益诉讼案件适用法律若干问题的解释》第 20 条概括条款中因侵害社会公共利益可以提起刑事附带民事公益诉讼的范围。

三、"等外"探索中的价值动态平衡

立法时，采用"列举 + 概括"式条款规定刑事附带民事公益诉讼范围，是为了实现规定的开放性和灵活性；而概括条款的开放性也决定了必须通过价值补充才能实现概括条款的功能，即司法审判时需要在私法不同价值之间相互权衡以实现各价值动态平衡。① 在根据概括条款对刑事附带民事公益诉讼范围进行"等外"探索时，除了需要对概括条款加以解释，还应当进行价值动态平衡。

检察机关提起刑事附带民事公益诉讼既不同于传统的公共执法，也不属于典型的私人执法，而是国家法律监督机关对于传统公共执法和私人执法的监督与补充，具有强烈的补充性质。② 这种补充性质体现在行政机关是保护国家利益和社会公共利益责任的主要承担者，行政执法具有专业性、灵活性和高效性的优势，因此在公共利益的维护上应秉持行政权优先的原则。在行政机关未依法充分履职导致公共利益受损时，检察机关应首先提出检察建议，督促行政机关积极履职。在行政机关收到检察建议仍未全面依法行政或行政执法无法实现对公共利益的有效救济时，检察机关才可采取提起刑事附带民事公益诉讼的方式维护公共利益。③ 同时，当行为人侵害社会公共利益的行为被追究刑事责任时，通常其行为已经得到有效的制止，且刑罚措施已经可以实现对行为人的再犯和类似行为再次发生的威慑作用。此外，检察机关提起刑事附带民事公益诉讼之前，还需根据《民事诉讼法》的规定履行诉前公告程序，在前置程序中若有法律规定的机关和组织提起公益诉讼，则无须由检察机关作为公益起诉人提起刑事附带民事公益诉讼。

检察机关提起刑事附带民事公益诉讼的补充性，决定了刑事附带民事公益诉讼是保护公共利益的最后一道防线，应当以穷尽其他救济手段为适用前提。故在判断是否可以根据概括式条款提起刑事附带民事公益诉讼时，应当秉持谦抑性原则进行价值的动态平衡，只有在行为人的行为严重损害公共利益且损害结果无法通过行政执法和刑事诉讼得到填平时才可适用。这也要求检察机关在提起刑事附带民事公益诉讼前充分采用检察建议或者其他协助手段救济遭

---

① 参见刘亚东：《民法概括条款适用的方法论》，载《政治与法律》2019 年第 12 期。

② 参见韩波：《公益诉讼制度的力量组合》，载《当代法学》2013 年第 1 期。

③ 根据最高人民检察院颁布实施的《人民检察院公益诉讼办案规则》第 90 条第 1 款第 5 项规定，若人民检察院已就侵害公共利益的行为展开公益诉讼，在社会公共利益已经得到有效保护的情况下，人民检察院也应当终结案件。

受损害的公共利益,充分尊重并支持有关社会组织和团体的自治能力。

本案中,虽然行政机关已经依法行政执法,对楚某的行政违法行为进行了行政处罚,但是行政处罚力度有限,远远无法弥补楚某行为对公共利益造成的损失,且刑事处罚亦无法实现对公共利益损失的填平,存在提起公益诉讼的必要性。同时,上海市青浦区人民检察院庭前公告了案件相关情况,公告期内未有法律规定的有关组织提起民事公益诉讼,故上海市青浦区人民检察院在已经穷尽其他救济手段的情况下,在本案中既作为公诉机关也作为附带民事公益诉讼起诉人参加案件审理。

(合议庭成员:刘亚玲、向颖、戴正和)

被告人张某雄侵犯著作权罪案

——网络聚合平台通过P2P技术传播影视作品型网络服务提供行为构成侵犯著作权罪的犯罪认定

张佳璐

关键词 | 网络服务提供行为　通过信息网络向公众传播他人作品　侵犯著作权罪

【裁判要旨】

上海市静安区人民检察院提起公诉的被告人张某雄侵犯著作权罪一案，系全国首例进入刑事诉讼程序的网络服务行为侵犯著作权罪案件。非作品提供的网络服务提供行为，符合信息网络传播行为的实质性要件，属《刑法》司法解释视为"发行"的"通过信息网络向公众传播他人作品"的行为。在作品直接提供者"未经著作权人许可"事实成立，网络服务提供者对其传播的作品具侵权性存在明知的情况下，应当对网络服务提供者以侵犯著作权罪定罪处罚。

【相关法条】

一、《中华人民共和国刑法》(1997年修订)

第二百一十七条　以营利为目的，有下列侵犯著作权情形之一，违法所得数额较大或者有其他严重情节的，处三年以下有期徒刑或者拘役，并处或者单处罚金；违法所得数额巨大或者有其他特别严重情节的，处三年以上七年以下有期徒刑，并处罚金：

(一)未经著作权人许可，复制发行其文字作品、音乐、电影、电视、录像作品、计算机软件及其他作品的；

……

二、《最高人民法院、最高人民检察院关于办理侵犯知识产权刑事案件具体应用法律若干问题的解释》

第十一条第一款　以刊登收费广告等方式直接或者间接收取费用的情形，属于刑法第二百一十七条规定的“以营利为目的”。

第三款　通过信息网络向公众传播他人文字作品、音乐、电影、电视、录像作品、计算机软件及其他作品的行为，应当视为刑法第二百一十七条规定的“复制发行”。

【案件索引】

上海市普陀区人民法院（2013）普刑（知）初字第11号刑事判决书（2014年5月23日）

【基本案情】

公诉机关指控，被告人张某雄于2009年申请注册网站域名后设立www.1000ys.cc网站，并在浙江绍兴租用服务器，通过安装相关软件，完成网站和服务器的连接。之后，被告人张某雄利用www.1000ys.cc网站管理后台，从直接上传作品的“哈酷资源网”加框链接未经著作权人授权的影视作品。为提高网站的知名度和所链接影视作品的点击量，被告人张某雄在www.1000ys.cc网站以设置目录、索引、内容简介、排行榜等方式向用户推荐影视作品，并通过强制提供QVOD播放软件等方法，为用户浏览、下载上述影视作品提供服务。2010年2月，被告人张某雄加入“百度广告联盟”；至案发，被告人张某雄从“百度广告联盟”获取广告收益共计人民币10万余元。

被告人张某雄对起诉书指控其侵犯著作权的犯罪事实和定性无异议。

被告人张某雄的辩护人作无罪辩护，认为起诉书指控被告人张某雄犯有侵犯著作权罪事实不清，证据不足。被告人张某雄提供的仅是网络服务行为，其并非直接作品提供者。我国《刑法》及相关规定未对该网络服务提供行为构成侵犯著作权罪作明确的规定，根据罪刑法定原则，被告人张俊雄的行为不构成犯罪。此外，被链的“哈酷资源网”并非直接上传作品的网站，涉案www.1000ys.cc网站所采技术应为P2P技术。涉案电脑及服务器硬盘的提取扣押、鉴定过程、作品比对、有效链接验证等未进行录像记录,不符合相关法律规定。

法院经审理查明,2009 年,被告人张某雄申请注册网站域名后设立 www.1000ys.cc 网站(网站名称为“1000 影视”),并在浙江绍兴租用服务器,通过安装相关软件,完成网站和服务器的连接。之后,被告人张某雄未经著作权人许可,通过 www.1000ys.cc 网站管理后台,链接至“哈酷资源网”获取影视作品的种子文件索引地址,通过向用户提供并强制使用 QVOD 播放软件的方式,为 www.1000ys.cc 网站用户提供浏览观看影视作品的网络服务。为提高网站的知名度和所链接影视作品的点击量,被告人张某雄在 www.1000ys.cc 网站以设置目录、索引、内容简介、排行榜等方式向用户推荐影视作品。2010 年 2 月,被告人张某雄加入“百度广告联盟”,由“百度广告联盟”在其设立的 www.1000ys.cc 网站上发布各类广告,从而获取广告收益。经鉴定,www.1000ys.cc 网站链接的影视作品中,有 941 部与中国、美国、韩国、日本等相关版权机构认证的具有著作权的影视作品内容相同。

【裁判结果】

上海市普陀区人民法院于 2014 年 5 月 23 日作出(2013)普刑(知)初字第 11 号刑事判决:(1)判处被告人张某雄犯侵犯著作权罪,判处有期徒刑 1 年 3 个月,缓刑 1 年 3 个月,并处罚金人民币 3 万元;(2)违法所得依法予以追缴;(3)扣押在案的作案工具,依法予以没收。宣判后,被告人张某雄未提起上诉,公诉机关未提起抗诉,判决已发生法律效力。

【裁判理由】

一、涉案影视作品的权属事实及有效链接事实

辩护人虽提出涉案电子证据采集、侵权作品比对、链接有效性检测过程未予录像固定,但规范性瑕疵证据并不属我国《刑事诉讼法》所规定的当然予以排除的非法证据。本案中公诉机关通过申请相关侦查人员、鉴定人员到庭作证,提供版权认证机构及权利人出具的补充说明等形式进行了证据补充,证实侦查人员浏览了 www.1000ys.cc 网站,观看了影片,通过片头权利人信息联系我国版权行政管理机构交由相关国家版权认证机构,委托权利人进行作品检测及版权认证;权利人进行了内容比对的目视检测,并根据比对结果出具了版权认证书;鉴定人当庭完成有效链接的验证;被告人张某雄的供述证实涉案 www.

1000ys. cc 网站可进行正常影片观看，综上相关证据已形成证据链并相互印证，涉案影视作品权利人出具的作品权属对应性事实以及涉案作品在 www. 1000ys. cc 网站上有效链接并可供用户浏览观看的事实可予认定。

二、被告人张某雄提供网络服务所涉的技术事实

公诉机关指控被告人张某雄犯罪事实的相关证据证实，涉案 www. 1000ys. cc 网站及被链的“哈酷资源网”的影片播放均使用 QVOD 播放软件。辩护人申请的专家证人认为，“哈酷资源网”上的地址实为 P2P 技术下影片种子文件属性的索引地址，“哈酷资源网”并非直接上传影视作品的绝对地址。鉴于 QVOD 播放软件采用 P2P 技术进行作品传播已成为目前互联网领域普遍知晓的技术事实，故辩护人关于“哈酷资源网”并非直接上传作品的网站，被告人张某雄在 www. 1000ys. cc 网站上进行影视作品传播所依托的网络技术为 P2P 技术的辩护意见可予采纳。

三、被告人张某雄提供网络服务的行为构成侵犯著作权罪

根据我国《刑法》及相关规定，以营利为目的，未经著作权人许可，发行（通过信息网络向公众传播）他人作品合计数量达 500 部的，构成侵犯著作权罪。本案中，法院从被告人张某雄的行为目的、行为性质、主观状态、犯罪情节等方面作如下分析。

1. 被告人张某雄建立涉案 www. 1000ys. cc 网站的目的。被告人张某雄通过互联网论坛获得通过采集盗版影片资源建立网站并进行牟利的信息，在建立网站后立即加入“百度广告联盟”，通过在网站上刊登收费广告获取利益，其主观上具备了营利目的。

2. 被告人张某雄的行为性质。侦查机关扣押在案的服务器及硬盘数据均未显示其租用的服务器上存有涉案影视作品的内容，因此被告人张某雄并非直接作品提供者，其通过 www. 1000ys. cc 网站管理后台，链接至“哈酷资源网”获取影视作品种子文件的索引地址，并通过强制 www. 1000ys. cc 网站用户使用 QVOD 播放软件浏览观看影视作品，从而完成涉案影视作品在网络上的传播。被告人张某雄的上述网络服务提供行为，可使公众在其个人选定的时间和地点通过 www. 1000ys. cc 网站获得作品，符合信息网络传播行为的实质性要件，属信息网络传播行为，因此符合侵犯著作权罪中“发行”（通过信息网络向公众传播）的行为性质。

3. 被告人张某雄的主观状态。首先，P2P 技术下，基于本案现有证据，最先将作品制作成“种子”置于互联网上的直接作品提供者确实存在分散性和不确定性，但从影视作品权利人的经营模式及授权形式（通过作品授权许可获取经济利益）来看，基于P2P技术特点，权利人不可能许可其影视作品以设置成“种子”的形式（P2P技术）在互联网上免费传播，故最先将影视作品制作成“种子”置于互联网上的作品提供者，其“未经著作人许可”的事实成立。其次，被告人张某雄对在www.1000ys.cc网站上供用户浏览观看的影视作品具侵权性是明知的。具体事实及理由如下：一是其从互联网论坛获得了通过采集盗版影片资源建立网站并进行牟利的信息及操作技术，定向链接至“哈酷资源网”，主动采集影片资源，并以设置目录、索引、内容简介、排行榜方式向用户推荐影视作品；二是涉案www.1000ys.cc网站上的作品均为影视剧，正版授权的影视视频分享网站是业内公知信息，本案被链的“哈酷资源网”并非此列；三是被告人张某雄开设的是营利性影视视频分享网站，但该网站未获相关行政许可，系非法网站，被告人张某雄作为影视视频分享网站的经营者从未获得相关权利人的授权，因其网站的非法性也不可能获得相关作品权利人的合法授权。综上所述，被告人张某雄及最先将作品设置成“种子”的行为人存在“未经著作权人许可”而进行网络传播影视作品的主观故意。

4.被告人张某雄的犯罪情节。根据公诉机关提供的证据证实，经侦查机关抽检、相关权利人目视检测作品内容比对、鉴定机构有效链接测试，被告人张某雄未经著作权人许可，通过信息网络向公众传播的影视作品达941部，已符合侵犯著作权罪的入罪情形。

综上所述，被告人张某雄以营利为目的，未经著作权人许可，发行（通过信息网络向公众传播）影视作品达941部，情节严重，其行为已构成侵犯著作权罪，依法应予处罚。公诉机关指控被告人张某雄的罪名成立。被告人张某雄到案后能如实供述自己罪行，依法可从轻处罚。被告人张某雄在被司法机关取保候审期间能遵纪守法，可适用缓刑予以考验。

【案例注解】

被告人张某雄并非直接提供影视作品，而是提供P2P服务的网络服务提供者，在知产民事侵权理论中，仅可能构成间接侵权。目前，司法实践及理论界争议较大的问题在于：侵犯网络传播权中非作品提供的帮助型间接侵权行为，能否或是否有必要上升为刑事犯罪行为由刑法调整，即司法解释中“通过信息网络向公众传播”包括网络服务提供行为还是仅指直接作品提供行为;如网络服务提供行为在现行法律框架内有入罪空间,其入罪路径为何,采正犯还是共犯理论中的帮助犯路径;如网络服务提供行为采正犯路径入罪,应如何把握对“未经著作权人许可”犯罪构成要件的审查认定标准,如何考虑民刑衔接的问题。对于这类新型犯罪手法的行为性质分析、入罪路径选择、要件审查认定标准是本案审理的难点所在。

一、本案被告人行为的性质分析

《刑法》第217条将未经著作权人许可复制发行他人作品作为侵犯著作权罪的一种情形加以处罚。2004年《最高人民法院、最高人民检察院关于办理侵犯知识产权刑事案件具体应用法律若干问题的解释》第11条规定通过信息网络向公众传播他人作品的行为,应当视为《刑法》第217条规定的复制发行。由于该司法解释对“通过信息网络向公众传播”为何种行为未作明确的界定,因此理论研究和司法实践领域存在争议。

有观点认为,根据《著作权法》中“信息网络传播权”的概念,未经权利人许可提供作品的传播行为是典型的侵犯信息网络传播权的传播行为,而网络服务提供行为仅是行为人通过提供网络服务将已存在于互联网上的侵权作品再加以传播,只有行为人对直接侵权存在“明知应知”的主观过错才能构成间接侵权并承担间接侵权的责任。在这种情况下,基于刑法的谦抑性,相关司法解释中“通过信息网络向公众传播”应限定为直接作品提供行为,不宜将提供网络服务这一民事上仅可能构成间接侵权的行为纳入刑事处罚范畴。

法院经审理后认为,将民事侵权升格由刑事法律加以制裁,该行为的刑事可罚性判定应与其对社会经济秩序、私权的破坏程度成正比,因而对网络服务提供行为的刑事归责应综合技术发展对违法成本、损害后果以及与信息自由间平衡等因素的影响,以此确立司法价值取向,而非一律将间接侵权排除其外,作“一刀切”式解读。《著作权法》是从积极权能的角度对信息网络传播权进行界定的,而信息网络传播行为则是一种客观的传播过程和状态,二者不能作等值的置换或者简单的对应,即不能简单地从信息网络传播权的界定中获取信息网络传播行为的定义。作品提供行为是信息网络传播行为中的核心行为或者起始环节,但网络服务提供行为同样是网络传播的重要环节。信息网络的兴起和发展是信息网络技术引发的,信息网络服务提供者是信息网络世界的重要主体,将网络服务行为排除于信息网络传播行为之外,既不符合法律实际,也不符合信息网络传播实际。如果从积极权能与消极权能双重角度进行界定,完全可以将“信息网络传播权”界定为“通过信息网络向公众传播其作品”的权利,其中既包括专用权又包括排斥权,排斥权本质上也是排斥他人擅自传播的权利。相应地,信息网络传播行为既包括作品提供行为,又包括网络服务提供行为。从刑法规制必要性和当罚性的视角审视,在现行网络技术条件下,网络服务提供者的侵权行为往往更具集聚性、持续性、成本低廉性,在盗版侵权方式上网络服务提供行为更具普遍性、高发性,其社会危害性并不亚于分散的直接作品提供者的上传行为,其对他人侵权作品加以进一步传播,为己牟利,从主观方面分析,网络服务提供者甚至具有等价于“直接提供”的犯罪故意。以本案为例,被告人虽仅是网络服务提供者,但其从互联网论坛获知“通过采集盗版影片资源建立网站并进行牟利”的信息及操作技术,其建立的网站“汇集聚拢”了数目巨大的侵权影视作品,并以设置目录、索引、内容简介、排行榜等方式向用户推荐,该行为与直接上传作品行为在刑法评价意义上具有等价性。

综上所述,以信息网络传播权的定义框定信息网络传播行为属于法律上的误读,相关司法解释中规定的通过信息网络向公众传播他人作品传播行为,其外延应大于信息网络传播权规制的行为。网络服务提供行为虽然并未涉及作品的直接提供,并非典型的侵犯信息网络传播权的行为,而仅仅是基于互联网上已经存在作品,通过提供 P2P、深层链接等网络服务帮助这些作品进一步传播,但该行为的后果亦使得公众可以在其个人选定的时间和地点在网络服务提供者建立的网站上浏览并观看作品,该行为性质符合信息网络传播行为的实质性要件,因而也是通过信息网络传播作品的行为。因此只要符合侵犯著作权罪的其他构成要件,网络服务提供行为可以在《刑法》相关司法解释已将“通过网络向公众传播”视为“复制发行”的前提下,直接按照其行为本身定性入罪,适用《刑法》第 217 条侵犯著作权罪予以处罚。需要进一步明确的是,因侵犯著作权罪中的“复制发行”包括复制、发行或者既复制又发行的行为,结合 2011 年最高人民法院、最高人民检察院、公安部《关于办理侵犯知识产权刑事案件适用法律若干问题的意见》第 12 条关于发行包括通过信息网络传播等活动的规定,网络服务提供行为应属侵犯著作权罪中的发行(通过信息网络向公众传播)行为。

二、网络服务提供行为侵犯著作权的入罪路径选择

在现行法律框架下,网络服务提供行为存在入罪空间,但在具体路径选择方面司法界争议也颇大。有观点认为,民事侵权理论中帮助型间接侵权成立以直接侵权存在为前提,相对应的网络服务提供行为入罪应采共同犯罪路径,即以直接作品提供者构成侵犯著作权罪(系共同犯罪中的主犯)为前提,网络服务提供者则构成侵犯著作权罪的帮助犯(从犯)。该观点的主要依据为《最高人民法院、最高人民检察院、公安部《关于办理侵犯知识产权刑事案件适用法律若干问题的意见》第 15 条的规定,明知他人实施侵犯知识产权犯罪,而为其提供互联网接入、服务器托管、网络存储空间、通信传输通道、代收费、费用结算等服务的,以侵犯知识产权犯罪的共犯论处。此外,基于互联网的传播特点,为破解直接作品提供者与网络服务提供者之间较难认定存在相互意思联络的困境,理论界亦有引入片面共犯理论的设想。

尽管存在民刑衔接的问题,但不能将前置法的概念直接嫁接到刑法中,民事上的帮助型间接侵权上升到犯罪情形并不一定等同于刑法共同犯罪中的帮助犯。最高人民法院、最高人民检察院、公安部《关于办理侵犯知识产权刑事案件适用法律若干问题的意见》第 15 条“共犯”的规定,应指网络服务提供者对他人正在进行的侵犯知识产权的犯罪行为予以帮助的情形,但本案所涉的网络服务提供行为并非此情形。刑法认定的是行为本身,本案中被告人的“帮助”在直接作品提供者的上传提供行为已经完成之后,被告人的网络服务提供行为是使传播渠道范围更扩大的“帮助”,这样的“帮助”不是刑法意义上的帮助行为。况且,以共犯理论中的帮助犯来认定这类网络服务提供行为也将面临直接作品提供者可能因其传播的作品数量、非法获利金额尚未达到入罪情形等尚不构成犯罪的情况。因此,此类网络服务提供行为不宜适用刑法中的共犯理论来认定,如上所述,可在目前司法解释已将“通过网络向公众传播”视为“复制发行”的前提下,直接按照其行为本身定性入罪,即认定为侵犯著作权罪的正犯。网络服务提供行为作为侵犯著作权罪犯罪行为之一直接入罪可能存在以下几种情形(以“传播他人作品的数量合计在 500 部以上”入罪情形为例):一是网络服务提供行为指向的帮助对象直接作品提供者单一,帮助传播的作品达到 500 部;二是网络服务提供行为指向的帮助对象直接作品提供者有多个,传播的作品合计 500 部以上;三是网络服务提供者同时还存在直接作品提供行为,两种传播行为传播的作品分别计算均未达 500 部,但合计达到 500 部。

三、犯罪构成要件审查认定标准

在认同网络服务提供行为有入罪空间且应采正犯路径的大方向下,仍有观点认为,无须区分直接作品提供行为和网络服务提供行为,且两者在判断“未经著作权人许可”等要件时并无二致。对此，民刑衔接问题不容回避，须保持民刑在网络服务提供行为构成侵权或犯罪认定上的协调性和一致性，因此在查明犯罪事实方面，必须具体区分不同的信息网络传播行为，进而在判定不同信息网络传播行为是否符合“未经著作权人许可”要件时，严谨、慎重地区别把握审查认定标准。对网络服务提供行为，一方面以民事上网络服务提供者对直接侵权存在“明知应知”的主观过错方可构成间接侵权为基础，另一方面也要遵循刑事司法的规律和规则。这一规律和规则主要应体现为以下两点：一是由于网络技术具复杂性，在特定技术模式（如 P2P）下，网络服务提供行为指向的直接侵权者可能具分散性、众多性特征，此时对“明知”的认定不应苛求网络服务提供者需对分散、众多的所有直接作品提供者的侵权行为“明知”，网络服务提供者的“明知”能有效指向其对传播的作品具侵权性为明知即可；二是主观要件方面，构成侵犯著作权罪的被告人需具“未经著作权人许可”而故意为之的主观状态，故网络服务提供者如构成刑事犯罪，其主观状态应仅限于“明知”，而排除“应知”情形。结合本案，应分两个步骤对“未经著作权人许可”要件进行审查：一是最初将作品置于互联网上的直接作品提供者是否获得作品权利人的授权；二是本案被告人对其所传播影视作品的侵权性是否明知。

（合议庭成员：金红、张佳璐、竺盈琼）

被告人张某侵犯商业秘密罪案

——计算机软件源代码侵害商业秘密的司法认定

鲁　君　王　萌

关键词｜商业秘密　源代码　同一性比对

【裁判要旨】

计算机软件的源代码属于商业秘密保护的客体,代码风格、特定字词等软件开发人员的表达特征不属于所属领域相关人员的公知常识或者行业惯例,具有秘密性;在不具备直接比对源代码的条件时,将侵权软件安装程序与构成商业秘密的源代码编译生成的目标程序进行同一性比对具有合理性。

【相关法条】

《中华人民共和国刑法》(1997 年修订)①

第二百一十九条　有下列侵犯商业秘密行为之一,给商业秘密的权利人造成重大损失的,处三年以下有期徒刑或者拘役,并处或者单处罚金;造成特别严重后果的,处三年以上七年以下有期徒刑,并处罚金:

……

(三)违反约定或者违法权利人有关保守商业秘密的要求,披露、使用或者

---

① 2020 年 12 月 26 日通过的《刑法修正案(十一)》第 22 条将《刑法》第 219 条第 1 款修改为"有下列侵犯商业秘密行为之一,情节严重的,处三年以下有期徒刑,并处或者单处罚金;情节特别严重的,处三年以上十年以下有期徒刑,并处罚金……"将侵犯商业秘密罪的入罪标准从给权利人"造成重大损失"修改为"情节严重",并调整了量刑;将该款第 3 项中的"违反约定"修改为"违反保密义务"。此外,还对该条款第 1 款第 1 项,第 2、3 款作了修改。

允许他人使用其所掌握的商业秘密的。

明知或者应知前款所列行为，获取、使用或者披露他人的商业秘密的，以侵犯商业秘密论。

本条所称商业秘密，是指不为公众所知悉，能为权利人带来经济利益，具有实用性并经权利人采取保密措施的技术信息和经营信息。

本条所称权利人，是指商业秘密的所有人和经商业秘密所有人许可的商业秘密使用人。

【案件索引】

一审：上海市普陀区人民法院（2019）沪 0107 刑初 1254 号刑事判决书（2021 年 6 月 30 日）

二审：上海市第三中级人民法院（2021）沪 03 刑终 60 号刑事判决书（2021 年 11 月 10 日）

【基本案情】

被告人张某于 2010 年至 2016 年 3 月就职于上海数腾软件科技股份有限公司（以下简称数腾公司），先后担任软件研发工程师和技术支持总监等职，参与研发容灾备份软件，并有机会接触相关软件源代码。经鉴定，数腾公司软件中的部分源代码包含了程序的组织机构、函数调用关系、算法执行逻辑等技术特征，亦包含了代码风格、特定字词等软件开发人员的表达特征，不属于所属领域相关人员的公知常识或者行业惯例，在 2019 年 5 月 16 日之前不为公众所知悉；数腾公司通过分级分权限保密管理、与员工签订保密条款、离职物资归还等措施对软件源代码进行保密。涉案软件源代码构成商业秘密。2016 年 4 月，被告人张某离职后与他人成立齐某软件科技（上海）有限公司（以下简称齐信公司），违反数腾公司保密要求，将涉案软件源代码商业秘密用于研发同类容灾软件。经鉴定，将公安机关调取的齐信公司已销售的容灾软件安装程序与数腾公司涉商业秘密的源代码编译生成的目标程序进行对比，两者高度近似，构成实质同一性。经司法审计，自 2016 年 7 月起至案发，齐信公司对外销售“齐某应用级双活容灾软件”金额计 430 余万元。公诉机关认为，被告人张某以不正当手段获取权利人商业秘密，造成特别严重后果，依照《刑法》第 219 条之规定，应以侵犯商业秘密罪追究刑事责任。

被告人张某辩称，涉案源代码并非不为公众所知悉，相关源代码程序及开发原理在互联网可以查到，而且数腾公司在相关文件中自认产品服务和业务不涉及商业秘密。关于实质性比对的鉴定是将齐信公司销售的软件安装程序即执行程序与数腾公司的驱动程序进行比对，缺乏科学性；涉案软件是容灾备份软件，驱动程序并非主要功能，驱动文件高度相似不代表整个软件产品实质性相似；驱动文件代码量非常少，模块相对固化、范围窄，存在相同或类似可能，且驱动原理的论文很多，基于论文或工作经验写出相同或类似的源代码很有可能，不能据此认为侵犯了商业秘密。销售金额中未扣除研发成本等，对涉案金额有异议。

法院经审理查明，2010 年至 2016 年 3 月，被告人张某就职于数腾公司，先后担任软件研发工程师和技术支持总监等职，参与研发数腾公司的容灾备份软件，并有机会接触相关软件源代码。数腾公司通过分级分权限保密管理、与员工签订保密条款、离职物资归还等措施对相关软件源代码进行保密。经国家工业信息安全发展研究中心司法鉴定所鉴定，数腾公司软件中的部分源代码在 2019 年 5 月 16 日之前不为公众所知悉。

被告人张某离职后于 2016 年 4 月与赵某刚、张某共同成立齐信公司，违反数腾公司有关保守商业秘密的要求，将涉案软件源代码商业秘密用于同类容灾软件的研发。经上海辰星电子数据司法鉴定中心鉴定，公安机关从张某电脑中固定保全的软件源代码与数腾公司的软件源代码相似程度达到 90%；将公安机关调取的齐信公司已销售的“齐信应用级双活容灾软件”安装程序与数腾公司涉商业秘密的源代码编译生成的目标程序进行比对，亦高度相似，构成实质同一性。经司法审计，齐信公司自 2016 年 7 月起至案发，对外销售“齐信应用级双活容灾软件”金额共计人民币 430 余万元。

法院另查明被告人张某到案后及当庭供述：齐信公司软件安装包内有数腾公司的字样，是齐信公司制作安装包的时候抄袭了数腾公司的软件；齐信公司在软件安装包制作的时候，直接复制了数腾公司的软件；软件安装包内有数腾公司的水印，齐信公司的软件工程师抄袭了数腾公司的安装包内容，不清楚具体是谁抄袭的，但齐信公司对外销售的软件以及主体编码都没有数腾公司的水印；齐信公司人员组成中，仅有张某一人具备在数腾公司从事软件开发的背景；不同客户软件主要功能一致，差异在于个性化维护等。

【裁判结果】

上海市普陀区人民法院经审理认为,被告人张某违反权利人数腾公司有关保守商业秘密的要求,离职后与他人共同设立公司,披露、使用其所掌握的商业秘密,开发侵权软件销售金额430余万元,造成特别严重后果,其行为已构成侵犯商业秘密罪,据此依法判处被告人张某有期徒刑3年9个月,并处罚金人民币200万元,追缴违法所得。一审判决后,被告人张某提出上诉,认为涉案软件源代码不构成秘点,并对实质同一性比对方式提出异议。上海市第三中级人民法院经审理,驳回上诉,维持原判。

【裁判理由】

一、涉案源代码构成商业秘密

被告人张某及其辩护人主要依据源代码的开源性、鉴定检索范围和依据的科学性、代码功能性、鉴定中立性、数腾公司软件著作权或专利及相关文件中关于商业秘密陈述等问题,对涉案源代码是否具秘密性提出异议。对此法院认为,鉴定人对辩护人提供的源代码检索等证据内容进行了复核,当庭对检索范围和鉴定方法予以说明,鉴定意见所采取的检索范围和鉴定方法均合理。权利人可以同时采取著作权、专利权形式或商业秘密形式对相关信息进行分类保护,结合软件著作权登记规则和专利保护特点,包括权利人在其他场景中的声明,并不等同于相关源代码丧失秘密性。故涉案源代码具有秘密性,不为公众所知悉。数腾公司涉案源代码涉及容灾备份软件的研发等应用,具备价值性、实用性的特征。同时,证人证言、劳动合同、保密协议、离职物资返还等证据可以印证数腾公司对于涉案源代码采取了保密措施,并对工作人员设定了保密义务。综上所述,数腾公司软件中的部分源代码在2019年5月16日之前不为公众所知悉,构成商业秘密,对于被告人及辩护人的相关辩护意见不予采纳。

二、被告人实施了侵犯商业秘密的行为

根据被告人张某在数腾公司的职务及其供述,其作为软件研发工程师和技术支持总监等,在任职期间有权限并可接触相关软件源代码。被告人张某在数腾公司任职期间,双方签订保密义务条款,对源代码的保护也符合一般认知,故被告人张某对涉案商业秘密负有保密义务。被告人张某的辩护人提出,无证据证明其以不正当手段获取了涉案源代码,鉴于被告人张某转技术岗后仍提供技

术支持,其无权接触涉案软件源代码的证据尚不充分。故法院对于辩护人的相关辩护意见予以采纳。

关于被告人张某披露、使用涉案商业秘密的事实,结合相关电子数据及鉴定意见、齐信公司员工证人证言、被告人张某的供述等可互为印证,证实齐信公司研发的软件源代码内有数腾公司的标记,可以认定被告人张某披露、使用了涉案商业秘密。至于被告人张某及其辩护人提出鉴定并未将数腾公司全部源代码进行编译后与齐信公司软件的目标程序进行相似性比对,且驱动程序代码量少,不能等同于软件相似;齐信公司销售的软件做过著作权登记等意见,因本案涉及的是源代码商业秘密实质同一性认定,而非源代码著作权实质相似性比对,尽管被告人张某利用涉案源代码自行开发新软件,但根据鉴定意见并未达到影响实质同一性认定的程度,鉴定人亦说明了进行编译后再行比对的合理性,且著作权登记与是否构成商业秘密侵权无关,故对上述辩护意见不予采纳。

三、涉案侵犯商业秘密的行为给商业秘密的权利人造成特别严重后果

经司法鉴定,齐信公司自2016年7月起至案发,对外销售“齐信应用级双活容灾软件”金额共计人民币430余万元,给商业秘密的权利人造成损失数额或者因侵犯商业秘密违法所得数额达250万元以上,属于造成特别严重后果。对于被告人张某的辩护人提出销售金额并未剔除软件开发成本,不同客户软件一致与否存疑等辩护意见,综合被告人张某供述不同客户软件主要功能一致,涉案源代码对于软件实现功能的价值无法剥离,软件销售与技术服务等紧密相关,被告人张某成立齐信公司较短时间即研发成功软件等情形,对该辩护意见不予采纳。

【案例注解】

在数字经济蓬勃发展的背景下,计算机软件源代码逐渐成为高新技术企业生存和发展的无形资产与核心竞争力,蕴含着巨大商业价值。软件研发人员离职后,利用原企业的源代码开发同类软件非法牟利,犯罪手段隐蔽性强,对权利人正常经营活动破坏力较大。因此,对于计算机软件源代码的保护至关重要。

一、源代码作为商业秘密保护的理论依据

根据《计算机软件保护条例》的规定,源代码是指以特定程序设计语言规范书写的未编译文本文件,其本质是一系列可供人类阅读理解的计算机指令集合。关于源代码的权利保护路径,存在两种主要观点:一种观点主张源代码应纳入著作权法的保护范畴。《计算机软件保护条例》第3条明确指出，同一计算机程序的源程序和目标程序视为同一作品。基于此，源代码文档作为表述该程序的重要组成部分，与计算机程序共同构成了著作权法保护的对象。在新思科技有限公司与武汉芯动科技有限公司侵害计算机软件著作权纠纷案中，①法院认为判断软件实质性相似时，可参考程序代码中引用的百分比为依据。另一种观点强调源代码应作为商业秘密进行保护。这一观点认为，尽管源代码与目标程序在内容上相互关联，但并不能等同视之。源代码通常蕴含着软件的核心技术信息，一旦泄露将导致软件被轻易复制或改编，严重影响权利人潜在市场价值和商业利益。因此，源代码应当被视为技术信息，并通过商业秘密法律制度加以保护。在项某、孙某斌侵犯商业秘密罪案中，②法院认为源代码是计算机软件的核心内容，符合商业秘密的三种特性，公开即会失去应有的商业价值。笔者认为，《计算机软件保护条例》所保护的是软件及其文档的整体表达形式，而著作权法并不保护其中涉及的设计思想、处理流程、操作方法或数学概念等无形信息。与此相反，商业秘密保护机制恰好能够填补这一空白，对包含上述"思想"在内的源代码信息提供有效保护，与著作权保护形成互补关系，两者并无冲突。

二、源代码商业秘密犯罪构成要件审查认定标准

（一）明确软件密点范围

虽然源代码可以作为商业秘密保护，但并非所有源代码部分都符合商业秘密的要求。根据《反不正当竞争法》规定，作为商业秘密的源代码必须具备非公知性且不易于获取。实际中，源代码既包括可能具有独特功能、不为公众所熟知的代码段，也包含开源代码等公共领域知识。因此，在确定商业秘密范围时，需要严格界定软件密点的具体边界，通常只将那些组织结构、执行逻辑、算法特点等具有明显程序功能的技术信息作为保护对象，而对于已公开的开源代码等公共信息，则排除在商业秘密保护之外。就本案而言，涉及相应软件中内核驱动、客户端、存储服务、计算服务、PE恢复等功能的实现，是数腾公司软件中不可或缺的技术信息。该信息既包含了程序的组织机构、函数调用关系、算法执行逻辑等技术特征，也包含了代码风格、特定字词等软件开发人员的表达特征，不

① 最高人民法院民事判决书，(2020)最高法知民终1139号。

② 上海市第一中级人民法院刑事判决书，(2001)沪一中刑终字第703号。

属于所属领域相关人员的公知常识或者行业惯例。该技术信息未被互联网公开,相关公众也无法通过反向工程直接获得认定代码风格、特定字词等软件开发人员的表达特征不属于所属领域相关人员的公知常识或者行业惯例,具有秘密性。

(二)添加开源代码情况下的"同一性比对"标准

关于实质性相似的比对客体,由于不同的计算机软件可能产生相同或实质相似的软件结果(包括软件界面、运行参数、数据库结构等)。[①] 对于实质性相似性的比对,司法实践中往往通过对源代码相关文档是否构成实质性相似进行定量分析,如逐字句、逐文件对比。同时,值得注意的是,在比对过程中需要剔除开源代码部分。当权利人无法直接获得侵权方源程序或者源程序编写语言不同时,根据《计算机软件保护条例》第3条的规定,一个源程序在相同编译环境下通常转换为唯一对应的目标程序,因此也可以通过比对目标程序来推断原、被告软件是否存在实质性相似。此外,《北京市高级人民法院侵害著作权案件审理指南》亦指出,在被告拒绝提供被诉侵权软件源程序的情况下,若原告能证明二者目标程序相同或近似,或虽不相同但存在权利软件特有的内容以及软件结果实质相似时,可认定原、被告软件构成实质性相似。本案中,在不具备直接比对源代码的条件下,鉴定机构将齐信公司销售的软件安装程序,即执行程序与数腾公司的驱动程序进行比,将侵权软件安装程序与构成商业秘密的源代码编译生成的目标程序进行同一性比对具有合理性。

三、侵犯商业秘密罪中重大损失的认定

侵犯商业秘密罪中的"重大损失"是判定罪行轻重的关键因素,也是此类案件审理的一大难点。由于损失计算涉及的情形复杂多样,且刑事法律规范并未对损失的具体认定作出明确规定,故如何量化"重大损失"并合理判定"重大"的程度,成为司法实践中的重要问题。

(一)损失计算路径的选择原则

按照《刑法》第二百一十九条规定,侵犯商业秘密罪的行为表现主要包括获取、披露、使用三种行为类型。针对不同行为,损失计算方式有所不同。例如,单纯的获取行为可能导致商业秘密泄露范围未知,此时损失可以通过商业秘密自身价值或研发成本体现;当侵权人实施披露和使用行为时,不仅会因使用或允

① 参见杨柏勇主编:《著作权法原理解读与审判实务》,法律出版社2021年版,第425页。

许他人使用商业秘密直接获利，还可能因彻底披露商业秘密导致其失去保密性，使得竞争对手得以节省巨额研发成本，抢占低端市场份额，甚至通过掌握旧技术秘密预测权利人的新产品方向及与其竞争。当商业秘密已被侵权人使用并产生收益时，可从其实际所得或预期收益出发计算损失数额。本案中，被告人张某违反数腾公司有关保守商业秘密的要求，将涉案软件源代码商业秘密用于同类容灾软件的研发，并对外销售“齐信应用级双活容灾软件”，致使商业秘密沦为公众知悉的信息而丧失秘密性，构成披露与使用混合型商业秘密犯罪，因此，采取权利人损失或侵权人获利的角度评价犯罪数额，具有客观性、合理性。

（二）比例原则的精准运用

比例原则起源于德国公法领域，近年来逐渐应用于经济法乃至处理私人利益或私人与公共利益冲突的问题。在侵犯技术秘密案件中，鉴于商业秘密仅是产品生产中的部分技术，有人提出在计算侵权造成的损失时，应考虑商业秘密利润分成率、贡献度等因素，也可根据商业秘密对应的产品零部件价值进行计算。然而，也有观点质疑在刑事案件中应用贡献率作为损害赔偿依据的合理性，因为产品的多个技术/专利元素共同决定了整体产品性能，难以客观量化某一项技术的贡献比例。对此，笔者认为，尽管比例原则在民商事领域已广泛适用，但在引入刑法领域时须谨慎对待，考虑到刑罚惩罚性和民事赔偿填平原则间的差异，参照民事规则认定刑事责任金额可能造成罪责刑不相当。为了更准确地衡量技术贡献度，可以从两个层面综合判断：一是当产品部件侵权时，如果关键部件直接影响到产品的功能效果和销量，可参照整个产品的利润计算损失；而在关键部件可单独销售定价的情况下，以整个产品利润作为计算基础则显得不合理。二是当技术秘密处于产品核心地位时，难以分离出使用该技术后增加的利润，采用产品总利润来评估侵犯该项技术秘密所获非法利益是较为合理的。[①] 如在于某岩侵害商业秘密罪一案中，[②]法院认定作为整体天窗成品，仅作整体销售，并不会脱离关键部件而拆分并单独销售玻璃、封条、线束等零部件。而经鉴定侵权天窗产品已覆盖全部机械组技术秘点，因此以侵权天窗产品整体净利润计算犯罪数额，不再考虑贡献度及占比而进行比例折算。就本案而

① 参见房长缨、张婷婷：《侵犯商业秘密刑事案件相关问题及对策研究》，载《上海法学研究》集刊2019年第5卷。

② 上海市普陀区人模拟法院刑事判决书，（2018）沪0107刑初1289号。

言，被告人张某要求将涉案源代码的从软件中剥离出来，法院认为，被告人张某供述中认可不同客户软件主要功能一致，涉案源代码对于软件实现功能的价值无法剥离，在此情况下，难以将使用该源代码后的增加的软件产品利润与利润总额相剥离，且考虑到软件销售与技术服务等紧密相关，侵权产品的销量增加亦是基于其使用他人的技术秘密，二者不能完全切割开来，故应当以软件的整体销量作为侵权获利是合理的。

（一审合议庭成员：鲁君、张佳璐、盛煜屺

二审合议庭成员：程亭亭、高卫萍、朱瑜）

被告人简某等人犯销售假冒注册商标的商品罪案

——兜底“其他情节”的认定

吴大成　李丽平

关键词｜销售金额　违法所得　销售假冒注册商标的商品罪　其他情节

【裁判要旨】

《刑法修正案(十一)》第18条规定:“将刑法二百一十四条修改为:‘销售明知是假冒注册商标的商品,违法所得数额较大或者其他严重情节的,处三年以下有期徒刑,并处或者单处罚金;违法所得数额巨大或者有其他特别严重情节,处三年以上十年以下有期徒刑,并处罚金。’”该条将销售假冒注册商标的商品罪的定罪量刑标准由销售金额数额改为违法所得数额加情节,并适当提高法定刑,进一步加大了对销售假冒注册商标的商品罪的惩治力度。① 本案在审理过程中诠释了该条并非抛弃了原规定“销售金额数额较大”的入罪情形;相反,销售金额数额仍然可以作为“其他严重情节”“其他特别严重情节”的情形之一。

【相关法条】

一、《中华人民共和国刑法》

第二十五条第一款　共同犯罪是指二人以上共同故意犯罪。

① 参见杨万明主编:《〈刑法修正案(十一)〉条文及配套〈罪名补充规定(七)〉理解与适用》,人民法院出版社2021年版,第182页。

第五十二条　判处罚金，应当根据犯罪情节决定罚金数额。

第五十三条　罚金在判决指定的期限内一次或者分期缴纳。期满不缴纳的，强制缴纳。对于不能全部缴纳罚金的，人民法院在任何时候发现被执行人有可以执行的财产，应当随时追缴。

由于遭遇不能抗拒的灾祸等原因缴纳确实有困难的，经人民法院裁定，可以延期缴纳、酌情减少或者免除。

第六十四条　犯罪分子违法所得的一切财物，应当予以追缴或者责令退赔；对被害人的合法财产，应当及时返还；违禁品和供犯罪所用的本人财物，应当予以没收。没收的财物和罚金，一律上缴国库，不得挪用和自行处理。

第六十七条　犯罪以后自动投案，如实供述自己的罪行的，是自首。对于自首的犯罪分子，可以从轻或者减轻处罚。其中，犯罪较轻的，可以免除处罚。

……

犯罪嫌疑人虽不具有前两款规定的自首情节，但是如实供述自己罪行的，可以从轻处罚；因其如实供述自己罪行，避免特别严重后果发生的，可以减轻处罚。

第六十八条　犯罪分子有揭发他人犯罪行为，查证属实的，或者提供重要线索，从而得以侦破其他案件等立功表现的，可以从轻或者减轻处罚；有重大立功表现的，可以减轻或者免除处罚。

第二百一十四条　销售明知是假冒注册商标的商品，违法所得数额较大或者有其他严重情节的，处三年以下有期徒刑，并处或者单处罚金；违法所得数额巨大或者有其他特别严重情节的，处三年以上十年以下有期徒刑，并处罚金。

二、《中华人民共和国刑事诉讼法》

第十五条　犯罪嫌疑人、被告人自愿如实供述自己的罪行，承认指控的犯罪事实，愿意接受处罚的，可以依法从宽处理。

【案件索引】

上海市普陀区人民法院（2022）沪0107刑初271号刑事判决书（2023年8月30日）

【基本案情】

根据上级法院指定管辖的决定，上海市松江区人民检察院以沪松检刑诉

〔2022〕373号起诉书指控被告人简某、邓某辉、计某、刘某军、姚某光犯销售假冒注册商标的商品罪,向法院提起公诉。上海市松江区人民检察院指控如下。

2020年12月至2021年10月,被告人简某伙同被告人刘某军、计某、邓某辉、姚某光在明知从王某鑫(另案处理)等人处购买的热玛吉探头等物系假冒的情况下,仍然使用上述物品在其等人开设的鑫璨(上海)医疗科技有限公司(以下简称鑫璨公司)内及合作美容机构为顾客提供热玛吉美容服务,销售金额共计人民币430余万元。

案发后,公安机关从本市徐汇区肇嘉浜路1065号2101室查获4代、5代热玛吉探头等物品。经鉴定,上述物品均为假冒Solta Medical. Inc. 注册商标的产品。

2021年10月21日,被告人简某、邓某辉、计某、刘某军均在上海市徐汇区肇嘉浜路1065号2101室被民警抓获;2021年12月28日,被告人姚某光主动至公安机关投案。

公诉机关就上述指控的事实,提供了证人郭某健、王某鑫、肖某等人的证言、微信聊天记录截图、微信转账记录、支付宝交易明细,《司法鉴定意见书》,证人邱某、罗某玲的证言、聊天记录截图、支付宝账单截图、微信付款记录,微信账号信息、微信聊天记录截图、转账记录截图,销售记录、充值购入热玛吉探头明细、出账明细表,《司法鉴定专项审计报告》,搜查笔录、清点记录、扣押决定书、扣押清单、扣押物品照片、扣押笔录、随案移送清单、《鉴定报告》,《商标注册证》、《未授权声明》,《价格参考》,身份信息,案发及抓获经过、工作情况,被告人简某、邓某辉、计某、刘某军、姚某光的多次供述等证据。

公诉机关认为,被告人简某、邓某辉、计某、刘某军、姚某光销售明知是假冒注册商标的商品,有其他特别严重情节,其行为均已触犯《刑法》第25条第1款、第214条的规定,犯罪事实清楚,证据确实、充分,应当以销售假冒注册商标的商品罪追究其刑事责任。被告人简某、邓某辉、计某、刘某军、姚某光均认罪认罚,依据《刑事诉讼法》第15条的规定,均可以从宽处理。被告人简某具有立功情节,根据《刑法》第68条的规定,可以从轻处罚。被告人姚某光具有自首情节,根据《刑法》第67条第1款的规定,可以从轻处罚。被告人简某、刘某军、计某、邓某辉到案后能如实供述自己的罪行,根据《刑法》第67条第3款的规定,可以从轻处罚。综合以上情况,建议判处被告人简某有期徒刑4年,并处罚金人民币50万元;建议判处被告人邓某辉有期徒刑4年3个月,并处罚金人民币50

万元;建议判处被告人计某有期徒刑 4 年 3 个月,并处罚金人民币 50 万元;建议判处被告人刘某军有期徒刑 4 年 2 个月,并处罚金人民币 50 万元;建议判处被告人姚某光有期徒刑 4 年,并处罚金人民币 50 万元。根据 5 名被告人均当庭表示愿意退赔违法所得,公诉人当庭表示退赔情况反映被告人的悔罪表现,某名被告人如有退赔,则可相应的调整量刑建议。提请依法审判。

5 名被告人对起诉书指控的犯罪事实、证据、罪名均无异议,均自愿认罪认罚并签字具结。在开庭审理过程中亦均无异议,并均表示愿意尽力退赔违法所得。

被告人简某的辩护人提出以下辩护意见:(1)本案 5 名被告人与上游生产犯罪有明显区别,5 名被告人文化水平较低,法律意识淡薄,涉案是无心之过;(2)被告人简某在上游犯罪人员对其承诺产品都是正品并且保证产品质量的情况下购买产品;(3)索塔公司出具的鉴定报告不应该成为本案的依据,质疑其客观性、真实性;(4)本案总体涉案金额应扣除服务、人员等成本费用,5 名被告人成立的公司,其业务除涉案热玛吉产品还有其他合法产品,提供了就业岗位,承担并履行了一定的社会责任。综上,希望能对被告人简超从轻处罚,使其能够早日回归社会。

被告人邓某辉的辩护人刘某发表以下独立辩护意见:(1)索塔公司仅仅拥有热玛吉探头和仪器的注册商标,并没有注册热玛吉医美服务商标,不能按照医美服务的价格认定销售假冒探头的价格;(2)顾客向鑫璨公司支付的是热玛吉医美服务的价格,而非仅购买探头的价格,应将医美服务收费的成本扣除,不能以医美服务价格认定犯罪数额;(3)如果按照整个医美服务的价格来认定犯罪金额,则与制假、售假的上游相比,量刑失衡;(4)被告人邓某辉到案后如实供述,自愿认罪认罚,系初犯、偶犯,希望对被告人邓某辉从轻从宽处罚并适用缓刑。

被告人邓某辉的辩护人王某表示认可被告人认罪悔罪的态度,发表如下补充独立辩护意见:(1)在案件性质方面,鑫璨公司对回充的假冒探头是使用行为,而非销售行为,与顾客之间是民事违约或者是民事欺诈,并非刑事犯罪;(2)关于数额的认定,索塔公司仅仅拥有热玛吉探头和仪器的注册商标,并没有注册热玛吉医美服务商标,不能按照医美服务的价格来认定销售的假冒探头的价格,本案的定罪量刑应以违法所得数额来认定;(3)关于量刑,本案的量刑建议偏重,上下游同案犯的量刑明显不平衡,希望能在现有的量刑基础上对被告人邓某辉从宽处罚，让其早日回归家庭。

被告人计某的辩护人对起诉书指控的销售金额无异议，但提出根据《刑法修正案（十一）》，希望量刑时将销售金额中涉及进价部分以及其他成本费用等予以扣除，以违法所得从轻量刑。辩护人还提出被告人计某当庭表示实际违法所得不超过 17 万元，且愿意尽力退赔违法所得，其犯罪作用相对较小，系初犯偶犯，自愿认罪认罚，请求能够在现有的量刑建议上再给予从轻。

被告人刘某军的辩护人对起诉书指控的事实、证据没有异议，并提出被告人刘某军持股比例低，不实际参与涉案公司的经营决策、业务推广，违法所得少，其对涉案行为以及提高热玛吉销售作用明显低于其他 4 名被告人。综合上述因素，希望量刑、罚金能在现有的量刑建议上进一步从轻、从宽处理，让其早日回归社会。

被告人姚某光的辩护人娄某轩对起诉书指控的事实、罪名无异议，并提出被告人姚希光有以下情节：(1)被告人姚某光是主动投案，到案后如实交代犯罪事实，系自首，悔罪态度较好；(2)被告人姚某光系初犯、偶犯，主观恶性小，自愿认罪认罚，认罪态度坚定；(3)鑫璨公司的成立不是为了销售假冒产品，且有正常的医美项目；(4)被告人姚某光文化程度不高，家庭困难。综上所述，希望给予被告人姚某光从轻、从宽处理。

被告人姚某光的辩护人胡某元补充以下辩护意见：鑫璨公司提供的热玛吉服务费价格远低于市场价格，很多客户明知探头是回收充能的，该公司也提供其他正规美容服务，也有使用正规探头的服务。

法院经审理查明的事实、证据与公诉机关指控一致。

【裁判结果】

上海市普陀区人民法院于 2023 年 8 月 30 日作出（2022）沪 0107 刑初 271 号刑事判决：(1)被告人简某犯销售假冒注册商标的商品罪，判处有期徒刑 3 年 9 个月，并处罚金人民币 50 万元；(2)被告人邓某辉犯销售假冒注册商标的商品罪，判处有期徒刑 4 年 1 个月，并处罚金人民币 50 万元；(3)被告人计某犯销售假冒注册商标的商品罪，判处有期徒刑 4 年，并处罚金人民币 50 万元；(4)被告人刘某军犯销售假冒注册商标的商品罪，判处有期徒刑 4 年，并处罚金人民币 50 万元；(5)被告人姚某光犯销售假冒注册商标的商品罪，判处有期徒刑 3 年 9 个月，并处罚金人民币 50 万元；(6)违法所得依法予以追缴，扣押在案的假冒注册商标的商品、犯罪工具及用于犯罪的财物,依法予以没收。

判决后,各被告人均未提起上诉,判决已发生法律效力。

【裁判理由】

法院生效裁判认为,被告人简某、邓某辉、计某、刘某军、姚某光为牟取非法利益,销售明知是假冒注册商标的商品,有其他特别严重情节,其行为均已构成销售假冒注册商标的商品罪,依法应予处罚。公诉机关指控各被告人的犯罪事实清楚,罪名成立。被告人简某、邓某辉、计某、刘某军、姚某光共同故意犯罪,构成共同犯罪。被告人姚某光具有自首情节,依法可以从轻处罚。被告人简某、刘某军、计某、邓某辉到案后能如实供述自己的罪行,依法可以从轻处罚。被告人简某具有立功情节,依法可以从轻处罚。被告人简某、邓某辉、计某、刘某军、姚某光自愿认罪认罚,可依法从宽处理。被告人简某、邓某辉、计某、刘某军、姚某光的家属均代为退缴部分违法所得,可酌情从轻处罚。简某的辩护人对索塔公司出具的鉴定报告客观性、真实性提出异议,公诉机关认为索塔公司出具的鉴定报告是被害单位陈述,其作为权利人出具相关产品真伪的鉴定,主体适格。对此,法院对公诉机关的意见予以认同。关于本案犯罪金额的认定,简某的辩护人提出应扣除服务、人员等成本费用,邓某辉的辩护人提出不能按照整个医美服务的价格认定为销售假冒探头的价格,应以违法所得数额来认定,计某的辩护人提出涉及进价部分以及其他成本费用等予以扣除,以违法所得来进行从轻量刑。公诉机关认为,本案以"其他特别严重情节"为认定标准,并非按照违法所得来进行认定,且在案的客观证据不能确定本案的违法所得;各被告人的销售行为,从销售行为的本质来看是有偿交易,提供有偿服务就是销售行为;根据审计报告情况、鑫璨公司出入账梳理、权利人出具的价格得出案涉热玛吉服务的价值很低,本案以销售金额来认定并无不当。对此,法院对公诉机关的意见予以认同,对辩护人提出的相关辩护意见不予采纳。邓某辉的辩护人还提出案涉上下游量刑不平衡问题,公诉机关就上下游案件量刑当庭作出说明,明确本案的量刑根据具体的犯罪情节、实际获利等综合考量作出,并无不当。综合考虑被告人邓某辉的犯罪事实、犯罪情节、退赔情况及对社会的危害程度等,不宜适用缓刑,故对其辩护人的相关辩护意见法院不予采纳。

【案例注解】

修正后的销售假冒注册商标的商品罪以"违法所得数额较大或者其他严重

情节”为入罪条件。需要注意的是，这一修改并非抛弃了原规定的“销售金额数额较大”的入罪情形；相反，销售金额数额仍然可以作为“其他严重情节”“其他特别严重情节”的情形之一。[①]

一、销售金额属于具体情形之一的依据

在我国刑法“定性＋定量”的立法模式下，以犯罪构成的定量要素不同，可将犯罪分为数额犯和情节犯。[②] 数额犯是以一定数额或数量为犯罪成立要件的犯罪类型；情节犯则是以一定概括性情节作为构成要件的犯罪类型，其评价要素涉及犯罪行为类型、手段、时间、侵害对象等诸多方面。对比来看，数额犯的标准较为单一，其优点是简单明确便于适用；情节犯的标准则较为复杂，其优点是评价结论更全面、更准确。

《刑法修正案（十一）》将“其他严重情节”作为销售假冒注册商标的商品罪的“兜底性”入罪标准，“其他特别严重情节”是销售假冒注册商标的商品罪的法定刑升档情节。对于“其他严重情节”“其他特别严重情节”，需要根据侵权行为持续的时间长短、销售金额、销售能力和销售规模的大小、犯罪的组织化程度、违法所得的大小等因素综合进行判断。其中，销售金额属于具体情形之一。[③] 这就意味着该罪名的修改，并不是把“销售金额数额”标准剔除于衡量行为人犯罪情节的参考标准之外，销售金额的大小仍然可以作为衡量行为人犯罪情节是否严重的参考标准。

一方面，从刑法条文体系解释角度来诠释。体系解释，是指根据刑法条文在整个刑法中的地位，联系相关法条的含义，阐明其规范意旨的解释方法。[④]《刑法》第 214 条销售假冒注册商标的商品罪和第 215 条非法制造、销售非法制造的注册商标标识罪的条文中均有情节严重的规定，在《关于公安机关管辖的刑事案件立案追诉标准的规定（二）》及相关司法解释中，均将“非法经营数额在五万元以上”规定为“情节严重”的情形之一。从体系解释的角度分析其两个罪名及相关规定和司法解释，可以自然得出《刑法》第 214 条规定的销售假冒注册商标的商品罪中的“其他严重情节”“其他特别严重情节”，可以包括销售金额数

---

① 参见许永安主编：《中华人民共和国刑法修正案（十一）解读》，中国法制出版社 2021 年版，第 175 页。

② 参见王志祥：《数额犯基本问题研究》，载《中国刑事法杂志》2007 年第 2 期。

③ 参见许永安主编：《中华人民共和国刑法修正案（十一）解读》，中国法制出版社 2021 年版，第 175 页。

④ 参见张明楷：《刑法学》（第 6 版），法律出版社 2021 年版，第 43 页。

额较大、销售金额数额巨大的情形，如此才能保证刑法体系的前后协调。另一方面，从刑法条文修改增强知识产权保护力度来考量，《刑法修正案（十一）》增加“其他严重情节”“其他特别严重情节”作为兜底条款，就是从不管行为人是否获利，都可根据销售产品数量、销售行为影响范围、销售金额数额大小等其他严重情节认定本罪，体现严厉打击侵犯知识产权犯罪的力度。因此，条文修正的原意并不是将原本“销售金额数额较大”“销售金额数额巨大”构成犯罪的情形修改为不构成犯罪的情形。

二、违法所得数额的认定需多维度考量

本案中，多位辩护人主张以违法所得进行定罪量刑，但是根据在案客观证据很难查明违法所得。销售假冒注册商标的商品罪中违法所得数额尚未出台对应的司法解释，违法所得数额的内涵和外延在不同违法犯罪领域存在较大的差异。因此，明确违法所得数额在销售假冒注册商标的商品罪中的含义，具有很大的实践意义。

有观点认为，违法所得指获利数额，即以违法生产、销售获得的全部收入扣除其直接用于经营活动的合理支出剩余的数额。另有观点认为违法所得指通过实施犯罪直接、间接生产、获得的任何财产，无须扣除生产、销售成本。上述两种观点，实务中均有采用，导致违法所得计算标准不一。笔者认为，以违法所得数额为销售假冒注册商标的商品罪认定标准时，应认定为获利数额。在侵犯知识产权犯罪章节的罪名中，非法经营数额、销售金额、违法所得数额是3个不一样的概念，在假冒注册商标罪中，非法经营数额与销售金额系等同概念，非法经营数额与违法所得数额明确系不同的定罪量刑标准。由此得出，销售假冒注册商标的商品罪中的违法所得数额，不能解释为非法经营数额或者销售金额，而应认定为获利数额，这样才符合章节罪名的体系的协调性和一致性。再者，根据《刑法修正案（十一）》，如果违法所得数额就是销售数额，该修正案就失去了意义。[①] 现关键点就是在认定违法所得数额时如何多维度考虑并扣减一定的合理成本，在配套司法解释出台之前，这将是实务审理案件亟须解决的问题。

《刑法修正案（十一）》出台后，尚未有新的司法解释对销售假冒注册商标的

① 参见刘继根：《销售假冒注册商标的商品罪中违法所得的认定》，载《检察日报》2022年1月18日，第7版。

商品罪中“违法所得数额”“其他严重情节”“其他特别严重情节”的认定进行明确，本案在审理过程中将销售金额作为“其他特别严重情节”的情形之一，对审理涉及医美服务领域的销售假冒注册商标的商品罪的案件具有参考意义。

（合议庭成员：吴大成、林抒蔚、刘瑜凤）

被告人于某等侵犯商业秘密罪案

——第三人侵犯商业秘密犯罪主观要件及犯罪数额的认定

张佳璐　王　燕

关键词｜侵犯商业秘密　应知　重大损失

【裁判要旨】

第三人侵犯商业秘密犯罪主观要件中的"应知"属于立法上推定的明知，可结合商业秘密的性质、披露主体、获取方式、商业惯例、商业秘密载体特征等事实予以综合判断。经推定行为人在当时情况下，知道他人是以盗窃、利诱、胁迫或者其他不正当手段获取权利人的商业秘密，而仍然希望或者放任非法获取、使用或者披露他人商业秘密的侵害结果发生的，可认定为符合"应知"的主观要件。对于该罪的犯罪数额，应在区分单一披露、使用或混合行为、侵权产品与权利人产品的市场替代关系的基础上，将侵权人获利作为犯罪金额的认定标准，具体可将商业秘密在产品利润中的贡献度和占比作为整体利润计入或以折算方式进行计算，以此为基础，着重考察，合理选择，这一观点也在相关司法解释①中得到印证。

【相关法条】

《中华人民共和国刑法》(1997 年修订)②

第二百一十九条　有下列侵犯商业秘密行为之一，给商业秘密的权利人造

① 《最高人民法院、最高人民检察院关于办理侵犯知识产权刑事案件具体应用法律若干问题的解释(三)》，自 2020 年 9 月 14 日起施行。

② 2020 年 12 月 26 日通过的《刑法修正案(十一)》第 22 条规定："将刑法第二百一十九条修改

成重大损失的，处三年以下有期徒刑或者拘役，并处或者单处罚金；造成特别严重后果的，处三年以上七年以下有期徒刑，并处罚金：

（一）以盗窃、利诱、胁迫或者其他不正当手段获取权利人的商业秘密的；

（二）披露、使用或者允许他人使用以前项手段获取的权利人的商业秘密的；

（三）违反约定或者违反权利人有关保守商业秘密的要求，披露、使用或者允许他人使用其所掌握的商业秘密的。

明知或者应知前款所列行为，获取、使用或者披露他人的商业秘密的，以侵犯商业秘密论。

本条所称商业秘密，是指不为公众所知悉，能为权利人带来经济利益，具有实用性并经权利人采取保密措施的技术信息和经营信息。

本条所称权利人，是指商业秘密的所有人和经商业秘密所有人许可的商业秘密使用人。

【案件索引】

上海市普陀区人民法院（2018）沪0107刑初1289号刑事判决书（2020年1月19日）

【基本案情】

N公司成立于2004年6月，经关联方授权，至迟于2013年获得涉案汽车天窗相关技术信息，并用于设计、制造汽车天窗等经营活动。在此期间，公司通过分级保密管理、与员工签订保密条款等措施对技术信息进行保密。经鉴定，上述技术信息中的汽车天窗机械组技术（在2014年12月26日之前）、汽车天窗遮阳帘驱动系统技术（在2014年12月26日之前）、天窗后玻璃排水系统技术（在2014年11月12日之前）、汽车天窗技术图纸（含3D数据）等均属于不为公众所

为'有下列侵犯商业秘密行为之一，情节严重的，处三年以下有期徒刑，并处或者单处罚金；情节特别严重的，处三年以上十年以下有期徒刑，并处罚金：（一）以盗窃、贿赂、欺诈、胁迫、电子侵入或者其他不正当手段获取权利人的商业秘密的；（二）披露、使用或者允许他人使用以前项手段获取的权利人的商业秘密的；（三）违反保密义务或者违反权利人有关保守商业秘密的要求，披露、使用或者允许他人使用其所掌握的商业秘密的。明知前款所列行为，获取、披露、使用或者允许他人使用该商业秘密的，以侵犯商业秘密论。本条所称权利人，是指商业秘密的所有人和经商业秘密所有人许可的商业秘密使用人。'"

知悉的技术信息。

2012 年 4 月至 2014 年 2 月，被告人于某在 N 公司担任产品工程师，参与天窗项目工作，曾接触上述技术信息。2014 年 3 月 12 日，于某从 N 公司离职，同日入职被告单位 W 公司，负责全景天窗的研发工作。在此期间，于某借从境外个人处购买天窗技术图纸之名，违反与 N 公司之间的保密约定，向 W 公司提供了带有 N 公司标识及项目代号的技术信息资料，用于产品研发。W 公司经实际经营负责人被告人贾某同意，向案外人王某（系被告人于某妻姐）个人名下账户支付人民币 25 万元。W 公司及贾某明知于某曾在 N 公司任职，在未与境外主体签订购买协议，款项汇入境内个人账户，获取的图纸带有竞争对手商业标识，可能存在非法披露他人技术秘密的情况下，仍未予以谨慎审查便将相关技术信息资料用于 W 公司相关汽车天窗产品的研发及生产销售。后于某、贾某以共同研发人身份，对部分技术申请实用新型专利。

经鉴定，W 公司部分汽车天窗产品、实用新型专利及计算机内部分电子数据与涉案技术信息实质相同或具有同一性。经司法会计鉴定，W 公司在 2015 年 9 月至 2018 年 6 月销售上述相关天窗产品净利润为 1298 余万元。

2018 年 11 月 16 日，上海市嘉定区人民检察院指控，被告人于某、被告单位 W 公司及其实际经营负责人被告人贾某构成侵犯商业秘密罪。

被告人于某及其辩护人对起诉书指控其侵犯商业秘密的犯罪事实和罪名均表示异议，认为应宣告无罪。主要理由包括：无直接证据证明涉案技术信息由于某带离 N 公司，并流向 W 公司；W 公司只是参考了涉案技术，并根据需要修改形成自己的技术。

被告单位 W 公司及其辩护人、被告人贾某及其辩护人对基本事实和罪名无异议，但认为 W 公司仅是参考涉案技术信息，形成了自己的技术方案；秘密点所涉零部件占天窗整体零部件的比例较小，应作为量刑酌情考量因素；于某声称技术图纸购于他人，且市场上确有建模数据出售的情况，W 公司亦支付了款项，因此 W 公司及贾某主观明知程度不高。

【裁判结果】

上海市普陀区人民法院于 2020 年 1 月 19 日作出（2018）沪 0107 刑初 1289 号刑事判决：（1）被告人于某犯侵犯商业秘密罪，判处有期徒刑 5 年，并处罚金人民币 50 万元；（2）被告单位 W 公司犯侵犯商业秘密罪，判处罚金人民币 400

万元;(3)被告人贾某犯侵犯商业秘密罪,判处有期徒刑3年,缓刑3年,并处罚金人民币35万元;(4)违法所得依法予以追缴。

一审宣判后,被告人及被告单位均未提起上诉,公诉机关未提出抗诉,一审判决生效。

【裁判理由】

一、涉案技术信息属于商业秘密

本案中,经相关司法鉴定机构的鉴定,涉案的汽车天窗机械组技术(在2014年12月26日之前)、汽车天窗遮阳帘驱动系统技术(在2014年12月26日之前)、天窗后玻璃排水系统技术(在2014年11月12日之前)、汽车天窗技术图纸(含3D数据)均属于不为公众所知悉的技术信息。其中技术图纸的秘密点内容结合同一性比对鉴定意见书中的表述及鉴定人员的陈述,指向结构形状、尺寸、图面布局、尺寸公差、几何公差、表面处理、技术要求等,故法院认定涉案技术信息具备商业秘密所要求的秘密性特征。此外,权利人可以同时采取专利形式或商业秘密形式对其技术信息进行分类保护,即便权利人对部分技术信息以专利形式进行了公开,但并不影响其他信息仍可具秘密性,而产品的上市亦不等同于其载有的技术信息被当然公开。本案司法鉴定过程中,除进行了文献检索外,还查阅了N公司的相关专利及产品的文字、图片,查询范围和鉴定方法均合理。据此,涉案技术信息具有秘密性,不为公众所知悉。N公司通过与关联公司签订许可协议并支付对价的方式,获取涉案技术信息并用于产品开发、报价,足以证明N公司系刑法意义上商业秘密的权利人,该技术信息具备价值性、实用性的特征。同时,证人证言、相关说明、邮件清单、劳动合同等可以互相印证N公司对于涉案技术信息数据采取了分级保密措施,并对工作人员设定了保密义务。综上所述,法院认定本案涉及的汽车天窗机械组技术(在2014年12月26日之前)、汽车天窗遮阳帘驱动系统技术(在2014年12月26日之前)、天窗后玻璃排水系统技术(在2014年11月12日之前)、汽车天窗技术图纸(含3D数据)构成商业秘密。

二、被告人于某、被告单位W公司及被告人贾某实施了侵犯商业秘密的行为

结合贾某的供述及W公司相关人员的证言,英文邮件、领款单、银行卡交易信息,W公司计算机内部分电子数据及司法鉴定比对意见等证据,可以证实于

某入职W公司后曾借从他处购买技术图纸之名，向W公司提供了带有N公司标识及项目代号的技术信息资料，涉案证据已形成证据链，法院据此认定，于某实施了侵犯涉案商业秘密的行为。

关于W公司、贾某应知于某侵权行为仍获取、使用及披露涉案商业秘密的事实，结合W公司及贾某的供述、图纸购买的情形、W公司内部信息管理制度，可以证实W公司在未与境外主体签订购买协议，款项汇入境内个人账户，获取的图纸带有于某前雇佣单位及项目的标识，可能存在非法披露他人商业秘密的情况下，仍未予以谨慎审查便将相关技术信息资料用于汽车天窗产品的研发及生产销售，在于某入职后较短的时间内即陆续研发成功天窗项目和产品，并申请了相关专利。根据产品的具体需求设计生产图纸确属合理，但鉴定意见已对W公司天窗产品实物等与涉案商业秘密具有实质同一性作出了认定，W公司亦无证据证明其是通过反向工程等方式自行研发图纸，可见即便W公司依据N公司的相关技术资料进行了部分修改，也并未达到影响实质同一性认定的程度。法院认定，W公司、贾某实施了侵犯涉案商业秘密的行为。

三、涉案侵犯商业秘密的行为给商业秘密的权利人造成特别严重后果

N公司的天窗产品与W公司的产品之间并不直接体现为非此即彼的替代关系，再结合W公司以专利形式公开了涉案技术信息，故以W公司的侵权获利计算犯罪数额具合理性。本案的会计鉴定并非指向整车，而是已剥离出汽车天窗部分，而涉案秘密点包括的技术属集中体现产品技术功能和效果的关键部件构成，天窗成品作为整体，并不会脱离关键部件而拆分并单独销售，因此将天窗整体利润1298余万元予以计算具有合理性，符合《刑法》第219条第1款及《最高人民法院、最高人民检察院关于办理侵犯知识产权刑事案件具体应用法律若干问题的解释》第7条规定，给商业秘密的权利人造成损失数额在250万元以上，属于造成“特别严重后果”。

【案例注解】

一、第三人侵犯商业秘密的主观要件判定

《刑法》(1997年修订)第219条将第三人侵犯商业秘密犯罪的主观要件表述为“明知或者应知”，理论界及实务界对此存有不同理解，主要表现为以下几种：一是将“应知”理解为过失；[①]二是认为“应知”应是推定明知，过失不

① 参见赵秉志主编：《当代刑法学》，中国政法大学出版社2009年版，第547页。

会构成该罪;[1]三是认为法条中规定的"明知或者应知"并非《刑法》总则中对故意或过失犯罪概念所要求的危害结果的"预见",而应将其理解为对行为对象客观上的预见性,即只要能够查明行为人客观上知道即可,这是一种视同故意的心理态度。[2]

本案采第二种观点,即本罪中的"应知"属于立法上推定的明知,意即高度盖然说,"应知"应当解释为结合案件中的各种证据,可以推定行为人在当时情况下,知道他人以盗窃、利诱、胁迫或者其他不正当手段获取权利人的商业秘密,而仍然希望或者放任非法获取、使用或者披露他人商业秘密的侵害结果发生,行为人主观上至少有间接故意,"应知"由此成为一种推定的明知。[3] 据此,对于"应知"证据的采纳就显得至关重要,这也是法律适用中的难点。实务中,可结合以下事实进行综合判断。

一是商业秘密的性质,一般可从商业秘密所涉技术难易程度、经济价值等角度进行考察,如商业秘密为所属行业核心竞争优势技术,则通过交易方式对非关联方进行许可释放的可能性较小。二是披露主体及获取方式,对于源自同行业的"跳槽"员工提供的技术信息,尤其是个别完整度极高的技术秘密,如包含具体参数、公差、成分配比、容错率等技术要求的图纸,通常情况极难由个人掌握,新雇佣单位在获取时应当尽到谨慎注意义务。三是商业交易惯例,对经济价值较高的技术秘密,交易流程一般更规范严谨,如通过专业评估、交易对象尽调、技术验收、分期付款等方式,控制交易风险;如存在技术出卖方不明确、交易价格畸低等情形,非法可能性增大。四是技术信息载体特征,如载体材料带有企业主体、项目代号等明显的商业标识信息,应就是否涉及使用他人商业秘密负较高程度的注意义务。

本案中,W公司及实际控制人贾某仅凭于某的信件即同意支付购买费用,且在未经核实收款对象的情况下,将相关款项汇入境内个人账户,其渠道来源明显不符合一般商业惯例,且涉案技术信息涉及天窗产品的核心技术,技术图纸带有前雇佣单位及项目标识。从一般从业者角度看,其在可能存在非法披露他人商业秘密的情况下仍未予以谨慎审查便将相关技术信息资料用于汽车天

---

① 参见张明楷:《刑法学》(第4版),法律出版社2011年版,第739页。

② 参见刘宪权、吴允锋:《侵犯商业秘密罪若干争议问题研究》,载《甘肃政法学院学报》2006年第4期。

③ 参见周光权:《明知与刑事推定》,载《现代法学》2009年第2期。

窗产品的研发及生产销售。综上,可以认定 W 公司、贾某应知于某的侵权行为仍获取、使用及披露涉案商业秘密,主观上具有明显的“应知”故意。

二、“重大损失”要件认定的类案化可行路径选择

《刑法》(1997 年修订)关于侵犯商业秘密罪中“重大损失”构成要件性质的认定,亦存在两种不同观点:一种观点认为重大损失是犯罪成立的条件,如果没有造成重大损失,则不构成犯罪;[①]另一种观点认为重大损失是区分犯罪既遂和未遂的标准。[②] 以上两种观点争论的焦点在于侵犯商业秘密罪究竟是抽象危险犯还是侵害犯。无论如何,“重大损失”要件的判定对于侵犯商业秘密罪案件的审理起着至关重要的作用。关于“重大损失”要件的判定,应包括准确划定损失范围和选择科学合理的损失计算方式两个维度。前者要求在判断行为人的行为是否给权利人造成损失时,应结合商业秘密无形财产的特征,充分考虑权利人的综合投入价值丧失、市场占有率挤占、竞争优势侵蚀、侵权性质及手段、扩散后果等因素,从整体上对侵权行为造成的直接损失、间接损失进行综合分析。后者则要求在计算方式的选择上,既要充分体现刑法打击知识产权类犯罪的力度,也要考虑商业秘密案件损失范围及计算认定的复杂性问题,以体现合理性、谦抑性。

(一)划定损失范围

侵犯商业秘密案件中,权利人的损失既包括直接经济利益损失也包括间接损失。法院应充分考虑权利人因市场份额减少、利润减少等产生的实际损失,还应考量权利人研发、形成进而保有商业秘密的成本投入价值灭失,以及通过持有商业秘密形成的竞争优势地位或通过许可他人使用商业秘密而产生的预期利益损失,需从整体上进行综合分析。

与侵犯有形财产不同,侵犯商业秘密的行为侵犯的是权利人的无形财产权,并不一定体现为权利人财产的直接减少或者获利的减少。即使权利人的产品销量、利润并未见明显变化,侵权人不劳而获的行为也不当攫取了权利人的竞争优势,在同一竞争市场上构成非正当性,客观上会造成权利人的损失,这从商业秘密侵权在民法上被纳入不正当竞争行为加以规制可以得到印证。客户市场的非交叉重合也仅是某一时间段的静态判断,如果放至一个远期、动态的

---

① 参见皮勇主编:《侵犯知识产权罪案疑难问题研究》,武汉大学出版社 2011 年版,第 67 页。

② 参见姜伟主编:《知识产权刑事保护研究》,法律出版社 2004 年版,第 342 页。

维度来评价，权利人未必不能开拓相同的客户市场。至于权利人产品升级迭代，并不意味着其对其他竞争者而言当然失去使用价值，一是侵权人可以利用该技术信息占据低端市场，二是可在此基础上缩短研发成本，争取到市场时间。权利人的商业秘密被非法披露，如向非特定人披露，可能致失密，则其研发成本投入价值灭损；如向特定人披露，则权利实质处于不稳定状态，一方面丧失了许可等收益可能，另一方面则需额外投入费用维持商业秘密，这亦属于权利人因侵权行为遭受损失的表现形态。

（二）选择损失计算方式

根据《刑法》（1997 年修订）第 219 条规定，侵犯商业秘密罪的具体不法行为包括获取、披露、使用 3 种行为。其中，获取行为致使商业秘密泄露范围处于不可知状态，其情节最轻，如并未实施使用行为，此时侵权人所造成的损失可以根据商业秘密的自身价值或者研发费用等体现出来。当侵权人披露和使用混合时，一方面，侵权人可通过使用或允许他人使用商业秘密进行生产销售而直接获利；另一方面，其行为可能间接导致权利人市场占有率被挤占，利润率下降，竞争优势被侵蚀，因此，对该混合侵权行为可采取权利人损失或侵权人获利的认定方法。

1. 单一披露行为。区分以下两种情形：（1）向不特定主体披露，优先选择将商业秘密本身价值的灭损作为权利人损失。（2）向特定主体披露，优先选择商业秘密许可使用费利益丧失和为继续维持商业秘密所增加的成本投入作为权利人损失。

2. 单一使用行为。优先选择权利人遭受的损失或侵权人违法获利作为权利人损失，前者计算方式一般为权利人产品因侵权所减少销售量的总数乘以每件产品的权利人合理利润所得之积；权利人销售量减少的总数难以确定的，侵权产品在市场上销售的总数乘以每件产品的权利人合理利润所得之积，可以视为权利人因被侵权所受到的损失。后者计算方式一般为侵权人侵权产品销量乘以侵权人利润所得之积。

3. 披露和使用行为混合。本案中，被告人于某获取权利人商业秘密后，与被告单位 W 公司将该商业秘密申请了相关专利，致使商业秘密沦为公众知悉的信息而丧失秘密性。同时，被告单位还将商业秘密投入汽车天窗产品生产销售中，构成披露与使用混合型商业秘密犯罪，因此，采取权利人损失或侵权人获利的角度评价犯罪数额，具有客观性、合理性。

如前所述，当同时存在权利人损失或侵权人获利两种计算方式时，在计算方式的选择上可以遵循如下区分原则。

1. 权利人的产品与侵权产品之间系非此即彼的替代关系时，可以优先适用权利人损失法计算犯罪数额。因为当市场上两款产品存在相对稳定的替代关系时，就意味着侵权产品挤占了权利人的市场份额，造成权利人的利益损失。在此情形下，权利人的损失通常表现为权利人销售收入减少而导致可得利润的损失，具体计算方法为，权利人产品因侵权所造成的减少销售量的总数乘以侵权期间权利人每件产品合理利润，权利人减少的销量不能确定的，可以侵权人的销量直接代替。

2. 当权利人产品与侵权人产品之间不存在非此即彼的替代关系时，在市场的自由竞争中，该类产品存在多家同业竞争，权利人产品销量的减少与侵权行为之间存在因果关系，但并不能直接对应，权利人销量减少可能是市场充分竞争后的自然结果。此时，应当从侵权人获利角度予以评价，采用侵权人每件产品的合理利润乘以侵权产品销量的计算方法。本案中，考虑到汽车天窗产品的供应市场亦非权利人独占，因此认定侵权产品与权利人产品未形成非此即彼的直接替代关系，故采取侵权人获利的计算方式更为客观。

（三）综合考量商业秘密在产品利润中的贡献度

在使用侵权人获利方法认定犯罪金额过程中，需要注意侵权人获取利润的方式，即商业秘密贡献度的问题，具体区分如下：一是体现产品的技术功能和效果的关键部件侵权的，可以参考整体产品的利润予以计算；二是于在产品中只起到辅助功能的一般零部件侵权的，可通过第三方机构合理评估该零部件本身的价值以及其在整个产品利润中的贡献度，根据该零部件的销售利润分成率来确定获利数额。本案中，被告人及被告单位的辩护人对损失数额的计算提出异议，法院认为，产品的利润不仅源于商业秘密，还包括专利、商标商誉等其他方面，需结合个案中的技术秘密作用加以甄别。本案中，被告单位在非法使用技术秘密之前，并不具有生产相应天窗产品的能力，因此可以认定该技术秘密构成体现天窗产品技术功能和效果的关键部件，处于产品核心地位。审计鉴定并非指向整车，而是已剥离出天窗部分净利润，天窗成品仅作整体销售，并不会脱离关键部件而拆分并单独销售玻璃、封条、线束等零部件。考虑到技术图纸秘点的比对需基于被告单位提供实际生产图纸，本案中该事实存疑、无法查明，而经鉴定侵权天窗产品已覆盖全部机械组技术秘密点，因此以侵权天窗产品整体净利润计算犯罪数额，不再考虑贡献度及占比而进行比例折算，是合理的。

三、《刑法修正案（十一）》之后上述观点仍具有参考价值

对于侵犯商业秘密罪“应知”要件的争论主要在于过失犯罪是否应落入侵犯商业秘密罪的犯罪构成。《刑法修正案（十一）》实施之后，该问题已经明朗，即2020年修正后的《刑法》第219条明确，第三人侵犯商业秘密犯罪的主观要件应为“明知”，由此可见，在第三人侵权的情形下，其主观要件应为直接故意或者间接故意，故前述有关推定“应知”的证据采纳规则仍适用于间接故意范畴下的第三人侵犯商业秘密案件。

2020年修正后的《刑法》第219条以“情节严重”替代“造成重大损失”要件，一方面，回应了侵犯商业秘密罪是抽象行为犯或者侵害犯的争论，即侵犯商业秘密犯罪并非侵害犯；另一方面，从犯罪本身来看，犯罪应当是质与量的统一，只有具备一定质的社会危害性，并满足相当程度的量的要求，才能全面地说明行为的社会危害性，并最终认定为犯罪；[①]以“情节严重”替代“造成重大损失”要件，正是质与量相统一的犯罪概念所要求的必然结果。然而，在相关司法解释、学术理论分析、司法实践现状对“情节严重”并未作出具体、明确且可实践化的规范时，“造成重大损失”本身就是量化侵犯商业秘密犯罪的社会危害程度的“情节严重”情形之一，故上述“造成重大损失”要件认定规则仍具有重要意义。当然，本罪关于“情节严重”的认定，还应包括“其他严重情节”，表现为不可计算的损失如破产、权利人死亡等也作为本罪的罪量因素加以考察。[②]

（合议庭成员：鲁君、张佳璐、黄波）

---

① 参见刘艳红：《情节犯新论》，载《现代法学》2002年第5期。

② 参见王晓东：《论侵犯商业秘密罪“重大损失”的确定》，载《齐鲁学刊》2015年第4期。

被告人李某保、李某伟、李某军侵犯著作权罪案

——游戏私服帮助侵权入罪

李丽平

关键词 | 知识产权　侵犯著作权　私服　复制发行

【裁判要旨】

以营利为目的，未经著作权人授权或许可，将网络游戏服务端程序予以复制并架设在自己服务器上运行（复制行为），或/并向玩家提供游戏下载路径的客户端（发行行为）系侵犯著作权罪的实行行为。对于游戏私服帮助侵权入罪中，行为人实施的技术帮助行为属于侵犯著作权罪的帮助犯还是帮助信息网络犯罪活动罪的正犯，应坚持中性的主客观相统一原则，在认定侵犯著作权罪帮助犯存在困难的情况下，以帮助信息网络犯罪活动罪定罪处罚。当帮助者的行为满足法律规定的共同犯罪成立条件时，就应当以侵犯著作权罪的帮助犯定罪处罚。

【相关法条】

《中华人民共和国刑法》（1997 年修订）①

第二百一十七条第一项　以营利为目的，有下列侵犯著作权情形之一，违

① 2020 年 12 月 26 日通过的《刑法修正案（十一）》第 20 条规定："将刑法第二百一十七条修改为'以营利为目的，有下列侵犯著作权或者与著作权有关的权利的情形之一，违法所得数额较大或者有其他严重情节的，处三年以下有期徒刑，并处或者单处罚金；违法所得数额巨大或者有其他特别严重情节的，处三年以下十年以下有期徒刑，并处罚金：（一）未经著作权人许可，复制发行、通过信息网络向公众传播其文字作品、音乐、美术、视听作品、计算机软件及法律、行政法规定的其他作品的；……'"

法所得数额较大或者有其他严重情节的，处三年以下有期徒刑或者拘役，并处或者单处罚金；违法所得数额巨大或者有其他特别严重情节的，处三年以上七年以下有期徒刑，并处罚金：

（一）未经著作权人许可，复制发行其文字作品、音乐、电影、电视、录像作品、计算机软件及其他作品的；

【案件索引】

上海市普陀区人民法院（2021）沪 0107 刑初 749 号刑事判决书（2021 年 8 月 4 日）

【基本案情】

上海市普陀区人民检察院（以下简称公诉机关）起诉指控被告人李某保、李某伟、李某军犯侵犯著作权罪、被告人徐某犯帮助信息网络犯罪活动罪，向上海市普陀区人民法院提起公诉。

公诉机关指控，2016 年 6 月 3 日、6 月 8 日，上海云蟾数码科技有限公司（以下简称云蟾公司）先后对《蜀门》游戏 iOS 版、安卓版在国家版权局进行著作权登记。2016 年 10 月，云蟾公司授权上海方趣网络科技有限公司（以下简称方趣公司）为《蜀门》游戏运营合作方。

2020 年 3 月，被告人李某保在网络上结识《蜀门》游戏私服代理上家，后作为代理参与该游戏私服网络推广并从中获利。2020 年 10 月，被告人李某保通过网络结识网名系“独家”的《蜀门》游戏私服代理上家，经预先约定一定比例，于 2021 年 1 月伙同被告人李某伟共同利用网络实施《蜀门》游戏私服推广、玩家充值等游戏私服代理行为，并从中获利。经查，被告人李某保实施上述行为期间，累计非法经营数额达人民币 45 万余元，部分钱款其通过“火币网”转账给“独家”作为分成，其个人获利 6 万余元；被告人李某伟累计参与的非法经营数额为 12 万余元，其个人获利 1 万元左右。

2019 年 12 月，被告人李某军通过网络参与《蜀门》游戏私服推广并从中获利；2021 年 1 月，被告人李某军作为被告人李某保发展的《蜀门》游戏私服代理下家，经预先约定一定比例，以代理身份参与该游戏私服推广等行为并从中获利。经查，被告人李某军实施上述行为期间，累计非法经营数额达 6 万余元，其个人获利 3 万元左右。

2020年3月至12月,被告人徐某通过网络先后结识“独家”、被告人李某保,后在明知上述人员非法经营游戏私服的情况下,为其提供游戏私服程序iOS平台上架许可技术等帮助,累计获取违法所得13万余元。

2021年2月23日,被告人李某军在江苏省赣榆县被公安机关抓获,其能如实供述犯罪事实。2021年2月23日,被告人徐某在浙江省湖州市被公安机关抓获,其能如实供述犯罪事实。2021年3月10日,被告人李某保、李某伟在山东省济南市被公安机关抓获,均能如实供述犯罪事实。

2021年4月1日,被告人徐某退缴了全部违法所得并交由公安机关暂扣。2021年6月28日,被告人李某保退缴了6万元违法所得、被告人李某伟退缴了1万元违法所得,均交由公安机关暂扣。

公诉机关提交了证人夏某祥、龙某强的证言,云蟾公司、方趣公司提供的营业执照、网络文化经营许可证、计算机软件著作权登记证书、网络游戏ISBN号备案单、授权书等书证,搜查证、搜查笔录、扣押决定书、扣押清单,涉案微信聊天记录截图、上海抉隐电子数据司法鉴定所出具的司法鉴定意见书,涉案微信、QQ聊天记录截图,微信、支付宝转款记录截图,涉案银行账户资金明细单,涉案虚拟币平台交易记录截图等书证,上海复兴明方会计师事务所有限公司出具的司法审计报告及补充报告,公安机关出具的扣押决定书、扣押清单等书证,公安机关出具的工作情况、户籍资料,被告人李某保等人的供述等证据证实。

公诉机关认为,被告人李某保、李某伟、李某军等人以营利为目的,在明知未获得著作权权利人许可、授权的情况下,伙同他人以代理身份实施游戏私服宣传、推广等行为,被告人李某保非法经营数额为45万余元,被告人李某伟非法经营数额为12万余元、被告人李某军非法经营数额为6万余元,其行为均触犯了《刑法》第25条第1款、第217条的规定,犯罪事实清楚,证据确实、充分,应当以侵犯著作权罪追究其刑事责任;被告人徐某明知他人利用信息网络实施犯罪,为他人犯罪提供网络技术帮助,情节严重,其行为触犯了《刑法》第287条之二的规定,犯罪事实清楚,证据确实、充分,应当以帮助信息网络犯罪活动罪追究其刑事责任。被告人李某保、李某伟、李某军、徐某均自愿认罪认罚,依据《刑事诉讼法》第15条的规定,可以从宽处理。被告人李某保、李某伟、李某军在共同犯罪中起次要或辅助作用,根据《刑法》第27条的规定,系从犯,应当从轻或减轻处罚。被告人李某保、李某伟、李某军、徐某等人均能如实供述犯罪事实,根据《刑法》第67条第3款的规定,可以从轻处罚。建议判处被告人李某保有期徒刑1年6个月,并处罚金10万元;建议判处被告人李某伟有期徒刑7个月,并处罚金3万元;建议判处被告人李某军有期徒刑6个月,并处罚金3万元;建议判处被告人徐某有期徒刑8个月,缓刑1年,并处罚金2万元。

被告人李某保、李某伟、李某军、徐某对指控事实、证据、罪名及量刑建议均无异议且签字具结,在开庭审理过程中亦无异议。各辩护人对指控事实、证据、罪名及量刑建议均无异议。被告人李某保的辩护人提出李某保系初犯、偶犯、从犯,具有坦白情节,自愿认罪认罚,请求减轻、从轻处罚。被告人李某伟、李某军的辩护人提出各被告人均系从犯、初犯、偶犯,具有坦白情节,均自愿认罪认罚,请求从轻处罚。被告人徐某的辩护人提出徐某认罪早、认罪全面、认罪彻底,认罪悔罪态度好,全额退缴违法所得等,请求从轻处罚,并建议对其适用缓刑。

法院经审理查明的事实、证据与公诉机关指控一致。

【裁判结果】

上海市普陀区人民法院于2021年8月4日作出(2021)沪0107刑初749号刑事判决:(1)被告人李某保犯侵犯著作权罪,判处有期徒刑1年6个月,并处罚金人民币10万元;(2)被告人李某伟犯侵犯著作权罪,判处有期徒刑7个月,并处罚金人民币3万元;(3)被告人李某军犯侵犯著作权罪,判处有期徒刑6个月,并处罚金人民币3万元;(4)被告人徐某犯帮助信息网络犯罪活动罪,判处有期徒刑8个月,缓刑1年,并处罚金人民币2万元;(5)违法所得依法予以追缴,扣押在案的犯罪工具,依法予以没收。

宣判后,被告人李某保、李某伟、李某军未提起上诉。

【裁判理由】

法院生效裁判认为:被告人李某保、李某伟、李某军以营利为目的,明知相关游戏私服系未经著作权人许可复制发行的计算机软件作品,仍伙同他人以代理身份实施游戏私服宣传、推广等行为,其中被告人李某保有其他特别严重情节;被告人李某伟、李某军有其他严重情节,行为均已构成侵犯著作权罪,依法应予处罚。被告人徐某明知他人利用信息网络实施犯罪,为他人犯罪提供网络技术帮助,情节严重,其行为已构成帮助信息网络犯罪活动罪,依法亦应予处罚。公诉机关指控各被告人的犯罪事实清楚,罪名成立。被告人李某保、李某伟、李某军在共同犯罪中均起次要、辅助作用,系从犯,依法应分别减轻或从轻处罚。被告人李某保、李某伟、李某军、徐某到案后均能如实供述罪行,自愿认罪认罚,依法可从轻、从宽处罚。各被告人能退缴违法所得,其中被告人徐某全额退缴,有悔罪表现,可宣告缓刑予以考验。各辩护人提出的辩护意见,可予采纳。公诉机关量刑建议适当,予以采纳。

【案例注解】

一、游戏私服行为和侵犯著作权罪实行行为的认定

(一)"私服"行为的定义

关于何为"私服"行为,普通民众和游戏爱好者对此均有解释,然而我国对此尚无官方权威性解释,目前仅有的官方解释是早在2003年多部门联合发布的《关于开展对"私服""外挂"专项治理的通知》中对"私服""外挂"的定义:"未经许可或授权,破坏合法出版、他人享有著作权的互联网游戏作品的技术保护措施、修改作品数据、私自架设服务器、制作游戏充值卡(点卡),运营或挂接运营合法出版、他人享有著作权的互联网游戏作品,从而谋取利益、侵害他人利益。"非官方对于"私服"的定义众说纷纭,归结起来就是:未经网络游戏软件著作权人授权或者许可,以非法手段获得网络游戏服务端程序或源程序后,私自架设至服务器并向游戏玩家提供客户端程序,私自运营非法游戏以取代游戏运营商的地位并牟取利益的行为。通过对"私服"的文义解释、民间解释和官方解释的提取,我们可以得出,所谓"私服"行为,即为私设服务器的行为,是指行为人未经网络游戏软件著作权人授权或者许可,以非法手段获得网络游戏服务端程序或源程序后,私自架设至服务器并向游戏玩家提供客户端程序,私自运营非法游戏并牟取利益的行为。

(二)侵犯著作权罪实行行为的认定

1. 关于侵犯著作权罪中实行行为的定义。随着客观归责论的发兴,实行行为的概念存在一定程度的动摇,然而实行行为目前仍为刑法学上犯罪行为认定的重要概念,故本文仍沿用此概念论述。所谓实行行为,是指具有法益侵害性,且在形式和实质上均符合刑法明文规定的犯罪构成要件的行为。根据《刑法》第217条第1项规定,侵犯著作权罪的实行行为是以营利为目的,未经著作权人许可的复制发行行为,即该条保护的是著作权人的复制权和发行权。所谓复制权,根据2021年6月1日起施行的《著作权法》第10条第1款第5项之规定,复

制不仅包括以传统意义上的印刷、复印、拓印、录音、录像、翻录、翻拍形式，也包括以数字化等方式将作品制作为一份或多份；而所谓发行，根据《著作权法》第10条第1款第6项之规定，其指以出售或者赠与方式向公众提供作品的原件或者复制件的行为，即仅指通过转移作品有形载体所有权的方式向公众提供作品。对于通过网络以供公众浏览、阅读、使用或者下载的在线传播行为，即所谓的“网络发行”，《著作权法》另行设计了“信息网络传播权”。因此，既然著作权法同时规定了“发行权”和“信息网络传播权”，就说明两者是有所区别的，不能简单地将“通过网络进行传播的行为”定义为“发行行为”，否则“信息网络传播权”就没有存在的必要。然而，为防止刑法对发行行为的规制因新型网络犯罪形态变化而落空，《最高人民法院、最高人民检察院关于办理侵犯知识产权刑事案件具体应用法律若干问题的解释》规定，通过信息网络向公众传播他人计算机软件及其他作品的行为，应当视为《刑法》第217条规定的“复制发行”。《关于办理侵犯知识产权刑事案件适用法律若干问题的意见》规定，“发行”包括总发行、批发、零售、通过信息网络传播以及出租、展销等活动。由此，《刑法》第217条第1项规定的“复制发行”中的复制行为包括以数字化形式重现著作权人作品，发行行为也涵盖了通过信息网络或其他途径向他人提供著作权人作品的行为。

2. 关于侵犯著作权罪中“复制发行”的理解。从前述可知侵犯著作权罪的“复制”和“发行”的射程范围，但《刑法》第217条第1项的“复制发行”是指该实行行为是复制且发行方满足该罪行为模式还是指复制或发行行为满足其一即可，仍然是一个问题。为厘清该问题，最高人民法院和最高人民检察院共同发布了《关于办理侵犯知识产权刑事案件具体应用法律若干问题的解释(二)》，其第2条规定了《刑法》第217条侵犯著作权罪中的“复制发行”包括复制、发行或者既复制又发行的行为；侵权产品的持有人通过广告、征订等方式推销侵权产品的，属于《刑法》第217条规定的“发行”；非法出版、复制、发行他人作品，侵犯著作权构成犯罪的，按照侵犯著作权罪定罪处罚。

（三）“私服”行为的入罪分析

从“私服”行为本身的概念和行为模式入手可知，“私服”行为人首先需要将其获得的服务端程序通过数字化的形式存储于硬件（服务器）之中从而实现作品（网络游戏）的重现，然后通过和玩家客户端的数据连接，将服务端程序同玩家的客户端时时传输，故行为人将服务端程序存储于服务器中的行为符合《刑法》第 217 条第 12 项规制的“复制”行为；而“私服”行为为获取非法利益，其需要将客户端在相关网站和群组中发布，供他人下载使用，该行为亦符合《刑法》第 217 条第 1 项关于“发行”行为的规制。

二、游戏“私服”行为帮助行为的入罪

随着社会的发展和科学技术的进步，作为新型领域的知识产权也面临着信息网络高速发展所带来的挑战，特别是在著作权犯罪领域，更多呈现出犯罪行为的无形化、隐蔽化、多样化，各类技术方法的中立化，因果关系链条淡化和参与人数多的特征。针对著作权犯罪参与人数多、行为方式多样化和因果关系链条淡化的特点，著作权共同犯罪形态和帮助行为正犯化的问题往往争议较大。

（一）侵犯著作权罪的共同犯罪

所谓共同犯罪，根据《刑法》第 25 条之规定，指二人以上共同故意犯罪。通过分析《刑法》关于共同犯罪的条文可知，共同犯罪有以下基本特征：(1) 主体应为二人以上，且都达到法定年龄，具有刑事责任能力。(2) 各共同犯罪人持有主观故意心态，且存在犯意联络。(3) 共同犯罪人在客观上必须有共同的犯罪行为，其含义包括各共同犯罪人在实施犯罪活动时，尽管所处的地位、具体分工、参与程度等可能有所不同，但其行为均为实现同一犯罪目的，各自的犯罪行为都是整个犯罪活动的组成部分；在发生危害结果的情况下，共同犯罪人所实施的犯罪行为都与发生的犯罪结果之间有因果关系。

在网络游戏“私服”行为中，游戏“私服”行为的实行行为或者说正犯行为是未经著作权人授权或许可将网络游戏服务端程序予以复制并架设在自己服务器上运行（复制行为），或/并向玩家提供游戏下载路径的客户端（发行行为）。根据张明楷教授对于共同犯罪的观点，共同犯罪要以正犯（实行犯）为中心，以因果性为核心。故在游戏“私服”行为的共同犯罪中，具有法定刑事责任能力的行为人在共同侵犯他人著作权（网络游戏服务端代码）的故意和意思联络下，实施复制行为（将著作权人网络游戏服务端复制架设在自己服务器）或/和发行行为（在公共网络或群组里向玩家提供网络游戏客户端）之外的帮助行为的人，即为该侵犯著作权罪的帮助犯。如为侵犯著作权罪的实行犯（复制或/并发行行为）提供“私服”宣传、推广、活动策划、技术服务、结算充值等行为，即为侵犯著作权罪的帮助行为，在帮助者对该“私服”行为明知的情况下，即构成侵犯著作权罪的帮助犯。如 2021 年上海市“扫黄打非”十大典型案例之一：2020 年 12 月被告人朱某恩未经权利人许可，以营利为目的，向被告人郑某钦出售《新斗罗大陆》游戏源代码，并收取钱款共计17.5万元。自2021年1月起，被告人郑某钦未经权利人许可，以营利为目的，利用从被告人朱某恩处购买的《新斗罗大陆》游戏源代码，租用服务器并聘请技术人员架设《新斗罗大陆》游戏私服，并通过网络推广，发展私服代理收取玩家充值款。自2021年4月起，被告人吴某威负责涉案游戏私服的维护、更新等技术工作。经审计，至案发，共发展私服注册玩家15,000余人。该案犯罪行为人吴某威明知郑某钦和朱某恩实施“私服”行为，却仍然为其提供维护、更新等技术工作，系侵犯著作权罪的共同犯罪，但其并非主犯，系从犯（帮助犯），故应当减轻处罚。

（二）侵犯著作权罪的帮助行为正犯化

随着互联网技术的进步，相关犯罪手法也越发多样化和隐蔽化，为遏制互联网技术犯罪的势头，《刑法修正案（九）》增设了帮助信息网络犯罪活动罪，即《刑法》第287条之二。该条第1款规定：“明知他人利用信息网络实施犯罪，为其犯罪提供互联网接入、服务器托管、网络存储、通讯传输等技术支持，或者提供广告推广、支付结算等帮助，情节严重的，处三年以下有期徒刑或者拘役，并处或者单处罚金。”根据该款条文可知，其一，该款罪名成立的前提是明知他人利用信息网络犯罪而提供互联网接入、服务器托管等技术支持；其二，该款罪名的成立不以他人上游犯罪的成立或既遂为前提。学界因此将该条称为互联网帮助犯的正犯化，故从游戏“私服”行为的模式可知，若行为人明知实施复制行为（将著作权人网络游戏服务端复制架设在自己服务器）或/和发行行为（在公共网络或群组里向玩家提供网络游戏客户端）的行为人所从事的是信息网络犯罪行为，仍然向其提供服务器托管等技术帮助行为，则该行为人构成帮助信息网络犯罪活动罪。

（三）侵犯著作权罪的共犯和帮助行为正犯化竞合

帮助信息网络犯罪活动罪既然是帮助犯的正犯化，就不可避免地存在共同犯罪问题。从帮助信息网络犯罪活动罪的条文可以得出，本罪帮助的对象是从事信息网络犯罪行为的犯罪分子。如电信诈骗和侵犯他人线上著作权等目前比较高发的信息网络犯罪，由于涉及面广、隐蔽性强、查证困难、资金转移迅速，一些已经产业化、集团化，从犯罪开始到完成都可以在网络上进行；犯罪成员多且互有分工，有的只参与部分环节，可能互不相识，缺乏意思联络，一些帮助者利用信息网络的特性一帮多，一些案件上游犯罪分子尚未抓获甚至上游犯罪事实尚未完全查证属实，尚不能判断上游是否达到了犯罪程度等，很难用传统的共同犯罪理论来认定帮助者成立共犯。因此，为遏制信息网络犯罪的势头，我国增设“帮助信息网络犯罪活动罪”，将其作为一个独立的罪名。笔者根据该罪名的立法背景和刑法理论，对于涉及游戏“私服”行为的侵犯著作权罪帮助犯和帮助信息网络犯罪活动罪的适用问题，提出以下观点：坚持中性的主客观相统一原则，即行为人在“私服”行为中的技术帮助行为存在两种罪名适用可能时，要判断行为人的主观是否明知（结合行为人学历、年龄、所从事行业和生活经历等综合认定），侵犯著作权罪（上游犯罪）中实行行为人所实施的具体行为以及其违法属性。若行为人明知实行行为人所从事的具体行为内容（“私服”行为中的复制或/和发行行为）和违法属性，且存在意思联络或通谋，则成立侵犯著作权罪的共犯（帮助犯）；若在“私服”行为中，行为人仅知晓侵犯著作权罪的实行行为人所从事的是违法行为，但仅凭借行为人所提供的技术帮助无法知晓实行行为人所实施的犯罪行为全貌，即不知晓实行行为人要行为人提供技术帮助后所要实施何种违法行为，则应以帮助信息网络犯罪活动罪论处。简言之，在认定共同犯罪存在困难的情况下，以帮助信息网络犯罪活动罪定罪处罚；当帮助者的行为满足法律规定的共同犯罪成立条件时，就应当以侵犯著作权罪（上游犯罪）的共犯定罪处罚。

（合议庭成员：向颖、崔国平、黄俊娥）

被告人罗某等侵犯著作权罪系列案

——平面到立体复制美术作品的认定

李妍卿　郭曹楠

关键词｜知识产权　侵害著作权罪　平面到立体复制行为

【裁判要旨】

复制权是著作权权利人享有的一项最基本的权利。通常情况下，复制可分为"从平面到平面""从平面到立体""从立体到立体"等类型。根据我国《著作权法》的规定，动画形象是美术作品的一种，属于著作权法保护的作品。未经著作权人的许可，将动画形象制作成玩具，是对美术作品美学、艺术表述的复制，构成了对著作权人复制权的侵犯；而将上述侵权产品进行销售，又进一步侵害了著作权人的发行权。

【相关法条】

《中华人民共和国刑法》(2017年修正)

第二百一十七条第一项　以营利为目的，有下列侵犯著作权情形之一，违法所得数额较大或者其他严重情节的，处三年以下有期徒刑或者拘役，并处或者单处罚金；违法所得数额巨大或者有其他特别严重情节的，处三年以上七年以下有期徒刑，并处罚金：

（一）未经著作权人许可，复制发行其文字作品、音乐、电影、电视、录像制品、计算机软件及其他作品的；

【案件索引】

上海市普陀区人民法院(2020)沪0107刑初591号刑事判决书(2021年4月22日);上海市普陀区人民法院(2020)沪0107刑初589号刑事判决书(2021年4月22日);上海市普陀区人民法院(2020)沪0107刑初590号刑事判决书(2021年2月10日);上海市普陀区人民法院(2020)沪0107刑初1071号刑事判决书(2021年4月22日)

【基本案情】

上海市静安区人检察院向上海市普陀区人民法院提起公诉,指控被告人罗某自2017年先后开设或实际控制鹏创鑫玩具厂、鹏创鑫公司,招募生产、销售、仓储人员,生产、销售著作权人为尤尼维瑟城电影制片厂有限责任公司、斯平玛斯特有限公司享有著作权的“小黄人”(Minions 3D characters)、“小飞仙”(Flying Toy Figurine - Fairy)形象感应飞行器玩具。其中,被告人罗某通过其实际控制的阿里巴巴1688网站、浙江省义乌国际商贸城1499商铺等途径对外销售。2018年5月,被告人罗某在浙江省东阳市白云街道黄桥头村5栋设立中转打包仓库,用于包装鹏创鑫玩具厂、鹏创鑫公司生产的部分侵权玩具,并向1499商铺等多处供货。2019年9月18日,公安机关在鹏创鑫公司、东阳仓库查获“小黄人”形象感应飞行器玩具28,159个,“小飞仙”形象感应飞行器玩具3657个。经司法会计审计,被告人罗鹏生产、销售以及在仓库中查获的“小黄人”“小飞仙”形象感应飞行器玩具的非法经营数额共计人民币346万余元。

在审理期间,公诉机关提供了专业会计师事务所出具的两份审计说明,认定被告人罗某经营的网店中刷单金额为50,400元,据此公诉机关变更罗某生产、销售“小黄人”“小飞仙”形象感应飞行器玩具非法经营数额为人民币341万余元。其余11名被告人另案处理。

法院认为:著作权人尤尼维瑟城电影制片厂有限责任公司、斯平玛斯特有限公司分别对“小黄人”“小飞仙”享有著作权。被告人罗某伙同他人以营利为目的,未经著作权人许可,复制、发行尤尼维瑟城电影制片厂有限责任公司、斯平玛斯特有限公司享有著作权的美术作品,非法经营数额达341万余元,情节特别严重,其行为已构成侵犯著作权罪,依法应予处罚。在共同犯罪中,被告人罗某起主要作用,系主犯,应按照其参与、组织、指挥的全部犯罪处罚。被告人赵某平 2019 年 2 月入职鹏创鑫玩具厂，先后负责送货、仓库管理，2019 年 7 月任厂长，负责工厂日常运营管理。被告人张某昱在东阳仓库负责侵权玩具运输，后调至鹏创鑫公司继续负责侵权玩具运输。被告人彭某在鹏创鑫玩具厂负责生产原料入库、领用、玩具存储等仓库管理工作。被告人宋某广系生产线上装配工，后升任车间负责人，负责侵权玩具生产管理。被告人童某利在鹏创鑫玩具厂负责包装侵权玩具，后根据罗某安排，成为鹏创鑫公司法定代表人，继续负责包装工作。被告人罗某富系东阳仓库负责人，负责包装侵权玩具、为 1499 商铺等处供货等。被告人罗某 1 系 1499 商铺负责人，负责销售鹏创鑫公司生产的侵权玩具。被告人罗某凯负责通过阿里巴巴 1688 网站销售侵权玩具，在 1499 商铺销售侵权玩具。被告人罗某 2 在 1499 商铺销售侵权玩具。被告人彭某勇 2017 年 6 月至 2019 年 5 月担任鹏创鑫玩具厂厂长，负责工厂日常运营管理。被告人李某负责通过 1688 网店销售鹏创鑫玩具厂、鹏创鑫公司生产的侵权玩具。

【裁判结果】

上海市普陀区人民法院于 2021 年 4 月 22 日作出(2020)沪 0107 刑初 591 号、(2020)沪 0107 刑初 589 号、(2020)沪 0107 刑初 590 号、(2020)沪 0107 刑初 1071 号刑事判决：被告人罗某犯侵犯著作权罪，判处有期徒刑 4 年 6 个月，并处罚金人民币 100 万元；被告人赵某平犯侵犯著作权罪，判处有期徒刑 3 年，缓刑 4 年，并处罚金人民币 4 万元；被告人张某昱犯侵犯著作权罪，判处有期徒刑 3 年，缓刑 3 年，并处罚金人民币 3 万元；被告人彭某犯侵犯著作权罪，判处有期徒刑 2 年 8 个月，缓刑 2 年 8 个月，并处罚金人民币 3 万元；被告人宋某广犯侵犯著作权罪，判处有期徒刑 2 年 2 个月，缓刑 2 年 2 个月，并处罚金人民币 3 万元；被告人童某利犯侵犯著作权罪，判处有期徒刑 1 年 10 个月，缓刑 1 年 10 个月，并处罚金人民币 3 万元；被告人罗某富犯侵犯著作权罪，判处有期徒刑 3 年，缓刑 4 年，并处罚金人民币 8 万元；被告人罗某 1 犯侵犯著作权罪，判处有期徒刑 1 年 5 个月，并处罚金人民币 6 万元；被告人罗某凯犯侵犯著作权罪，判处有期徒刑 1 年 5 个月，并处罚金人民币 4 万元；被告人罗某 2 犯侵犯著作权罪，判处有期徒刑 1 年 5 个月，并处罚金人民币 4000 元；被告人彭某勇犯侵犯著作权罪，判处有期徒刑 3 年，缓刑 3 年，并处罚金人民币 8 万元；被告人李某犯侵犯著作权罪，判处有期徒刑 1 年 6 个月，缓刑 1 年 6 个月，并处罚金人民币 5 万元。

一审后，上述各被告人均服判，未提出上诉。

【裁判理由】

一、犯罪事实认定

涉案儿童玩具“小黄人”“小飞仙”是影视剧作品中的知名IP形象,深受孩子们的喜爱和欢迎,市场价值颇高。“小黄人”“小飞仙”动画形象经著作权人尤尼维瑟城电影制片厂有限责任公司、斯平玛斯特有限公司进行著作权登记,受我国著作权法保护。被告人罗某等人觉得假冒“小黄人”“小飞仙”有利可图,未经著作权人许可遂组织人员开模仿造,该行为把权利人的平面美术作品制作成立体玩具,这种从平面复制到立体的行为,侵犯了著作权人的复制权;而被告人罗某等人采用线上、线下相结合的模式对外进行销售的行为,亦侵犯了著作权人的发行权。被告人罗某等人生产、销售金额达到300万元,数额巨大,触犯《刑法》第217条之规定,构成侵犯著作权犯罪。

二、量刑情节认定

本案中,主犯被告人罗某曾因生产销售上述商品受到行政处罚、民事判赔,其后仍然组织安排他人继续生产销售,其主观恶意明显,具有从重处罚的情节,在刑法规定的3年至7年的量刑幅度中,酌定其刑期。对于从犯的量刑,法院根据共同犯罪理论和司法解释的相关规定,准确认定各名被告人参与共同犯罪的金额,结合其在共同犯罪中所起的作用和主观恶意的大小,并根据各名被告人的认罪悔罪态度进行区分,在法定刑幅度内进行量刑,并按照非法经营数额50%以上、1倍以下判处罚金,定罪准确、量刑适当,充分体现了罪刑相适应的原则。

【案例注解】

一、“平面到立体”复制行为的侵权责任认定

我国《著作权法》中将复制权定义为“以印刷、复印、拓印、录音、录像、翻录、翻拍、数字化等方式将作品制作成一份或者多份的权利”,其中“等”字并非穷尽式列举。实际上,复制行为在现实生活中呈现多种分类,其中,包括“从平面到平面”的复制、“从立体到立体”的复制、“从立体到平面”的复制以及“从平面到立体”的复制等。“从平面到立体”的复制,是指作品在被复制之时是被固定在平面载体上的,而被固定在新载体之上后,重新以新载体的三个维度来表现作品,实现了平面到立体的转换,为异种复制中的一种。

首先应明确，著作权法复制权所规制的复制行为与作品从“平面到立体”的复制行为之间存在交集。《伯尔尼公约》中约定：“受本公约保护的文学艺术作品的作者，享有授权以任何方式和采取任何形式复制这些作品的专有权。”其中，“以任何方式和采取任何形式复制”就文义解释的角度而言，理应包含从平面到立体的复制。我国司法实践中也有相关判例佐证此种解释，“圆谷制作株式会社诉上海豫园商城国际购物中心有限公司著作权侵权纠纷案”中，就引用了《伯尔尼公约》，认可既具实用性又具观赏性的立体实用艺术品闹钟以“奥特曼”形象为其外观造型侵害了原告享有的复制权；“深圳市盟世奇商贸有限公司与天津市宁河县泽安商贸有限公司侵犯著作权纠纷上诉案”中法院也指明：虽然由平面到立体的复制不属于法条列举的方式，判断某种行为是否构成对受保护作品的复制，关键在于判断新的载体中是否保留了原作品的基本表达，同时没有通过发展原作品的表达而形成新作品，如果最终表达载体再现了被保护作品或其具有独创性的特征并加以固定，且没有形成新的作品，就应当属于著作权法规定的复制。

在我国著作权法产生的早期，有相当一部分学者认为著作权法所规定的复制概念是“狭义的复制”，不应将广义的“从平面到立体”的复制行为包括进来，指出不应对著作权给予过高保护，将平面到立体也视为复制会给工业领域的生产和进步造成困难。但到了今天，我国的知识产权已经得到了一定程度的发展，且随着生产工艺、科技的进步和信息化时代的到来，不同维度之间复制作品的门槛和成本越来越低，如不将此种行为加以一定规制，将会导致著作权人的智力成果不能得到充分的保护，不利于激励创作和促进文学、艺术作品的长远发展。

其次我们也应注意到，著作权法所规制的复制行为与作品“平面到立体”的复制行为之间不是包含与被包含的关系，并非作品所有的“从平面到立体”的复制行为都侵害了著作权人的复制权。《著作权法》第 3 条规定了作品包括“美术、建筑作品”和“工程设计图、产品设计图、地图、示意图等图形作品和模型作品”；而 1991 年《著作权法》第 52 条则明确规定了“按照工程设计、产品设计图纸及其说明进行施工、生产工业品，不属于本法所称的复制”，可见即使平面作品同受著作权法保护，将作品进行从平面到立体的复制也不当然都是侵犯著作权的复制行为。工程设计图、产品设计图作为图形作品，其立体转换多是为了实现作品所呈现的实用功能而非艺术美感，不应认定为著作权法意义上的复制行为，由于本案中不涉及，故在此不多加赘述。本案中根据被害人尤尼维瑟城电影制片厂有限公司、斯平码斯特有限公司出具的《作品登记证书》、北京路盛(上海)律师事务所出具的《"小黄人"美术作品发表情况说明》等书证,证实了涉案"小黄人""小飞仙"形象为由被害人享有著作权的美术作品,此处对平面美术作品从平面到立体的再现进行论述。

我国《著作权法实施条例》第4条第8项中明确指出,所谓的美术作品是指"绘画、书法、雕塑等以线条、色彩或者其他方式构成的有审美意义的平面或者立体的造型艺术作品",可见美术作品的核心概念是有审美意义的造型艺术作品。"然而,不能简单机械地理解为,将美术作品中的造型进行平面到立体的复制都是著作权法意义上的复制行为,不同的造型应对应不同的复制权保护范围。有学者将美术作品中所创造的造型分为"形象"和"图形"两种,借此来划分不同的复制权保护范围,这种标准值得在司法实务中加以借鉴。平面美术作品中的造型创作,有的来自对现实世界的映射和加工,有的来自作者天马行空的想象,前者的独创性常表现为作者创作时独特的艺术处理方式,具体而言即为个体通过选择和思考经由线条、色彩、阴影、角度、比例等要素的组合完成创作,而后者的独创性则在于作者创作的形象,其"思想的表达"并不拘泥于特定形式。以美"Walt Disney Productions v. Air Pirates 案"举例,该案中被告漫画中所用的卡通形象与原告的卡通形象没有完全相同的姿势,但被告所用的卡通形象的具体特征及相互关系共同构建的形象对原告的作品构成了实质性部分的再现,即使不是精确复制,也当然构成侵权。

因此,就"非精确复制"和"实质性相似"的角度而言,上述第二种对于美术作品中的"形象"造型从平面到立体的复制大概率构成复制权侵权,盖因以立体形式再现美术作品,虽然会因为载体维度的增加带来视觉上的不同感受,但这种差异如果仅是载体不同或工艺和技法本身的运用而造成的,没有新的独创性表达,既不构成对原作品的演绎,亦不构成新的智力劳动成果,那么就落入复制权的控制范畴。

美术作品中与"形象"相对的"图形",其平面到立体的复制不构成侵权的原因概括起来有以下两种:一是这种复刻属于公有领域的表达,譬如将作者画中的杯子、凳子制造出来;二是这种复制是为了实现实用性功能,实质为技术思想的实现而非表达的再现,此时这种复制更靠近专利法意义上的实施行为,与前述"根据工程设计图类的图形作品进行生产不属于著作权法上的复制"本质道理相同,著作权法不保护操作方案、技术方案和实用性功能,只有纯粹的艺术美感才能得到著作权的保护。

本案中被告人所生产的“小黄人”“小飞仙”形象感应飞行器系对美术作品中“形象”从平面到立体的复制，且三维产品与登记的美术作品构成实质性相似，为单纯“重制”，让人一望便知平面美术作品与立体产品之间的直接渊源，公诉机关举证的中国版权保护中心版权鉴定委员会出具的《鉴定报告》亦支持了这一结论。

二、司法实践中刷单行为的性质判定

对于涉及电商平台的侵权案件，被告刷单行为的性质认定在实务中有着观点分歧。有的法院裁判认为，刷单行为违反诚实信用原则和商业道德，给侵权人带来了更多交易机会，给被侵权人带来了间接损失，属于虚假宣传行为，基于该行为的非法性，不正当经营者应当自负其责，故可以将刷单形成的销售额作为确定法定赔偿的依据；而有的法院裁判则认为在确定赔偿数额时应扣除有证据证明的刷单交易数量，否则有违审判的公平正义原则。在知识产权刑事案件的刷单数额处理上，最高人民法院于2017年发布的第87号指导案例在裁判要点中明确指出：假冒注册商标犯罪的非法经营数额、违法所得数额，应当综合被告人供述、证人证言、被害人陈述、网络销售电子数据、被告人银行账户往来记录、送货单、快递公司电脑系统记录、被告人等所作记账等证据认定。被告人辩解称网络销售记录存在刷信誉的不真实交易，但无证据证实的，对其辩解不予采纳。也即在知产刑事案件中，在有证据充分证实的情况下，通常不将刷单金额纳入犯罪金额。

刷单量是否应当认作侵权产品的销售数量，从而作为确定损害赔偿额的直接依据，从目前来看，法院审查应遵循“谁主张，谁举证”的原则，若侵权人主张全部或部分销售数量系刷单所得，应承担举证责任，否则承担举证不能的不利后果；确有证据证明被告实施刷单行为且能明确刷单形成的销售数量的，该销售数量应从被诉侵权产品销售数量中扣除。

不当刷单行为的规制除司法的嗣后干预，同时应加强与电商平台、市场监督管理部门的协同合作，形成多元监管和规制体系。

［合议庭成员：(2020)沪0107刑初591号：鲁君、李妍卿、刘瑜凤
(2020)沪0107刑初589号、590号、1071号：顾斌、李妍卿、刘瑜凤］

被告人刘某侵犯著作权罪案

——规避技术措施行为之刑法规制

张敏婕　陈　思

关键词 ｜ 刑法　侵犯著作权罪　《刑法修正案(十一)》　技术措施

【裁判要旨】

为顺应数字经济环境需求，技术措施被纳入著作权保护体系。《刑法修正案(十一)》从立法上明确了规避技术措施行为的刑法规制路径。审理销售"加密狗"案件过程中，参考前置《著作权法》相关理论依据，遵循法秩序统一原则，从技术措施的保护客体、功能性、目的性、有效性角度出发，厘清技术措施之内涵，论证规避技术措施行为的可刑罚性。

【相关法条】

《中华人民共和国刑法》

第二百一十七条　以营利为目的，有下列侵犯著作权或者与著作权有关的权利的情形之一，违法所得数额较大或者有其他严重情节的，处三年以下有期徒刑，并处或者单处罚金；违法所得数额巨大或者有其他特别严重情节的，处三年以上十年以下有期徒刑，并处罚金：

（一）未经著作权人许可，复制发行、通过信息网络向公众传播其文字作品、音乐、美术、视听作品、计算机软件及法律、行政法规规定的其他作品的；

（二）出版他人享有专有出版权的图书的；

（三）未经录音录像制作者许可，复制发行、通过信息网络向公众传播其制作的录音录像的；

（四）未经表演者许可，复制发行录有其表演的录音录像制品，或者通过信息网络向公众传播其表演的；

（五）制作、出售假冒他人署名的美术作品的；

（六）未经著作权人或者与著作权有关的权利人许可，故意避开或者破坏权利人为其作品、录音录像制品等采取的保护著作权或者与著作权有关的权利的技术措施的。

【案件索引】

上海市普陀区人民法院（2023）沪 0107 刑初 155 号刑事判决书（2023 年 4 月 12 日）

【基本案情】

皇家飞利浦有限公司及其关联公司享有 IST 安全系统、算码器软件等飞利浦医疗设备维修工具软件、升级功能软件、维修手册及加密文件等作品著作权，并将其著作权授权飞利浦中国公司在中国境内行使。IST 安全系统及其加密狗系著作权人为保护上述作品著作权采取的技术措施。他人需经权利人许可后使用加密狗工具通过 IST 安全系统核验，方能接触使用被加密隐藏的各类计算机软件功能、维修手册及加密文件等。

2020 年 3 月至 2022 年 7 月，被告人刘某以营利为目的，未经著作权人许可，购入破解版加密狗、获取飞利浦算码器软件、维修手册等作品，并利用互联网等渠道，故意向他人发行提供用于避开技术措施的破解版加密狗，通过信息网络向公众传播销售飞利浦算码器软件、维修手册等作品。非法经营数额合计人民币 15 万余元。

2022 年 7 月 28 日，公安机关在被告人刘某的住处扣押加密狗 5 套、手机 1 部、移动硬盘 1 个。经鉴定，在刘某住处查获的加密狗以及刘某向证人出售的加密狗均能够规避权利人为其作品采取的技术保护措施；刘某的百度网盘账户以及刘某向证人出售的笔记本电脑中存储、安装的部分软件、文件，与权利人享有著作权的作品一致。

被告人刘某到案后如实供述了上述犯罪事实。审查起诉期间，刘某退缴违法所得并预缴罚金人民币 8 万元。

公诉机关认为,被告人刘某以营利为目的,未经著作权人许可,故意避开著作权人采取的保护著作权的技术措施,利用互联网等渠道发行、通过信息网络向公众传播著作权人作品,有其他严重情节,应当以侵犯著作权罪追究其刑事责任。

【裁判结果】

上海市普陀区人民法院于 2023 年 4 月 12 日作出(2023)沪 0107 刑初 155 号刑事判决:被告人刘某犯侵犯著作权罪,判处有期徒刑 1 年 2 个月,缓刑 1 年 2 个月,并处罚金人民币 8 万元。宣判后,被告人未提起上诉,公诉机关未抗诉,判决已发生法律效力。

【裁判理由】

法院生效裁判认为:被告人刘某以营利为目的,未经著作权人许可,故意避开权利人为其作品采取的保护著作权的技术措施,利用互联网等渠道发行、通过信息网络向公众传播作品,有其他严重情节,其行为已构成侵犯著作权罪,依法应予惩处。公诉机关指控的犯罪事实和罪名成立。被告人刘某能如实供述自己的罪行,系坦白,依法可以从轻处罚。被告人刘某自愿认罪认罚,依法可以从宽处理。被告人刘某在取保候审期间能遵纪守法,主动退缴违法所得并预缴罚金,具有悔罪表现,可以酌情从轻处罚,依法可宣告缓刑予以考验。

【案例注解】

一、我国法律关于技术保护措施的规定

(一)关于技术保护措施的民事法律规定

我国 2001 年修订《著作权法》时,首次提出对“技术措施”进行保护,“未经著作权人或者与著作权有关的权利人许可,故意避开或者破坏权利人为其作品、录音录像制品等采取的保护著作权或者与著作权有关的权利的技术措施的”构成侵权行为,“构成犯罪的,依法追究刑事责任”。

2013 年修订的《信息网络传播权保护条例》(以下简称《条例》)将“技术措施”定义为“用于防止、限制未经权利人许可浏览、欣赏作品、表演、录音录像制品的或者通过信息网络向公众提供作品、表演、录音录像制品的有效技术、装置或者部件”。但此处采取技术措施的目的限定为保护信息网络传播权。

2020年修订《著作权法》时，吸收了《条例》对“技术措施”的定义，进一步完善保护“技术措施”的规定，其目的是“为保护著作权和与著作权有关的权利”。规定既“不得故意避开或者破坏技术措施”，又“不得以避开或者破坏技术措施为目的制造、进口或者向公众提供有关装置或者部件”“不得故意为他人避开或者破坏技术措施提供技术服务”。前者禁止“直接规避行为”，后者禁止“提供规避手段”的“间接规避行为”，明确了我国对于技术措施采取全面保护模式。

（二）关于规避技术措施行为的刑事立法

与技术措施相伴而生的是规避技术措施的工具和方法。对于规避技术措施行为，我国早期以附属刑法立法形式进行规制。《条例》规定，“故意避开或者破坏技术措施的”“故意制造、进口或者向他人提供主要用于避开、破坏技术措施的装置或者部件，或者故意为他人避开或者破坏技术措施提供技术服务的”“构成犯罪的，依法追究刑事责任”。《计算机软件保护条例》规定，“未经软件著作权人许可，故意避开或者破坏著作权人为保护其软件著作权而采取的技术措施的”“触犯刑律的，依照刑法关于侵犯著作权罪、销售侵权复制品罪的规定，依法追究刑事责任”。现行《著作权法》规定，“未经著作权人或者与著作权有关的权利人许可，故意避开或者破坏技术措施的，故意制造、进口或者向他人提供主要用于避开、破坏技术措施的装置或者部件的，或者故意为他人避开或者破坏技术措施提供技术服务的”“构成犯罪的，依法追究刑事责任”。

但由于早期单一刑法中未对规避技术措施行为设立条款，不利于在司法实践中实现罪责刑相适应，从而对相应行为进行有效惩治。《刑法修正案（十一）》出台后，虽未对规避技术措施行为单独设置罪名，但是将其纳入“侵犯著作权罪”的规制范畴，通过《刑法》第217条第6项规定，“未经著作权人或者与著作权有关的权利人许可，故意避开或者破坏权利人为其作品、录音录像制品等采取的保护著作权或者与著作权有关的权利的技术措施的”构成“侵犯著作权罪”，部分解决了刑民脱节的问题，体现了适应数字经济时代规制新型网络犯罪之需要。

二、从“技术措施”的构成要件分析本案

著作权法意义上的“技术措施”必须用于作品、表演和录音录像制品等特定客体，由著作权人或与著作权有关的权利人所使用，具有防止他人侵犯著作权或接触作品或其他受保护客体的有效性。下面结合技术措施的构成要件对销售“加密狗”行为进行分析。

（一）技术措施由著作权人或相关权利人用于作品或其他受保护客体

在精雕公司诉奈凯公司著作权侵权纠纷案中，精雕公司自主开发的“精雕雕刻系统”须在加工编程计算机和数控控制计算机之间通过数据文件进行数据交换。先由加工编程计算机中的 JDPaint 软件生成 Eng 格式数据文件，再由数控控制计算机中的控制软件接收数据文件并转变为加工指令。奈凯公司开发的数控系统能够读取加密的 Eng 格式数据文件。精雕公司认为奈凯公司非法破译 Eng 格式的加密措施，属于故意避开或破坏技术措施行为。一审法院认为，Eng 格式数据文件中包含的数据和文件格式不属于 JDPaint 软件的程序，不构成著作权法意义上的技术措施。[①] 因此，技术措施必须用于作品、表演和录音录像制品等特定客体。

本案中，飞利浦公司采取“IST 安全系统 + 加密狗”双重加持的加密措施，保护对象是通过加密措施隐藏的医疗设备维修工具软件、升级功能软件、维修手册等。这些计算机软件作品、文字作品或是专门载明了 PHILIPS 版权声明，或是在显著位置标明“PHILIPS”著作权标识，结合相关证据，可以推定飞利浦公司对上述作品享有著作权。因而符合技术措施由著作权人或相关权利人用于作品或其他受保护客体的特征。

（二）技术措施具有阻止对作品或其他受保护客体实施特定行为的功能

技术措施根据其功能可分为两类：第一类是防止未经许可阅读、欣赏文学艺术作品或其他受保护的客体，以及运行计算机软件的技术措施，简称“接触控制措施”；第二类是防止未经许可以复制、传播等方式利用作品或其他受保护的客体的技术措施，简称“版权保护措施”。[②] 现行《著作权法》中“用于防止、限制未经权利人许可浏览、欣赏作品、表演、录音录像制品的……有效技术、装置或者部件”即指“接触控制措施”，“用于防止、限制未经权利人许可……通过信息网络向公众提供作品、表演、录音录像制品的有效技术、装置或者部件”即指“版权保护措施”。

本案中，IST 安全系统系非公开软件，“加密狗”系不对外销售的密钥工具。二者需配合使用，只有登录 IST 安全系统，使用授权的“加密狗”通过安全系统核验，才能获得查阅、使用受保护作品的权限。因此，“加密狗”是一种硬件形式

① 上海市第一中级人民法院民事判决书，(2006)沪一中民五(知)初字第 134 号。

② 参见王迁：《版权法对技术措施的保护与规制研究》，中国人民大学出版社 2018 年版，第 22 页。

的“接触控制措施”，其目的在于阻止他人未经许可运行、使用计算机软件及查阅加密文件等，具备了阻止对作品或其他受保护客体实施特定行为的功能。

（三）技术措施的保护目的应具有“正当性”

同样是精雕公司诉奈凯公司著作权侵权纠纷案，二审法院认为，精雕公司对JDPaint软件输出文件采用Eng格式，根本目的在于建立JDPaint软件和雕刻机床之间的捆绑关系，以限制其他竞争者的机器读取以该特定文件格式保存的数据，从而占据市场竞争优势。该行为不属于为保护软件著作权而采取技术措施的行为。① 因此，技术措施的保护目的应具有“正当性”。

本案中，飞利浦公司在其医疗设备终端安装的IST安全系统相当于“门禁”系统，而经授权人员使用的“加密狗”相当于“门卡”，使用“门卡”通过“门禁”的核验，才能查阅本地电脑存储的加密文件以及使用安装至本地电脑的加密维修工具软件等。这种加密措施的设计目的在于保护软件功能及加密文件，不存在滥用技术措施危害社会公共利益的情形，其保护目的具有正当性。

（四）技术措施的效力应具有“有效性”

受著作权法保护的技术措施应为有效的技术措施。技术措施是否有效，应当以一般用户掌握的通常方法是否能够避开或者破解为标准。技术人员能够通过某种方式避开或者破解技术措施的，不影响技术措施的有效性。②

在未清华诉得力富公司侵害计算机软件著作权纠纷案中，解锁得力富公司设置的技术保护措施需要同时设定DEBBUR和DEBBUR3AXIS两个键值，普通计算机用户根据常规计算机操作知识和技能难以破解。最高人民法院认为，针对特定的行为采取的技术措施的有效性是相对的，即通常情况下不容易被避开或者破解，而非不能实现避开或者破解，因而认定得力富公司对涉案计算机软件采取了有效的技术保护措施。③ 因此，著作权法意义上的技术措施是指在正常使用环境下能有效阻止侵权行为的技术措施，这一“有效性”判断应以普通计算机用户为标准。

本案中，出于保护知识产权及系统安全的需要，权利人对于“加密狗”工具的管理采取了严密的监管和限制措施，对于权限开放范围和开放期限也都做了严格限定。公司内部相关职能人员需提交申请，经公司审批通过后才能取得密

---

① 上海市高级人民法院民事判决书，(2006)沪高民三(知)终字第110号。

② 北京市高级人民法院《侵害著作权案件审理指南》第九章第27条。

③ 最高人民法院民事判决书，(2020)最高法知民终1206号。

钥设备。在密钥设备连接并登入管理员级维修模式下，获得授权方可使用维修工具软件、安装或升级医疗临床功能软件等，不同的权限级别对应不同的开放内容及使用期限。因此这一加密措施在正常情况下足以有效阻断普通用户侵权可能性。

因此，“IST 安全系统 + 加密狗”符合技术保护措施之构成要件，销售“加密狗”的行为构成规避技术保护措施的行为。本案系以营利为目的，未经著作权人许可，故意避开权利人为其作品等采取的保护著作权的技术措施，有其他严重情节，构成侵犯著作权罪。

（合议庭成员：刘亚玲、张敏婕、黄俊娥）

被告人马某安犯销售假冒注册商标的商品罪案

——"旧瓶翻新"商标侵权行为的认定与刑事规制

王　茜　陈　思

关键词 | 旧瓶翻新　商标使用　商标权用尽　商标犯罪

【裁判要旨】

判断回收利用旧酒瓶并在生产加工过程中标注新的商标进行出售是否构成商标侵权,要充分比对酒瓶原有浮雕商标与加贴的新商标的使用情况,结合一般消费者的混淆可能性,以及生产或销售者的其他主客观因素进行综合分析。在销售数额巨大时,构成销售假冒注册商标的商品罪。

【相关法条】

一、《中华人民共和国刑法》(2017 年修正)

第二百一十四条　销售明知是假冒注册商标的商品,销售金额数额较大的,处三年以下有期徒刑或者拘役,并处或者单处罚金;销售金额数额巨大的,处三年以上七年以下有期徒刑,并处罚金。

二、《最高人民法院、最高人民检察院关于办理侵犯知识产权刑事案件具体应用法律若干问题的解释》

第八条第一款　刑法第二百一十三条规定的"相同的商标",是指与被假冒的注册商标完全相同,或者与被假冒的注册商标在视觉上基本无差别、足以对公众产生误导的商标。

【案件索引】

一审:上海市普陀区人民法院(2016)沪0107刑初939号刑事判决书(2017年4月24日)

二审:上海市第三中级人民法院(2017)沪03刑终16号刑事裁定书(2017年8月25日)

【基本案情】

被告人马某安从2011年开始接触酒类生意,并租下上海市某仓库存放其所经营的酒类。2015年10月,公安人员在被告人马某安的暂住地将其抓获,并在其租赁的仓库及店铺内查获大量待销售的标有芝华士、黑牌、马爹利、杰克丹尼、轩尼诗、皇家礼炮等洋酒品牌商标标识的货物。经鉴定均为假冒注册商标的商品,案值128,106元。公安人员同时查获待销售的瓶身印有“青岛啤酒”“TSINGTAO”凹凸浮雕标识的啤酒共计3860箱(每箱24瓶),均非青岛啤酒商标权利人或其合法授权人所生产、销售的啤酒,案值347,400元。

被告人马某安及其辩护人对于其明知是假冒洋酒仍然予以销售的事实予以确认,但主张涉案啤酒具有合法来源,涉案啤酒的生产企业在回收的印有“青岛啤酒”“TSINGTAO”浮雕的啤酒瓶上贴上了自己的商标,这种行为属于啤酒瓶回收利用,不应被认定为犯罪行为。

【裁判结果】

上海市普陀区人民法院经审理认为,被告人马某安为牟取非法利益,销售明知是假冒注册商标的商品,待销售金额数额巨大,其行为已经构成销售假冒注册商标的商品罪。被告人马某安已着手实施犯罪,因意志以外的原因未得逞,系犯罪未遂,依法可比照既遂犯减轻处罚。被告人马某安在被司法机关取保候审期间能遵纪守法,可适用缓刑予以考验。依法判决被告人马某安犯销售假冒注册商标的商品罪,判处有期徒刑1年,缓刑1年,并处罚金人民币1万元;扣押在案的假冒注册商标的商品,依法予以没收。

一审宣判后,公诉机关认为本案缓刑、罚金等适用不当,提出抗诉。上海市第三中级人民法院裁定驳回抗诉,维持原判。

【裁判理由】

法院认为,首先,被告人马某安系从事酒类批发及零售的个体工商业主,领有个体工商户营业执照,对外经营酒类业务多年,具备销售假冒注册商标的商品罪的主体条件。

其次,分析被告人马某安销售涉案啤酒的行为是否具备犯罪的客观要件,关键是看本案被查扣的啤酒是否构成假冒他人注册商标的商品。经审理查明,查扣的涉案啤酒由两家企业生产并均有自有商标。刑法上所称的假冒他人注册商标行为,必须在相同商品上使用相同商标,具体分为两种情形:一种情形是指与被假冒的注册商标完全相同;另一种情形是指与被假冒的注册商标在视觉上基本无差别,足以对公众产生误导的商标。被告人马某安及其辩护人主张涉案啤酒生产商利用回收的青岛啤酒酒瓶,在酒瓶上粘贴上生产商的商标后再灌装自己生产的啤酒。这一行为与主动加工模具,在啤酒瓶上刻上“青岛啤酒”“TSINGTAO”商标的行为有所不同。从外观上看,涉案啤酒瓶上存在两个商标,即瓶身上面无法去除的凹凸浮雕商标及啤酒灌装企业自己的商标。两个不同商标结合在一个商品上,在图形、文字上并不完全一样,但构成前述第二种情形,即与被假冒的商标在视觉上基本无差异,足以对公众产生误导。涉案啤酒纸质瓶贴上的商标并未覆盖住凹凸浮雕商标,且凹凸浮雕商标字体较大、更为醒目、清晰可见。虽然涉案啤酒生产商在瓶贴上标注“容器文字或图案与产品无关”“本容器上的字样与本产品无关”这样的说明,但这些字与“青岛啤酒”“TSINGTAO”的商标相比极小,非仔细观看难以识别。此外,涉案两类啤酒的瓶贴都通过一定的颜色、构图等进行了加工,从瓶贴上的标识、所使用的颜色、图形的搭配、风格等方面,可以明显看出与正品“青岛啤酒”的瓶贴外观及图形商标风格相近,非常相似。啤酒业专业人士也许能够看出涉案啤酒与正品青岛啤酒的差异,但普通消费者难以将两类啤酒区别清楚。马某安供述其酒类主要销往酒吧、歌厅这些场合,在这种场合,普通消费者识别就更加困难。如果啤酒瓶上刻了无法去除的凹凸浮雕商标,其一旦重新装入啤酒对外销售,它就不仅具有容器的功能,而且具备了表明商品来源的功能。涉案啤酒并不单纯为了使用涉案啤酒瓶的容器功能。“青岛啤酒”商标是我国驰名商标,在市场上拥有较大市场份额和知名度,涉案啤酒的如此用法,即使以一般人的眼光来看,也难言是公平、正当的竞争行为。国家鼓励回收利用啤酒瓶的政策基于保护环境、节约能源、循环利用的目的,但并不是鼓励啤酒生产企业以可能侵犯他人商标的方式、可能构成不正当竞争的方式来使用回收啤酒瓶。如果在回收啤酒瓶上采取以瓶贴覆盖凹凸浮雕商标,或者以明显不同于原啤酒生产企业商标的外形、颜色、图案等来加以区分,同样可以起到保护环境、节约能源、循环利用的作用,且不会显著增加回收利用的成本。

最后,从被告人马某安的主观故意来看,被告人马某安有较长时间从事酒类销售的经历,知道正品酒类的商场价格和进货渠道。被告人马某安供述其购买涉案啤酒每瓶的价格只在0.8元左右,以他在酒类销售方面的经验,应该知道涉案啤酒的包装箱并非正品青岛啤酒的包装箱,也应该知道正品青岛啤酒的大致购入价格。法院认为,根据被告人马某安在公安机关所作的供述,结合马某安将每箱啤酒仅仅加价2元进行销售,以及同期大量购入假冒洋酒的行为,足以认定其存在犯罪故意。

【案例注解】

容器的回收利用本身是绿色环保之举,但在将这些容器注入新内容、加贴新标识进行出售时,就可能引发侵权风波,甚至构成商标犯罪。

一、争议的提出

关于“旧瓶翻新”行为的定性,有认定构成侵权及不构成侵权两种分歧。本案认为瓶身上的浮雕商标构成商标性使用,且具有使普通消费者混淆的可能,侵害了商标权利人的商标专用权,并结合具体案情进一步认定构成商标犯罪。相反,有观点认为,旧酒瓶回收后,物权发生转移,新的权利人对该酒瓶有处分权和使用权,原权利人无权主张保护;粘贴新商标表明行为人不是使用原有商标进行销售,不构成商标侵权。[①] 也有观点认为,根据商标权利用尽原则,相关商品进入流通领域后,商标权人无权再禁止或限制他人使用商品上附着的注册商标。基于这一原则,“旧瓶翻新”不构成商标侵权。还有观点认为,旧瓶回收符合啤酒行业惯例,商标权利人能够预见其酒瓶被他人重复利用的情况;酒瓶回收主要是为使用其容器功能而非使用原有商标,消费者会以新的瓶贴区分现有生产或销售商,不会产生误认。且认定构成商标侵权不符合国家政策及社会

---

① 参见王有怀:《使用标注商标图案的回收啤酒瓶是否构成侵权行为的探讨》,载《啤酒科技》2011年第11期。

公共利益。①

可见,上述观点的争议焦点集中体现于,其一,“旧瓶翻新”是否适用商标权利用尽原则;其二,注入新酒后旧瓶上的附着商标是否构成“商标使用”;其三,对“旧瓶翻新”认定侵权是否存在法律与国家政策、行业习惯、社会公益的冲突。

二、“旧瓶翻新”与商标权用尽

商标权用尽是市场经济下,为鼓励合法商品自由流通而设置的一项原则。具体表述为商标权人或商标许可使用人,将承载相关商标的商品投放到市场后,他人的再次转让无须经过商标权人的许可。② 在商标权人具有合法理由的情况下,商标权用尽原则存在例外。

关于“旧瓶翻新”是否适用商标权用尽原则,同样存在不同观点:一是“绝对不适用”,该说认为旧物即使完全被新商标覆盖也不适用商标权用尽,因为仍存在使消费者对商品来源产生误认的可能性。二是“有条件的适用”,例如以填充新物是否对商标权人的市场产生影响为条件,不构成影响的前提下再次流通是被允许的;又如以翻新后的商品是否明确、醒目标注和原权利人无关为条件,未明示的不适用商标权用尽;再如以商品进入市场流通后状态变化为条件,即商品状态发生改变或受到损害的情况下,商标权人可以阻止商品的再次转售。

笔者认为,“有条件的适用”更具合理性,应当采取“状态变化 + 规避措施”相结合的方法看否适用商标权用尽:第一步看原有商品的内容或性质是否发生改变,第二步看使用人是否为善意。具体而言,商标权保护的实质上不是商业标识本身,而是经过长期使用、宣传建立起来的权利人与商标之间的密切联系。“旧瓶翻新”,顾名思义,商品的原有内容已经改变,客观上已经切断了原商标权人与权利商标的关联。在新贴标识不够显著或未明示与原权利人无关的情况下,消费者就会误以为瓶内的酒源自原商标权人,加之酒的口味、品质关系消费者对原商标权人的评价,原商标权人出于保护自身商誉、商品质量、市场地位等因素的考虑,可以禁止其进一步流通,即不再适用商标权用尽原则。反之,如果使用人善意地采取了有效的规避侵权措施,如去除或遮挡了原商标,即使商品状态发生改变,原商标权人也无权加以限制。

---

① 参见徐卓斌:《容器的回收利用与商标权保护——以“啤酒瓶”案为例》,载《中华商标》2014年第7期。

② 王迁:《知识产权法教程》,中国人民大学出版社2021年版,第489页。

三、商标使用的认定标准

法院在认定商标侵权时，通常首先判断被控侵权标识是否构成商标使用，在构成商标使用的前提下，再判断是否容易引起消费者混淆。

（一）商标侵权认定中的商标使用

《商标法》第48条规定，商标的使用指将商标用于商品、商品包装或者容器以及商品交易文书上，或者将商标用于广告宣传、展览以及其他商业活动中，用于识别商品来源的行为。根据该条规定，“旧瓶”上的商标显然使用于“容器”上，那么还要进一步分析该商标是否“用于识别商品来源”。目前，法律没有明确“识别商品来源”的标准是识别实际来源还是仅仅需要具有识别来源的可能性，也没有明确被控侵权人是否需要具有主观上的用于识别来源的目的。[①] 司法实践中，虽然认定商标使用是商标侵权纠纷中法院作出侵权认定的前置步骤，但判断商标使用不是一个单独的过程，判断侵权纠纷中被控侵权人使用他人商标是否用于识别商品来源，要综合其商标使用方式、使用者的主观意图、被使用商标的知名度等进行评价。

具体而言，其一，在使用方式上，商标使用可以是积极的使用，比如将他人商标以印刷、刻录等积极手段标注在自己的商品上；也可以消极的不作为方式使用，比如使用人应当将他人商标去除或遮挡，但其没有为之，反而任由商品投放市场。“旧瓶翻新”就涉及第二种使用方式。其二，在主观意图上，商标侵权案件常见的“搭便车”就是明显的主观恶意。本案中，原有凹凸浮雕商标字体较大，新贴标识及“本容器上的字样与本产品无关”字体极小，使用人的主观故意明显，可以推定其具有将他人商标用于识别商品来源的意图。其三，商标知名度是在判断是否属于商标使用时，用以佐证行为人主观意图的依据。本案中的青岛啤酒有口皆碑，行为人对原有商标不予去除或刻意突出缺乏合理的理由，很难使人信服旧瓶及其商标仅仅发挥容器功能而非商品来源的识别功能。相反，如果使用人采取措施醒目标注新的商标或者以新标签覆盖了原有商标，可以认为其使用行为是善意的，不构成商标使用。

（二）刑法中的商标使用

一般情况下，知识产权刑事犯罪以构成民事侵权为基础。具体到假冒注册商标罪，应当首先认定被控侵权行为构成商标侵权，只有在商标侵权行为严重

---

① 参见赵旭：《商标性使用作为商标侵权前提的反思》，载《知识产权》2021年第9期。

程度触及犯罪时，才能追究刑事责任。[①]

《商标法》关于商标使用侵权的规定包括在相同商品上使用相同或近似商标，以及在类似商品上使用相同或近似商标；但假冒注册商标罪只涉及在相同商品上使用相同商标，即要求“双相同”。例如，《商标法》第 57 条第 5 项规定的未经商标注册人同意更换其注册商标并将更换商标的商品又投入市场的“反向假冒”行为，其商品相同而商标不同，不构成假冒注册商标罪。“双相同”在相关司法解释出台后，由原来的“完全相同”变为“基本相同”，即销售的商品商标与被假冒的商标基本无差别，并足以误导公众即可。具体到“旧瓶翻新”案中，表面上，商品的内容“酒”发生了变化，但实质为同种商品，因而关键是看使用的商标是否也相同。这里的判断不能仅因瓶身上的浮雕商标还是“原来”的商标，就简单认定相同也不能依据酒瓶上存在新旧两个商标就认定不相同，应当结合商标整体的使用情况来认定。本案中，从外观上看，瓶身上无法去除的凹凸浮雕商标及啤酒灌装企业自己的商标结合在一个商品上；但从新旧商标的大小对比、新瓶贴的覆盖程度、商品整体的视觉效果、普通消费者的混淆可能性看，被控侵权商品实质上还是使用了商品的原有商标，商品商标的整体使用情况足以对一般公众产生误导，符合假冒注册商标罪的“双相同”认定。

四、“旧瓶翻新”与政策公益

实践中，不乏以政策导向、公共利益为万能抗辩的做法。就“旧瓶翻新”而言，认定相关使用行为构成侵权甚至犯罪与国家环保政策、啤酒业回收惯例乃至社会公共利益是否相悖，应当从使用行为的必要性、正当性、成本消耗等方面来看是否真的存在所谓利益失衡。

首先，看“旧瓶翻新”是否基于正当目的。法院认定商标侵权，不是将旧瓶回收利用行为“一棍子打死”，而是禁止明显具有主观恶意的侵权行为。如果出于鼓励环保，对一切回收利用行为不加限制，则可能成为不法者钻政策漏洞的借口，有违国家政策的初衷，亦不符合真正的公共利益。

其次，看使用人回收利用旧酒瓶是否必然需要侵犯他人商标利益。显然，答案是否定的。法律并未禁止合理合法的回收利用行为，旧酒瓶的回收者只需要采取一定的遮挡或去除措施，就能够避免产生侵权纠纷。至于行业惯例，虽然回收旧瓶确有可能是啤酒业的常见做法，但是一方面行业惯例的适用应当服

① 参见凌宗亮：《假冒注册商标罪中商标使用的认定》，载《中华商标》2021 年第 2 期。

从法律,另一方面行业惯例仅限于旧瓶的循环使用,不代表默认、鼓励侵权行为。

最后,看“旧瓶翻新”的侵权认定后果与政策公益的利益平衡问题。主要是比较采取相关措施规避侵权的成本消耗与资源循环利用的整体利益孰轻孰重。虽然对此无法作明确的量化比对,但是从垃圾分类、回收利用大力推进的现实状况来看,国家提倡环保的大方向并未受到阻滞,合理合法使用回收物的使用者仍占据市场的主流。因此,以“成本过大”为抗辩理由,更大可能只是侵权者的“挡箭牌”而已。

(一审合议庭成员:王飞、李霞、洪云娣
二审合议庭成员:曹芬芳、吴盈喆、高卫萍)

被告人李某国、万某平犯销售假冒注册商标的商品罪案

——商标侵权帮助行为入罪

华碧芳　李丽平

关键词｜知识产权　销售假冒注册商标的商品罪　共同犯罪　帮助行为

【裁判要旨】

明知他人实施侵犯知识产权犯罪而为其提供经营场所等便利条件、帮助的，达到入罪标准，以侵犯知识产权犯罪的共犯论处。

【相关法条】

一、《中华人民共和国刑法》①

第二百一十四条　销售明知是假冒注册商标的商品，销售金额数额较大的，处三年以下有期徒刑或者拘役，并处或者单处罚金；销售金额数额巨大的，处三年以上七年以下有期徒刑，并处罚金。

第二十五条　共同犯罪是指二人以上共同故意犯罪。

……

① 2020年12月26日通过的《刑法修正案（十一）》第18条规定："将刑法第二百一十四条修改为'销售明知是假冒注册商标的商品，违法所得数额较大或者有其他严重情节的，处三年以下有期徒刑，并处或者单处罚金；违法所得数额巨大或者其他特别严重情节的，处三年以上十年以下有期徒刑，并处罚金。'"

二、《最高人民法院、最高人民检察院关于办理侵犯知识产权刑事案件具体应用法律若干问题的解释》

第十六条　明知他人实施侵犯知识产权犯罪，而为其提供贷款、资金、账号、发票、证明、许可证件，或者提供生产、经营场所或者运输、储存、代理进出口等便利条件、帮助的，以侵犯知识产权犯罪的共犯论处。

【案件索引】

一审：上海市普陀区人民法院（2015）普刑（知）初字第50号刑事判决书（2016年10月27日）

二审：上海市第三中级人民法院（2016）沪03刑终46号刑事裁定书（2017年4月17日）

【基本案情】

根据上级法院指定管辖的决定，上海市静安区人民检察院指控被告人李某国、万某平犯销售假冒注册商标的商品罪向法院提起公诉。上海市静安区人民检察院指控如下：

被告人李某国作为上海韩城企业管理有限公司（以下简称韩城公司）名义股东、实际控制人，2006年7月至2014年11月，在负责上海韩城服饰礼品广场（“淘宝城”）对外出租及日常管理期间，明知“淘宝城”内商铺售假活动高发且多次被行政、司法机关查处并判决，仍利用其在“淘宝城”的控制地位，长期提供场所放纵、容留商户售假。2012年7月至2014年8月，李某国采取个人收取现金不入账的方式，向“淘宝城”一楼、二楼、四楼经营箱包的商铺额外收取“扩大经营费”共计937,500元。2014年10月，被告人李某国指使杜某云为其“淘宝城”2楼9号店铺雇用营业员以及联系店铺装修事宜，并进行营业销售。2014年12月11日，在该店铺查获并扣押待销售的假冒“PRADA”“CHANEL”等注册商标的眼镜共计879副。经鉴定，其中部分商品按被侵权商品的市场中间价计算共计606,930元。

自2010年起，被告人万某平明知“淘宝城”内多家店铺销假，在店铺老板的要求下，先后为淘宝城2楼207号、2楼102号、2楼52号以及3楼17号等多家售假店铺进行装修，并在上述店铺内装修暗格、电子遥控门等设施用于藏匿及暗中销售假冒注册商标的商品。上述店铺查获并扣押假冒注册商标的商品共计3827件,经鉴定,上述商品按被侵权商品的市场中间价计算共计27,463,290元。

公诉机关认为:被告人李某国明知是假冒注册商标的商品仍予以销售,待销售金额巨大,且明知他人侵犯知识产权犯罪,而为其提供经营场所,待销售金额巨大,其行为已触犯《刑法》第214条、第25条第1款之规定,应当以销售假冒注册商标的商品罪追究其刑事责任。被告人李某国在部分犯罪事实中起次要作用,依照《刑事诉讼法》第27条之规定,系从犯,应当从轻或者减轻处罚。被告人万某平明知他人销售假冒注册商标的商品仍为其提供装修帮助,其行为已触犯《刑法》第214条、第25条第1款之规定,应当以销售假冒注册商标的商品罪追究其刑事责任。被告人万某平在共同犯罪中起辅助作用,依照《刑事诉讼法》第27条之规定,系从犯,应当从轻或者减轻处罚。两名被告人对待销售部分的商品已经着手实施犯罪,由于意志以外的原因未得逞,系犯罪未遂,依照《刑法》第23条之规定,可以比照既遂犯从轻或者减轻处罚。

庭审中,被告人李某国及其辩护人对起诉书指控的犯罪事实和罪名均无异议,被告人万某平及其辩护人对起诉书指控的犯罪事实和罪名亦无异议。审理中,被告人李某国通过其家属向本院缴纳10万元作为预缴罚金。

被告人李某国的辩护人就本案量刑提出如下辩护意见:(1)李某国虽为韩城公司实际控制人,但公司不可能事事由其把控,“淘宝城”被判刑事案件并未经过李某国之手;(2)李某国收取“扩大经营费”,收费与犯罪的联系度值得商榷,没有直接证据证明李某国对租户的所为知晓,所收的扩大经营费非李某国直接使用,李某国在该节事实中所起次要作用;(3)李某国在案发前一贯表现良好,“淘宝城”2楼9号店铺售假的行为具有特殊性和偶然性,是在利益驱动下才犯罪,绝大部分商品已被查获,没有造成特别大的影响;(4)李某国当庭认罪,家属在审理期间主动代李某国缴纳罚金,可见其系偶犯、初犯,主观恶性不大。

被告人万某平的辩护人就本案量刑提出如下辩护意见:(1)万某平没有前科,系初犯偶犯;(2)万某平没有介绍商品售卖,未从涉案店铺的售假行为中分得好处,因为帮助店铺装暗格和不装暗格的装修价格相同;(3)万某平在案发后积极配合公安机关侦查“淘宝城”其他店铺设置暗格情况。

法院经审理查明如下内容。

一、被告人李某国的犯罪事实

韩城公司于2003年注册,成立时的股东为上海仲盛酒店管理有限公司(以下简称仲盛公司)和张某平,负责南京西路580号南证大厦(又称“淘宝城”)的对外出租及日常物业管理。2004年10月25日后工商登记的股东为仲盛公司(占70%股份)和李某(占30%股份)。2006年7月,仲盛公司和李某与唐某、李某国、王某将、章某军签订股权转让协议,以0元将韩城公司所有股权转让给李某国等4人,但未办理工商变更登记。2008年5月,李某将30%股份作价90万元转让给被告人李某国并办理变更登记。2006年7月后,韩城公司的经营管理层有唐某、李某国、王某将、章某军4人,自2007年下半年起唐某不再参与经营,余下管理层中,李某国负责掌管韩城公司,为公司的实际控制人。

被告人李某国掌控韩城公司管理“淘宝城”期间,明知“淘宝城”内商铺售假活动高发且多次被行政、司法机关查处、判决,仍利用其在“淘宝城”的控制地位,长期提供场所放纵、容留商户售假,并从中谋取个人不法利益。主要表现为:(1)2008年后,为了规避工商检查,商铺租户不再与业主签订书面租赁合同,韩城公司按照内部记录逐个向商铺收取租金、物业管理费、综合管理费和推广费(导游费)等费用。(2)被告人李某国授意以向“黄牛”收取大厅花车高额租金的形式,允许交钱的“黄牛”拉客进“淘宝城”消费,对不交钱的“黄牛”予以驱赶。(3)韩城公司在2006年7月至2014年11月,向商铺经营者收取推广费524万余元,对外支付导游费388万余元,专门吸引外国团队入“淘宝城”消费。(4)同案被告人万某平带领的装修队,在“淘宝城”夜间停业后装修,包括帮助安装暗格、遥控门用于藏匿假货,所有店铺装修都要事先写申请向韩城公司报告。(5)韩城公司市场部经常会在“淘宝城”商场广播,通知近期有公安、工商检查。(6)2010年11月至2013年5月,租赁“淘宝城”商铺经营的商户因犯销售假冒注册商标的商品罪被判有罪的案件共计33件,涉案金额共计人民币3亿余元。(7)2006年7月至2014年11月,韩城公司设置A套、B套账户,主要收入均计入B套账,不对外结算,A套账则收取少部分物业管理费,或者从B套账空转部分物业管理费,用于对外结算、缴纳税金。2012年7月至2014年8月,被告人李某国以现金收款不入账的方式牟利,收取“淘宝城”1楼、2楼、4楼41个商铺的经营箱包费用即扩大经营费合计937,500元。

2014年10月,被告人李某国指使杜某云为其2楼9号店铺雇佣营业员以及联系店铺装修事宜。2014年12月,按照被告人李某国的指示,杜某云联系本案被告人万某平对该店铺进行装修,并安排营业员进行销售。2014年12月11日,上海市公安局依法对该店铺进行搜查,查获并扣押待销售的标注“PRADA”

"CHANEL"品牌的眼镜共计879副。经鉴定,上述被查扣商品为假冒注册商标的商品,其中可查证部分商品按被侵权商品的市场中间价计算共计560,525元。

2014年12月10日,被告人李某国在上海市虹口区虬江支路某处被上海市公安局经侦总队会同上海市公安局奉贤分局抓获。

二、被告人万某平的犯罪事实

自2010年起,被告人万某平带领装修队在"淘宝城"为店铺进行装修,被告人万某平明知多家店铺售假,且明知为店铺安装的暗格、电子遥控门系为藏匿假冒注册商标的商品暗中销售和逃避查处之用,在店铺老板的要求下,先后为"淘宝城"2楼207号、2楼102号、2楼52号及3楼17号等多家售假店铺进行装修,并在上述店铺内装修暗格、电子遥控门等装置。2014年1月至12月,上海市公安局经侦总队、上海市公安局虹口分局、上海市公安局奉贤分局等单位先后依法对上述4家店铺进行搜查,查获并扣押假冒注册商标的商品共计3827件。经鉴定,上述商品按被侵权商品的市场中间价计算共计2700万余元。

2014年12月10日,被告人万某平在上海市静安区南京西路580号"淘宝城"被抓获。

【裁判结果】

上海市普陀区人民法院于2016年10月27日作出(2015)普刑(知)初字第50号刑事判决:(1)被告人李某国犯销售假冒注册商标的商品罪,判处有期徒刑3年6个月,并处罚金人民币100万元;(2)被告人李某国的违法所得依法予以追缴;(3)被告人万某平犯销售假冒注册商标的商品罪,判处有期徒刑1年11个月,缓刑1年11个月,并处罚金人民币2万元;(4)扣押在案的假冒注册商标的商品,依法予以没收。

宣判后,被告人李某国不服一审判决,向上海市第三中级人民法院提起上诉,上海市第三中级人民法院于2017年4月17日作出(2016)沪03刑终46号刑事裁定:驳回上诉,维持原判。

【裁判理由】

法院生效裁判认为,被告人李某国作为韩城公司的股东和实际控制人,就韩城公司违法的财务管理、记账方式,以及韩城公司对"淘宝城"进行店铺出租、物业管理和市场经营的管理模式起到决定性作用,对"淘宝城"内历年来大量存在售假活动主观明知。被告人李某国利用其控制地位,以决策、授意和默许的方式,通过韩城公司及管理团队为商户提供租赁场所,容留商铺售假,放任商铺以装修暗格方式藏匿假货,并向商铺预先提供消息以逃避查处,对造成“淘宝城”内售假频发、装修藏匿、“黄牛”拉客、导游带团的不良业态负有直接责任。被告人李某国明知他人实施销售假冒注册商标商品的犯罪,待销售金额巨大,而为其提供经营场所等便利条件及帮助,构成共犯,应对已经刑事判决的“淘宝城”店铺售假犯罪行为承担共同犯罪的刑事责任,根据被告人李某国在共同犯罪中的作用,不能认定为从犯。并且,被告人李某国在明知经营箱包的商铺大量售假的情况下,决定每月向店铺收取扩大经营费,变相从商铺的售假行为中直接牟利,其违法所得应予追缴。被告人李某国明知是假冒注册商标的商品仍自行经营店铺予以销售,待销售金额巨大,该行为亦构成销售假冒注册商标的商品罪。根据相关司法解释的规定,销售明知是假冒注册商标的商品,销售金额数额巨大的,依法应当判处 3 年以上 7 年以下有期徒刑,并处罚金。鉴于涉案被查获商品均系待销售商品,因经营者意志以外的原因尚未进行销售,依法按照犯罪未遂认定,可以比照既遂犯从轻处罚。被告人李某国在庭审中能如实供述自己的罪行,依法可以从轻处罚。被告人李某国自愿通过家属预缴 10 万元作为罚金,法院在量刑时酌情予以考虑。

被告人万某平明知他人销售假冒注册商标的商品,仍为其提供装修帮助,用于藏匿假冒商品、逃避查处,其行为已构成销售假冒注册商标的商品罪,依法应当按照销售假冒注册商标的商品罪的共犯论处。被告人万某平的装修帮助行为,可以认定为其在共同犯罪中起到次要作用,构成从犯,依法予以减轻处罚。鉴于涉案店铺被查获商品待销售金额巨大,出于经营者意志以外的原因尚未进行销售,依法按照犯罪未遂认定,可以比照既遂犯从轻处罚。被告人万某平在庭审中能如实供述自己的罪行,依法可以从轻处罚。

综上所述,公诉机关指控两名被告人的犯罪事实清楚、罪名准确、证据确凿。法院根据两名被告人的犯罪情节,在共同犯罪中的地位、作用以及社会危害性、认罪悔罪态度等,对两名被告人分别作出罪刑相适应的处罚。对被告人李某国辩护人就量刑的辩护意见,除预缴罚金、悔罪态度之外,不予采纳。对被告人万某平辩护人就量刑的辩护意见,除悔罪态度之外,不予采纳。

【案例注解】

一、销售假冒注册商标的商品罪中共同犯罪的认定

我国《刑法》第25条明确规定,共同犯罪是指2人以上共同故意犯罪。2人以上共同过失犯罪,不以共同犯罪论处;应当负刑事责任的,按照他们所犯的罪分别处罚。这是我国《刑法》总则关于共同犯罪认定的原则性规定,我们可以从三个层面去理解:一是犯罪主体必须是2人以上。直观表述就是共同犯罪成立的前提必须是两个单独的符合刑法规定的犯罪主体,包括自然人和单位以他们的组合。二是犯罪主体必须具有共同犯罪行为。即各共同犯罪人的行为彼此联系,相互配合,结合成一个有机犯罪行为整体,且这个犯罪行为整体必须符合法律规定的犯罪客观方面的构成。三是共同犯罪人必须有共同的犯罪故意,即各共同犯罪人通过彼此之间的意思联络,认识到他们共同犯罪行为会发生危害社会的结果,并对这一危害结果的发生持希望或者放任的态度。

知识产权的共同犯罪的边界比较难把握,就共同犯罪的形式来说,知识产权共同犯罪往往是组织犯、实行犯、帮助犯同时存在。[①] 根据《最高人民法院、最高人民检察院关于办理侵犯知识产权刑事案件具体应用法律若干问题的解释》(以下简称《知识产权刑事案件解释》)第16条规定,明知他人实施侵犯知识产权犯罪,而为其提供贷款、资金、账号、发票、证明、许可证件,或者提供生产、经营场所或者运输、储存、代理进出口等便利条件、帮助的,以侵犯知识产权共犯论处。该条解释针对明知他人实施侵犯知识产权犯罪而为其提供各种便利条件、帮助行为进行列举,将其纳入了刑法打击的犯罪。

当前侵犯知识产权犯罪在不少地方出现家族式经营、规模化、组织化的特征,出现了为直接实施侵犯知识产权犯罪人员提供各种便利条件或者帮助的行为,但对这类行为如何查处,实践中存在不同认识。上述《知识产权刑事案件解释》第16条直接明确,虽然实施帮助的人没有直接参与侵犯知识产权的犯罪活动,但如果具备明知要件,那么他们主观上具有共同侵犯知识产权犯罪的故意,客观上实施了提供各种便利条件或者帮助的行为,属于侵犯知识产权的共同犯罪,应当按照共同犯罪处理。[②] 本案中被告人李某国作为韩城公司的股东和实

---

① 参见陈兴良:《共同犯罪论》(第2版),中国人民大学出版社2006年版,第130页。

② 参见李晓:《〈关于办理侵犯知识产权刑事案件具体应用法律若干问题的解释〉的理解与适用》,载熊选国等主编:《刑法罪名适用指南——侵犯知识产权罪》,中国人民公安大学出版社2007年版。

际控制人，利用其控制地位，以决策、授意和默许的方式，通过韩城公司及管理团队为商户提供租赁场所，容留商铺售假，放任商铺以装修暗格方式藏匿假货，并向商铺预先提供消息以逃避查处，明知他人实施销售假冒注册商标商品的犯罪，仍然为其提供经营场所等便利条件及帮助；被告人万某平明知他人销售假冒注册商标的商品，仍为其提供装修帮助，用于藏匿假冒商标、逃避查处。两人主观上均是明知的故意，客观上实施了帮助行为，应以销售假冒注册商标商品罪的共犯论处。根据被告人李某国、万某平在共同犯罪中提供帮助的行为和作用，李某国不能认定其为从犯，万某平可认定为从犯。

二、销售假冒注册商标的商品罪主观故意"明知"的认定

销售假冒注册商标的商品罪是典型的故意犯罪，《刑法》第 214 条明确规定"销售明知是假冒注册商标的商品"，该条将该罪的主观故意描述成"明知"。因此，在司法实践中，很多人犯罪嫌疑人为了逃避打击，辩解自己并不"明知"所销售的商品是假冒注册商标的商品。因为主观的认定具有抽象性，有些犯罪嫌疑人会利用自己的反侦查意识，将能够辅佐认定主观方面的客观证据进行藏匿和销毁，造成主观"明知"认定的困难。

对于"明知"的认定应准确把握其内涵。司法解释对相关罪名的"明知"范围界定均规定为"知道或者应道知道"两种情形，所以"明知"包含且不等于"确知"，"知道"应解释为"确实知道"，而"应当知道"应解释为确定性认识和可能性认识两种情形。实践中有犯罪嫌疑人不明确知道假冒商品具体是哪一家的注册商标或者不能十分肯定商品是假冒注册商标的商品，但是只要意识到商品可能是假冒注册商标的商品，而没有任何根据在心理上加以否定，就属于明知的范围。①

对于"明知"的判断应主客观方面相结合，这也是我国刑法确立的基本定罪原则。犯罪嫌疑人主观方面的罪过是支配犯罪行为的心理基础，主观方面必将通过犯罪行为表现出来。就销售假冒注册商标的商品罪中"明知"的认定，具体而言，在行为人否认"明知"的情况下，可以通过考量行为人销售商品的进货渠道、包装质量、进货及销售价格、从事该商品销售的时间、有无因销售同类产品被行政处罚或刑事处罚等客观事实因素加以综合判断，进而推定行为人主观上是否属"明知"。《知识产权刑事案件解释》第 9 条第 2 款通过概括、列举的表述

① 参见高铭暄：《刑法问题研究》，法律出版社 1994 年版，第 330 页。

方式，规定了实践中常见的可以推定明知的4种情形：(1)知道自己销售的商品上的注册商标被涂改、调换或者覆盖的；(2)因销售假冒注册商标的商品受到过行政处罚或者承担过民事责任又销售同一种假冒注册商标的商品的；(3)伪造、涂改商标注册人授权文件或者知道该文件被伪造、涂改的；(4)其他知道或者应当知道是假冒注册商标的商品的情形。案例中“淘宝城”的商铺售假活动高发且多次被行政、司法机关查处、判决，被告人李某国仍利用其在“淘宝城”的控制地位，长期提供场所放纵、容留商户售假，并从中牟利，而被告人万某平则在夜间为店铺内装修暗格、电子遥控门，而这是售假店铺提供假货藏匿的地方。可见，两被告人的客观行为表现出主观上的“明知”，其帮助行为应认定为销售假冒注册商标的商品罪的共犯。

三、销售假冒注册商标的商品罪帮助行为的认定

帮助行为是指在共同犯罪中起辅助作用的犯罪行为，一般是相对于实行行为而言的，是为实行犯顺利地实行犯罪创造条件的行为。① 实践中，知识产权共同犯罪中的帮助行为可以从以下角度归纳：(1)就范畴的角度，主要表现为提供物质上的帮助；(2)就时间的角度，基本表现为事前和事中帮助；(3)就内容而言，主要表现为提供贷款，资金，账号，发票，证明，许可证件，生产、经营场所，生产、制造侵权产品的主要原材料、辅佐材料，半成品，包装材料，机械设备，标签标识，生产技术、配方，运输、储存，代理进出口等行为，以及提供互联网接入、服务器托管、网络存储空间、通信传输通道、代收费、费用结算等服务行为。鉴于帮助行为的实践样态十分宽泛，认定帮助行为入罪时，应重点考察帮助行为是否制造了不被法所允许的危险，基于利益衡量是否存在重要的利益需要保护，是否存在注重义务的违反等，综合加以评价。②

司法实践中，销售假冒注册商标的商品罪帮助行为的认定存在一定的难点，特别是关于提供生产、经营场所的行为，虽然《知识产权刑事案件解释》明确将此类帮助行为进行列举，并规定为共犯论处，但是现实案例中追究此类帮助犯的案列却不常见。一方面，帮助犯与实行犯相比，对其直接打击的力度、处罚的必要性较小，实践中有意识地限缩知识产权犯罪中的帮助犯的入罪范围，也就是入罪门槛较实行犯而言相对较高。帮助行为认定需要结合接触侵权事实

① 参见陈兴良：《共同犯罪论》(第2版)，中国人民大学出版社2006年版，第89页。

② 参见翟路、樊洪：《侵犯知识产权犯罪共犯探讨》，载《中国检察官》2011年第11期。

的密切性，参与侵权行为的长期性、反复性，以及行为人主观上的明知等综合判断。另一方面，提供生产、经营场所的行为即为实施销售假冒注册商标的商品的犯罪行为，这一主观要件认定困难。鉴于提供经营场所者并不负有根据经营者告知的经营范围、销售具体商品等具体用途跟踪审查的注意义务，对于该类帮助行为，只有证实明知主观内容的证据达到相互印证、形成入罪证据链的标准，才能作为共犯认定。

本案中的被告人李某国作为淘宝城的实际控制人，为"淘宝城"经营者提供经营场所，"淘宝城"的经营者长期销售假冒注册商标的商品，且多次被行政、司法机关查处、判决，但被告人李某国仍长期提供场所放纵、容留商户售假，并从中谋利，最后甚至自己出资装修店铺进行售假行为，并安排被告人万某平为其店铺装修暗格和电子门，以存储假货。被告人李某国不仅为销售假冒注册商标的商品提供经营场所，后直接转变为销售假冒注册商标的商品犯罪行为的实行者。由此可以判断被告人李某国主观上对其提供场所帮助售假行为是明知的。

（一审合议庭成员：鲁君、张佳璐、华碧芳

二审合议庭成员：曹芬芳、高卫萍、吴盈喆）